Interkulturelles Training

Christel Kumbruck
Wibke Derboven

Interkulturelles Training

Trainingsmanual zur Förderung interkultureller Kompetenzen in der Arbeit

3., vollständig überarbeitete Auflage 2016

Springer

Christel Kumbruck
Hochschule Osnabrück
Wirtschaftspsychologie
Osnabrück

Wibke Derboven
Technische Universität Hamburg-Harburg
AG Arbeit-Gender-Technik
Hamburg

»Ergänzendes Material finden Sie unter http://extras.springer.com«

ISBN 978-3-662-43461-1 ISBN 978-3-662-43462-8 (eBook)
DOI 10.1007/978-3-662-43462-8

Die Deutsche Nationalbibliothek verzeichnet diese Publikation in der Deutschen Nationalbibliografie; detaillierte bibliografische Daten sind im Internet über http://dnb.d-nb.de abrufbar.

Springer

Umschlaggestaltung: deblik Berlin
Fotonachweis Umschlag: © S K /fotolia.de

Gedruckt auf säurefreiem und chlorfrei gebleichtem Papier

Springer ist Teil von Springer Nature
Die eingetragene Gesellschaft ist Springer-Verlag GmbH Berlin Heidelberg

Vorwort zur 1. Auflage

Im Kontext der international agierenden Luftfahrtindustrie entstand ein theoriegeleitetes Training (Human factors in international collaboration) im Rahmen eines internationalen Masterstudiengangs[1], das sich den Anforderungen der interkulturellen Zusammenarbeit stellt. Wir haben dieses Training entwickelt und mehrfach mit Luftfahrtingenieuren durchgeführt. Darüber hinaus haben wir es in modifizierter Form mit Studenten der Technischen Universität Hamburg-Harburg veranstaltet. Da begleitende Bewertungen durch die Teilnehmenden sehr positiv ausfielen, möchten wir das Training mit diesem Buch in den öffentlichen Raum stellen.

Im Zentrum des Trainings stehen Lernräume, die dafür sensibilisieren, kulturelle Prägungen empathisch wahrzunehmen und im Handeln zu berücksichtigen. Somit ist ein wichtiges Ziel die Erweckung von Bewusstheit (»awareness«) des eigenen kulturellen Agierens sowie der kulturellen Prägung der Aktionen der Kooperationspartner. Trotz der bewussten Abkehr von rezeptartigen Handlungsanweisungen (Dos and Don'ts) arbeiten wir mit theoretischen Strukturierungen und Kategorisierungssystemen, die auf kollektive Differenzen verweisen. Dabei ist es uns sehr wichtig, dass die verwendeten Kategorien neutral anmuten und möglichst wenig Valenz implizieren. Obwohl Typisierungen im verbreiteten wissenschaftlichen Paradigma des »Dekonstruktivismus« oft als zu deterministisch und konstruierend zurückgewiesen werden, kann ein handlungsleitendes Training nicht ohne sie auskommen. Notwendige Typisierungen und zu vermeidende Stereotypisierungen liegen dabei oft so dicht beieinander, dass ein interkulturelles Training immer auch einen diesbezüglichen Balanceakt verlangt. Wir denken, dass wir in dem vorliegenden Training eine angemessene Balance zwischen der Notwendigkeit der kollektiven Zuschreibung und der Perspektive der individuellen Einzigartigkeit verwirklichen konnten.

Theoretische Grundlage unseres Trainings ist ein semiotischer Kulturbegriff, der die zeichenvermittelte Interaktion zwischen Menschen in den Vordergrund stellt. Neben den Gegenständen einer Kultur (Artefakte) sind Sprech- und Handlungspraxis sichtbare Erscheinungen von Kulturen, die diese von anderen Kulturen abgrenzen und damit Vertrautheit nach innen und Fremdheit nach außen erzeugen. Gerade die Sprechpraxis, die bei der – meist unbewussten – Bewertung anderer eine Schlüsselrolle spielt, wird in interkulturellen Trainings selten reflektiert.

Didaktisch folgt das Training dem Konzept des erfahrungsgeleiteten Lernens. Das Training stellt damit die Erfahrungen der Teilnehmer in den Mittelpunkt der Konzeption und setzt deshalb voraus, dass diese unterschiedliche kulturelle Wurzeln und interkulturelle Erfahrungen haben. Neben dem Erfahrungsaustausch sind theoretische Inputs und Spiele wichtige methodische Säulen. Die Aufeinanderbezogenheit dieser drei Säulen ermöglicht eine ganzheitliche Sicht auf Kulturen. Jenseits von Rezepten bieten die theoretischen Inputs einen Orientierungs- und Reflexionsrahmen für Erfahrungen mit Kultur. Damit steht die Lebenspraxis der Teilnehmer im Zentrum des Trainings. Diese wird theoriegeleitet reflektiert und intersubjektiv generalisiert oder relativiert. Sie wird darüber hinaus ergänzt durch »inszenierte« Praxis im Spiel.

1 Masterstudiengang im Rahmen des von der Europäischen Union (Leonardo) geförderten Pilotvorhabens EUROPADS (European Professional Aerospace Development Scheme)

Das Buch besteht aus zwei Teilen. In Teil I werden die theoretischen Grundlagen dieses Trainings (► Kap. 1) und die lerntheoretischen und didaktischen Prämissen (► Kap. 2) vorgestellt. In Teil II werden die einzelnen Bausteine dieses Trainings so dargestellt, dass andere Trainer sie als Anleitungen für die Durchführung eines interkulturellen Trainings nutzen können.

Die fünf Kapitel des zweiten Teils bilden den fünftägigen Ablauf des Trainings ab, wobei folgende inhaltliche Themenschwerpunkte und Botschaften didaktisch umgesetzt werden:
Tag 1: Kultur, Botschaft: »Kultur ist größtenteils unsichtbar und unbewusst.«
Tag 2: Kommunikation, Botschaft: »Kulturen haben unterschiedliche Kommunikationsmuster.«
Tag 3: Interkulturelle Regeln, Botschaft: »Nehme die anderen Regeln in ihrem kulturellen Sinnzusammenhang wahr anstatt sie abzuwerten.«
Tag 4: Kooperation in Organisationen, Botschaft: »Die Organisationskultur reflektiert immer auch die nationale Kultur, aber es gibt bedeutsame Unterschiede.«
Tag 5: Perspektivenwechsel, Botschaft: »Versuche Dich in den anderen hineinzuversetzen.«

Zum Abschluss des Teils II wird ein Einblick in die Bewertungen des Trainings durch die Teilnehmer gegeben.

Das Training lebt von den interkulturellen Erfahrungen der Teilnehmer. Für das herzliche Engagement und die Offenheit aller möchten wir uns an dieser Stelle ganz herzlich bedanken.

Wir danken weiterhin Frau Dr. Haack von Airbus und Herrn Dr. Harpenau von der TUHH für deren gemeinsame Initiative ein interkulturelles Training für das Europads-Studium auf den Weg zu bringen.

Für die inhaltliche Mitgestaltung danken wir besonders Frau Dr. Marja Szodruch. Auch Martina Jarnuszak und Katrin Hoge gilt unser Dank. Sie haben mit vielen inhaltlichen Anregungen und der engagierten Erstellung der Trainingsmaterialien sehr zum Gelingen des Trainings beigetragen.

Auf Vorschlag des Verlages wurde aus Gründen der besseren Lesbarkeit in diesem Buch auf die gleichzeitige Nennung männlicher und weiblicher Wortformen verzichtet.

Christel Kumbruck, Wibke Derboven
Hamburg, im Herbst 2004

Vorwort zur 2. Auflage

Wir freuen uns sehr, dass unsere Gedanken, Ideen und konkreten Konzepte, die diesem interkulturellen Training zugrunde liegen, viele Menschen angesprochen haben. War das Training ursprünglich für und in der Arbeit mit Unternehmen entwickelt worden, so haben wir nach dem Erscheinen des Buches in vielen anderen Bereichen mit dem Training gearbeitet. Durch diese Erweiterung der Zielgruppe konnten wir unsere Kenntnisse vertiefen und unseren Blick und unsere Sprache schärfen. Heute stehen uns Worte zur Beschreibung spezifischer Phänomene zur Verfügung, die uns in dieser Klarheit bei der Erarbeitung der ersten Auflage nicht in den Sinn kamen. Darüber hinaus hat uns die Überarbeitung Raum gegeben, das Konzept erneut zu reflektieren und über die theoretischen Grundlagen zu diskutieren.

Vieles vom Training hat sich bewährt. So haben wir gesehen, dass die Verzahnung von Theorie, Simulationsspielen und Erfahrungen der Seminarteilnehmer/innen eine gute Grundlage für Methodenvielfalt ist, die man in der interkulturellen Arbeit noch dringender braucht als ganz allgemein in Lern-/Lehrräumen. Denn Kulturen prägen nicht nur die alltägliche Lebenspraxis von Menschen, sondern auch deren Lernstile und somit deren Affinitäten zu bestimmten Lehrstilen. Auch das Gros der Inhalte hat sich bewährt. Hier ist jedoch zu berücksichtigen, dass verschiedene Zielgruppen verschiedene inhaltliche Schwerpunktsetzungen erfordern. Im dritten Teil dieses Buches schreiben wir über unsere Erfahrungen mit dem Training in Unternehmen, in Hochschulen und anderen Bildungseinrichtungen, mit Migrant/innen und mit Trainings, die im Ausland stattfanden. Weitere Neuerungen sind Überarbeitungen in den theoretischen Grundlagen. Der Rolle der Fremdsicht(en) auf das eigene Verhalten und den Mechanismen der Identitätskonstruktion und -entwicklung werden mehr Raum gegeben. Die Kulturdimensionen von Hofstede und Hall & Hall, auf denen die von uns verwendeten Kategorien von Lewis aufbauen, werden detaillierter beschrieben und die Definitionen von Kultur erneuert. Das Training selbst bleibt in großen Teilen unverändert. Am fünften und letzten Trainingstag wird allerdings mehr auf interkulturelle Handlungskompetenz fokussiert als zuvor. Der Empathie-Begriff wird geschärft, verschiedene Werkzeuge interkultureller Handlungsfähigkeit gegeneinander abgegrenzt und auch praktische Übungen erneuert. Darüber hinaus werden ganz generell zu jedem Tag Ergänzungsübungen aufgeführt, die insbesondere auch die neuen Zielgruppen im Blick haben.

Schon im ersten Vorwort war es uns wichtig zu erklären, wie wir das Dilemma der Notwendigkeit der Typisierung und der gleichzeitigen Vermeidung von Stereotypisierung angehen und umsetzen. Wir sprachen von einem diesbezüglichen Balanceakt und wiesen darauf hin, dass die von uns genutzten Kategorien neutral anmuten und wenig Aufforderungscharakter für Wertungen enthalten. Durch unsere weitere Arbeit haben wir mehr über den Nutzen und die Grenzen von Kategorien erfahren. Wir haben gesehen, wie wertvoll und unverzichtbar sie für ein interkulturelles Training, das Handlungskompetenz vermitteln will, sind. Wir haben aber auch erfahren, dass diese Kategorien selbst ethnozentrisch sind und Menschen aus anderen Kulturen andere Kategorien und damit andere Unterscheidungen wichtig finden. Bateson hat der Welt gelehrt, dass es bei Unterscheidungen »den Unterschied, der den Unterschied macht«, nicht gibt, sondern die Anzahl sinnvoller Unterscheidungskategorien grundsätzlich unendlich ist. Diese Botschaft hat sich in unseren Trainingsalltag eingeschlichen und ist ein ständiger Begleiter geworden. Hinzu kommt, dass es viele Menschen gibt, die sich ganz generell nur schwer in Kategorien, die auf nationalen Zuschreibungen basieren, verorten können. Meist sind es Menschen aus Nationen, die sehr unterschiedliche Kulturräume vereinen oder auch Menschen mit Migrationshintergrund. Bei all diesen Menschen stoßen wir auf Grenzen in der Arbeit mit den von Lewis entwickelten Kategorien. Werden sie als die eine Wahrheit vermittelt, muss man in bestimmten Kontexten mit großem Widerstand rechnen. Geht man jedoch spielerisch mit ihnen um, so sind sie ein wichtiger Ausgangspunkt auf dem Weg zu anderen Unterscheidungen, die helfen, die eigene kulturelle Prägung und interkulturelle Erfahrung zu reflektieren. Ein spielerischer Umgang ist mit den gesamten Inhalten des Trainings zu empfehlen. Denn genauso wie wir eine Fokussierung auf Dos und Don'ts in interkulturellen Trainings für wenig förderlich halten, so halten wir eine Nutzung dieses Trainings als Rezeptbuch für wenig angemessen. Die konkreten Übungen sind eher als Angebot zu verstehen, die vor dem Hintergrund eigener Erfahrungen subjektiv bewertet werden sollten. Denn das Gelingen der Übungen hängt auch von den eigenen Vorlieben und Kompetenzen in der Moderation ab (Methodenkompetenz). Nicht jede/r Trainer/in kann jede Methode gleich gut anleiten und von daher ist es zwingend notwendig, eigene Trainings nicht nur an die jeweilige Zielgruppe anzupassen, sondern das Training auch entlang der eigenen Fähigkeiten auszurichten.

»Lernen ist Vorfreude auf sich selbst.« Diese von Peter Sloterdijk in den öffentlichen Diskurs eingebrachte Perspektive auf Lernprozesse sehen wir in Gleichklang zu unserer Perspektive auf Lernen. So wünschen wir uns sehr, dass Trainer/innen beim Lesen des Buches Vorfreude auf ihre Trainerrolle und Seminarteilnehmer/innen während des Seminars Vorfreude auf neue interkulturelle Kontakte entwickeln. Wir jedenfalls haben beim Diskutieren und Schreiben der neuen Textpassagen Vorfreude auf weitere Trainings verspürt.

Christel Kumbruck, Wibke Derboven
Kassel/Hamburg, im Frühjahr 2009

Vorwort zur 3. Auflage

Die dritte Auflage knüpft an das bewährte Konzept der ersten und zweiten Auflage an, ist aber sowohl inhaltlich als auch strukturell intensiv überarbeitet worden. Die Leser und Leserinnen werden also mit starken Veränderungen konfrontiert. Während wir in den früheren Auflagen vor allem die Begeisterung für die interkulturellen Herausforderungen wecken wollten, werden wir in dieser Auflage auch auf die Belastungen und Anstrengungen eingehen, die mit interkulturellen Interaktionen verbunden sind. Die neue Auflage steht unter dem Motto »Interkulturalität zwischen Lust und Last« und es wurden entsprechende neue Handlungsfelder erschlossen. Dies beinhaltet erstens Veränderungen der inhaltlichen Schwerpunktsetzungen sowohl im Theorie- als auch im Trainingsteil und zweitens Erweiterungen des methodischen Handwerkzeugs. Darüber hinaus wurde die Struktur der Trainingseinheiten modularisiert. Auch das Layout hat ein neues Gesicht bekommen, angepasst an die Möglichkeiten der E-Books gibt es nun alle Folien in digitaler Form zum Herunterladen. Einleitend werden wir die zentralen Neuerungen kurz skizzieren:

- **Neue Inhalte: Belastungen, aber auch neue Handlungsmöglichkeiten**

Akkulturation als Herausforderung: Gemäß des Konzeptes der Akkulturation, d. h. der Anforderung, sich an eine zweite oder dritte »fremde« Kultur anzupassen, stellen interkulturelle Überschneidungssituationen besondere psychologische Herausforderungen dar. Eine nicht geglückte Akkulturation kann zu psychischen und psychosomatischen Beschwerden oder zur vorzeitigen Rückkehr ins Heimatland führen. Wir beschreiben die besonderen Belastungen an das Individuum im Akkulturationsprozess und entwickeln entsprechende Handlungsmöglichkeiten. Insbesondere Lernen im Sinne von Kompetenzerwerb, Entwicklung der (kulturellen) Identität und Stresserleben müssen bewältigt werden.

Kommunikation in einer fremden Sprache als Herausforderung: Der Umgang mit eigenen und fremden Sprachschwierigkeiten stellt einen großen Belastungsfaktor in interkulturellen Überschneidungssituationen dar. Wir beschreiben die Besonderheiten der Kommunikation in einer fremden Sprache und zeigen Übungen zur Sensibilisierung für dieses Thema.

Interkulturelle Konflikte als Herausforderung: Westliche Konfliktlösungsstrategien sind in interkulturellen Konflikten häufig dysfunktional. Wir diskutieren den Umgang mit Konflikten aus einer interkulturellen Perspektive und zeigen kultursensible Wege im Umgang mit Konflikten auf.

Zusammenarbeit und Führen von multikulturellen Teams als Herausforderung: Im Zuge der Globalisierung von Gesellschaften und Arbeit ist die Zusammensetzung von Arbeitsteams zunehmend auch durch eine kulturelle Heterogenität geprägt. Die Zusammenarbeit von multikulturellen Teams ist mit besonderen Herausforderungen verbunden. Hervorzuheben sind dabei der Umgang mit kulturellen Unterschieden, mit Stereotypisierungen und mit fremdsprachlicher Kommunikation sowie die Berücksichtigung von Macht- und Statusunterschieden verschiedener Kulturen. Wir stellen einen Rahmen für eine konstruktive Zusammenarbeit und für eine kultursensible Führung vor und leiten entsprechende Übungen an.

Deep-Level-Kompetenz-Modell zur Erweiterung interkultureller Handlungsmöglichkeiten: Um negative Folgen zu vermeiden, bedürfen Individuen in interkulturellen Interaktionen neben günstiger Rahmenbedingungen vor allem interkultureller Kompetenzen, die ihre Handlungsfähigkeit fördern. Wir legen dabei den Schwerpunkt auf eine Erweiterung genereller Interaktionsfähigkeit in fremdkulturellen Umfeldern. So benötigen interkulturell tätige Menschen häufig auch Bewältigungsstrategien für Situationen, in denen sie körperlich-sinnlich aufgrund von negativen Emotionen wie z. B. Ekel, Angst oder Aggressionen an ihre Grenzen kommen. Das Gefühl, seinen eigenen Gefühlen ausgeliefert zu sein (Ohnmacht, Kontrollverlust), ist teilweise der größte Stressor in interkulturellen Interaktionen. Wir führen deshalb zu den üblichen von uns als Surface-Level bezeichneten interkulturellen Kompetenzen ein Prozessmodell des Zusammenwirkens von Deep-Level-Kompetenzen (Emotionsregulation, kritische Selbstreflektion, Ambiguitätstoleranz, Empathie und Selbstwirksamkeit) ein, durch deren Erwerb man in die Lage versetzt wird, in interkulturellen Überschneidungssituationen nicht nur zu funktionieren, sondern darüber hinaus mit den Menschen in Beziehung zu treten.

- **Neue Methoden und neue Anwendungsfelder**

Methoden aus der systemischen Beratung: Für die Entwicklung tieferliegender interkultureller Kompetenzen haben wir aus dem Bereich der systemischen Beratung Übungen entwickelt. Insbesondere Methoden zur Emotionsregulation sind hier zu nennen. Darüber hinaus dienen diese Methoden der intensiven Schulung der Beobachtungsgabe (z. B. zum Wahrnehmen von impliziten kulturellen Regeln, zum Aufbrechen von stereotypen Verallgemeinerungen).

Neues Anwendungsfeld Pflege: Wir haben die Pflege als ein Berufsfeld identifiziert, in dem interkulturelle Kompetenzen für angemessene Interaktionen zwischen Pflegekräften und Patienten/Altenheimbewohnern immer wichtiger werden. Eine Erweiterung der Übungen für dieses Anwendungsfeld findet sich zu den Themen »Religion« und »Sprachbarrieren«.

- **Neue Struktur der Trainingseinheiten: Thematische Schwerpunkte statt Tage**

Durch die stärkere Differenzierung der einzelnen Themen entstanden zusätzliche Module, sodass diese zusammen nicht mehr an jeweils einem Trainingstag durchzuführen waren. Wir haben uns somit von den für einen Tag durchgearbeiteten Stundenplänen zugunsten von längeren thematischen Einheiten verabschiedet. Dadurch ergeben sich neue Nutzungsweisen. Will man weiterhin an fünf Tagen die fünf Themen trainieren, muss man sich den Tagesablauf mit einzelnen ausgewählten Modulen selbst zusammenstellen. Führt man dagegen themenbezogene 1,5- bis 2-Tages-Trainings durch, kann man die Stundenpläne der thematischen Einheiten in der angebotenen Form nutzen.

- **Neues Layout: E-Welt-Konformität**

Alle Folien, Materialien und Checklisten finden Sie als Online-Material bequem zum Ausdrucken auf Springer Extras: http://extras.springer.com unter Eingabe der ISBN dieses Buches.

Wir wünschen Ihnen neben vielen inspirierenden Erkenntnissen sowohl Hilfen zur Vermeidung bzw. Verringerung negativer Folgen interkultureller Überschneidungssituationen als auch berührende interkulturelle Begegnungen und – nicht zu vergessen – viel Spaß beim Durchführen interkultureller Trainings.

Wibke Derboven und Christel Kumbruck
Hamburg und Osnabrück, im Frühjahr 2016

Inhaltsverzeichnis

Teil I Theoretische Grundlagen

Teil IV Anwendungsfelder

Teil I
Theoretische Grundlagen

Kultur

Christel Kumbruck, Wibke Derboven

C. Kumbruck, W. Derboven, *Interkulturelles Training*,
DOI 10.1007/978-3-662-43462-8_1, © Springer-Verlag Berlin Heidelberg 2016

Die wichtigsten theoretischen Grundlagen des vorliegenden Trainings liegen in den Erkenntnissen der Kulturvergleichenden Psychologie, der Interkulturellen Psychologie und ganz allgemein in Erkenntnissen der Arbeits- und Organisationspsychologie. Die Kulturvergleichende Psychologie liefert Erkenntnisse zu den Unterschieden und Gemeinsamkeiten von Menschen unterschiedlicher Kulturen. Die Interkulturelle Psychologie erforscht interkulturelle Überschneidungssituationen und die Prozesse, die dadurch im Individuum und in Gruppen angeregt werden. Die Arbeits- und Organisationspsychologie befasst sich generell mit der psychologischen Bewältigung von Herausforderungen in der Arbeitswelt, z. B. Stress, sowie den zwischenmenschlichen Phänomenen in Organisationen, z. B. Führungsverhalten. Diese werden im Folgenden auf den interkulturellen Kontext übertragen.

Unserem Training liegt ein breites Interkulturalitätsverständnis zugrunde. Um das eigene Interkulturalitätsverständnis zu klären, bietet es sich an sich die Frage zu stellen, ab wann eine Interaktionssituation als interkulturell wahrgenommen wird. Weit verbreitet ist ein enges Interkulturalitätsverständnis, demnach nationale, ethnische oder geographische Grenzen als Kulturgrenzen angesehen werden. Demgegenüber steht ein breites Interkulturalitätsverständnis, wie es z. B von Gröschke (2013) formuliert wird: »… danach [sind] alle Situationen interkulturell, bis sich Normalität und Vertrauen im Umgang miteinander etabliert haben« (ebd., S. 475). Da die Forschung bisher überwiegend Erkenntnisse zu Nationalkulturen geliefert hat, können wir uns in unserem Training nur auf diese beziehen. Jedoch schlagen wir vor, ein breites Interkulturalitätsverständnis, das sich auch auf Subkulturen, Fachkulturen etc. bezieht, aus folgenden Gründen stets mitzudenken: Nationalkulturen sind nicht statisch, sondern verändern sich ständig, ohne sich deshalb in einer globalisierten Weltkultur aufzulösen. Ihre Zuschreibungen beruhen auf mehr oder weniger ethnozentristischen Sichtweisen durch westlich geprägte Forscher. Und – ganz besonders bedeutsam – nicht nur die Nationalkultur, sondern auch viele andere Kulturinstitutionen wie z. B. Beruf, soziale Schicht oder Geschlecht prägen Menschen und schaffen kulturelle Diversität.

Es ist unmittelbar nachvollziehbar, dass z. B. Frauen »dieselbe« Kultur anders erleben als Männer, Alte anders als Junge. Der japanische Arzt hat mit seinem amerikanischen Kollegen wahrscheinlich eine größere kulturelle Ähnlichkeit als mit der japanischen Bäuerin. Berufsgruppen und Organisationen entwickeln ihre eigene Kultur, genauso wie Angehörige derselben sozialen Klasse, bestimmter Jugendkulturen oder Arbeitslosenorganisationen (Tuschinsky 2002, S. 25f.). Ziel des Trainings ist es interkulturelle Interaktionssituationen besser bewältigen zu lernen. Dass diese interkulturelle Kompetenz benötigt wird, zeigen die hohen Zahlen gescheiterter Entsendungen, misslungener Integration von Migranten und von Misserfolgen von Firmenzusammenschlüssen. Laut Thomas (2013a, S. 441) werden »nahezu 50 Prozent der Auslandseinsätze vorzeitig abgebrochen und bei 70 Prozent der Gemeinschaftsunternehmen die in sie gesetzten Erwartungen nicht erfüllt«. Nach Aussage des Geschäftsführers von RSB (Relocation Services und Beratung) Deutschland GmbH, Helmut Berg, im Interview auf der Messe Personal, Köln Herbst 2011, hat eine Studie für den angloamerikanischen Raum herausgefunden, dass ca. 25–30 % Entsendungen in 2010 scheiterten. Gescheiterte Entsendungen sind in Höhe des 2- bis 3-fachen Jahresgehaltes des Entsendeten zu verbuchen. Berg weist darauf hin, dass die interkulturelle Vorbereitung eine zentrale Rolle zum Gelingen einer Entsendung spielt. Studien belegen den Misserfolg von nationalen und internationalen Fusionen und Übernahmen weltweit in einem bis zwei Drittel aller Fälle (Siegwart u. Neugebauer 1998); nach Jansen (2002) soll die weltweite Misserfolgsrate von Unternehmenszusammenschlüssen sogar bis zu 85 % betragen. 61 % aller Fusionen und Übernahmen (weltweit) scheitern bereits innerhalb der ersten fünf Jahre (Jansen 1999). Bei Transaktionen von deutschen Unternehmen gewinnen weniger als 1/3 an Wert, mehr als die Hälfte verlieren an Wert (Böhlke u. Walleyo 2007). Einer der Hauptgründe dafür wird in der mangelnden kulturellen Integration gesehen (Böhlke u. Walleyo 2007). Viele Studien weisen resümierend darauf hin, dass vor Unternehmenszusammenschluss nur an die finanzielle Seite, nicht aber an die kulturelle Dimension gedacht wird (Forstmann 1998, S. 57).

Im Folgenden wird ein Training zur Förderung interkultureller Kompetenz vorgestellt. Der erste Teil führt in das Gesamtthema und dafür relevante Unterthemen ein, vermittelt also theoretische Hintergrundinformation für diejenigen, die ein solches Training durchführen möchten. Im zweiten Teil werden didaktische und lerntheoretische Fragen des Erwerbs interkultureller Kompetenz thematisiert. Im dritten Teil des Buches wird in die Durchführung von Trainingsmodulen eingeführt. Im vierten Teil werden Erfahrungen mit dem Training dargelegt.

1.1 Was ist Kultur?

Spontan wird unter dem Kulturbegriff eine Vielfalt von Phänomenen verstanden wie z. B. Literatur, Theater, Museen, Zeitungen und Bildungssysteme. Auch viele Bereiche des Alltagslebens werden unter dem Kulturbegriff subsumiert. So spricht man u. a. von einer Kultur der Unterhaltung, des Wohnens oder des Essens. Es handelt sich hierbei um physische kulturelle Ausprägungen. Hofstede u. Hofstede (2006) definieren Kultur weitergehend als »die kollektive Programmierung des Geistes, welche die Mitglieder einer Gruppe oder Kategorie von Menschen von anderen unterscheidet«.

Kultur ist demnach ein von mehreren Menschen geteiltes Programm für bestimmte Muster (im Denken, Wahrnehmen, Fühlen, Handeln, in Konzepten, Praktiken, Problemlösungen etc.) und gleichzeitig ein Mittel, Unterschiede zu anderen Kulturen auszudrücken und festzustellen.

Damit sind neben den physisch-materiellen auch nichtmaterielle, teilweise unsichtbare kulturelle Ausprägungen ins Blickfeld gerückt.

Während die klassische in der Anthropologie verhaftete Definition von Hofstede u. Hofstede eher von statischen Attributen, die den Vertretern einer Kultur zu eigen sind, ausgeht, wird heute verstärkt die relative Komponente von Kultur betont. Kulturelle Merkmale werden demnach erst in der Unterscheidung und Abgrenzung zu anderen Kulturen deutlich, ja werden dadurch erst existent, wobei auch die durchaus vorhandenen individuellen Devianzen und subkulturellen zentrifugalen Strebungen berücksichtigt werden. Das heißt, Menschen sind nicht nur von der Kultur im Sinne nationaler Kultur geprägt, sondern auch von der Kultur ihrer Profession, ihres Geschlechts, ihres Unternehmens, in dem sie arbeiten, von der Kultur ihrer Schule, ihrer Familie etc. Die Sozialisation und damit verbundene Enkulturation in diesen Kulturinstitutionen prägt ihre individuellen und mit ihrer sozialen Umwelt geteilten Sichtweisen auf die Welt. Diese werden von den Menschen eines Kulturraumes in Interaktionen entwickelt und verändert. Da sie in der Sozialisation erworben wurden, gehören sie vielfach zum unbewussten Verhaltensrepertoire, werden als implizites Wissen genutzt und definieren das, was wir als »normal«, »richtig«, »gut« und »von allen geteilt« ansehen.

Die Vorstellung von Kultur als durch Programmierung erworbene konstante Strukturen wird immer mehr von dem Verständnis von Kultur als einem interpretativen Prozess ersetzt (Gertsen et al. 1998a, S. 33). Kultur ist in dieser Sichtweise der »andauernd betriebene Versuch des Kollektivs, sich und seine Situation zu definieren« (Kleppestø 1993, S. 23). Es handelt sich um einen semiotischen, also durch Zeichen und deren Bedeutungszuweisung geprägten, oder auch konstruktivistischen Kulturbegriff, also Kultur verstanden als sozial konstruiert. Kultur entwickelt sich im sozialen Diskurs um Bedeutungen, wobei Sinn und Wert von kulturellen Traditionen, Praktiken und Erfahrungen ausgehandelt werden. Dieser Aushandlungsprozess ist den gesellschaftlichen Spannungsverhältnissen unterworfen. Das heißt, es geht um kulturelle Deutungshoheit, um Bedeutungsmonopole und damit letztlich um Macht. Eine zentrale Funktion in diesem Prozess der Zirkulation, der Aushandlung und der Durchsetzung von Bedeutungen kommt den Medien zu (Hall 2008). Denn Bedeutungen werden heutzutage immer weniger in Face-to-Face-Interaktionen generiert, sondern über Medien vermittelt. Damit spielen Medien eine zentrale Rolle bei der Entwicklung von Kultur. Der semiotische Kulturbegriff wurde von dem symbolischen Anthropologen Geertz geprägt (Geertz 1994; Kumbruck 1999). Geertz geht in Anlehnung an Max Weber davon aus, dass der Mensch ein Wesen ist, das in selbst gesponnenen Bedeutungsgeweben verstrickt ist. Dieses Gewebe ist als Kultur anzusehen. Mitglieder einer Kultur grenzen sich von anderen sozialen Gemeinschaften ab, indem sie ihren Zeichen eine spezifische Bedeutung geben, die nur von den Angehörigen der eigenen Kultur verstanden wird. In einer Kultur wird z. B. ein Blinzeln mit den Augen als ein heimliches Zeichen der Zustimmung verstanden, während es in einer anderen nur als ein physiologisches Zucken wahrgenommen wird ohne seine kommunikative Bedeutung.

1.2 Entwicklung von Kultur

Dieses Bedeutungsgewebe wird von Generation zu Generation überliefert und besteht aus symbolischen Formen. Es ist aber kein endgültiges Gewebe, vielmehr wird ständig daran weitergewebt. Seine Entstehung ist nicht zufällig. Menschen interpretieren ständig ihre Umwelt und versuchen, Sinn darin zu sehen und angemessen damit umzugehen. Dieser Prozess der Findung von Sinn und adäquatem Verhalten hat viel mit der Vergangenheit der Menschen in ihrem Kulturraum zu tun. Kultur wird verstanden als Überlebensrezept, das davon abhängt, welche Umweltbedingungen vorherrschen: zunächst schon das Klima, das das physische Äußere von Menschen maßgeblich bestimmt, dann aber auch ihre Existenzgrundlagen, zusammen mit dem Boden, also ob sie eher Landwirtschaft oder Jagd oder Fischerei betreiben mussten; dann ihre Geschichte, z. B. ob sie in viele Kriege involviert waren, und wenn, ob als Sieger oder Unterlegene; welchen religiösen Einflüssen sie unterlagen, was u. a. ihre Einstellung über den Sinn des Lebens geprägt hat; schließlich auch welche Sprache (selbst auch zugleich Ergebnis der Kultur) sich ausgebildet hat, mittels derer sie die Welt konzeptionell erfassen.

Kultur ist somit ein System, mit dessen Hilfe die Menschen ihr Wissen vom Leben und ihre Einstellungen zum Leben mitteilen, erhalten und weiterentwickeln (Geertz 1994, S. 7ff.). In diesem Sinne dient Kultur als kognitive Landkarte. Dieses Bedeutungsgewebe besteht sowohl aus ideell-symbolischen, z. B. Sprache, als auch materiell-symbolischen Zeichen, z. B. Werkzeugen. Wie die personale Identität eines Menschen ist auch die Kultur ein Konstrukt, auf das die Metapher der interaktiven und kommunikativen Verflüssigung passt (Hörning 1999). Der theoretische Begriff der »Kultur« beschreibt im Grunde genommen ein soziales, nicht zuletzt von Machtverhältnissen bestimmtes praktisches Geschehen und dessen perspektivenabhängige, symbolisch-diskursive Repräsentation und ist nicht auf einen räumlich-zeitlich identifizierbaren Gegenstand gemünzt. Dennoch werden wir – aus Gewohnheit und wegen prinzipieller Grenzen unserer sprachlichen Artikulationsmöglichkeiten – oft gar nicht anders können als so zu reden, als seien Kulturen einfach Gegenstände oder zuständlich gefasste Gegebenheiten wie andere auch.

Das kulturelle Selbstverständnis von Individuen und Kollektiven ist nur im Spiel der Differenzen artikulierbar: in Abgrenzung des Eigenen vom mehr oder weniger einflussreichen Anderen und Fremden. Der Befund des unhintergehbar relationalen, permeablen und dynamischen Charakters jeder Kultur besagt, dass es weder objektive noch definitive Beschreibungen einer Kultur geben kann. Nichtsdestotrotz gibt es kulturelle Unterschiede. Diese zeigen sich in Irritationen, sog. »kulturellen Bruchstellen« (Kumbruck 1999). Wenn gewohnte Muster der Wahrnehmung, des Denkens, Fühlens und Handelns an Grenzen stoßen, wo sie keine Gültigkeit mehr haben, entsteht ein Unbehagen, das als Indiz für die Bruchstellen zwischen zwei Kulturen genommen werden kann. Kulturen haben somit keinen Status unvergänglicher oder nur vorübergehend statischer Gebilde, jedoch strukturelle wie etwa institutionelle oder materielle »Verfestigungen«, sog. Objektivationen einer Praxis und Habitualisierungen.

Durch den Prozess der Veräußerlichung und Vergesellschaftung ist Kultur nichts Subjektives, d. h. an die einmalige Biographie eines Individuums geknüpft, sondern intersubjektiv:

> » Obwohl sie [die Kultur] aus Ideen besteht, existiert sie nicht in den Köpfen; obwohl sie unkörperlich ist, ist sie keine okkulte Größe (Geertz 1994, S. 16; Ergänzung durch die Autorinnen).

Kultur entsteht, wenn Menschen auf der Basis einer gemeinsamen Sprache und anderer Medien sich auf gemeinsame Werte, Regeln und Sichtweisen auf die Welt verständigen. Wissen, Einstellungen, Normen, Handlungsmaxime, die Art und Weise, wie man etwas eben macht, etc. werden in der kulturellen Gemeinschaft mitgeteilt, tradiert und weiterentwickelt, d. h. sind grundlegend an kommunikative Prozesse gebunden.

Gesellschaften bedürfen der Kultur als eines Gedächtnisses, um eine Identität auszubilden und über

Generationsfolgen hinweg reproduzieren zu können. Diese kulturelle Identitätsproduktion und -reproduktion erfolgt dadurch, dass die Gesellschaft bzw. die Individuen in der Gesellschaft sich an Regeln halten, die sie selbst setzen. Außerdem teilen sie die Einstellung, welche Sicht- und Verhaltensweisen als sinnvoll anzusehen sind. Dennoch erfolgt dieser Prozess der Sinnstiftung und der Regelsetzung meist für die Individuen nicht bewusst und ist vielfach von früheren Generationen übernommen worden. Die Vorstellungen von Sinnhaftigkeit und die impliziten Verhaltensregeln sind im Hinblick auf neue Umweltanforderungen kollektiv modifiziert worden, wobei auch der Anpassungsprozess teilweise außerhalb der Bewusstseinsprozesse der Individuen erfolgt. Folglich sind auch die selbst gesetzten Regeln und Werte für die Individuen größtenteils unsichtbar. Kultur dient somit der kollektiven Identitätsstiftung und -sicherung durch die Koordination der Individuen und die Gewährleistung der Kontinuität ihrer Entwicklung.

Wie oben beschrieben, zeigt sich Kultur erst in der Bezugnahme auf das Fremde. Die Ausbildung von Kultur dient dazu, »Eigenes und Fremdes zu unterscheiden« (Assmann u. Assmann 1990, S. 55). Die Kultursoziologin Assmann und der Archäologe Assmann vergleichen deshalb Kultur mit dem »biologischen Immunsystem« (ebd.). Als Schlüsselelemente jeder Kultur gelten die jeweilige »Einstellung zu Raum und das Verständnis von Zeit« (Hall u. Hall 1985, S. 22). Die Funktion des Unterscheidenkönnens beruht auf dem in der Kultur liegenden Potenzial, auf sich selbst zu schauen und über sich selbst nachzudenken. Diese Spiegelfunktion der Kultur ist Voraussetzung, sich auch der Mankos der eigenen Kultur bzw. des kulturellen Entwicklungsstandes bewusst zu werden und nach Veränderungen und Weiterentwicklungen zu streben. Kultur ist damit Quelle von Fortschritt und Kreativität. Denn es geht bei Kultur im Gegensatz zur Geschichte nicht um die Speicherung, sondern um die Nutzung von Traditionen. In der Nutzung liegt aber auch die Möglichkeit zum Wandel.

Veränderung erfolgt im Alltagshandeln. Hierbei werden äußere Vorgaben und subjektive Aneignung vermittelt. Das subjektive Verhältnis von Menschen zur Außenwelt ist dadurch geprägt, dass sie einerseits auf äußeren Druck passiv nachgeben, dass sie andererseits aber auch ein aktives Verhältnis zur Außenwelt einnehmen können. Letzteres geschieht, indem Menschen mit ihren individuellen psychischen Verarbeitungsmechanismen – meist unbewusst – sowohl durch ihre Intentionen als auch durch ihr Verhalten äußere Bedingungen reproduzieren. Die innere Reproduktion äußerer Bedingungen erfolgt im Alltagshandeln auf sehr subtile Weise. Menschen versuchen, angesichts veränderter Umweltbedingungen »Sinn zu erkennen, zu ›machen‹ und auszudrücken« (Neuberger 1991, S. 248). Der Sinn liegt somit nicht in einer Umwelt, sondern in der Bewertung und der daraus abgeleiteten Praxis durch die Menschen. Diese »Sinngebung« macht die Entwicklung aber auch unkalkulierbar.

Dieser nichtdeterministische Vorgang des Eindringens von neuen Umweltbedingungen in den Alltag erfolgt über den Prozess der Nutzung bzw. der Praxis, d. h. der Aneignung der neuen Umweltbedingung durch die sie nutzenden und praktizierenden Menschen. Es handelt sich um einen Vorgang der Vergesellschaftung und Aneignung in einem Zuge, wobei die Umweltbedingung zum Ausdrucksmittel individueller, sozialer und kultureller Bedeutungen wird (Leithäuser u. Volmerg 1988, S. 53ff.). Durch die ständige Praxis verändern sich unmerklich Gebärden und Rituale des Alltags, verändern sich die Maßstäbe von Raum und Zeit und entwickeln sich die Strukturen von Wahrnehmung und Erfahrung (Hörning 1988, S. 82). Als herrschende Kultur betreibt Kultur die Universalisierung ihrer Deutungsmuster und damit die Inkorporierung durch die Beteiligten.

Symbolische Formen sind nicht nur sinngeladene Konstrukte, sondern eingebettet in »historisch spezifische und sozial strukturierte Kontexte und Prozesse, innerhalb und mittels derer diese symbolischen Formen hervorgebracht, übermittelt und rezipiert werden« (Thompson 1990, S. 135):

» Durch die soziale Einbettung erst gewinnen Kultur und Kulturobjekte Relevanz fürs Leben. Doch das Verhältnis ist doppelseitig: Einmal können Kulturen durch Uneindeutigkeiten, polyphone Sinnstrukturen oder widersprüchliche Symbolik viel Unruhe in die soziale Praxis bringen – genauso wie die Macht der Kultur

> darin bestehen kann, durch ihr eindeutig-normatives Wirken den Deutungsspielraum so einzuschränken, dass vieles »normal« erscheint, so als sei nichts zu ändern und sich Gleich-Gültigkeit einstellt. Zum anderen trägt soziale Praxis dann wesentlich zur Relevanz von Kultur bei, wenn in offenen Situationen neue Handlungsstrategien gesucht und normative Vorannahmen »hinterfragt« und umgedeutet werden. Dann können die kulturellen Symbole, Rituale und Leitbilder erhebliche Relevanz für die soziale Praxis gewinnen, indem sie die Optionen der Praxis vielfältiger auszuleuchten, alternativ das »Andere« ins Blickfeld zu rücken und so zur Konstruktion neuer Handlungsstrategien beizutragen vermögen (Hörning 1999, S. 35).

Auch beim Zusammentreffen zweier Kulturen ist demzufolge nicht von einer Konfrontation zweier stabiler Werte- und Normsysteme auszugehen, sondern von einer Gegenüberstellung unterschiedlicher Selbstbilder und Interpretationsmuster, die sich in der Interaktion mit der anderen Kultur entfalten und weiterentwickeln. Das Verständnis von Kultur als Ergebnis von Aushandlungsprozessen und identitätsstiftenden Rahmen einer Praxis- und Deutungsgemeinschaft auf der Grundlage eines semiotischen Bedeutungssystems ist somit von besonderer Relevanz für die Herausforderung, die sich Vertretern unterschiedlicher Kulturen, die zusammenarbeiten wollen, stellt.

1.3 Religiöser Hintergrund

Meist wird in der interkulturellen Ausbildung das Thema Religion ausgeblendet und auch in theoretischen kulturbezogenen Werken spielt es kaum eine Rolle. Ausnahmen stellen Bucher et al. (2007) sowie Chakkarath (2007) dar; Thomas (2011) fordert gar den Einbezug interreligiöser Kompetenz in interkulturelle Kompetenz: Anhand diverser Beispiele zeigt er »Bereiche, in denen deutsche Fach- und Führungskräfte mit religiösen Orientierungen in ihren beruflichen Tätigkeiten konfrontiert werden« (Thomas 2011, S. 246), z. B. die Verzögerung eines Vertrags mit chinesischen Geschäftspartnern aufgrund der Befragung eines Astrologen nach dem richtigen Zeitpunkt für den Vertragsabschluss:

> » Eine differenzierte Vorbereitung auf das, was an religiösen Orientierungen im beruflichen und im Lebensalltag im Gastland wirksam wird beziehungsweise werden kann, ist deshalb wichtig, weil sie die Wahrnehmung, das Denken, die Emotionen, die Motivation und das Handeln nachhaltig bestimmt (ebd. S. 247).

Lewis (1998) hat aufgezeigt, wie unabhängig davon, ob wir uns selbst als gläubig oder als nicht (mehr) gläubig ansehen, trotzdem unser Weltbild sehr stark von religiösen Vorstellungen geprägt ist. Er hat dies anhand der jeweiligen Zeitkonzepte verdeutlicht (▶ Abschn. 2.5). Bei Religionen mit der impliziten Vorstellung der Endlichkeit eines einzigen irdischen Lebens und der göttlichen Abrechnung mit unseren irdischen Taten hat sich die Vorstellung der Einmaligkeit von Lebensereignissen und der Notwendigkeit, diese durch Planung optimal zu nutzen, entwickelt. Religionen, deren Anhänger an Wiedergeburt glauben, haben immer wieder neue Chancen, sodass sie auch nicht unter dem Druck stehen, im jetzigen Leben möglichst viel Gutes leisten zu müssen. Deshalb räumt Lewis in seinen interkulturellen Trainings dem Verständnis der religiösen Orientierungen der Kulturen breiten Raum als Hintergrund ein.

Somit ist es immer als Vorbereitung für interkulturelle Begegnungen ratsam, auch für religiöse Zusammenhänge sensibilisiert zu sein und Vorkenntnisse über die im Gastland vorherrschenden Religionen zu haben. Darüber hinaus ist es in vielen Arbeits- und Lebenszusammenhängen hilfreich, die von Religion (und ihrer aktuellen Auslegung) explizit geprägten Konzepte wie Familie (Sautter 2005), Geschlechterrollen, Feste und Riten, Speise- und Fastenvorschriften sowie Umgang mit Leiden und Tod zu kennen. Im Unterschied zu westlichen, säkularen Kulturen, in denen Religion vorwiegend nur an Feiertagen relevant zu sein scheint, ist in vielen anderen Kulturen der Alltag religiös geprägt und durchzieht dort nahezu alle Handlungen. Somit ist es auch selbstverständlich, in allen wichtigen Entscheidungen den Rat einer religiösen Instanz einzuholen, in Burjatien (russ. Föderation) z. B. den Rat eines Lamas oder Schamanen.

Was aber ist Religion? Zunächst eine Definition von Religion, die ebenso wie das in diesem Buch vorherrschende semiotisch-konstruktivistische Kulturverständnis von dem Ethnologen Clifford Geertz (1994, S. 48) stammt:

» Eine Religion ist
1. ein Symbolsystem, das darauf zielt,
2. starke, umfassende und dauerhafte Stimmungen und Motivationen in den Menschen zu schaffen,
3. indem es Vorstellungen einer allgemeinen Seinsordnung formuliert und
4. diese Vorstellungen mit einer solchen Aura von Faktizität umgibt, daß
5. die Stimmungen und Motivationen völlig der Wirklichkeit zu entsprechen scheinen.

Die Frage nach der »Wahrheit« religiöser Überzeugungen stellt sich aus konstruktivistischer Sicht nicht, denn es handelt sich um Glauben, der seine Realitätsmanifestationen im Praktizieren gewinnt. Stattdessen sollten wir zur Kenntnis nehmen, dass schon früh in der Menschheitsgeschichte religiöse Vorstellungen und Riten entwickelt wurden und es nur wenige uns bekannte Stammesgemeinschaften gibt, die ohne Religion auskommen (laut Everett 2010 z. B. die Pirahã-Indianer am Amazonas). Weit verbreitet ist die Definition des Soziologen und Ethnologen Émile Durkheim (1994, S. 75):

» Eine Religion ist ein einheitliches System von Glaubensüberzeugungen und Praktiken im Zusammenhang mit heiligen Dingen, das heißt mit Dingen, die beiseite gestellt werden und verboten sind – Glaubensüberzeugungen und Praktiken, die alle ihre Anhänger zu einer einzigen moralischen Gemeinschaft vereinigen, der Kirche.

Religionen geben somit unterschiedliche Antworten auf dieselben existenziell wichtigen Fragen; je konkreter die Antworten in Form von Vorschriften, Regeln und Riten, desto unterschiedlicher fallen sie aus.

Wozu dient Religion den Gläubigen? Im Folgenden werden die Funktionen von Religion sowie der Bedeutungswandel im Laufe der Zeit erläutert. Diese werden in Anlehnung an Diamond (2012, S. 399ff.) »in der mutmaßlichen Reihenfolge ihres Auftretens und Verschwindens im Laufe der gesellschaftlichen Evolution« (ebd., S. 399) dargestellt. Die gesellschaftliche Entwicklung erfolgt von der Konzipierung von Horden und Stämmen bis ca. 5000 v. Chr., über den Aufstieg von Häuptlingstümern und Staaten von 5000–1 v. Chr., und anschließend der Formierung von religiösen Staaten in Europa um ca. 1600 n. Chr. (Renaissance), bis schließlich zur Ausbildung von modernen säkularen Staaten heute. In diesen sog. WEIRD-(western, educated, industrial, rich, democratic) Gesellschaften lebt natürlich auch heute nur ein kleinerer Teil der Menschheit. Die Funktionen von Religion lassen sich wie folgt beschreiben:

1. Erklärung für anderweitig nicht erklärbare Phänomene (»Übernatürliches«): Mit dem Fortschreiten naturwissenschaftlicher Erklärungen verliert diese Funktion an Bedeutung.
2. Entschärfung von Angst: Bei Phänomenen, die der eigenen Kontrolle entzogen sind, wird mithilfe von Gebeten, Ritualen, Befragung von Orakeln etc. das Gefühl der eigenen Einflussnahme, des eigenen Tätig-Seins, erhöht. Die Bereiche, auf die Menschen Einfluss haben, sind in modernen, industrialisierten Ländern größer als z. B. bei Stammesgemeinschaften. Trotzdem gibt es noch viele nicht beeinflussbare Lebensbereiche, bei denen z. B. Gebete die damit verbundene Angst eindämmen können.
3. Religion spendet Trost, Hoffnung und einen Sinn in schwierigen Lebenssituationen, z. B. angesichts von Tod: Diese Bedeutung von Religion ist »in den letzten 10000 Jahren immer wichtiger geworden« (ebd., S. 406). In den Pflegeberufen, in denen der Umgang mit Leiden und Tod zum Alltag gehört, spielt Religion eine wichtige Rolle bei der Bewältigung (Kumbruck 2013; Kumbruck u. Derboven 2013).
4. Standardisierte Organisation: Hiermit ist eine erst in Häuptlingstümern und frühen Staatengesellschaften, als sich die Menschen einer Gesellschaft nicht mehr alle kennen konnten, z. B. mit der Notwendigkeit von »Verwaltung« zur Aufrechterhaltung der Organisation entstandene Funktion beschrieben, nämlich die religiöse Begründung für die hierarchische Differenzierung (z. B. »der Kaiser als Gott«). Unserer Meinung nach ist zu ergänzen, dass diese Funktion

auch in die intimeren Verhältnisse der Menschen hineinwirkt, nämlich wenn es um Begründungen für den hierarchischen Aufbau und die Strukturierung von Familien und Geschlechterrollen geht.

5. Politischer Gehorsam: Eng an die vorherige Funktion gebunden ist eine weitere, nämlich die gleichzeitig für die Aufrechterhaltung des gesellschaftlichen Ordnungssystems nötigen Begründungen für die Befriedung der Bevölkerung gegenüber den Führungspersonen.
6. Moralkodex für das Verhalten gegenüber Fremden: Religion lehrt, was richtig und falsch ist und damit bestimmt sie die moralischen Begriffe und Regeln für das Verhalten gegenüber Fremden, wenn die sozialen Beziehungen nicht mehr durch persönliches Sich-Kennen geprägt werden. Die für traditionelle Stammesgesellschaften durchaus reale Gefahr der Initiierung von Gewaltspiralen, indem Fremde umgebracht wurden und zu Racheakten durch deren (Stammes-)Angehörige führten, wurde in den personell wachsenden Gesellschaften dysfunktional. Der friedliche Umgang mit Fremden wurde stattdessen mit religiös begründeten Regeln abgesichert (z. B. die Zehn Gebote Gottes in Judentum und Christentum, die ihre säkulare Tradierung bspw. in der UNO-Menschenrechtskonvention finden). Von klein auf wurden die Mitglieder einer Gesellschaft damit sozialisiert – und bei Zuwiderhandeln mittels eines staatlichen Gewaltmonopols sanktioniert. In der Folge liegen Gewalttaten gegenüber Fremden bei traditionellen Gesellschaften um ein Vielfaches höher als bei modernen Gesellschaften (Diamond 2012, S. 166). Somit dient Religion letztlich der Aufrechterhaltung der sozialen Ordnung. Die Brüchigkeit dieser Funktion zeigt sich im nächsten Punkt.
7. Rechtfertigung von Kriegen: Wenn die Mitglieder einer Gesellschaft mittels Erziehung zum friedlichen Umgang mit ihren Mitmenschen herangezogen wurden, ist es ihnen nur schwer zu vermitteln, dass es andere Menschen gibt, die sie töten sollen. Hierzu bedienen sich die Herrschenden des folgenden Kunstgriffs: Indem die eigene Religion als richtig und die der anderen als falsch dargestellt wird, gelten auch die moralischen, zum friedlichen Umgang verpflichtenden Regeln nicht gegenüber den Anhängern des falschen Glaubens: Religion kann so für Machtinteressen funktionalisiert werden.

In säkularen Gesellschaften ist Religion Privatsache; sie dient den Gläubigen bei der Linderung von Ängsten durch Rituale/Gebete sowie als Trost und Sinnstiftung angesichts von Leid und Tod.

1.4 Akkulturation

Kultur wird zu Recht auch als der von Menschen gemachte Anteil der Umwelt angesehen (Herskovits 1948), allerdings ist die Kultur nicht nur in der Umwelt, also dem Außen, zu finden, sondern vor allem in uns, in unserer Psyche und unseren sozialen Beziehungen. Somit ist Interkulturalität ein psychologisch bedeutsames Phänomen und deshalb trägt die Interkulturelle Psychologie einen erheblichen Teil dazu bei, dieses Phänomen zu verstehen. Sie erklärt, wie Menschen sich Kultur aneignen, d. h. von ihr geprägt werden, und auf Kultur wiederum zurückwirken. Hierfür bedeutsam sind die beiden Prozesse der Enkulturation und der Akkulturation.

▪ Enkulturation und Akkulturation

Kulturelle Identität entwickelt sich generell durch das Aufwachsen in einer kulturell geprägten Umwelt. Zunächst erfolgt die Enkulturation (sog. soziokulturelle Prägung), also das Hineinwachsen in die primäre kulturelle Umwelt, in die Menschen hineingeboren wurden. Hier werden das grundlegende Wissen und die Handlungskompetenzen erworben, die zum Überleben in der primären Kultur notwendig sind. Eltern, andere Institutionen sowie die Umwelt an sich regen bei den Kindern und Jugendlichen Bildungs- und Lernprozesse zur Aneignung von tradiertem Wissen, Handlungsschemata und Lösungsmustern an. Durch Interaktionen mit diesen primären Bezugsgruppen erfolgen zudem die Internalisierung einer kulturspezifischen werteorientierten sozialen Kontrolle und der Erwerb kultureller Rollen. Nach dem kulturhistorischen Ansatz, wie er insbesondere von Vygosky (1978) geprägt wurde, erfolgt jede individuelle Entwicklung immer innerhalb und nie getrennt vom jeweiligen

Tab. 1.1 Akkulturationsstrategien. (Nach Berry 1990. Reprinted from The Nebraska Symposium on Motivation, Volume 37: Cross-Cultural Perspectives, edited by John J. Berman, by permission of the University of Nebraska Press. Copyright 1990 by the University of Nebraska Press.)

		Die eigene Kultur wird als wertvoll angesehen	
		Ja	Nein
Die fremde Kultur wird als wertvoll angesehen	Ja	Integration	Assimilation
	Nein	Separation/Segregation	Marginalisierung/Exklusion

sozialen und historisch-kulturellen Kontext, sodass auch ihre Handlungen und Sichtweisen immer Ausdruck der gesellschaftlichen Praktiken und Institutionen sind, an denen die Individuen teilhaben. Menschen entwickeln sich demzufolge als Teilnehmer kultureller Gemeinschaften (Lave u. Wenger 1991) und identifizieren sich damit. Durch individuelle und gesellschaftliche Konstruktionsleistungen entwickelt sich dabei die Kultur weiter.

Akkulturation ist demgegenüber nach abgeschlossener Enkulturation die Anforderung, sich an eine zweite oder dritte »fremde« Kultur anzupassen, in die man aufgrund von Migration gelangt. Das heißt, hier kommen auf die Betroffenen Interaktionen mit zunächst fremdkulturellen Menschen zu. Dadurch erleben aber auch die Einheimischen Akkulturationsprozesse.

Die Gründe für die Anforderung zur Akkulturation sind vielfältig: Wanderbewegungen treffen in der globalisierten Welt fast jeden Menschen und stellen eine Anforderung zur Akkulturation dar (Silbereisen et al. 1999). Es gab immer schon Massenbewegungen von einem Ursprungsland zu einem Gastland. Die freiwillige Form ist die Einwanderung, die vorübergehend mit dem Ziel der Gastarbeit geschieht, oder dauerhaft, indem das Gastland zur neuen Heimat wird. Unfreiwillig betrifft die Massenbewegung Flüchtlinge, für die das schutzgebende Land entweder Zwischenstation oder ebenfalls neue Heimat werden kann; ebenso kennen wir aus der jüngeren Geschichte die Fälle von Zwangsumsiedlung, die, wenn sich die politischen Rahmenbedingungen änderten, häufig zu Rückwanderungen führten, aber auch zum ständigen Verbleib.

Als individuelle Bewegungen sind privat begründete Auswanderungen oder Asylsuche zu nennen; beruflich bedingt werden derzeit aus den westlichen Industrienationen viele Menschen für einen vorübergehenden oder dauerhaften Aufenthalt in einem Gastland durch ihre Firma beauftragt oder auch als politische Rollenträger entsendet. Schließlich erfolgen in der kulturimperialistischen Tradition auch heute noch Eroberung oder Majorisierung von Urbevölkerung; daneben ist heutzutage die Übernahme attraktiver kultureller Angebote aus anderen Kulturen Alltag geworden.

Herausforderungen bei der Akkulturation

In interkulturellen Überschneidungssituationen haben Menschen die Aufgabe, eine gemeinsame Identifikation zu entwickeln, um Handlungsroutinen aufzubauen (Gröschke 2009). Es geht um ein gemeinsames Erschaffen von Plausibilität, Normalitätsroutinen und Zukunftsvisionen sowie um die Entwicklung informeller Regeln der Kooperation und um die Aushandlung von Normen und auch Werten im Umgang miteinander (Bolten 2008). Das Ergebnis dieser Bemühungen hängt stark von den Wertigkeiten von Eigen- und Fremdkultur bei den Akteuren ab. Berry (1988) unterscheidet vier Akkulturationstrategien, die in der Tab. 1.1 dargestellt werden:

- Separation: Die Migranten bleiben in ihren heimischen Normen und Regeln verhaftet und leben in einer Parallelwelt zur Gastkultur.
- Marginalisierung: Jede kulturelle Orientierung geht verloren; ggf. lernen die Migranten sich in bestimmten Situationen »richtig« zu benehmen, ohne die immanente Logik der Kultur zu verstehen.
- Assimilation: Das fremde Wertesystem wird internalisiert und das eigene über Bord geworfen. Somit steht es für die Interaktion mit Vertretern der eigenen Kultur auch nicht mehr zur Verfügung.

- Integration: Die wesentlichen Elemente der beiden Kulturen werden in ein neues Orientierungssystem eingebracht, sodass Maßstäbe zum Agieren sowohl in der eigenen als auch in der ehemals fremden Kultur zur Verfügung stehen.

Es wird des Weiteren zwischen der soziokulturellen und der psychischen Akkulturation unterschieden (Ward u. Searle 1991; Gröschke 2013). Die soziokulturelle Akkulturation bezieht sich auf die Verhaltensänderungen, die sich durch die Erfordernisse der veränderten Umwelt oder als Antwort auf sozialen Druck entwickeln. Es stellen sich dabei die Fragen, wie hoch die Passung (»fit«) zwischen den Verhaltensweisen der Expatriaten oder Migranten und der Menschen des Gastlandes ist und demzufolge, welche Schwierigkeiten bei der täglichen Aufgabenerfüllung entstehen. Die Länge des Auslandsaufenthaltes, die kulturelle Distanz und die Kontakthäufigkeit zu Personen des Gastlandes beeinflussen den Grad der soziokulturellen Passung. Die psychische Akkulturation bezieht sich auf innere Prozesse der Verarbeitung der kulturellen Überschneidung, die die Identität, die psychische Gesundheit und die persönliche Zufriedenheit betreffen. Der Grad der psychischen Akkulturation bestimmt sich durch

- Persönlichkeitseigenschaften,
- den individuellen Umgang mit Lebensumbrüchen und
- die soziale Unterstützung.

Als positive Folgen geglückter Akkulturation sind Sprachkompetenz, Selbstwertschätzung, kulturelle Sensibilität, Gesundheit, Selbstbewusstsein, positive Stimmung und Stressreduktion zu verzeichnen (Matsumoto et al. 2001). Eine nicht geglückte Akkulturation kann dagegen zu psychischen und psychosomatischen Beschwerden, der vorzeitigen Rückkehr ins Heimatland, Depression, Angst, verminderter Leistungsfähigkeit und schlechten Arbeitsergebnissen führen, im schlimmsten Fall sogar zu Kriminalität oder Suizid (Matsumoto et al. 2005).

Akkulturation kann als Ergebnis oder Prozess gesehen werden, wobei in diesem vorliegenden Training der Schwerpunkt auf den Prozess gelegt wird. Die Kriterien, nach denen eine Akkulturation als geglückt angesehen wird, sind sehr unterschiedlich. Bei Oberg (1960) reicht das allgemeine emotionale Wohlfühlen der Person. Ward (1996) bestimmt die geglückte Akkulturation über einen Dreiklang erworbener Fähigkeiten, nämlich darin, psychologischen interkulturellen Stress bewältigen, effektiv kommunizieren und gute Beziehungen mit Angehörigen der Gastkultur aufbauen zu können. Stahl (1997) legt den Fokus auf ein ganzes Kriterienbündel erfolgreicher Akkulturation von Entsandten, zu denen er berufliche Aufgabenerfüllung, Zufriedenheit der Entsandten und ihrer Familie sowie hohe Güte der sozialen Beziehungen zu den Angehörigen des Gastlandes zählt. Ob die entsandte oder migrierende Person sich an ihre neue Kultur anpasst, hat sehr viel damit zu tun, ob sie die interkulturellen Überschneidungssituationen bzw. Aspekte davon als Stressoren wahrnimmt und ob sie sich diesen gewachsen fühlt oder nicht. Diese Thematik wird aus stress-, lerntheoretischer und persönlichkeitspsychologischer Perspektive erforscht.

Aus stresstheoretischer Sicht werden einerseits die Alltagsprobleme als Ursache eines Kulturschocks gesehen, der in verschiedenen Phasen ablaufe (Oberg 1960) und letztlich glücke oder misslinge. Andererseits werden interkulturelle Überschneidungssituationen als kritische Lebensereignisse verstanden, die einen Verlust oder eine Verletzung (z. B. der eigenen Identität) implizieren, zur Antizipation einer Bedrohung führen oder eine Herausforderung darstellen. In beiden Sichtweisen werden Ressourceneinsatz und Bewältigungsstrategien zur Bewältigung des Anpassungsprozesses erforderlich (Berry et al. 2011; Ward u. Kennedy 2001).

Die lerntheoretische Sicht geht von der Prämisse aus, dass interkulturelle Probleme aufgrund von Unwissenheit und Unerfahrenheit in einem kulturellen Kontext entstehen, insbesondere wenn die erlernten Orientierungssysteme in der neuen Kultur nicht passen. Somit müssen kulturspezifische Fähigkeiten angeeignet werden. Dabei spielen die gewählten Akkulturationsstrategien für das Stresserleben bedeutsame Rollen. Individuen mit wenig Kontaktaufnahme im Gastland (Separation) erleben besonders viel Stress; der Weg der Integration, der das Beibehalten der eigenen Identität bei hohem Kontakt zu Einheimischen beinhaltet, führt zu niedrigen Stresswerten; die Assimilation, die auf der Vernachlässigung eigener kultureller Wurzeln zugunsten der Kontakte zur Gastkultur beruht, nimmt einen mittleren Wert ein (Berry et al. 2011). Beide Perspektiven – die stresstheoretische und die lerntheoretische – werden von einer dritten Thematik durchzogen: die der Identifikation mit den Kulturen und der damit verbundenen Identitätsproblematik. Demnach führen interkulturelle Interaktionen nicht nur zu veränderten Einstellungen, Werten und Verhalten, sondern wirken sich damit auch auf die kulturelle Identität aus. Dem Entsandten oder Migranten stellen sich die Fragen, zu welcher kulturellen Gruppe er gehört und mit welcher er sich identifizieren kann (Ward et al. 2001; ► Abschn. 1.4.1). Auch hierin liegt ein großes Stresspotenzial.

1.4.1 Identität

Identität ist nach Erikson (1980, S. 18) die »unmittelbare Wahrnehmung der eigenen Gleichheit und Kontinuität in der Zeit, und die damit verbundene Wahrnehmung, dass auch andere diese Gleichheit und Kontinuität kennen.« Kulturelle Anpassungsanforderungen sind immer auch mit Identitätskrisen verbunden, denn Kultur prägt Überzeugungen, Denkstile, moralische Einstellungen, Gebräuche und Handlungsweisen und damit das, worüber wir unsere Identität definieren. Dabei dient die Identität dem Kohärenzgefühl, der Anerkennung und der Authentizität. Für Menschen, die in mehreren Kulturen aufwachsen oder ihre Kulturen wechseln (also Akkulturationsprozesse durchlaufen), verläuft die psychische Identitätsentwicklung widersprüchlicher und oftmals weniger geradlinig als für Menschen, die und deren Vorfahren den kulturellen Standort gar nicht oder nur marginal gewechselt haben. Im Folgenden werden Bedingungen und Implikationen multikultureller Identitätsentwicklung aus Sicht der Psychologie und der Theorie des Symbolischen Interaktionismus vorgestellt.

▪ Kindliche Identitätsentwicklung

Das Kind wird in eine soziale Welt hineingeboren, aber es nimmt sich selbst schon ab einem frühen Entwicklungsstadium als unterschieden von anderen wahr. Es nimmt seine Bedürfnisse wahr und realisiert die Nicht-Identität dieser mit den Bedürfnissen anderer, die ihm in Form von (Verhaltens-) Erwartungen gegenübertreten. Rollenübernahme und Perspektivenwechsel sind wesentliche Bausteine der kindlichen Sozialisation. Ihre neurologischen Grundlagen wurden durch die Forschungen zu Spiegelneuronen nachgewiesen (Rizzolatti u. Sinigaglia 2008). Das Kind imitiert die Rollen zunächst der wichtigen Bezugspersonen und später auch der Mitglieder anderer Bezugsgruppen (der »signifikanten Anderen«), z. B. die Rolle der Mutter durch das Spiel mit den Puppen. Es nimmt diese Rollen damit als Muster in sein eigenes Verhaltensrepertoire auf, erfährt sich selbst in diesen Rollen und definiert sich selbst darüber. Während die verschiedenen Rollen im Kind zunächst einfach nebeneinanderstehen, werden sie im Laufe des weiteren Sozialisationsprozesses zu einer Gesamtheit verbunden. Zu diesem Zweck werden die Perspektiven mehrerer »signifikanter Anderer« gleichzeitig übernommen. Das Individuum lernt in dieser Entwicklungsphase, sich selbst aus einer Perspektive zu betrachten, die allen gemein ist, dem »generalisierten Anderen«. Es lernt sein eigenes Verhalten, die impulsive Seite, zu kontrollieren, indem es die Haltung des »generalisierten Anderen« einnimmt. Diese internalisierte Position des »generalisierten Anderen« nennt Mead (1968) das »Me«, der er den nicht gesellschaftlich determinierten Anteil der Persönlichkeit gegenüberstellt, das »I«. Das »Me« hat die Aufgabe, sich das Verhaltensrepertoire anzueignen, das auch alle anderen in einer Gesellschaft idealerweise besitzen. Der kreative und innovative Anteil »I« der Persönlichkeit entsteht zwar auch in der interdependenten Beziehung zwischen Individuum und Gesellschaft, ist aber zugleich Ausdruck des Freiraums, den die Gesellschaft zu seiner Entwicklung einräumt. Je größer der Freiraum ist und je mehr ein Individuum diesen nutzt, desto autonomer und unkonventioneller ist es. Hofstede (1983) würde eine solche Kultur als individualistisch klassifizieren (► Abschn. 2.1). Somit wird die eigene Persönlichkeit (»Self«) im permanenten Dialog zwischen den empfundenen Bedürfnissen des Individuums (das persönliche »I«) und den vermuteten Erwartungen der Umwelt (dem sozial angepassten »Me«) entwickelt und im Laufe des Lebens weiterentwickelt. Durch das innere Aushandeln (in Form von inneren Rollenspielen und Selbstgesprächen) zwischen »I« und »Me« entwickelt sich nach Mead das »Self«. Hierzu dient jede Interaktion und Kommunikation mit anderen Menschen. Das Individuum wird sich seiner Identität erst bewusst, wenn es sich mit den Augen der Anderen sieht, als »Me«.

Nach Mead erfolgen parallel zwei Vorgänge, nämlich die innerpsychische Identitätsbildung und der gesellschaftliche Integrationsprozess. Für diesen sind Rollenvorbilder, die gesellschaftlich gesehen in besonders akzeptierter Weise Verhaltensnormen repräsentieren, wie z. B. Eltern und Lehrer, besonders bedeutsam. Werden Rollen über den Vorgang der sozialen Zuschreibung vom Individuum übernommen, wird die gesellschaftliche Integration gesichert.

Das Individuum bewertet über das »Self« mit den entsprechenden bereits gespeicherten »Me« die zugeschriebene Rolle. Egal, ob mit starker oder geringer Ausprägung individueller Züge dient dieser Prozess immer der Entwicklung der Persönlichkeit.

Mead betont zwei Stadien in der Entwicklung von Identität, das kindliche Spiel und den Wettkampf. Im Spiel übernimmt das Kind nacheinander die Rollen von Personen und Tieren, die in seinem Leben bedeutsam sind. Innerhalb des Wettspiels identifiziert es sich jedoch mit allen anderen an der gemeinsamen Tätigkeit beteiligten Individuen. Dabei spielt die Abgrenzung gegenüber Menschen aus anderen Gruppen bzw. Kulturen eine wichtige Rolle:

> » Normalerweise brauchen wir jene Situationen, in denen sich die Identität direkt ausdrücken kann, und es gibt keine Situation, in der ihr das so leicht gelingt, wie gegenüber dem gemeinsamen Feind einer Gruppe, mit dem sie sich verbunden weiß (Mead 1968, S. 265).

Die eigenen Sichtweisen und Werte als Ausdruck des generalisierten Anderen werden in diesen Fällen in Opposition zu den Mitgliedern der anderen Gruppe gesehen und gewinnen dadurch an zusätzlicher Bedeutung. Nach Tajfels (1982) Theorie der sozialen Identität werden dabei vier verschiedene Einzelprozesse wirksam:

1. In sozialen Kategorisierungsprozessen erfolgen Unterscheidungen in Fremd- (Out-) und Eigen- (In-)Gruppe und damit auch
2. die Zuordnung und Positionierung der eigenen Person zur eigenen Gruppe, wodurch die eigene **soziale Identität** manifestiert wird.
3. In einem Prozess des sozialen Vergleichs werden die Unterschiede bewertet, wodurch natürlich auch der eigene Wert festgestellt wird.
4. Durch Annäherung der Individuen an den sog. Gruppenprototypen entsteht Kohäsion, also Zusammenhalt der Gruppe. Zwar kann die Wertigkeit einer Gruppe sowohl positiv als auch negativ sein, aber jede Gruppe versucht sich positiv von der anderen Gruppe abzuheben (positive Distinktheit).

Diese Einzelprozesse verstärken in der Regel ein »positives Selbstbild«, erschweren jedoch die Kommunikation mit Menschen aus anderen Gruppen/Kulturen. Für die psychische Gesundheit eines Individuums ist das positive Selbstbild extrem wichtig, sodass es immer Strategien zu entwickeln versucht, um dieses aufrechtzuerhalten. Führt der Vergleich zunächst nicht zu einem positiven Ergebnis für die eigene Gruppe, kommt es entweder zu einer Infragestellung der eigenen Identität, die dann häufig zu einem Verlassen der eigenen Gruppe führt, oder, wenn dies nicht möglich ist, zu psychologischen Abwehrmechanismen. Diese zeichnen sich durch ein hohes Maß an Kreativität aus, z. B. die Suche nach einer neuen Vergleichsgruppe, der gegenüber die eigene Gruppe positiver dasteht. Weitere Auswege bestehen in der Option, neue Maßstäbe für den Vergleich anzulegen (z. B. anstatt des materiellen Erfolges die moralischen Werte der eigenen mit denen der anderen Gruppe zu vergleichen) oder dem Versuch, den bisherigen Maßstab zu reinterpretieren.

Mit multikulturellen bzw. diversen Gruppen identifizieren sich die Gruppenmitglieder meist weniger als mit monokulturellen Gruppen, wodurch sie in der Regel weniger Gruppenkohäsion und stattdessen mehr Konflikte haben (Harrison u. Klein 2007).

▪ Multikulturelle Identitätsentwicklung

Der Gesamtprozess aus verstärkter Identifizierung mit der eigenen Gruppe und Abgrenzung gegenüber der Fremdgruppe funktioniert, wenn sich Menschen ihres kulturellen Hintergrundes und ihrer eigenen Zugehörigkeit sicher sein können. Für Menschen mit Migrationshintergrund oder auch als langjährige Expatriates eines Unternehmens ist es jedoch äußerst schwierig **eine** kulturelle und personelle Identität aufzubauen, weil ihre Zugehörigkeit diffus ist. Folglich schwanken sie häufig zwischen Identifizierungs- und Abgrenzungsprozessen sowohl gegenüber der Herkunftskultur, in der sie bzw. ihre Vorfahren ihre Wurzeln haben, als auch gegenüber der Aufnahmekultur, mit der sie nun denselben Raum teilen.

Diese Prozesse werden auch in den Schwierigkeiten vieler Menschen mit Migrationshintergrund oder als langjährige Expatriates eines Unternehmens deutlich, die Sprache des aufnehmenden Landes zu lernen. Die eigene Sprache spielt als ein gruppenspezifisches Phänomen eine wichtige Rolle bei der Identitätswahrung, wie Rau (Rau 2008, S. 51f.) ausführt:

» Die historisch gewachsene Sprache ist Grundlage für ein gemeinsames Verständnis von kultureller Identität und Stolz, weshalb der Erwerb einer fremden Sprache nicht unbedingt zu einer Erweiterung der Persönlichkeit beiträgt, sondern oftmals vielmehr als identitätsgefährdend wahrgenommen wird.

Widerstände dagegen, die Sprache des aufnehmenden Landes zu lernen, können somit auch als Versuch verstanden werden, die eigene kulturelle Identität zu wahren. Die daraus resultierenden Sprachbarrieren führen zu Schwierigkeiten in der Kommunikation. Sie erschweren den Perspektivenwechsel und damit letztlich die Verständigung. Kommunikation ist der Schlüssel zur Verständigung und zum Aushandeln der Identität.

▪ Identitätsneuerfindung – das independente und das interdependente Selbst

Ethnische Identität besteht aus der ethnischen Selbstidentifikation, dem Zugehörigkeitsgefühl, der Einstellung gegenüber der eigenen Gruppe und der Partizipation am sozialen und kulturellen Leben der Gruppe (Phinney 2003).

Somit ist auch Identität kein statischer zwangsläufig gegebener Zustand, sondern ein subjektiver Konstruktionsprozess, in dem Individuen eine Passung von innerer und äußerer Welt anstreben (Keupp 1993, S. 7). Je weniger Geländer dabei verbindliche religiöse und weltliche Regeln bieten, desto mehr müssen Regeln und Werte, mit denen man sich identifizieren kann, als Grundlage unserer Identitätsvorstellung ausgehandelt werden, wie auch Krappmann (1997, S. 80) herausstellt:

» Da aber Identität die Anerkennung der Anderen auf der Basis geteilter Sinne braucht, ist die Kompetenz herausgefordert, mit anderen Identität auszuhandeln, … Sinn mit anderen beharrlich auszuhandeln, oft auch auszustreiten.

Besonders konfliktreich wird die Neuerfindung der Identität, wenn Personen von kollektivistischen in individualistische Kulturen wechseln oder umgekehrt. Markus u. Kitayama (1991) unterscheiden zwischen dem unabhängigen, independenten Selbst (typisch für individualistische Kulturen), das von der Ganzheit und Einzigartigkeit einer Person und seiner Unabhängigkeit von anderen ausgeht – dieses beruht auf den westlichen Werten –, und das bezogene, interdependente Selbst (typisch für kollektivistische Kulturen), das von der Verbundenheit und wechselseitigen Abhängigkeit aller Menschen, die sich in ihren Meinungen etc. dem jeweiligen Kontext anpassen, ausgeht, wie es in den meisten nichtwestlichen Kulturen vorherrscht. Diese Sichtweise bestimmt auch das Selbstkonzept, also die Antwort auf die Fragen: »Wer bin ich?« und »Wo gehöre ich hin?« Sollen Menschen mit einem independenten Selbst die erste Frage beantworten, nennen sie persönliche stabile kontextfreie Eigenschaften, wohingegen Menschen mit einem interdependenten Selbst soziale Beziehungen und Rollen nennen.

Das independente Selbst ist klar geschieden von den anderen Personen, auch von Personen, zu denen man ein enges Verhältnis hat, wie z. B. Eltern; deswegen können diese nahestehenden Personen auch beliebig zu fremden werden und umgekehrt. Independente Personen lassen sich an der gehäuften Verwendung von Pronomina der ersten Person Singular erkennen sowie an dem allgemein abstrakteren Sprechen. Das interdependente Selbst hat keine distinkte Trennung, sondern viele Überlappungen mit den nahestehenden Personen. Zusammen sind sie in einem sozialen Areal angesiedelt, das strikt von der Außenwelt der Fremden getrennt ist, d. h. hier finden selten Übergänge statt. Interdependente Personen verwenden vermehrt Pronomina der ersten Person Plural, wenn sie über sich sprechen, und vermitteln viele Kontextinformationen. Die japanische Sprache hat besonders ausgefeilte

Mittel zur Übermittlung von sozialen Kontextinformationen. So kennt sie kein Wort für »ich«, sondern umschreibt dieses durch Verweise auf die soziale Rolle des Sprechers gegenüber dem Kommunikationspartner (z. B. »kleiner Bruder«). Die sozialen Beziehungen werden des Weiteren auch in der Verwendung unterschiedlicher Verben für Handlungen ausgedrückt, die aus unserer Sicht identisch sind.

▪ Patchwork-Identitäten

Auch Hall (2004b, c) als Vertreter der »Cultural Studies« geht davon aus, dass Identitäten immer in Beziehung zum »konstitutiven Außen« auf der Grundlage von Differenz konstruiert sind. Er legt aber bei seiner Beschäftigung mit dem Konzept der Identität den Schwerpunkt auf die Gefahren, die damit verbunden sind:

> » Letztlich sind Identitäten vor allem auf der Grundlage von Differenz konstruiert und nicht jenseits von ihr … Dies hat die radikale und beunruhigende Erkenntnis zur Folge, dass die ›positive‹ Bedeutung jeder Beziehung – und somit ›Identität‹ – nur über die Beziehung zum Anderen, in Beziehung zu dem, was sie nicht ist, zu gerade dem, was von ihr ausgelassen ist, konstruiert werden kann; in Beziehung zu dem, was das *konstitutive Außen* genannt wurde. … Alle Identitäten funktionieren über Ausschließung, mittels der diskursiven Konstruktion und der Herstellung verachteter und marginalisierter Subjekte (Hall 2004b, S. 185).

Die Konstruktionen sind dabei an vom gesellschaftlichen Diskurs zur Verfügung gestellten Repräsentationen gebunden und können nie außerhalb von diesen verfasst sein. Somit sind Identitäten durch diskursive Praktiken, d. h. durch die zur Verfügung stehenden Begriffe, Konzepte und Unterscheidungen begrenzt, aber auch erst möglich. Bei der Entwicklung von Repräsentationen spielen Wissenschaft und Medien eine machtvolle Rolle, d. h. sie wirken an der Entwicklung von Identitäten mit und tragen eine entsprechende Verantwortung.

Auch die kulturelle Identität braucht und nutzt den Anderen und die Artikulation von Differenz als konstitutives Element. Befasst man sich mit dem Thema »Kultur«, fällt auf, dass die Berufung auf ethnische und kulturelle Identität weltweit als Legitimation für Kriege und Separatismen genutzt wird, so dass man sorgsam mit diesem Begriff umgehen muss. Somit bergen Definitionen von Kultur, die auf Determinierung und Programmierung verweisen, im Zusammenhang mit nationalen Kulturen die Gefahr, dass sie Konflikte verschärfen, weil sie Unterschiede unüberbrückbar erscheinen lassen. Welsch (1995) verweist darauf, dass heutige Kulturen nicht mehr den Vorstellungen geschlossener und einheitlicher Nationalkulturen entsprechen und von daher auch geschlossene theoretische Kulturkonzepte nicht mehr die Realität beschreiben. Er betont, dass heutige Kulturen durch eine Vielfalt möglicher Identitäten gekennzeichnet sind und plädiert für den Begriff der Transkulturalität, der eine binnenkulturelle Differenzierung mit ihren hochgradig differenzierten Lebensformen erfassbar macht. So können Kulturen jenseits des Gegensatzes von Eigen- und Fremdkultur gedacht werden. Transkulturalität bedeutet, dass Kulturen »intern durch eine Pluralisierung möglicher Identitäten gekennzeichnet« sind und »extern grenzüberschreitende Konturen« aufweisen. Somit entfernt sich der Kulturbegriff von nationalstaatlichen und/oder ethnischen Bezügen und driftet in Richtung alltäglicher Lebensführung und Gewohnheit. Mit dieser Lesart des Kulturbegriffes knüpft Welsch (1995) an Wittgenstein an, der den Kulturbegriff dahingehend interpretiert, dass eine gemeinsame Kultur dort vorliegt, wo eine geteilte Lebenspraxis besteht. Damit das Konzept der Kultur zur Völkerverständigung beiträgt, fordert Welsch dazu auf, dass jeder die Transkulturalität in sich selbst entdecken und kein separatistisches kulturelles Identitätsbewusstsein pflegen soll. Hall (2004c) nennt es die Anerkennung der partikularen Differenz bei gleichzeitiger Verwerfung der absoluten Differenz.

Auch in der Psychologie wird die Vorstellung von homogenen Identitäten für die Spätmoderne infrage gestellt. So durchläuft jeder Mensch in seiner Sozialisation diverse Subkulturen, neben ethnischen, religiösen und nationalen Institutionen sind dies auch Geschlecht, Generation, soziale Herkunft, Klasse etc. als identitätsbestimmende Elemente. Diese unterschiedlichen Sozialisationsinstanzen können widersprüchliche Anforderungen an das Individuum stellen. Nach Keupp et al. (1999) bildet jedes Individuum aufgrund von unterschiedlichen

Selbsterfahrungsbereichen keine geschlossene Identität, sondern Teilidentitäten; z. B. kann ein Mensch gleichzeitig Mutter, Kind, Geschäftsfrau, Ehefrau, Sportlerin etc. sein. Sie sprechen deshalb auch von Patchwork-Identität. Das Individuum leistet Identitätsarbeit, indem es versucht, innere und äußere Erfahrungen situationsbedingt anzupassen und unterschiedliche Teilidentitäten zu verknüpfen. So wenig, wie man sich Identität als ein hermetisch abgeschlossenes Entwicklungsziel vorstellen kann, so wenig kommt Identitätsentwicklung an ein Ende, vielmehr ist sie »der Motor lebenslanger Entwicklung« (Keupp et al. 1999, S. 190). Selbsterfahrungen werden im Rahmen relationaler Verknüpfungsarbeit auf dreierlei Weise integriert, nämlich in zeitlicher Hinsicht (Vergangenes wird mit Gegenwärtigem und Zukünftigem verknüpft), in Bezug zu unterschiedlichen Lebenswelten und damit Rollen und durch systematische Einordnung nach Ähnlichkeiten und Differenzen. Dadurch ergibt sich die Aufgabe von Identitätsentwicklung als Konfliktaushandlung. Das Individuum versucht bei gegebenen Differenzen die daraus resultierenden Spannungen zu ertragen und immer wiederkehrende Krisen zu meistern. Daraus erwächst ein wichtiges Entwicklungspotenzial: »Die Identitätsarbeit lebt auch von dem Spannungszustand zwischen dem, was man erreicht hat, und dem, was man noch erreichen möchte« (Keupp et al. 1999, S. 197). Psychische Konflikte in der Identitätsentwicklung entstehen dann, wenn die sprachliche Vermittlung der eigenen Identität (sog. Narrationsarbeit) nicht gelingen will, weil dem Konstrukt der eigenen Identität z. B. die öffentliche Anerkennung versagt wird und somit die wechselseitige Bestätigung von Selbst- und Fremdsicht nicht funktioniert.

Teilidentitäten entstehen somit über die Reflexion situationsbezogener Selbsterfahrungen und deren Integration. Durch die Verdichtung biografischer Erfahrungen und Bewertungen der eigenen Person und der zunehmenden Generalisierung der Selbstthematisierung und der Teilidentitäten entsteht das Identitätsgefühl. Die biographischen Narrationen sind der kognitive oder bewusste Teil des Identitätsgefühls, der zu einer Darstellung der eigenen Person nach außen führt und dort bewertet wird. Sind diese erfolgreich, entsteht Selbstvertrauen und damit wird das Individuum handlungsfähig.

Ein multikultureller Jugendlicher durchläuft möglicherweise mehr Rollen, in die er hineinschlüpft, als ein monokultureller Jugendlicher und praktiziert diese je nach Situation unterschiedlich. Werden die Rollen flexibel bis virtuos gewechselt, kann auch von Grenzgänger-Identität gesprochen werden. Unterschiedliche Öffentlichkeiten (»generalisierte Andere«) können den Teilidentitäten die Akzeptanz und Anerkennung verwehren; Teilidentitäten können auch so widersprüchlich sein, dass sie im Individuum nicht integriert werden können und psychisch krank machen. Dies kann z. B. Menschen aus Herkunftskulturen mit kollektivistischen Identitätskonzepten passieren, in denen interdependente Wir-Identitäten entwickelt werden (Schubert 1992), die sich in stark individualistischen Kulturen behaupten müssen.

Gelungene multikulturelle Identitätsentwicklung ermöglicht demgegenüber den Individuen das gekonnte Jonglieren mit Teilidentitäten und bietet damit auch ein größeres Potenzial, unterschiedliche Perspektiven einzunehmen und zu verstehen, als dies monokulturell sozialisierte Individuen können. Dies ist in einer globalen Welt ein großer Entwicklungsvorsprung.

1.4.2 Stress

Im Folgenden werden Probleme der Alltagsbewältigung (z. B. auch Probleme mit dem mitreisenden Partner oder den Kindern) oder umweltbezogene Stressoren wie Klima nicht weiter verfolgt. Stattdessen werden die Emotionsregulation erfordernden interkulturellen Interaktionen, die Interaktionsarbeit, in den Fokus genommen. Zunächst wird dazu ein Verständnis des Stressgeschehens gelegt. Das transaktionale Belastungskonzept (Lazarus u. Folkman 1984) legt den Schwerpunkt auf die Interaktionen zwischen Mensch und Umwelt. In dem darauf basierenden Prozessmodell von Bamberg et al. (2007) gibt es mehrere Stationen, an denen sich entscheidet, ob ein Stressor negative gesundheitliche Auswirkungen hat oder nicht (■ Abb. 1.1).

Zum einen ist bei Gefahr des Auftretens bzw. beim Eintritt eines Stressors sofort entscheidend, ob eine Person Ressourcen zur Bewältigung hat oder nicht:

Abb. 1.1

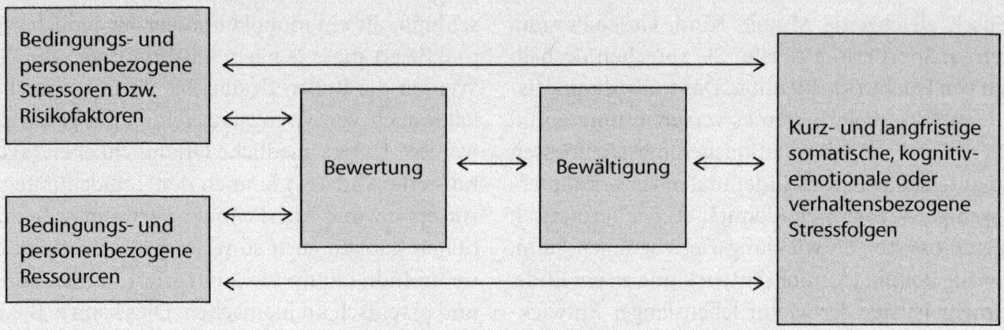

Das arbeitspsychologische Stressmodell. (Mod. nach Bamberg et al. 2007)

> » Ressourcen sind Mittel, die eingesetzt werden können, um Anforderungen zu bewältigen, um das Auftreten von Stressoren/Risikofaktoren zu vermeiden, ihr Ausmaß zu mildern beziehungsweise ihre Wirkung zu vermindern (Zapf u. Semmer 2004, S. 1042).

Dabei wird zwischen den als gleichwertig angesehenen umweltbezogenen und personenbezogenen Ressourcen unterschieden. Ulich und Wülser (2011, S. 42) konkretisieren als umweltbezogene Ressourcen organisationale Ressourcen (z. B. Handlungsspielraum) und soziale Unterstützung (z. B. Netzwerk; Holohan et al. 1997) und als personenbezogene Ressourcen habitualisierte Handlungsmuster, kognitive Überzeugungssysteme (Sinngebung), dabei Kohärenzsinn, Selbstwirksamkeits- und Kontrollüberzeugungen (Bandura 1982), aber auch Dispositionen wie Optimismus, Hardiness u. a. Hier spielen also auch Kompetenzen eine große Rolle.

Die Ressourcen können zunächst direkt, dann aber auch indirekt über die nachfolgenden Bewertungs- und Bewältigungsvorgänge Einfluss auf die Stresswirkungen nehmen. Im Bewertungsprozess werden Stressor und Ressourcen auf ihre Bedeutsamkeit und Wirksamkeit überprüft: Ist die Situation wichtig und deshalb belastend für mich? Kann ich mit der Belastung umgehen? Eine wesentliche Rolle spielen dabei negative Emotionen, wie sie in interkulturellen Begegnungen häufig virulent sind, und die damit verbundene Anforderung zur Emotionsregulation. Lazarus und Folkman (1984) unterscheiden zwischen problem- und emotionsorientiertem Bewältigungsverhalten. Die problemorientierte Emotionsregulation besteht aus aktiven Maßnahmen zur Änderung der Situation – real oder in der subjektiven Wahrnehmung –, in der negative Emotionen entstehen. Hierbei wird auf die Ursachen der negativen Emotionen eingewirkt. Konkret helfen metakognitive Strategien wie Abstand gewinnen durch Reflexion des emotionsauslösenden Prozesses, kognitive Strategien wie gute Vorbereitung auf die Situation sowie ressourcenbezogene Strategien wie z. B. soziale Unterstützung. Die emotionsorientierte Emotionsregulation besteht in der direkten Veränderung der negativen Emotionen selbst, z. B. durch Entspannungstechniken, Einnahme von Betäubungsmitteln oder Erzeugung positiver affektiver Zustände. Schließlich gibt es noch die meidensorientierte Regulation, d. h. dass man sich der kritischen Situation gar nicht aussetzt. Beispiele dafür sind Absentismus, Aufschieben von Tätigkeiten sowie mentale Ablenkung.

■ Interkulturelle Überschneidungssituationen als Interaktionsarbeit

Interkulturelle Stressoren entstehen überwiegend in Interaktionen zwischen Menschen eines Gastlandes und den Eingereisten. Diese sind von so vielen Herausforderungen geprägt, dass man von Interaktionsarbeit spricht: »Interaktionsarbeit subsumiert die kommunikativen (Kommunikationsarbeit) und die emotionsbezogenen Anteile (Emotionsarbeit) sowie die unmittelbaren Kontakte (z. B. Körperarbeit) in der Arbeit mit Klienten« (Büssing u. Glaser 1999, S. 167). Die besondere Erschwernis dieser Arbeitstätigkeit besteht nach Dunkel und Rieder (2006) gerade darin, dass sie nur interaktiv erbracht werden kann. Das heißt, der Arbeitserfolg (oder allgemeiner, der Interaktionserfolg) hängt in interkulturellen Überschneidungssituationen immer von beiden Seiten ab, also z. B. sowohl von dem Entsandten als Führungskraft als auch von den Mitarbeitern aus dem Gastland. Hieraus ergeben sich Kooperationsprobleme:

» … das Problem des Vertrauens (welches Risiko gehe ich ein, wenn ich mit der anderen Person eine Kooperation eingehe?), das Problem der Definition eines gemeinsamen Arbeitsgegenstandes und einer gemeinsamen Zielsetzung (was ist das zu lösende Problem, wann gilt es als gelöst und auf welche Konditionen einigt man sich?), das Problem der Koordination der Handlungen der beteiligten Personen im Prozess der Interaktion (Dunkel u. Rieder 2006, S. 279f.).

Diese Fragen sind in interkulturellen schwieriger als in monokulturellen Kooperationen zu beantworten. Typisch für Interaktionsarbeit ist die Notwendigkeit zum professionellen Umgang mit Gefühlen, wie am Beispiel von Dienstleistungsberufen ausgeführt:

» Sozial bedingte Emotionalität entsteht in dialogisch-interaktiven Arbeitstätigkeiten daraus, dass dem Klienten – zu Recht oder zu Unrecht – absichtliche Freundlichkeit oder Unfreundlichkeit, Mitarbeitsbereitschaft oder gar Böswilligkeit etc. auch unreflektiert zugeschrieben wird. … Selbstverständlich entstehen Emotionen – etwa Misserfolgs- oder Flusserleben – auch bei der Arbeit an Objekten bzw. objektiven Prozessen, jedoch sind sie dabei kein Arbeitsmittel und in sehr begrenztem Maße Arbeitsgegenstand (Hacker 2009, S. 232).

In jeder Interaktionsarbeit kommt somit als Stressor der Arbeit an und mit Gefühlen eine besondere Bedeutung zu. Dunkel (1988) beschreibt die Nutzung von Gefühlen unter drei Gesichtspunkten, nämlich:

1. als Arbeitsmittel (u. a. durch das Medium der Empathie),
2. als Arbeitsgegenstand (im Sinne der positiven Beeinflussung der Gefühle des Kommunikationspartners) und
3. als Bedingung durch die Bearbeitung eigener Gefühle und Ausdrucksweisen von Gefühlen (während der Interaktion).

Wir haben diese drei Gesichtspunkte für interkulturelle Interaktionsarbeit konkretisiert.

▪ Gefühle als Arbeitsmittel

Gefühle als Arbeitsmittel dienen als »›Instrumente‹ des Wahrnehmens, Erfassens und Verstehens« (Giesenbauer u. Glaser 2006, S. 61), was vielfach als Empathie bezeichnet wird. Es werden darunter auch die »sinnliche Komponente menschlicher Erfahrung« (ebd.), also Einbezug aller Sinnesorgane, darauf beruhendes intuitives, »bildhaftes und assoziatives Denken« (Weishaupt 2006, S. 86) sowie eine »auf persönliche Nähe und Verbundenheit« beruhende »Beziehung« (ebd.) zum Gegenüber gefasst. Empathie ist, wie noch zu zeigen sein wird, eines der wichtigsten Voraussetzungen für das Gelingen interkultureller Interaktionen. Gleichzeitig können hierbei besondere emotionale Dissonanzen auftreten.

Erschwernis Unsicherheit und Mehrdeutigkeit in der Kommunikation: Unsicherheit und Mehrdeutigkeit kennzeichnen interkulturelle Interaktionen. In jeder Kommunikation müssen verbale, nonverbale (Gestik, Mimik etc.), paraverbale (Stimmhöhe, Lautstärke etc.) und extraverbale (z. B. Bestuhlung) Zeichen interpretiert werden, worin immer ein Potenzial für Missverständnisse und Konflikte liegt; dieses ist in interkulturellen Kommunikationssituationen um ein vielfaches größer, weil in der Regel verschiedene Wortsprachen vorliegen oder man sich auf eine gemeinsame Sprache einigt, die für beide Seiten eine Fremdsprache ist. Dadurch versuchen Menschen in interkulturellen Situationen sich verstärkt auf nonverbale Kommunikation (Mimik, Gestik etc.) zu verlassen (angeblich werden hier bis zu 80 % der gesendeten Information nonverbal, paraverbal oder extraverbal wahrgenommen), um so die sprachlichen Defizite zu kompensieren. Allerdings ist die Dechiffrierung nonverbaler Zeichen sehr fehleranfällig. Dies zeigt sich z. B. beim Emotionsausdruck, der sich ja nonverbal äußert. Obwohl Emotionen in großem Maße von physiologischen und neurochemischen Prozessen gesteuert werden, führen kulturelle Normen doch zu kulturspezifischem Erleben und Ausdrucksweisen bestimmter Emotionen (Levenson et al. 1992), die in den Sozialisationsprozessen entwickelt werden. Somit ist die Nutzung der Gefühle als Arbeitsmittel in der interkulturellen Kommunikation besonders erschwert.

▪ Gefühle als Arbeitsgegenstand

Gefühle als Arbeitsgegenstand werden wirksam, wenn Menschen auf die Gefühle anderer einwirken wollen, um eigene Ziele zu erreichen:

> Gefühlsarbeit ist Bestandteil in jeder Art von Arbeit, bei der das bearbeitete Objekt lebend, empfindungsfähig, reagierend ist – ein Bestandteil, der entweder als notwendig eingeschätzt wird, um die Arbeit effektiv zu erledigen, oder aus humanistischen Erwägungen. Gefühlsarbeit hat ihren Ausgangspunkt in der elementaren Tatsache, dass jegliche Arbeit, die mit oder an Menschen verrichtet wird, deren Antworten auf diese instrumentelle Arbeit berücksichtigen sollte; in der Tat können ihre Antworten ein zentrales Charakteristikum dieser Arbeit sein (Strauss et al. 1982; Übersetzung nach Giesenbauer u. Glaser 2006, S. 69).

Eine Pflegekraft z. B. versucht einen ängstlichen Patienten erst zu beruhigen, bevor sie weitere Pflegemaßnahmen ergreift. Die entsprechende Anforderung an die interkulturell Tätigen lautet z. B., auch in schwierigen Situationen Ruhe und Geduld zu bewahren und achtsam gegenüber den Kommunikationssignalen des Gegenübers zu sein. So besteht die Aufgabe darin, bei einem misstrauischen Kooperationspartner erst vertrauensbildende Maßnahmen einzuleiten, bevor die »eigentliche« Aufgabe angegangen wird. Somit sind Kommunikation und das Eingehen auf die Gefühlslagen des Gegenübers wichtige Aufgaben. Allerdings unterliegt diese »Gefühlsarbeit« der Problematik interkultureller Interaktionen, viele Reaktionen des Kommunikationspartners nicht richtig einordnen zu können. Aus der Pflege im interkulturellen Kontext wissen wir z. B., dass Patienten aus arabischen Ländern sehr viel ausdrucksvoller ihre Gefühle, z. B. Schmerz, zeigen, und beruhigende Worte der Pflegekräfte deshalb nicht zu der gewünschten Entspannung des Patienten führen, sondern die Anteilnahme der Pflegekräfte – ganz im Gegenteil – beim Patienten das Bedürfnis steigern kann, seinen Schmerz kundzutun. Japanische Frauen kichern, wenn sie verunsichert sind oder eine Situation als peinlich empfinden, während in Deutschland Kichern als Ausdruck von alberner Gelöstheit interpretiert wird. Das heißt, Deutsche würden ggf. versuchen, durch großen Ernst das scheinbar alberne Gegenüber zur Raison zu bringen, wo es stattdessen darauf ankäme, Verlässlichkeit zu vermitteln.

▪ Gefühle als Bedingung

Auch der Einsatz von Gefühlen als Bedingung für gute interkulturelle Kommunikation ist eine spezifische Anforderung. Hierzu gehört der Umgang mit den eigenen Gefühlen, sei es Ärger oder Unverständnis. Hierbei handelt es sich um die generelle Anforderung, negative Gefühle über den Kooperationspartner nicht zu zeigen (»emotional labour«; Hochschild 1990), sondern den sozial erwünschten Regeln der Darstellung von Gefühlen zu entsprechen. Verkäufer z. B. sollen auch dann noch Freundlichkeit zeigen, wenn sie den Kunden unsympathisch finden oder er sie gerade mit seinen Anforderungen ärgert. Um die erwarteten Gefühle zu zeigen, bedienen sich Menschen der Emotionskontrolle, also der Unterdrückung eigener Emotionen (z. B. Ekel, Ärger) oder des Emotionsausdrucks, also der Darstellung von gewünschten Emotionen (z. B. Freundlichkeit). Hierbei ist die besondere Herausforderung mit widersprüchlichen Empfindungen umzugehen, nämlich zwischen dem, was die Person fühlt, und dem, was sie – um der Kooperation willen – gegenüber dem Partner fühlen soll. Diese Herausforderung ist in der interkulturellen Kooperation besonders hoch. Sowohl Stereotypen als auch Vorurteile bestimmen die Beziehung und viele Werte, Einstellungen und Verhaltensregeln des interkulturellen Partners können den eigenen diametral entgegengesetzt sein, negative Gefühle wie Ekel und Angst hervorrufen und sogar eigene Tabugrenzen überschreiten.

Erschwernis beim Umgang mit Stereotypen

Der Umgang mit Stereotypen stellt eine besondere Herausforderung dar. Jede interkulturelle Begegnung ist von beidseitigen Stereotypisierungen geprägt: einerseits durch den Entsandten oder Migranten gegenüber dem Gastland und andererseits durch die Vertreter des Gastlandes gegenüber dem Entsandten oder Migranten (► Abschn. 2.2). Für die interkulturelle Begegnung kann die Stereotypisierung ein Hindernis darstellen, sodass viele Entsandte versuchen ihr stereotypes Denken und ihre Vorurteile zu unterdrücken, um die gewünschte Wirkung, z. B. Vertragsunterzeichnung oder Committment von Mitarbeitern, zu erreichen. Dies kostet diese Personen viel Selbstkontrolle, die zu einer Erschöpfung der Willens-Ressource (sog. Ich-Erschöpfung bzw. Ego-Depletion) führen kann (Richeson u. Trawalter 2005). Von hohen Selbstkontrollanforderungen gehen eigenständige Beanspruchungen aus, die bis zu Burnout u. a. gesundheitlichen Beeinträchtigungen führen können (Schmidt u. Neubach 2009). Eng verbunden mit der Stereotypisierung ist die fehlerhafte Fremdattribuierung, also die Interpretation der Beweggründe des Handelns anderer, wobei hier die fehlerhafte Interpretation der nonverbalen Signale diese Problematik verstärkt.

Aber auch die tatsächliche oder vermeintliche Konfrontation mit negativen Stereotypen (Stereotype Threat), die ja in interkulturellen Begegnungen nicht unwahrscheinlich sind, löst immense Stressreaktionen aus und untergräbt die Leistungsfähigkeit der betroffenen Person unmittelbar (Martiny et al. 2013).

Hochschild (1990) unterscheidet bzgl. der Darstellung von Gefühlen Oberflächen- und Tiefenhandeln. Beim Oberflächenhandeln versuchen Menschen die sichtbaren Teile der Emotion – den Gefühlsausdruck – unabhängig von den erlebten Gefühlen in Einklang mit sog. Darstellungsregeln zu bringen. Typisch hierfür ist in Kundenbeziehungen, den Kunden freundlich anzulächeln. Ekman (2003) hat gezeigt, dass dabei oftmals unglaubwürdige Ergebnisse entstehen, d. h. der gezeigte Gefühlsausdruck nicht authentisch wirkt und dadurch das gewünschte Ergebnis beim Gegenüber nicht erreicht wird. Für denjenigen, der Oberflächenhandeln praktiziert, entsteht unter Umständen eine emotionale Dissonanz, die als unangenehm und belastend empfunden wird. Diese entsteht jedoch nur, wenn der Kommunikator die Manipulation der Gefühlsdarstellung entgegen der eigenen Überzeugung betreibt, sog. »faking in bad faith«. Führt er sie in der Überzeugung aus, dass das Gegenüber (z. B. ein Kunde) ein Recht auf diese manipulierte Darstellung hat (»faking in good faith«), erlebt er keine emotionale Dissonanz (Nerdinger u. Röper 1999).

Beim Tiefenhandeln versucht ein Mensch das Gefühl, das er meint, zeigen zu müssen, auch wirklich zu empfinden. Hierzu dienen drei Techniken:

1. Aufmerksamkeitsfokussierung: Die Gedanken werden auf Erlebnisse oder Objekte gerichtet, die in der Lage sind, die erforderlichen Gefühle auszulösen. Diese sog. Stanislawski-Methode wird auch Schauspielern vermittelt, um authentische Gesichtsausdrücke zu produzieren.
2. Kognitive Umdeutung: Sie dient der Umbewertung von Situationen und ermöglicht auf Grundlage der anderen Bewertung auch andere Gefühle. Hierzu wird das Mittel der Perspektivenübernahme genutzt, wobei man sich probeweise in die Lage des Kommunikationspartners versetzt.
3. Entspannungstechniken: Auch sie ermöglichen die Kontrolle von Gefühlen. Sie sollen auch schon vor einem als kritisch antizipierten, vor allem Angst auslösenden Kontakt praktiziert werden, da Entspannung und Angst physiologisch inkompatibel sind.

Erschwernis bei unbekannten Verhaltensregeln

Im interkulturellen Kontext kommt erschwerend hinzu, dass viele Situationen nicht antizipiert werden können, weil man sie aus der Eigenkultur nicht kennt, und viele emotionale, insbesondere nonverbale Zeichen, nicht gedeutet werden und somit Erwartungen des Gegenübers nicht dechiffriert werden können.

Als Beispiel sei die in Teilen Russlands geltende Regel genannt, in der Öffentlichkeit nicht zu lachen bzw. zu lächeln. Sie kommt in einem russischen Sprichwort zum Ausdruck: Смех без причины – признак дурачины (Дураку все смех на уме). Wortwörtlich heißt dies: Lachen ohne Grund ist ein Zeichen der Narrheit (also im Sinne: Nur Narren lachen ohne Grund. Oder: Am vielen Lachen erkennt man den Narren.). Das heißt, die in vielen Kulturen bewährte Freundlichkeit ist hier kontraproduktiv. Wenn das Set der Darstellungsregeln nicht bekannt ist, führen die mit der Technik der Aufmerksamkeitsfokussierung ausgeführten Anstrengungen sowohl zum Oberflächenhandeln als auch zum Tiefenhandeln meist nicht zum Ziel.

Hierdurch entsteht latent Unsicherheit und hieraus eine neue Form von »emotionaler Dissonanz« zwischen dem Vorhaben, eine gute Darstellung geben zu wollen und der gleichzeitigen Unsicherheit über die Erwartungen des Gegenübers. Auch das Ausfüllen einer Rolle, z. B. Führung, ist von solchen unklaren Darstellungsregeln geprägt. Diese Rollenambiguität ist ein zusätzlicher wichtiger Belastungsfaktor.

In einem Promotionsprojekt von Jana Körner, das sich inhaltlich mit Stressparametern in der interkulturellen Interaktionsarbeit beschäftigt, wurden von nach Indien entsandten Fach- und Führungskräften diverse interkulturelle Situationen benannt, die von ihnen als anstrengend oder belastend beschrieben wurden. Dazu gehören insbesondere auch Situationen, die sich aufgrund der stark hierarchisch organisierten Gesellschaftsstruktur in Indien ergeben (z. B. wirkt das Kastensystem, offiziell abgeschafft, bis heute in die Gesellschaft hinein). Dementsprechend sind Personen gemäß ihres Standes an eine bestimmte Rolle gebunden. Die nach Indien Entsandten berichteten in diesem Zusammenhang von einem ihrer Rolle entgegengebrachten Verhalten der Autoritätsorientierung, das nicht selten von einer demütigen oder kritiklosen Haltung des Gegenübers begleitet würde.

Hierzu ein Beispiel: Fragt der deutsche technische Direktor eines Unternehmens die Abteilungsleiter des Tochterunternehmens in Indien, wie sie das anstehende Problem lösen würden, muss er damit rechnen, dass er keine Antwort erhält. Hier wird erwartet, dass der Chef anordnet; die Beratung mit Untergebenen, wie sie in Deutschland als notwendig angesehen wird, wird ihm deshalb als Führungsschwäche ausgelegt.

Kommt es nun in der Auseinandersetzung mit einer solchen, zumeist ungewohnten Interaktionssituation (also unter Abwägung bestehender Erwartungen und Erfordernisse) zu einer Reaktion, die der eigenen Überzeugung zuwiderläuft, so berichten Fach- und Führungskräfte von Stressfolgen zum Beispiel in Form von negativen Gefühlen.

Hierzu ein Beispiel: Insbesondere der Umgang mit Mitarbeitern, die zu einer niedrigen Kaste gehören, wird von einigen nach Indien entsandten deutschen Führungskräften als emotional herausfordernd beschrieben. Diese würden nur dann Anweisungen befolgen, wenn sie mit einer gewissen Geringschätzung diesen Personen gegenüber angeordnet würden, jedoch nicht, wenn dabei Respekt und Wertschätzung durchklingen. Die Führungskräfte können sich nur schwer mit der von ihnen abverlangten, aus ihrer Sicht arroganten Haltung abfinden, die ihren eigenen Wertvorstellungen widerspricht.

- **Belastungs- und Beanspruchungsfolgen**

Arbeit an und mit Gefühlen in Interaktionen birgt somit Anforderungen, deren Erfüllung nicht nur fachliche, sondern auch soziale Fähigkeiten voraussetzt. Für die Emotionskontrolle wurde nachgewiesen, dass sie zu hohen psychischen Beanspruchungen führen kann. Insbesondere Burnout gilt als eine Beanspruchungsfolge, die durch belastende Interaktionen mit anderen Menschen entstehen kann (Burisch 2005) und u. a. zu emotionaler Erschöpfung führt. Spezifischere Untersuchungen haben nachweisen können, dass dafür zu häufig eingesetzte Emotionsregulationsstrategien, wenn sie mit emotionaler Dissonanz verbunden sind, zu einer solch hohen Erschöpfung führen können, dass Burnout die Folge davon sein kann (Nerdinger u. Röper 1999). Burnout zeigt sich in Symptomen wie »emotionaler Erschöpfung«, »Depersonalisation« und »Gefühlen reduzierter Leistungsfähigkeit« (ebd.). Emotionale Erschöpfung führt zu Gefühlen von Ausgelaugt-Sein und Frustration, sodass die Arbeit mit Menschen als eine übergroße Anstrengung erlebt wird. Depersonalisation führt zu einem unpersönlichen Umgang mit Kooperationspartnern und negativen bis zynischen Einstellungen diesen gegenüber. Reduzierte Leistungskraft ist durch einen Mangel an Vitalität und Kompetenz sowie durch Versagensängste gekennzeichnet. Viele Beschreibungen von gescheiterten Expatriates über ihren Umgang mit Kooperationspartnern und ihr eigenes Befinden decken sich mit den Charakteristika des Burnout-Syndroms.

1.4.3 Lernen

Gibson u. a. (2003, S. 15) folgend ist »interkulturelle Kompetenz […] im internationalen Geschäft Kernkompetenz«. Aber was ist das? In der interkulturellen Psychologie gibt es keine eindeutige Antwort auf diese Frage. Insbesondere wird kontrovers diskutiert, ob interkulturelle Kompetenz eher eine Fachkompetenz oder eher eine soziale Kompetenz oder eine Mischung aus beidem darstellt. Im Modell der interkulturellen Handlungskompetenz von Bolten (2007, 86f.) wird interkulturelle Kompetenz sogar in vier Kompetenzbereiche unterteilt: strategische, individuelle, soziale und fachliche Kompetenz. Andere wiederum interpretieren interkulturelle Kompetenz als eine Form von sozialer Kompetenz, die über die für monokulturelle Interaktionen notwendige Kompetenz hinausgeht (Thommen 2002). Soziale Kompetenz ermöglicht adäquate Interaktionsfähigkeit im kultureigenen Umfeld. Interkulturelle Kompetenz beinhaltet die Sozialkompetenz, also die adäquate Interaktionsfähigkeit im kulturfremden Umfeld:

» Als sozial kompetent kann eine Person bezeichnet werden, die in der Zusammenarbeit mit Individuen aus einer fremden Kultur deren spezifische Konzepte der Wahrnehmung, des Denkens, des Fühlens und des Handelns erfasst und mit diesen umzugehen versteht (Thommen 2002, S. 424).

Es geht also darum, dass das Individuum nicht nur in der Lage ist, den sozialen Regeln und Normen des eigenen Kulturkreises zu entsprechen, sondern auch dazu, das eigene Sozialverhalten aus der Sicht einer fremden Kultur zu hinterfragen und ggf. zu korrigieren, ohne zugleich eine Überanpassung zu betreiben in dem Sinne, dass die eigenen Normen als unwichtig angesehen würden. Dies setzt ganz wesentlich voraus, dass Bewusstsein und Aufmerksamkeit für das Vorhandensein kultureigener Verhaltensmuster bestehen, dass man kulturbedingte Unterschiede potenziell erkennt und mit ihnen umzugehen weiß sowie Wandel und Dynamik der eigenen Maßstäbe und Sichtweisen zulassen kann.

In unserem Training wird der Schwerpunkt der interkulturellen Kompetenz auf soziale Kompetenz gelegt, wie Thommen (ebd.) sie beschreibt. Da das Training weniger spezifisches Wissen über bestimmte Kulturen und auch keine »Dos« und »Don'ts« (Gebote und Verbote) vermittelt, sondern der Schwerpunkt auf einer Erweiterung genereller Interaktionsfähigkeit in fremdkulturellen Umfeldern liegt, ist diese Schwerpunktsetzung kongruent zu unserem Anliegen.

Soziale Kompetenz gilt als grundsätzlich erlernbar. Allerdings geht man davon aus, dass in der frühen Sozialisation Voraussetzungen dafür geschaffen werden, die bei jedem Menschen unterschiedlich ausfallen. Soziale Kompetenz ist kein Rezeptwissen, sodass es auch beim Erwerb interkultureller Kompetenzen nicht um die bloße Vermittlung von Rezepten im Sinne von »Dos and Don'ts« gehen kann. Wie fatal sich das starre Befolgen von kulturellen Rezepten auswirken kann, zeigt Löber:

» Wer in arabischen Ländern einen Tee oder Kaffee ablehnt, kann sein Geschäft sowieso gleich abschreiben. Mit dieser Information über Sitten und Gebräuche ausgerüstet, nahm der Verkaufsdirektor eines amerikanischen Konzerns die Verhandlungen auf. Womit er nicht gerechnet hatte, war die arabische Gastfreundschaft: denn jedes Mal, wenn er seine Tasse leer getrunken hatte, wurde sie nachgefüllt. Nach 23 Mokkas innerhalb weniger Stunden machte dies sein Kreislauf nicht mehr mit. Sowohl er als auch die Verhandlungen standen am Rande eines Kollapses (Löber 1984, S. 78).

Stattdessen geht es um eine Sensibilisierung für die eigene kulturelle Prägung und die Befähigung, die eigenen Einstellungen zu hinterfragen. Weiterhin müssen Strategien der Auseinandersetzung mit der Eigen- und Fremdkultur entwickelt werden. In diesem Sinne muss ein interkulturelles Training die Selbstreflexion der Interaktionsmuster sowie die interkulturelle Handlungsfähigkeit fördern. Ganz zentral für die interkulturelle Handlungskompetenz ist das Wissen um Differenzen und die Offenheit, damit umzugehen. Hierzu zählen insbesondere die Fähigkeiten, in uneindeutigen und widersprüchlichen Situationen mittels Ambiguitätstoleranz angemessen zu handeln, sowie Empathie.

Es handelt sich um eine Kompetenz, die gleichermaßen eine affektive Seite (Fähigkeit, zu verstehen, aber auch emotional berührende Situationen zu bewältigen), eine kognitive Seite (Orientierungsrahmen zum Einordnen von Erfahrungen haben) und eine Verhaltensseite (Fähigkeit, mit interkulturell kritischen Situationen umzugehen) hat. Wie dies unserer Meinung und Erfahrung nach am besten gelernt werden kann, ist in Teil II ausgeführt.

Kulturelle Unterschiede: Werteorientierungen, Werte und Verhalten

Christel Kumbruck, Wibke Derboven

C. Kumbruck, W. Derboven, *Interkulturelles Training*,
DOI 10.1007/978-3-662-43462-8_2, © Springer-Verlag Berlin Heidelberg 2016

Kulturelle Unterschiede werden mithilfe von Kulturdimensionen beschrieben. Diese legen den Schwerpunkt auf Werteorientierungen, Werte oder Verhaltensweisen. Mithilfe von Kulturdimensionen können Kulturen auf Kontinuen zwischen zwei bis drei Polen verortet werden, je nach der statistischen Ausprägung des Auftretens in der jeweiligen kulturellen Gruppe.
In der Theorie der Werteorientierungen der Kulturforscher Kluckhohn u. Strodtbeck (1961) wird die Grundannahme entfaltet, dass sich Gesellschaften, Subgruppen innerhalb von Gesellschaften und Individuen systematisch durch unterschiedliche Werteorientierungen unterscheiden lassen. Ihre zweite Grundannahme besagt, dass es eine begrenzte Anzahl von Problemen gibt, mit denen sich Menschen aller Gesellschaften auseinandersetzen müssen, und dass die Lösungen zwischen den Gesellschaften variieren. Als grundlegende Probleme und Lösungsansätze identifizieren sie das Menschenbild, die Mensch-Umwelt-Beziehung, die Zeitorientierung, die Handlungsorientierung und die relationale Orientierung. Diese sehen sie als die wesentlichen Kulturdimensionen an. Im Hinblick auf das Menschenbild wird nach der menschlichen Natur (gut oder böse?) gefragt. Die Mensch-Umwelt-Beziehung unterscheidet sich darin, ob der Mensch in Harmonie mit der Natur leben oder sie sich unterwerfen will. Die Zeitorientierung wird danach unterschieden, ob die Gesellschaft vergangenheits-, gegenwarts- oder zukunftsgerichtet ist. Die Handlungsorientierung wird unterschieden in eine Seins-Orientierung (impulsiv und bedürfnisorientiert), Tun-Orientierung (aktivitätsorientiert) und Seins- und Werden-Orientierung (ganzheitliche Orientierung unter Berücksichtigung aller Aspekte des menschlichen Seins). Die Gestaltung der zwischenmenschlichen Beziehungen erfolgt als Gemeinschaft (kollektivistisches System) oder Gesellschaft (individualistisches System).
Das Kultur-Ebenen-Modell (Schein 1985) geht davon aus, dass die von Kluckhohn u. Strodtbeck beschriebenen grundlegenden Werteorientierungen die Basis jeder Kultur sind. Diese Basisannahmen sind normalerweise kollektiv im Unterbewusstsein von Menschen einer Kultur verankert. Davon abgeleitet befinden sich auf einer darüber liegenden, mittleren, nur teilweise unbewussten Ebene die Werte und Normen, die man in der Kultur als bedeutsam ansieht und miteinander teilt und von denen sich Verhaltensregeln ableiten. Auf der obersten sichtbaren Ebene zeigt sich die Kultur durch Verhaltensweisen der Menschen und die von ihnen entwickelten Artefakte, z. B. Kleidung und Architektur (► Abschn. 8.3; Eisbergmodell). Je tiefer verankert, desto selbstverständlicher und dementsprechend schwerer veränderbar sind die Kulturelemente.
Psychologisch vermittelnd stehen zwischen der mittleren Ebene der kulturellen Werte und der oberen Ebene des Verhaltens Erwartungen an die Wirkungen des eigenen Verhaltens, die sich aus den kulturellen Werten ableiten. Hierdurch funktioniert die Koordinierung zwischen Menschen innerhalb einer Kultur relativ gut. In zwischenmenschlichen, interkulturellen Interaktionen erfolgt die Koordinierung mit mehr Reibungsverlusten, weil nur das Verhalten des Gegenübers wahrgenommen wird und entweder fehlinterpretiert wird oder ggf. irritierend wirkt, aber die damit verbundenen – von kulturellen Werten abgeleiteten – Intentionen des Verhaltens des Gegenübers nicht verstanden werden. Eine wichtige Rolle spielen dabei Attribuierungen, d. h. dass man sich das Verhalten anderer aufgrund generell lückenhafter Informationen zu erklären versucht (entweder in der Person des Gegenübers liegende »interne« oder in der Situation liegende »externe« Gründe). Im interkulturellen Kontext sind Attribuierungen aber häufig falsch, weil gleiche Verhaltensweisen unterschiedliche Bedeutungen haben und verschiedene Verhaltensweisen gleiche Bedeutung haben können (Pedersen 1993, S. 347; ► Abschn. 2.6.5).
Alle kulturvergleichenden Untersuchungen bauen auf den von Kluckhohn und Strodtbeck entwickelten Kulturdimensionen auf, entwickeln neue Dimensionen oder Kulturtypen bzw. -standards und modifizieren die Dimensionen.

2.1 Kulturdimensionen

▪ Hofstede

Eines der einflussreichsten Kulturmodelle ist das von Hofstede (1983). Er verglich in einer großen empirischen Interviewstudie Einstellungen und Werte von über 116.000 IBM-Mitarbeitern aus 67 Ländern. Er hat mithilfe von Faktorenanalysen zunächst vier Dimensionen arbeitsbezogener Wertvorstellungen extrahiert. Die Forschergruppe Chinese Culture Connection (1987) bestätigte seine Dimensionen, insbesondere die Kollektivismusdimension, in einer Untersuchung, in die 20 Nationen einbezogen waren, und identifizierte eine weitere für China spezifische wertebezogene Dimension, nämlich die eine Langzeitorientierung hervorrufende konfuzianische Arbeitsethik. Die Dimensionen von Hofstede, die auf der mittleren Ebene der Werte angesiedelt sind, umfassen:

- Machtdistanz (groß – klein),
- Kollektivismus (vs. Individualismus),
- Maskulinität (vs. Feminität),
- Unsicherheitsvermeidung (stark – schwach),
- Langzeitorientierung (niedrig – hoch).

In Kulturen mit hoher Machtdistanz laufen Entscheidungs- und Kommunikationsstrukturen von oben nach unten; es ist unüblich, den Autoritäten zu widersprechen. Die in der Hierarchie unten Stehenden akzeptieren das Machtgefälle. In Kulturen mit geringer Machtdistanz sind dagegen die Entscheidungs- und Kommunikationsstrukturen partizipativ angelegt.

In kollektivistischen Kulturen existieren enge Gruppenbindungen, verbunden mit Verpflichtungen gegenseitiger Hilfe. Die kollektiven dominieren die individuellen Interessen. Kinder lernen in Wir-Begriffen zu denken. Menschen, die sich von der Gruppe und ihren Normen abzuheben versuchen, werden kollektiv sanktioniert. Die Trennung zwischen dem Eigenen und dem Fremden verläuft in diesen interdependenten Kulturen strikt; zu dem Eigenen gehören vor allem die Mitglieder der erweiterten Familie. In individualistischen Kulturen sind das Streben nach Autonomie und individueller Persönlichkeitsentwicklung wichtige Werte; diese sind eng mit der Vorstellung verbunden, dass jeder Mensch das Potenzial in sich trägt, aus eigener Kraft etwas zu werden. Die Durchlässigkeit zwischen dem Eigenen und dem Fremden ist in diesen independenten Kulturen größer; das Eigene hat das eigene Ich im Zentrum und kann flexibel andere Menschen (»Freunde«) in die Eigengruppe integrieren.

In maskulinen Kulturen orientieren sich die Mitglieder an materiellem Gewinn, Leistung, Durchsetzungsvermögen und Besitzstreben. In femininen Gesellschaften verhalten sich die Mitglieder eher beziehungs- und kooperationsorientiert. Die vorherrschenden Werte sind am Gemeinwohl und der Fürsorge für alle Mitglieder orientiert. In maskulinen Kulturen sind diese Werte eng den Geschlechterrollen zugeordnet.

Mitglieder von Kulturen mit starker Unsicherheitsvermeidung können Situationen schlecht aushalten, auf die sie nicht vorbereitet oder deren Anforderungen widersprüchlich sind. Sie neigen zu Recht und Ordnung. In Kulturen mit niedriger Unsicherheitsvermeidung haben die Menschen eine hohe Ambiguitätstoleranz und Improvisationstalent. Sie empfinden zu viele Regeln als einengend, vielfach verbunden mit Misstrauen gegenüber einem regelsetzenden Staat.

Kulturen mit Langzeitorientierung suchen nicht den kurzfristigen Erfolg, sondern streben langanhaltende Lösungen an, die oftmals auf guten Beziehungen fundieren. Insbesondere angesichts eines anderen Arbeitsverhaltens in fernasiatischen Kulturen haben Hofstede u. Bond (1988) die Erweiterung um diese Dimension als bedeutsam angesehen.

▪ House et al.

Auch in der von House et al. (2004) durchgeführten GLOBE-Studie mit 17.000 Führungskräften in nichtmultinationalen Firmen werden Hofstedes Dimensionen verwendet und teilweise weiter ausdifferenziert. Dies hängt u. a. damit zusammen, dass nicht nur Werteorientierungen, sondern auch Verhaltensweisen erhoben wurden. Entsprechung finden Hofstedes Dimensionen bei:

- Machtdistanz,
- Unsicherheitsvermeidung und
- Zukunftsorientierung (entspricht Hofstedes Dimension Langzeitorientierung).

Hofstedes Individualismus-Kollektivismus-Dimension wird ausdifferenziert zu:

- institutionellem Kollektivismus (d. h. wie eine Organisation oder soziale Institution Praktiken der kollektiven Verteilung von Ressourcen und Handlungen fördert) und
- In-Gruppen-Kollektivismus (Ausmaß, in dem Individuen Loyalität und Kohäsion in ihren Organisationen oder Familien ausdrücken); eng damit verbunden ist auch die Dimension:
- Performance-Orientierung (also Leistungsorientierung).

Zitieren Kultur Dimension!

Hofstedes Maskulinität-Feminität-Dimension wird von House et al. differenziert nach:

- Gender-Gleichheit und
- Durchsetzung (also die geschlechterstereotype Beziehung zu anderen) (die auch Anteile der Individualismus-Kollektivismus-Dimension hat) sowie
- humane Orientierung (also Fürsorge als Wert der Gesellschaft).

House et al. wollten mit ihrem Vorgehen die beiden oberen Kulturebenen »Werte« und »Verhalten« empirisch erheben. Es zeigte sich allerdings, dass nicht, wie von den Forschern intendiert, das faktische Verhalten, sondern Einstellungen dazu erhoben wurden, die stark dem Bedürfnis sozialer Erwünschtheit entsprachen, sodass letztlich doch die Werte darin zum Ausdruck kamen.

Hall u. Hall

Während die meisten Kulturdimensionen auf der Einordnung von Kulturen nach deren Werten (und davon abgeleiteten Praktiken) basieren, haben Hall u. Hall (1990) nur das menschliche Verhalten in den Fokus genommen und dabei insbesondere die Kommunikation. Sie gehen davon aus, dass Kultur Kommunikation ist und diese durch Sprache, Artefakte und auch Verhalten erfolgt. Die Dimensionen von Hall u. Hall (1990) sind:

- Zeit
- Raum
- Dichte der Informationsnetze (Kontext) und
- Informationsfluss.

Bezüglich der Dimension Zeit ist zwischen Kulturen mit schnellem und mit langsamem Lebensrhythmus sowie zwischen monochronen und polychronen Kulturen zu unterscheiden. Monochrone Kulturen organisieren ihr Leben sequenziell, d. h., dass sie alles nacheinander erledigen, nach Plänen vorgehen und auf Pünktlichkeit Wert legen. Menschen aus polychronen Kulturen halten es für selbstverständlich, viele Aktivitäten parallel (simultan) durchzuführen.

Bei der Dimension Raum ist einerseits der Abstand (räumliche Distanz) zwischen Menschen bedeutsam, der es erlaubt, sich in Interaktionen mit anderen wohlzufühlen. Andererseits geht es um die Definition von »Innenraum« und »Außenraum« sowie deren Bedeutung im sozialen Leben (z. B. Privatheit und Öffentlichkeit).

In Kulturen mit schwachem Kontext sind die Informationsnetze wenig dicht geknüpft, sodass Interaktionspartner notwendige Hintergrundinformationen in der Regel mitnennen (explizieren) müssen, um für den anderen verständlich zu sein. Diese Menschen schirmen sich gegen zu viele Informationen ab, konzentrieren sich auf das sog. Wesentliche. Kulturen mit hohem Kontext nennen viele Informationshintergründe nur implizit, d. h. Zuhörer müssen sich im Kontext des anderen schon auskennen und somit zur In-Group gehören. Die Dichte der Informationsnetze hat Auswirkungen auf den Informationsfluss. In Kulturen mit starkem Kontext verbreiten sich Informationen informell und nahezu ungehindert innerhalb von Gruppen. Die Dimension Kontext von Hall u. Hall wird in enger Verbindung zu Hofstedes Dimensionen Kollektivismus/Individualismus und Machtdistanz gesehen (House et al. 2004).

Den Dimensionen von Hall u. Hall fehlt die empirische Überprüfung, jedoch haben sie vielfache Bezüge zu den Kulturdimensionen von Hofstede (1983), House et al. (2004) und Kluckhohn u. Strodtbeck (1961). Zudem beziehen sie sich auf die Kulturelemente, die im von uns präferierten semiotischen Kulturverständnis besonders herausgestellt werden, nämlich der Entstehung von Kultur im kommunikativen Akt.

Eine weitere Unterscheidung der Dimensionen mit dem Fokus auf den Ausprägungen Gesellschaft versus Individuum (Winkler 2011, S. 59ff.) wirkt zunächst künstlich, da beide immer miteinander vermittelt sind: Das Individuum agiert als Teil der Gesellschaft und ist durch diese kulturell geprägt; die gesellschaftlichen Werte sind von den Individuen geteilte Werte und diese können darauf auch Einfluss nehmen. Jedoch ist es bedeutsam, dass sich einige Dimensionen auf die soziale Ordnung der Menschen beziehen (insbesondere Machtdistanz und Kollektivismus/Individualismus) und dadurch ein in der Kultur unübliches Verhalten eher als Ausdruck einer bewussten Abweichung von der Norm und damit als ein Sich-gegen-die-Gemeinschaft-Stellen-Wollen erlebt wird. Demgegenüber werden Abweichungen von durch andere Dimensionen geprägte Regeln eher als individuelle Stile des Verhaltens wahrgenommen,

z. B. das Zeitverhalten. Diese unterschiedlichen Wahrnehmungen eines unbekannten Verhaltens sind bedeutsam für die Wertung und Einordnung sowie für das damit verbundene Konfliktpotenzial, wenn Menschen in interkulturellen Überschneidungssituationen aufeinandertreffen (ebd.).

■ Lewis

Es gibt zahlreiche Kulturdimensionen, die den Rahmen für unsere Kategorisierungen angesichts von Menschen aus anderen Kulturen abgeben. Als besonders eingängig kann die Unterteilung von Lewis (1998) in linear-aktive, multiaktive und reaktive Kulturen angesehen werden. Es handelt sich um ein sehr grobes Raster, das aber dadurch dem Ziel genüge tut, eine erste annähernde Vermutung über eine Person oder Situation im Sinne Adlers (1997, S. 76) zu gewinnen, ohne zu viele Festlegungen im Vorfeld zu treffen. Das System arbeitet mit Kulturtypen statt Kulturdimensionen. Lewis baut auf den Kulturdimensionen von Hofstede und von Hall u. Hall auf, integriert und verdichtet sie.

Während Lewis Ausprägungen des Leistungs- und Zeitverhaltens viele Aspekte der Dimensionen Unsicherheitsvermeidung, Langzeitorientierung und Maskulinität von Hofstede aufgreifen, sind das kommunikative und Zuhörverhalten sowie das Führungsverhalten stark durch Hofstedes Dimensionen Individualismus/Kollektivismus sowie Machtdistanz beeinflusst. Wie beschrieben, haben Hofstede u. Bond die ursprünglichen vier Dimensionen um eine fünfte erweitert, der Langzeitorientierung, die auf der für China spezifischen konfuzianischen Arbeitsethik aufbaut. Dies deutet darauf hin, dass asiatische Kulturen nicht so einfach unter ein westlich geprägtes (also ethnozentristisches) binäres Gegensatzpaar, z. B. von Individualisten und Kollektivisten, subsumierbar sind. Lewis hat eine Ausdifferenzierung vorgenommen und die den Kulturforschern Hall u. Hall (1985) entlehnten Kulturdimensionen für Zeit, Raum und Kommunikationsverhalten mit einbezogen, wodurch er nicht auf ein binäres, sondern trinäres System kam. Sein Fokus auf das kommunikative Verhalten macht sein System im Kontext des vorliegenden semiotischen Kulturverständnisses besonders interessant.

Der Ansatz von Lewis geht auf zwei Mankos anderer Kulturdimensionssysteme gezielt ein. Zum einen geht er sowohl auf die Werte- als auch Verhaltensebene ein. Dadurch bezieht er das Kommunikationsverhalten, das gemäß semiotischem Kulturbegriff konstituierend für jede Kultur ist, mit ein. Zum anderen erweitert er das Kulturdimensionssystem, indem er die typisch westliche binäre Gegensätzlichung der Pole in ein System mit drei »Qualitäten« überführt. Dies hat den Vorteil, dass Kulturen, deren Werte nicht in das binäre System passen, bzgl. ihrer besonderen Qualität nicht einfach durch Platzierung auf der mittleren »Sowohl-als-auch«-Ausprägung ignoriert werden.

Lewis Kultureinteilung macht Aussagen über Tendenzen der Leistungsorientierung, der Zeitorientierung, dem Kommunikations- und insbesondere Zuhörverhalten sowie dem Führungsverhalten (zur näheren Beschreibung ► Abschn. 2.4, ► Abschn. 2.5).

■ Thomas

Eine Alternative zu einem kulturübergreifenden System von Kulturdimensionen, wie es von kulturvergleichenden Forschern entwickelt wurde, stellt das Vorgehen der Interkulturellen Psychologie dar. So analysiert z. B. Thomas (2003a) die interkulturellen Überschneidungssituationen und identifiziert mittels der Critical-Incidents-Technik (Flanagan 1954) kritische Situationen zwischen Vertretern zweier Landeskulturen, die er im Hinblick auf Verständnis der Wertehintergründe und bester Handlungsalternativen als Lehrmaterial präsentiert. Wir sehen in diesem Vorgehen, Kulturstandards zu identifizieren, die Chance der Sensibilisierung für Konfliktsituationen, aber auch die Gefahr, dass das Material als Rezeptwissen (Dos and Don'ts) genutzt wird. Letztlich wird beim Verständnis der impliziten Werte auch auf die von kulturvergleichenden Forschern entwickelten Kulturdimensionen zurückgegriffen.

2.2 Diversität: Kulturdimensionen und Stereotypisierung

Menschen sind unterschiedlich. Sie sind geprägt durch ihre verschiedenen kulturellen Sozialisationsinstanzen (wichtige Menschen wie die Eltern, wichtige Institutionen wie die Schule) und durch individuelle Eigenheiten (z. B. Temperament). Auf diese Weise ist jeder Mensch eine ganz besondere Mischung. Nichtsdestotrotz kann man der Einfachheit halber davon ausgehen, dass zwei Menschen, die durch dieselbe sozialisierende Institution gegangen sind, zwar nicht gleich, aber in dieser Hinsicht ähnlich sind, weil sie gemeinsame Sichtweisen und Handlungsmuster übernommen haben. Zumindest statistisch gesehen sind sich Menschen aus einer gemeinsamen kulturellen Sozialisationsinstanz ähnlicher als Menschen aus unterschiedlichen Sozialisationsinstanzen, z. B. anderen Ländern. Steckt man sie damit aber nicht in eine Schublade? Diese Frage stellt sich im interkulturellen Kontext immer wieder.

Nun ist die menschliche Orientierung in der Alltagswelt generalisierend und typisierend (Schütz 1974), und entsprechend werden Menschen, denen wir zum ersten Mal begegnen, sozial eingeordnet.

» Um nicht handlungsunfähig zu werden, kann es sich niemand leisten, die Aspekte der Welt permanent mit maximaler Differenziertheit zu betrachten. Insofern ist die Neigung, unbekannte und vielschichtige Bereiche zunächst in grobe Kategorien einzuteilen, eine grundlegende Eigenschaft menschlicher Wahrnehmung (Layes 2003, S. 121).

Für die Einordnung stehen den Menschen kulturell ausgebildete soziale Kategorien zur Verfügung, mithilfe derer sie sich sehr schnell einen Eindruck darüber verschaffen, mit was für einem Gegenüber sie es zu tun haben. Dazu gehören insbesondere »Geschlecht«, »Ethnie«, »Status«, »Religion« u. a. Diese Kategorien werden vor allem beim Erstkontakt mit Fremden relevant. Über das Erkunden der jeweiligen Kategorienzugehörigkeit eröffnen sich Anknüpfungspunkte für ein Gespräch und ein weites kategorienspezifisches Hintergrundwissen über den Kommunikationspartner. Dieses Hintergrundwissen speist sich aus eigenen Erfahrungen, Erfahrungen aus zweiter Hand sowie – im Falle von Ethnien – aus Kulturdimensionen. In diesem Sinne stellt die Kategorisierung ein Kommunikationspotenzial dar. Adler (1997, S. 76) charakterisiert dieses als »first-best-guess about a person or a situation«. Wenn man von weiter weg auf die Individuen einer Kultur schaut, erscheint ihr Verhalten als nahezu identisch; geht man näher hin, treten die individuellen Unterschiede vermehrt in den Blick.

Kulturen und damit auch ihre Zuschreibungen sind ständig im Fluss, sodass es spätestens, wenn man länger mit Fremdkulturen zu tun hat, notwendig ist, den Blick von den als typisch angesehenen Merkmalen zu lösen und ihn stattdessen auf die Produktion von Mustern des Denkens, Wahrnehmens, Fühlens und Handelns im Alltag zu richten. Gerade in der Begegnung unterschiedlicher Kulturen werden zwar kulturell bedingte Unterschiede deutlich, ja treten oftmals erst pointiert in Erscheinung. Gleichzeitig werden aber auch intuitive Annäherungsstrategien deutlich, die zur Modifikation bisheriger Muster auf beiden Seiten führen können. Wir sprechen aufgrund der Fluidität von Kulturen und der patchworkartigen kulturellen Zusammensetzung jedes Individuums deshalb vorzugsweise von Kulturtypen – der Typus ist das statistische Mittel, das in Reinform so nie auftritt. Kultur als Typus ist entgegen der Vorstellung, dass sich Nationalkulturen durch die vielen interkulturellen Begegnungen heutzutage nach und nach im Sinne von Vielfalt auflösen würden, resilient; sie bleibt als Mitglieder einer Kultur verbindender Hintergrund, der diesen Mitgliedern trotz aller Variationen als unbewusster Orientierungsrahmen dient.

Wenn Mitgliedern anderer sozialer Gruppen Eigenschaften und Verhaltensweisen vereinfachend und uneingeschränkt generalisierend zugeschrieben werden, spricht man i. Allg. nicht von Typisierung oder Kategorisierung, sondern von Stereotypisierung (Allport 1954; Keim 2002, S. 248f.). Wie Layes verdeutlicht:

» Äußerst problematisch ist allerdings, wenn man sich der Vorläufigkeit und Undifferenziertheit von Stereotypen nicht mehr bewusst ist. Dann kann es schnell passieren, dass aus Stereotypen Vorurteile werden (Layes 2003, S. 121).

Stereotypisierungen sind also generalisierende, rigide und vereinfachende Eigenschaftszuschreibungen an soziale Gruppen und deren Mitglieder, die in Verbindung mit emotional (meist negativ) wertender Tendenz (Quasthoff 1987) zu Vorurteilen werden. Stereotype entstehen beim Aufeinandertreffen spontan und dienen über den Mechanismus der Abgrenzung der Versicherung der eigenen Gruppenidentität (Sherif et al. 1961; Tajfel u. Turner 1986).

Meist werden sie implizit verwendet. Sie gehören zum üblichen Wissen von anderen Gemeinschaften und Kulturen. Sie können in der interkulturellen Kommunikation auch als Ressource zur Herstellung von Gemeinsamkeit zwischen Fremden und als Anknüpfungspunkte für ein Gespräch dienen. Häufig führt ihre Verwendung aber zum Aufbau von Barrieren und wirkt dann negativ bis sogar vernichtend auf die interkulturelle Kommunikation. Dies geschieht in Form von Vorurteilen dann, wenn zur vereinfachten Zuordnung auch noch (negative oder positive) Wertungen hinzukommen. Eine weitere problematische Variante stellt der Ethnozentrismus dar, für den es keine andere gültige Sicht auf die Welt gibt als die der eigenen Kultur. Diese ist sowohl Ausgangspunkt jeder Überlegung als auch Maßstab zugleich. Andere Sichten werden schlicht nicht zur Kenntnis genommen. Eng mit dem Modus der Stereotypisierung verbunden ist der Chauvinismus, also die Vorstellung der Überlegenheit der eigenen Kultur und der damit verbundenen Zuschreibungen. Hieraus entsteht eine generelle Abwertung von anderen Kulturen, ihren Sichtweisen und Werten.

Der Umgang mit Kulturdimensionen kann einer hilfreichen Typisierung fremdkultureller Menschen dienen, mithilfe derer die soziale Orientierung und Interaktion einerseits erleichtert wird, die aber andererseits auch offen für die Erfahrung bleibt, dass sich ein konkretes Individuum davon unterscheidet. Kulturspezifische Typisierungen können aber auch zu Stereotypisierungen und Vorverurteilung fremdkultureller Menschen führen, wenn sie rigide angewendet werden.

Trotz der Gefahr der vorverurteilenden Stereotypisierung kann auf Kulturdimensionen nicht verzichtet werden. Das kulturelle Selbstverständnis von Individuen und Kollektiven ist nur im Spiel der Differenzen artikulierbar: in Abgrenzung des Eigenen vom Anderen und Fremden. Es tritt erst dann in Erscheinung. Differenzierung ist somit ein wichtiger Schritt zur Selbsterkenntnis. Der Fokus sollte, ohne endgültige Unterschiede zu postulieren, auf der Auseinandersetzung damit liegen, wie kulturspezifische Praktiken und Strukturen im Alltag von Individuen, einer Gruppe, Gemeinschaft, Gesellschaft entstehen, reproduziert, tradiert oder transformiert werden. Diesbzgl. wäre den kommunikativen und interaktiven Ko-Konstruktionen eigen- und fremdkultureller Wirklichkeiten besondere Aufmerksamkeit entgegenzubringen. Ein solches Vorgehen versucht die Balance zu finden zwischen einer absolut verstandenen Idee der Konstruktion von Kultur im Sinne der Auflösung kultureller Eigenarten in situativer Beliebigkeit und einer Festlegung von Kulturen auf fixe Einzelmerkmale. Unterschiede werden auf diese Weise nicht wegdiskutiert, sondern zeigen sich in typischen Ausprägungen, gebrochen an einer Vielfalt subkultureller gegenläufiger Tendenzen und situativer Anpassungsdynamiken.

Es gilt somit die Notwendigkeit zu unterscheiden (z. B. per Kulturdimensionen) und doch die Begrenztheit der Unterscheidung anzuerkennen. Gerade die interkulturelle Sichtweise lenkt deshalb mehr den Fokus darauf, was mit Menschen in interkulturellen Überschneidungssituationen passiert und wie sie agieren, als inwiefern sie unterschiedlich sind.

2.3 Kulturelle Selbst- und Fremdsichten

Kultur ist und bestimmt somit die Art und Weise, wie die Welt gesehen wird, was für einen Sinn man in das Wahrgenommene legt bzw. welche Konsequenzen man aus der Wahrnehmung ableitet und welche Sicht- und Verhaltensweisen als normal bzw. unnormal und richtig oder falsch angesehen werden. Auch die Frage, was als legal und legitim angesehen wird, also wie stark man sich an formalem Recht und Gesetz orientiert, ist stark kulturabhängig. Jede kulturelle Gemeinschaft hat somit ihren eigenen Wahrnehmungshorizont oder -fokus, insbesondere bzgl. der identitätsstiftenden Konzepte, Glaubenssätze und Werte, der sich mehr oder weniger stark von dem anderer Kulturen unterscheidet. Hieraus rühren Verständigungsschwierigkeiten zwischen den Kulturen. Allerdings ist davon auszugehen, dass es mit Vertretern jeder Kultur Überschneidungen der Fokusse gibt. Trifft man mit Menschen aus anderen Kulturen zusammen, sollte man sein Augenmerk auch auf die überlappenden Elemente richten, weil diese die einfachste Basis für eine Verständigung bilden.

Auch ist zu bedenken, dass in der Interaktion mit Menschen aus einem anderen Kulturkreis nicht nur die unterschiedlichen Perspektiven auf die Welt aufeinandertreffen, sondern auch die Vorstellungen, die sich jeder von der Sicht des anderen auf die Welt macht (diese Sichten sind wiederum stark von Stereotypen geprägt). Hier sind zirkuläre Prozesse wirksam, d. h. Selbst- und Fremdsichten beider Interaktionspartner wirken permanent wechselseitig in iterativen Prozessen aufeinander ein und führen zu unvorhersehbaren Reaktionen in der Interaktion. Diese Selbst- und Fremdsichten bilden dabei nie die Wirklichkeit 1:1 ab, sondern sind immer geprägt von subjektiven Vorstellungen, selektiver Wahrnehmung und Verarbeitung, unbewussten Erwartungen etc. Der interkulturelle Dialog erhält eine zusätzliche Komplexität dadurch, dass die Fremdsichten von den im Folgenden näher ausgeführten Kulturkategorisierungen und Stereotypisierungen bis hin zu Vorurteilen geprägt sind.

Als Konsequenz dieser Dopplungen von Perspektiven gilt es zu berücksichtigen, dass das Verhalten in interkulturellen Interaktionen anders ist als das Verhalten innerhalb des eigenen Kulturkreises. Das Verhalten im interkulturellen Kontext ist also sowohl von den eigenen kulturellen Orientierungen als auch von der Antizipation des Verhaltens des Gegenübers zirkulär geprägt. Dies macht die Interaktionen komplex und wenig konkret vorhersehbar. Deshalb hilft das Wissen um Dos and Don'ts, die vielfach aus Kulturkategorisierungen abgeleitet sind, in anderen Kulturräumen auch nur bedingt weiter.

Das folgende Beispiel verdeutlicht zirkuläre Prozesse in interkulturellen Interaktionen:

Eine Person aus Kultur A, in der viel Wert auf Pünktlichkeit gelegt wird, hat eine Verabredung mit einer Person aus Kultur B, in der eher weniger Wert auf Pünktlichkeit und straffe Zeitpläne gelegt wird. Im Wissen um diese unterschiedlichen Orientierungen kommt Person A zu einer Verabredung mit Person B wesentlich später als abgemacht. Vertreter B dagegen weiß um die Bedeutung der Pünktlichkeit im Kulturraum des anderen und kommt deshalb, entgegen seiner Gewohnheiten, sehr pünktlich zu der Verabredung. Sehr erstaunt, verunsichert und verärgert nimmt er das Zuspätkommen von Person A auf. Wäre Person A ein Mensch seines eigenen Kulturkreises, wäre dieses Verhalten für ihn unproblematisch. Doch mit seinem Wissen um die kulturellen Gepflogenheiten des Kulturraums A und der dort üblichen hohen Bedeutung von Pünktlichkeit wertet er das Zuspätkommen persönlich und deutet dieses Verhalten als Respektlosigkeit ihm gegenüber. Es kann also zu großen Missverständnissen kommen, wenn beide im Bemühen sich anzupassen, die kulturellen Gewohnheiten des Anderen antizipieren und in das eigene Verhalten integrieren.

Dieses Beispiel bezieht sich auf Verhaltensweisen, die sichtbar und bewusst steuerbar sind, also auf all das, was sich im Eisbergmodell oberhalb der Wasseroberfläche befindet. Bei weniger bewussten und steuerbaren Verhaltensweisen ist dagegen der Prozess des Sich-aufeinander-Einstellens weniger geradlinig und von zigfachen Anpassungsschleifen geprägt. Die Interaktion ist nur als zirkulärer Prozess aus Antizipation und Reaktion zwischen A und B verstehbar. Hierbei erzeugen die Akteure – nahezu permanent – Missverständnisse, die auch bei größter interkultureller Kompetenz nie ganz zu vermeiden sind. Gleichzeitig ist dieser Prozess notwendig, da dabei zunehmende Annäherung an die Kulturen und Verständigung zwischen den Kulturen erfolgen. Aus diesem Grund ist es gut, in interkulturellen Kontakten immer auch die Fremdsicht auf die eigene Kultur zu kennen und in Interaktionen sensibel für diese zirkulären Prozesse zu sein, in denen Selbst- und Fremdsichten gewichtige Rollen spielen.

2.4 Kulturtypen

Lewis (1998) ordnet Länder bzw. geografische Räume gemäß der von ihm entwickelten Kulturtypen »linear-aktiv«, »multiaktiv« und »reaktiv« zu. Nordamerika und Großbritannien sowie die nordeuropäischen Länder außer Finnland gelten als linear-aktive Kulturen. Südeuropa, die arabischen Länder, Indien, Afrika sowie Lateinamerika werden von multiaktiven Menschen bewohnt, die asiatischen Länder sowie Finnland sind reaktive Kulturen. Länder, die demselben Kulturtypus angehören, haben verschiedene Ausprägungen. So hat Italien schwächer ausgeprägte multiaktive Tendenzen als Brasilien. Auch gibt es Überschneidungen. Manche Länder sind von verschiedenen Kulturtypen geprägt; so haben Vietnam und Indien sowohl multiaktive als auch reaktive Eigenschaften; Finnland trägt trotz aller reaktiven Merkmale auch linear-aktive Züge.

Auch wenn die Kategorisierung auf Grundlage der Landeskultur einschlägig erscheint, beruht sie doch nur auf einer kulturprägenden Institution. Menschen sind, wie Lewis (ebd.) ausführt, einerseits durch die Landeskultur geprägt, andererseits wird diese Prägung aber auch bzgl. der Zuordnung zu einem Kulturtypus durch Subkulturen relativiert. Eine wichtige kulturprägende Instanz ist das Geschlecht. Frauen verhalten sich im Durchschnitt multiaktiver und reaktiver als Männer. Des Weiteren wird die kulturelle Ausrichtung stark vom erlernten und ausgeübten Beruf geprägt. Menschen mit Berufen, in denen es mehr auf die Fähigkeit zur Verknüpfung von Beziehungen als auf den Umgang mit Zahlen ankommt, z. B. Lehrer, haben im Durchschnitt höhere multiaktive Werte als z. B. Ingenieure oder Bankkaufleute. Die berufliche Sozialisation führt in einem Beruf, der die Fähigkeit zum Zuhören-Können und Empathie verlangt, z. B. des Psychotherapeuten, in der Regel zu reaktiven Ausprägungen. Auf diese Weise werden national-kulturelle durch professionell und geschlechtlich bestimmte Kulturprägungen gebrochen.

Die Kulturtypen nach Lewis beziehen sich auf das Leistungsverhalten, das in engem Zusammenhang mit der Zeitorientierung steht, sowie auf das kommunikative Verhalten, das sich auch im Zuhörverhalten widerspiegelt.

▪ Linear-aktive Kulturen

Vertreter linear-aktiver Kulturen sind aufgabenorientiert und hoch organisierte Planer. Sie erledigen ein Ding nach dem anderen, konzentrieren sich fest darauf und erledigen es gemäß einem fixen Zeitplan. Sie gehen davon aus, dass sie auf diese Weise am effektivsten sind. Ihre Dialoge sind wohlstrukturiert nach den Mustern »Frage und Antwort«, »Rede und Gegenrede«. Sie ziehen klare Äußerungen vor.

Im Hinblick auf ihr Zuhörverhalten kann man sie auch als datenorientiert bezeichnen. Sie versuchen solide Informationen in Kommunikationssituationen zu erhalten und bauen darauf ihre Entscheidungen, z. B. für einen Kauf oder eine Geschäftsbeziehung, auf.

▪ Multiaktive Kulturen

Vertreter multiaktiver Kulturen sind menschenorientiert und redselige Beziehungsstifter. Sie sind sehr flexibel, tun immer viele Dinge gleichzeitig und glauben, auf ihre Weise mehr als andere zu schaffen. Sie sind weder pünktlich noch halten sie Zeitpläne ein, wenngleich sie i. Allg. dieses vorgeben. Sie hassen es, persönliche Zusammenkünfte wegen eines anderen Termins abzubrechen, bevor sie das Ziel der Zusammenkunft erreicht haben. Zwischenmenschlicher Austausch ist ihrer Meinung nach die beste Zeitinvestition. Sie reden gerne gleichzeitig, liefern sich wortreiche Gefechte und nutzen auch eine ausgeprägte Körpersprache.

Das Zuhörverhalten der Vertreter multiaktiver Kulturen kann als dialogorientiert bezeichnet werden. Sie sind aufgrund ihrer personellen Netzwerke bestens informiert und sehen deshalb z. B. in einer offiziellen Besprechung mit Geschäftspartnern eher einen formellen Rahmen, also den richtigen Kontext für einen Deal, als eine Möglichkeit der Informationsaufnahme. Sie werden leicht ungeduldig, wenn sie von Vertretern der linear-aktiven Kulturen mit Fakten »bombardiert« werden, da diese ja aus ihrer Sicht nur einen Bruchteil – und keineswegs den wichtigsten – des als Grundlage für Entscheidungen notwendigen Gesamtbildes wiedergeben, zu dem ja vor allem die Beziehungen gehören. Sie wollen Probleme von einem menschlichen Gesichtspunkt aus und unter Einbezug ihrer Beziehungen lösen; deshalb nützt ihnen keine Agenda, wonach Punkt für Punkt eines Sachstandes abgearbeitet wird.

▪ Reaktive Kulturen

Vertreter reaktiver Kulturen sind respektorientierte gute Zuhörer. Sie initiieren eher selten Aktionen oder Diskussionen, da sie es vorziehen, erst anderen Positionen zuzuhören, dann darauf zu reagieren und eine eigene Meinung zu formulieren. Sie konzentrieren sich vollständig auf die Situation und ihre Gesprächspartner und zeigen durch Schweigen ihren Respekt gegenüber denjenigen, die sprechen. Sie äußern sich eher vorsichtig und vermeiden jede Konfrontation, was sich in der häufigen Verwendung von indirekter Rede und Passivformen zeigt. Typisch sind Halbsätze, bei denen sie davon ausgehen, dass der Zuhörer schon weiß, wie er sie zu ergänzen hat. Sie zeigen ihren Unmut eher indirekt und sind konsequenterweise Meister der Entzifferung von Körpersprache. Dennoch ist ihre eigene Körpersprache verhalten. Ihre Kommunikation folgt dem Muster »Monolog – Pause – Reflexion – Monolog«. Sie vermeiden sowohl Small Talk als auch direkten Augenkontakt.

Vertreter reaktiver Kulturen sind per se gute Zuhörer. Sie greifen Hinweise auf Sachverhalte genauso begierig wie Beziehungsaspekte im Detail auf. Dabei holen sie sich Informationen aus jeder der in ihr immenses Beziehungsnetz einbezogenen Quelle. Man kann diese Kulturen auch als Netzgesellschaften bezeichnen. Sie sind an langfristigen Beziehungen interessiert, weshalb sowohl die harten Fakten als auch die Beziehungen stimmen müssen.

▪ Kulturspezifische Führungskommunikation

Lewis beschreibt Führungsverhalten in Abhängigkeit von seinen Kulturtypen.

Ihm zufolge sind Manager in linear-aktiven Kulturen bemüht, ihre technische Kompetenz zu demonstrieren, geben bei Planungen den Fakten den Vorrang gegenüber Empfindungen und ziehen Logik den Gefühlen und Beziehungen vor. Sie sind handlungs- und geschäftsorientiert und fokussieren vor allem auf schnelle Aufgabenerledigung und Resultate. Sie pochen auf Einhaltung von Regeln und Zeitplänen und überzeugen durch ihre umsichtige Planung. Dieses Verhalten ist weitgehend unabhängig davon, ob sie einen autoritären oder kooperativen Führungsstil pflegen (► Abschn. 4.2.2).

Manager in multiaktiven Kulturen sind eher extrovertiert, emotional und schöpfen aus ihrer Eloquenz und zwischenmenschlichen Überzeugungskraft. Sie tendieren eher zum autoritären Führungsstil.

Führungskräfte in reaktiven Kulturen sind ebenso mitarbeiterorientiert, aber beeinflussen mithilfe ihres Wissens, ihrer Geduld und ruhigen Kontrolle. Trotz ihrer anerkannten Seniorität verzichten sie nie auf Höflichkeit und Bescheidenheit im Umgang mit ihren Untergebenen. Sie tun sich hervor durch das Entwickeln einer harmonischen Atmosphäre für Teamarbeit. Subtile Körpersprache ersetzt Worte. Sie sind in der Regel »alte Hasen« in der Firma, wodurch sie in ein Netzwerk eingebunden sind und Stehvermögen erlangen. Aber sie sind zugleich paternalistisch. So gesehen praktizieren sie eine besondere Mischung aus autoritärem und kooperativem Führungsstil.

2.5 Zeitorientierung

Die Zeitorientierung basiert stark auf dem Weltbild und den religiösen Vorstellungen. Die verschiedenen Zeitorientierungen sind nach Lewis (1998):
- die lineare Zeit,
- die personen-ereignis-relativierte Zeit sowie
- die zyklische Zeit.

Diese Zeittypeneinteilung geht auf Hall (1956) zurück (monochrone vs. polychrone Zeit) und erweitert dessen Konzept um eine zusätzliche asiatische, buddhistisch oder hinduistisch geprägte Zeitorientierung, nämlich die zyklische.

▪ Lineare Zeit

Die lineare Zeit entspricht der Vorstellung des sequenziellen, in eine Richtung zielenden Verlaufs der Zeit – von der Vergangenheit über die Gegenwart in die Zukunft. Gegenwart und Zukunft können beliebig unterteilt und den einzelnen Zeitabschnitten zu erledigende Handlungs- bzw. Aufgabenpakete zugewiesen werden. In profitorientierten Gesellschaften herrscht die Vorstellung von Zeit als einem schnell fließenden Gewässer, mit dem man mithalten muss, wenn man davon profitieren will. Typischer Ausdruck dafür ist die in den USA vorherrschende Devise, dass Zeit Geld sei. Das Verrinnen-Lassen von Zeit, die nicht zum Gelderwerb genutzt wird, oder Zeitverzug gegenüber einem Soll in der Aufgabenerfüllung sind gemäß dieser Devise gleichbedeutend mit dem Verlust von Geld. Wenn dagegen das Plansoll zeitlich übererfüllt wird, man also vor der geplanten Zeit fertig ist, bedeutet dies reinen Geldgewinn. Auf diese Weise werden die effektive Nutzung von Zeit, Pünktlichkeit und die Einhaltung von Plänen sakrosankt. Die religiöse Wurzel ist die protestantische Arbeitsethik, wonach Arbeit einem gottgefälligen Werk vergleichbar oder sogar noch wertvoller als das Beten ist und die Gottgefälligkeit sich im dadurch angehäuften Reichtum widerspiegelt.

- **Personen-ereignis-relativierte Zeit**

Die personen-ereignis-relativierte Zeitvorstellung von Vertretern multiaktiver Kulturen unterscheidet sich davon. Zeit ist hier eine beliebig streck- und dehnbare Einheit in Abhängigkeit von der Bedeutung der momentanen Handlung, wodurch sich das Einhalten von Zeitplänen und Pünktlichkeit um ihrer selbst willen verbietet. Das heißt, es werden Zeitpläne gemacht, aber die Aktivitäten werden beliebig nach hinten verschoben, und ggf. müssen am Schluss Abstriche vom geplanten Ziel gemacht und auf einige der auf der Agenda hinten liegenden Aktivitäten verzichtet werden. Viele Aktivitäten können parallel laufen; je mehr gleichzeitig, desto wohler fühlen sich die Multiaktiven. Wie schon ausgeführt, ist in dieser Sicht das Zu-Ende-Bringen einer zwischenmenschlichen Interaktion die beste Möglichkeit, seine Zeit zu investieren. Diese Sichtweise von Zeit hat ihre Fundamente sowohl in katholischen als auch islamischen Traditionen.

Im Katholizismus wird von einem Weltenende und Ende eines menschlichen Lebens ausgegangen, d. h. von einer zeitlichen Befristung der Aktivitäten eines Menschen, und davon, dass sich der Mensch für seine Taten vor einem Jüngsten Gericht zu verantworten hat. Folglich muss er die Zeit gottgefällig nutzen.

- **Zyklische Zeit**

Zyklische Zeitorientierungen weichen von diesen beiden Modellen fundamental ab. Während sowohl die Linear-Aktiven als auch die Multiaktiven möglichst großen Effekt aus ihrer Art, die Zeit zu managen, ziehen wollen, gehen die Vertreter zyklischer Zeitorientierung mit der Zeit. Der Verlauf der Zeit ist zyklisch, d. h., wie in einem Kreis kommen alle Ereignisse irgendwann wieder auf einen zu, alle Herausforderungen, denen man sich noch nicht gestellt hat, ebenso wie alle Chancen, die man bisher verpasst hat. Es ist dies eine sog. natürliche Zeitvorstellung, die sich die Prozesse in der Natur zum Vorbild nimmt. Demnach geht jeden Tag die Sonne auf und wieder unter, die Jahreszeiten folgen aufeinander, und ebenso tun dies die Menschen in der Generationenabfolge. Auch der Glaube an die Wiedergeburt gehört in diese Vorstellung vom Leben als Kreislauf. Da dieser Kreislauf schon seit undenklichen Zeiten währt, kann auch davon ausgegangen werden, dass die Zeit kein Ende hat.

Auch im Geschäftsleben nehmen sich Menschen mit einer zyklischen Zeitorientierung Zeit. Sie gehen davon aus, dass in der Vergangenheit die Weichen für die Zukunft gestellt werden, und deshalb muss jede Entscheidung gründlich und für die Zukunft tragfähig durchdacht werden. Es handelt sich nicht um einen linearen Zeitablauf, bei dem die Ereignisse wie Perlen auf einer Schnur aufgereiht sind, deren Aufreihung also eine Folgerichtigkeit hat, sondern um einen Ereignispool, um den man herumschreiten und von allen Seiten ausgiebig ansehen kann, bevor man sich das Passende herausnimmt.

2.6 Konflikte

Nachdem in den vorigen Abschnitten aus kulturvergleichender Perspektive fundamentale Unterschiede zwischen Kulturen herausgearbeitet wurden, kann man sich vorstellen, dass diese in interkulturellen Überschneidungssituationen leicht zu Missverständnissen, Irritationen bis hin zu Konflikten führen können. Im Folgenden interessiert, welche Rolle Kulturunterschiede bei der Entstehung von Konflikten sowie bei der Lösung von Konflikten spielen. Man unterteilt nach fünf Typen von Konfliktursachen (die folgenden Ausführungen zum Konfliktgeschehen basieren auf Glasl 1994):

1. Bewertungs- und Zielkonflikte: Hier herrscht Uneinigkeit über die Bedeutsamkeit eines Ziels bzw. Ziele sind unvereinbar; auch verschiedene Werte und Bedürfnisse prägen den Konflikt.
2. Beurteilungs- und Wahrnehmungskonflikte: Zwar herrscht Konsens über das Ziel, aber Uneinigkeit über Mittel und Wege, um das Ziel zu erreichen. Ursachen hierfür werden in abweichenden instrumentellen Überzeugungen, mehrdeutigen Situationen sowie erschwerter Kommunikation zwischen Parteien gesehen.
3. Rollenkonflikte: Hier führen ungeklärte Rollen zu Konflikten. Hintergrund dafür können Konstellationen sein, wodurch eine Person verschiedene unvereinbare Rollen übernimmt oder sich in Gruppen mit unvereinbaren Zielen/Werten aufhält.

4. Verteilungskonflikte: Hierbei geht es um Auseinandersetzungen über die Aufteilung knapper Ressourcen. Entweder es handelt sich um Situationen, in denen faktisch knappe Ressourcen verteilt werden müssen, oder um solche, in denen eine starke Wettbewerbsorientierung herrscht.
5. Beziehungskonflikte: Diese entstehen bei Ablehnung oder Herabsetzung anderer Personen.

Man unterteilt Konflikte danach, ob sie auf der individuellen oder kollektiven Ebene erfolgen, und es sich dabei um einen Intrasystem- oder Intersystemkonflikt handelt. Da dieses Buch sich auf die interkulturellen Überschneidungssituationen bezieht, liegt der Fokus auf den Konflikten zwischen zwei (oder mehr) Individuen. Jedoch sind Konflikte, die ihre Ursache in unterschiedlichen Sprachen und Kulturen haben, im Prinzip auch immer zugleich kollektive Konflikte, jedoch werden sie vielfach auf der individuellen Ebene ausgetragen.

Konflikte beruhen immer auf der Bewertung eines Verhaltens des Gegenübers in einer bestimmten Situation. Am Anfang jedes Konfliktes steht deshalb die subjektive Wahrnehmung des Gegenübers (oder auch seiner Worte) und des Kontextes. Nach Glasl (1994, S. 34) nehmen deshalb die Perzeptionen (Wahrnehmungen, Vorstellungen, Gedanken) eine zentrale Rolle ein. Diese gehen mit Gefühlen einher (Emotionen, Stimmungen, Einstellungen, Haltungen, Neigungen) und stehen auch in enger Wechselwirkung mit dem eigenen Willen (Ziele, Absichten, Motive, Triebe). Durch Rückkopplungseffekte dieser drei psychischen Systeme entsteht das Verhalten (Worte, Taten, nonverbale Aussagen). Dieses zeitigt beim Gegenüber Effekte (subjektive und objektive Wirkungen), natürlich in Abhängigkeit davon, wie dieses Subjekt das Verhalten des anderen auf Basis seiner eigenen Perzeptionen, Gefühle und seines Willens bewertet.

Konfliktspannung führt zu kognitiver, affektiver und verhaltensmäßiger Engführung und damit zur Reduktion von Verhaltensoptionen. Typische Muster sind:

- Polarisierung: Verengtes Denken in »Entweder-oder-Lösungen«,
- Egozentrik: Verlust an Verständnis für die Gegenseite,
- Regression: Aggressive und kurzsichtige Reaktionen sowie
- Rigidität: Festhalten an vertrauten Verhaltens- und Sichtweisen.

Glasl (1994) weist darauf hin, dass diese Muster zur weiteren Konflikteskalation führen, wobei die von ihm für die Eskalationsdynamik beschriebenen typischen Stufen zeigen, dass es mit zunehmendem Verlauf eines Konfliktes immer schwieriger wird, einen Konflikt zu lösen, da über die Konfliktursache hinaus sich die Konfliktparteien immer stärker als ganze Person oder Personengruppe angegriffen fühlen. Damit einher geht, dass das anfängliche Bestreben nach einer einvernehmlichen, jeder Konfliktpartei zuträglichen sog. Win-win-Lösung durch eine Win-loose-Lösung abgelöst wird. Dabei herrscht die Vorstellung auf beiden Seiten, dass nur eine Seite Recht haben und durch die Lösung Befriedigung erzielen kann. Im weiteren Konfliktverlauf läuft es immer mehr auf eine Loose-loose-Lösung hinaus; die Konfliktparteien nehmen in Kauf, dass mit der Bestrafung und möglichst Auslöschung des Kontrahenten auch ein eigener Schaden oder sogar der eigene Untergang verbunden sein kann. Die typischen Verhaltensmuster in Konflikten schaffen neue Konflikte und eben auch Unwohlsein der beteiligten Personen, sodass sie diesen Zustand überwinden wollen. Dabei nutzen Menschen recht unterschiedliche Strategien, die natürlich mit ihrer Einschätzung der Stufe der Eskalationsdynamik zusammenhängen:

- **Vermeiden:** Problem ignorieren; mit anderen Fragen beschäftigen; notwendige Gespräche hinauszögern.
- **Nachgeben:** Forderungen entsprechen; einseitige Zugeständnisse; eigenen Anspruch verändern.
- **Streben nach Kompromissen:** Wechselseitige Zugeständnisse; Rücknahme kritischer Forderungen.
- **Integrieren/Problemlösen:** Kreative Lösung suchen, die den Bedürfnissen aller Parteien gerecht wird.
- **Kämpfen:** Wettkampforientierung, nach der nur einer Recht haben und gewinnen kann.

Nach dem Dual-Concern-Modell hängen die Konfliktstrategien von der jeweiligen Motivorientie-

■ Tab. 2.1 Dual-Concern-Modell (Mod. nach Nerdinger et al. 2008, S. 128; Pruitt, D. G. & Carnavale, P. J., Negotiation in social conflict, © 1993. Reproduced with the kind permission of Open University Press.)

Konzentration auf das Ergebnis des anderen	Konzentration auf eigenes Ergebnis	
	Niedrig	Hoch
Hoch	Anpassung, Nachgeben	Zusammenarbeit, Integrieren
Niedrig	Vermeidung	Wettkampf, Kämpfen

rung – Konzentration auf das eigene und/oder andere Ergebnis – ab (■ Tab. 2.1).

2.6.1 Kommunikation als Konfliktursache in interkulturellen Überschneidungssituationen

Bei einigen der vorgenannten Konfliktursachen spielen Sprache und Kommunikation eine wichtige vermittelnde Rolle. Insbesondere für die Beurteilungs- und Wahrnehmungskonflikte wird explizit auf erschwerte Kommunikation als Ursache verwiesen. Kommunikation im interkulturellen Kontext ist meist sprachlich erschwert, einerseits wegen fehlender gemeinsamer Sprachbasis, andererseits wenn der eine in der Muttersprache, der andere in der Fremdsprache spricht. Sprache und Kommunikation sind kulturkonstituierend, wenn man dem semiotischen Kulturbegriff folgt, wie er von dem Ethnologen Geertz (1994) geprägt wurde:

Menschen bilden durch Kommunikation ihre Kultur, indem sie sich darauf meist unbewusst »einigen«, wie sie die Welt sowie den angemessenen Umgang damit sehen wollen. Mitglieder einer Kultur grenzen sich von anderen sozialen Gemeinschaften ab, indem sie ihren Zeichen eine spezifische Bedeutung geben, die nur von den Angehörigen der eigenen Kultur verstanden wird.

Sprachen arbeiten explizit und implizit mit unterschiedlichen Begriffen über die Welt (Außenwelt, psychische Innenwelt etc.), sodass Menschen mit unterschiedlichen Muttersprachen sich unterschiedliche Vorstellungen von der Welt machen.

Zitat!

Konfliktpotentiale

Auch wenn die Begriffe in eine andere Sprache übersetzt sind, folgt daraus nicht, dass die Rezipienten dasselbe verstehen. Man denke an Romanübersetzungen und den Kummer, wenn man die landestypische Atmosphäre, die die Originalsprache vermittelt, in der Übersetzung nicht wiederfindet. Menschen konstruieren sich mit Sprache und Gedankenbildern ihre Welt, ihre Kultur, und diese kann von Individuum zu Individuum unterschiedlich sein – wenn Menschen aber in unterschiedlichen Sprachen denken, sind die gedachten Welten besonders verschieden.

Da Sprache alle unsere Vorstellungen von der Welt und uns selbst prägt, hat sie auch einen gewichtigen Anteil an Missverständnissen und Irritationen in Bezug auf alle anderen Konfliktursachen. Beispielsweise sind die Anforderungen und Implikationen, die wir mit einer bestimmten Rolle wie der Führungsrolle verbinden, durch sprachliche Konnotationen geprägt. In der Arbeits- und Organisationspsychologie spielt das Konzept von Führung eine überragende Rolle. In der deutschen Sprache denkt man bei »führen« an »anführen«, »verführen«, aber auch »fahren«. Denn »führen« hat den gleichen Ursprung wie »fahren« und wird etymologisch aus dem germanischen »foran« abgeleitet. Es bedeutet im eigentlichen Sinne: »Etwas in Bewegung setzen«, »Jemandem den Weg zeigen, indem man mit ihm geht«. Eine Führungskraft, die nichts in Bewegung setzt, sondern andere nur repräsentiert, ist somit fast undenkbar. Welches Wortverständnis hat man im Russischen? Im deutsch-russischen Wörterbuch finden wir unter »Führung«: Руковóдство – Handbuch, Anweisung; ведéние – das Amt der Geschäftsleitung; управлéние – die Administration; unter »Führungskraft« findet sich управлéние – Verwalter und ведýщая – Ansager, Moderator. Die russischen Begriffe transportieren ein viel funktionaleres, auf Sachaufgaben konzentriertes Verständnis von Führung und Führungskräften als die deutschen Begriffe. Wie das Beispiel »Führung« zeigt, sind Begriffe Träger von kulturspezifischen Konzepten und deren impliziten Werten (zu Führung ► Abschn. 4.2.1, ► Abschn. 4.3.2).

Auch die Art und Weise, wie wir und welche Informationen wir weitergeben, ist in verschiedenen Kulturen unterschiedlich »geregelt« und demzufolge eine Quelle für Störungen. So unterscheiden

Hall u. Hall (1985) in Low-Context- und High-Context-Kulturen. Das entscheidende Kriterium für die Einordnung der Kommunikation ist die Genauigkeit der Information. Eine Low-Context-Kommunikation zeichnet sich durch expliziten Informationsaustausch mit wenig Interpretationsspielraum bzgl. einer Aussage aus. Hier werden nur relevante, sachdienliche Informationen ausgetauscht. Bei der High-Context-Kommunikation spielen die Atmosphäre, das Umfeld und nonverbale Signale eine deutlich größere Rolle. Beispielsweise ist die deutsche Kommunikation eher eine Low-Context-Kommunikation, die russische Kommunikation eher eine High-Context-Kommunikation (dies gilt für Verhandlungen und Geschäftsgespräche auf gleicher Ebene, nicht jedoch in hierarchischen Kontexten). Während man in der Low-Context-Kommunikation darauf vertraut, dass die Sachaussagen für sich sprechen und eindeutig sind, lädt eine High-Context-Kommunikation zur Interpretation der Aussagen ein. Man vertraut sozusagen nicht dem wörtlichen Sinn einer Aussage. In der russischen Sprache werden z. B. viele Aussagen in metaphorischer und symbolischer Form dargestellt, sodass sie mehrdeutig sind und eine Interpretation derselben zwangsläufig folgen muss. Hierfür benötigt man zusätzliche Informationen über die Person und die Situation. Somit muss man versuchen, die Aussagen im Zusammenhang mit dem restlichen Erscheinungsbild des Gesprächspartners und der Situation zu deuten. Zudem sucht man nach Hinweisen, die auf die Persönlichkeit des Gesprächspartners verweisen, und stellt demzufolge auch persönliche Fragen. Da man in Russland allgemein mehr an der persönlichen Seite als an der Geschäftsabwicklung interessiert ist, erwartet man dasselbe vom Gegenüber, z. B. ein Gespräch über Familie und Kinder. So kann es durchaus passieren, dass man eine vertrauensvolle Geschäftsatmosphäre dadurch erzeugen kann, dass man Bilder seiner Kinder zeigt. Insbesondere nonverbale Signale werden stärker gedeutet als in Deutschland, z. B. gilt das Berühren einer anderen Person während eines Gespräches als ein Zeichen der Zuversicht. Aufgrund vieler Unterschiede wird das Ziel der Kommunikation, das Verstehen, in interkulturellen Dialogen nicht immer erreicht und kann sogar leicht in einen Konflikt übergehen.

Kommunikation spielt des Weiteren für die Konfliktdynamik selbst eine herausragende Rolle, wie Putnam u. Poole (1987, S. 552; Übersetzung der Autorinnen) zeigen:

> » Kommunikation [konstituiert] das Wesen eines Konflikts, indem sie die gegensätzlichen Positionen untermauert, die Wahrnehmungen des gefühlten Konflikts einrahmt, die Gefühle und Wahrnehmung in Konfliktverhalten übersetzt und die Voraussetzungen für spätere Konflikte schafft. Somit ist Kommunikation in Bezug auf jeden Aspekt von Konflikt instrumentell, auch in Bezug auf Konfliktvermeidung oder Unterdrückung des offenen Ausdrückens des Gegensatzes und der Entwicklung von Themen der Auseinandersetzung.

Kommunikation ist somit sowohl ursächlich für einen Konflikt, wirkt prozesssteuernd und unterstützt die Lösungsgenerierung.

2.6.2 Konfliktstrategien aus kulturvergleichender Perspektive

Die Kulturvergleichende Psychologie bezieht sich in ihrer Forschung besonders auf das Dual-Concern-Modell (► Abschn. 2.6). Demnach entscheidet die kulturelle Prägung über die Motivorientierungen, die Einfluss auf die Konfliktstrategien nehmen. Wie gesagt, sind diese Motivorientierungen nicht unabhängig von der Einschätzung der Eskalationsdynamik der Kontrahenten zu sehen. Es folgen hierzu einige Befunde. Insbesondere die Kulturdimension Kollektivismus/Individualismus wird als bedeutsam für die Sichtweise auf Konflikte und ihre Lösung angesehen.

> » Der Kollektivismus beschreibt Gesellschaften, in denen der Mensch von Geburt an in starke, geschlossene Wir-Gruppen integriert ist, die ihn ein Leben lang schützen und dafür bedingungslose Loyalität verlangen. Der Individualismus beschreibt Gesellschaften, in denen die Bindungen zwischen den Individuen locker sind; man erwartet von jedem, dass er für sich selbst und für seine unmittelbare Familie sorgt (Hofstede u. Hofstede 2006, S. 102).

Zirka 96 % der Weltbevölkerung leben in kollektivistischen Gesellschaften; individualistische Gesellschaften (ca. 4 %) sind somit die Ausnahme.

Konflikte in individualistischen Kulturen werden als Spannungen zwischen Individuen angesehen und dienen den Individuen dazu, ihre Ziele zu erreichen. Die Parteien gehen direkt und konfrontativ vor und machen den Konflikt unter sich (bilateral) aus. Die Konfliktlösung besteht im systematischen Analysieren und Bearbeiten. Für verhärtete Fälle wird ein externer, neutraler Mediator eingesetzt, der hilft, einen Interessensausgleich zu finden. In kollektivistischen Kulturen werden Konflikte als Störungen des gesamten sozialen Systems wahrgenommen. Somit können sich viele Menschen als Betroffene ansehen und daraus die Motivation ableiten, sich für den empfundenen Schaden zu rächen. Neben der Zielerreichung (Schadensausgleich) geht es gleichzeitig auch darum, die Betroffenheit zum Ausdruck zu bringen. Konfliktlösungsstrategien sind eher indirekt, nicht konfrontativ und multilateral. Wichtig ist es, dass niemand einen Gesichtsverlust erleidet. Bei eskalierten Konflikten hilft ein aus demselben System (z. B. Familie) stammender Vermittler insbesondere die Beziehungsstörungen so zu lösen, dass danach im Gesamtsystem störungsfrei weiter zusammengelebt werden kann. Die Komplexität eines solchen Vorgehens beschreibt sehr anschaulich Diamond (2012, S. 97ff.) anhand eines Beispiels.

In der kulturvergleichenden Psychologie wird das Motiv Kooperation (Berücksichtigung der Ergebnisse für den anderen) mit der Kulturdimension Kollektivismus (Hofstede 1991), das Motiv Selbstbehauptung (Konzentration auf eigene Ergebnisse) mit der Kulturdimension Individualismus in Beziehung gesetzt (Gabrielidis et al. 1997, S. 663). Demnach verweisen viele Studien beim Vergleich asiatischer kollektivistischer mit US-amerikanischen individualistischen Kulturen darauf, dass Menschen aus individualistischen Kulturen kampforientierte Strategien und Menschen aus kollektivistischen Kulturen harmoniebasierte Strategien präferieren (Ting-Toomey 1988). Folgestudien mit anderen individualistischen (u. a. Kanada; Gire u. Carment 1992) und kollektivistischen (u. a. Nigeria; ebd.) Kulturen konnten die Ergebnisse jedoch nicht bestätigen. Die Ergebnisse zeigen vor allem, dass es kulturspezifische Konfliktlösungsstrategien gibt, dass diese jedoch nicht eindeutig an Hofstedes Kulturdimension Kollektivismus/Individualismus festgemacht werden können. (Auch die anderen Dimensionen erweisen sich dafür nicht als aussagekräftig.) Die Untersuchungen von Gabrielidis et al. (1997), die US-amerikanische (individualistische Kultur) mit mexikanischen (kollektivistische Kultur) Konfliktstrategien vergleichen, zeigen zwar erwartungsgemäß, dass Mexikaner höhere Werte bei der Präferenz für Zusammenarbeit und Anpassung haben als US-Amerikaner, jedoch auch viel Ähnlichkeit haben: »Beide Kulturen ziehen Kooperation und Anpassung der Vermeidung und dem Wettbewerb vor.« (ebd., S. 672, Übersetzung der Autorinnen). Und zudem: »Amerikaner und Mexikaner unterscheiden sich nicht signifikant in ihrer Präferenz für die Nutzung von Wettstreit als Konfliktlösungsstrategie.« (ebd.) – sie mögen es beide nicht. »Eine wahrscheinliche Erklärung dafür ist, dass Amerikaner nicht wettbewerbsorientiert sind, wenn es um interpersonale Konfliktlösung geht, aber in vielen anderen Kontexten.« (ebd.) Damit sind die US-amerikanischen Strategien in interpersonalen Konflikten grundsätzlich unterschiedlich zu den Strategien in Geschäftsverhandlungen (ebd., S. 674).

Trubisky et al. (1991) vergleichen (in Zusammenhang mit der Bedeutung von Selbst-Monitoring, einem Persönlichkeitszug) die Konfliktstrategien in den zwei Ländern USA (Individualismus) und Taiwan (Kollektivismus). Sie kommen dabei zum Ergebnis, dass die bisherigen Ergebnisse zum Zusammenhang zwischen der Ausprägung der Kollektivismus-Kulturdimension und der praktizierten Konfliktstrategie mit dem Befund zu tun haben, dass in asiatischen Ländern wie China und Japan die konfuzianische Arbeitsethik mit ihrer Langzeitorientierung quasi eine fünfte Kulturdimension darstellt und einen so starken Einfluss auf arbeitsbezogene interpersonale Beziehungen und Kommunikationsprozesse hat, dass dadurch der Einfluss der Kollektivismus-Dimension relativiert wird (ebd., S. 78).

Die kulturvergleichenden Studien zu Konfliktstrategien in Anlehnung an die Kulturdimensionen von Hofstede verweisen zwar auf diesbzgl. Unterschiede zwischen den Kulturen, jedoch werden die Ergebnisse unterschiedlich interpretiert.

Abb. 2.1

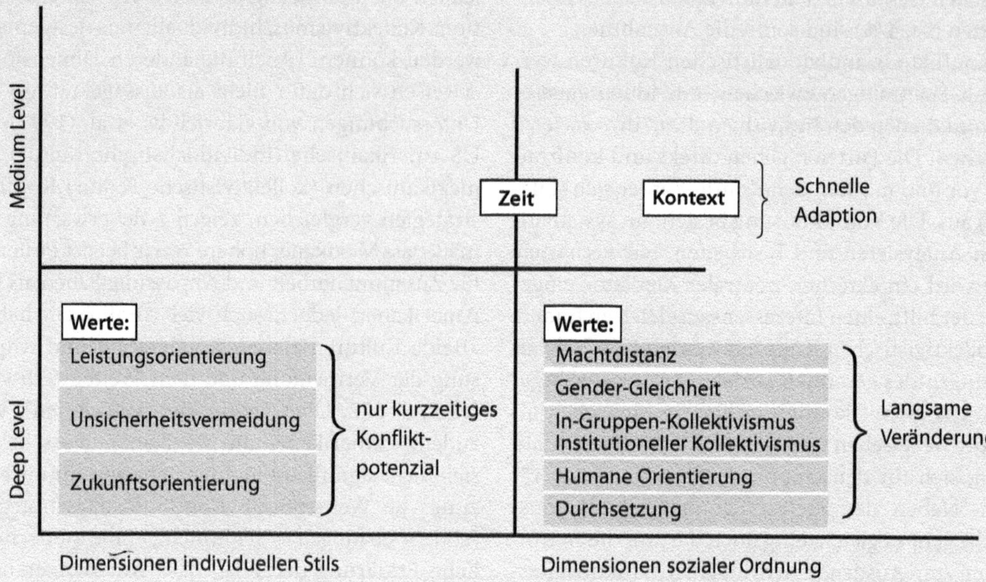

Interkulturelle Wertekonflikte und Veränderungspotenzial. (Mod. nach Winkler 2011, S. 207) © Pabst

2.6.3 Bedeutung von Kulturdimensionen im Konflikt

Winkler (2011) erforschte in multikulturellen Teams die Abhängigkeit des Teamerfolges (v. a. unter Innovationsgesichtspunkten) von interkulturellen Dynamiken in der Zusammenarbeit. Dabei konnte sie für interkulturelle Konflikte feststellen, dass die Lösbarkeit der Konflikte stark davon abhängt, welche kulturellen Dimensionen davon berührt waren (◘ Abb. 2.1).

Winkler (2011) identifizierte Dimensionen individuellen Stils, wozu die Dimensionen Unsicherheitsvermeidung, Zukunftsorientierung (beide von Hofstede) sowie Leistungsorientierung gehören. Die davon abgeleiteten Verhaltensweisen werden als individuelle Spielart wahrgenommen. Davon zu unterscheiden sind die Dimensionen sozialer Ordnung, wozu die Dimensionen Machtdistanz, Maskulinität (davon die Unterdimensionen von House et al. (2004) Gender-Gleichheit sowie Humane Orientierung), Kollektivismus/Individualismus gehören, zudem die von Hall u. Hall (1940) abgeleitete Dimension Kontext (in der Kommunikation). Die Dimension Zeit (polychron vs. monochron) ist sowohl dem individuellen Stil als auch der sozialen Ordnung zuzuweisen. Das aus den Dimensionen sozialer Ordnung ableitbare Verhalten wird, wenn es sich stark vom eigenen Verhalten unterscheidet, als Affront wahrgenommen, weil es gegen die Werte des gesamten Kollektivs verstößt.

Winkler unterscheidet dabei zwischen Deep-Level-Dimensionen, die im interkulturellen Eisberg im untersten und damit unsichtbarsten Bereich liegen, und Medium-Level-Dimensionen, die mit etwas Mühe sichtbar sind. Zu den Deep-Level-Dimensionen gehören Leistungsorientierung, Unsicherheitsvermeidung und Zukunftsorientierung, die Dimensionen individuellen Stils sind, sowie Machtdistanz, Gender-Gleichheit, Kollektivismus, Humane Orientierung und Durchsetzung, die zu den Dimensionen sozialer Ordnung gehören. Als Medium-Level-Dimensionen gelten Zeit und Kontext(-haltigkeit der Kommunikation). Die von Winkler außerdem benannten sichtbaren sog. Surface-Level-Dimensionen wie ethnischer Hintergrund, Geschlecht und Alter, die aus ihrer Sicht nicht veränderbar sind, bleiben außerhalb dieser Betrachtung. Winklers Studie zeigt, dass es für die Dimensionen individuellen Stils kein schwerwiegendes Konfliktpotential gibt, auch wenn sie zu den Deep-Level-Dimensionen gehören, weil diese in interkulturellen Settings als individuelle Besonderheiten wahrgenommen werden, die mit der Zeit gut aufeinander abstimmbar sind. Sie werden sogar vielfach als Bereicherung erlebt.

Dagegen werden unterschiedliche Ausprägungen in den Dimensionen sozialer Ordnung, wenn sie in Teams aufeinandertreffen, als identitätsbedrohend wahrgenommen und müssen deshalb einer Lösung zugeführt werden. Diese Lösungen entwickeln sich in Lernprozessen.

Für die Dimensionen sozialer Ordnung auf dem Medium Level gilt, dass darauf beruhende Konflikte in einem Lernprozess relativ bald überwunden werden. Wenn Vertreter aus kontextarmen mit Vertretern kontextreicher Kommunikation miteinander kommunizieren, interpretieren die Vertreter der kontextreichen Kommunikationsdimension das »nackte« faktenorientierte Kommunizieren als eine Informationseinbehaltung, die in ihrer Kultur Ausdruck einer Statusabwertung wäre. Solchermaßen vermeintlich in ihrer Persönlichkeit abgewertet, verweigern sie zunächst die Kooperation. Im alltäglichen Miteinander und Beobachten merken sie, dass Vertreter kontextarmer Kommunikationsgepflogenheiten ihr vermeintlich statusbedrohendes Verhalten allen Kollegen und Kolleginnen gegenüber einsetzen und somit dieses Verhalten nicht personifiziert und nicht als Affront auf die soziale Ordnung gemeint sein kann. Es wird also im Alltag ein Lernprozess angestoßen, das Verhalten als kulturbedingt zu verstehen und es nicht mehr als Angriff auf die soziale Ordnung wahrzunehmen. Ähnlich verstehen Vertreter monochroner (bzw. linearer) Zeitorientierung das übliche Zuspätkommen von Vertretern polychroner Zeitorientierung zunächst als persönliche Geringschätzung, wodurch ebenfalls Status und Identität bedroht werden können. Auch hier führt jedoch das tägliche Miteinander zu gegenseitigen Lernprozessen und Akzeptanz des Verhaltens.

Dagegen sind Unterschiede in den Dimensionen sozialer Ordnung wie z. B. Machtdistanz, Kollektivismus/Individualismus, die auf dem Deep Level liegen, ständiger Anstoß für Konflikte. Sie müssen gelöst werden, aber sie sind nur langfristig zu lösen.

2.6.4 Kulturbedingt unterschiedliche Konfliktlösung

Interkulturelle Konflikte bringen – wie ausgeführt – gegenüber den von Glasl (1994) genannten Typen von Konfliktursachen häufig einen weiteren Typus hinzu, nämlich Identitätskonflikte. Auf verschiedenen Ethnien basierende Kulturunterschiede, insbesondere Werteunterschiede, sind in psychischen Tiefendimensionen der Individuen verankert. Sie führen, wenn sie mit realen oder vermeintlichen Abwertungen des Gegenübers verbunden sind, schnell zu Selbstwertbedrohungen und sozialen Konflikten mit besonders fataler Eskalationsdynamik. Damit möglicherweise zusätzlich verbundene soziale Diskriminierungen oder Dominanzverhalten bei sog. feindlichen Übernahmen im Rahmen von Firmenakquisitionen bleiben an dieser Stelle außerhalb der Überlegungen. (Zur Eskalationsdynamik ethnopolitischer Konflikte s. Glasl 1994; Ropers 1995, S. 25). Ropers (1995, S. 79) spricht hier von Ethnozentrismus- und Anerkennungsproblemen der Kontrahenten. Er (ebd., S. 29ff.) verweist auf besondere Herausforderungen dieses Konflikttypus, von denen im Folgenden zwei Herausforderungen als besonders relevant herausgestellt werden:

1. Sach- und Beziehungsebene sind immer vermengt; bei Konfliktlösungen muss deshalb immer die psychosoziale Tiefendimension mit beachtet werden.
2. Es geht um Interessens- und Identitätskonflikte: »Auf der Beziehungsebene müssen Mittel und Wege gefunden werden, um das Bedürfnis nach Anerkennung der je spezifischen kollektiven Identitäten der beteiligten Parteien so zu befriedigen, dass nicht die Anerkennung der einen als Bedrohung der anderen erscheint. Außerdem ist zu berücksichtigen, wie diese Anerkennung verknüpft werden kann mit Perspektiven der multiethnischen und transethnischen Identitätsbildung.« (ebd., S. 30).

Als probater Weg zu einer Konfliktlösung gilt in westlichen Kulturen das Harvard-Modell (Fisher, Ury u. Patton 2009), auch ARD-Ansatz (Alternative Dispute Resolution) genannt. Dieses folgt folgenden Phasen:

1. Konfliktbeschreibung: Ziel ist es, eine Problemanalyse mit wechselseitigem Verstehen zu erhalten, statt dass die Parteien um Positionen feilschen. Gute Hilfsmittel dafür sind die Kommunikationsmittel Aktives Zuhören und »Paraphrasieren« der sprechenden Person, die Förderung von Ich-Botschaften und die Versachlichung von Aussagen.
2. Konfliktanalyse: Die identifizierten Streitpunkte werden unter verschiedenen Gesichtspunkten beleuchtet wie Entstehungsgeschichte, Rahmenbedingungen, Positionen, Interessen, Wünsche, Erwartungen und Ängste der Parteien. Übliche Entweder-oder-Sichtweisen müssen durch das Herausarbeiten von Gemeinsamkeiten und dem Tolerieren von Ambivalenzen aufgebrochen werden. Beziehungs- und Sachprobleme werden zwar zusammen gesehen, jedoch getrennt voneinander behandelt. Im Sinne eines Reframings der vorgetragenen Konfliktpunkte muss die Option einer Problemlösung ins Blickfeld geraten, die die Interessen aller Beteiligten berücksichtigt.
3. Vorgehen: Es müssen Optionen für die gemeinsame Konfliktlösung entwickelt werden, die Vorteile für alle Beteiligten haben, d. h. beide Seiten müssen sich als Gewinner fühlen können. In dieser Phase greift man gerne auf Maßnahmen zur Entwicklung kreativer Lösungen wie Brainstorming und Zukunftswerkstätten zurück.
4. Ideen zur Durchführung: Die Optionen werden verglichen, um zu einer konkreten Vereinbarung zu gelangen. Verbindlichkeit, Konkretisierung und Überprüfbarkeit tragen zur Tragfähigkeit der Vereinbarung bei. Es sollten demzufolge sachbezogene, objektiv überprüfbare Beurteilungskriterien entwickelt werden.

Dieses Modell wird als allgemein gültig angesehen und deshalb in vielen Konflikten, auch ethnischen Konflikten, unter Leitung eines neutralen Mediators eingesetzt. Ropers (1995) stellt die Allgemeingültigkeit des Ansatzes infrage und zeigt seine ethnozentristische Einseitigkeit auf:

» Eine grundlegende Kritik des ARD-Ansatzes richtet sich auf seine kulturelle Bindung an westliche bzw. nordamerikanische Wertvorstellungen der individuell-rationalistischen Bearbeitung von Konflikten, der Trennung von Personen und Problemen sowie der Betonung externer und strikt neutraler Vermittlungsbemühungen (Ropers 1995, S. 73).

Da z. B. ein vorrangiges Ziel in kollektivistischen Kulturen darin besteht, die Beziehung wieder herzustellen oder gar zu verbessern, gilt eine Trennung in Sach- und Beziehungsprobleme als nicht zielführend (ebd., S. 75), aber auch nicht die um jeden Preis geforderte offene Aussprache. Jede Problemlösung ist in diesen Kulturen auch ein Prozess, der nicht nur die beiden Kontrahenten, sondern das ganze System (z. B. Familie) und das Zusammenleben darin betrifft. Demzufolge geht es nicht um das Lösen eines Interessenskonflikts durch einen neutralen Dritten, sondern eine in der Gesellschaft anerkannte Persönlichkeit muss stellvertretend für die ganze Gemeinschaft das gestörte Beziehungsgefüge kitten (s. die Gegenüberstellung der Modelle, Augsburger 1992, S. 204). Somit kann in kollektivistischen Kulturen, wie z. B. Wall u. Blum (1991) für Konfliktmediation in China zeigen, der Mediator auch die Mediation gegen den Willen der Konfliktparteien anordnen; sein Hauptziel muss auch nicht die Befriedigung der Bedürfnisse der Konfliktparteien sein, sondern Harmonie (Diamond 2012, S. 97ff.). Er sorgt dafür, dass die Konfliktparteien ihren Blick auf die Gefühle des anderen legen, auf den emotionalen Gewinn von Harmonie, auf Respekt und Empathie für die anderen – dies sind Anforderungen an Perspektivenwechsel, die auch für Konfliktlösungen in interkulturellen Konflikten hilfreich wären.

Ropers (1995, S. 79) thematisiert für interkulturelle Konflikte zwei Grunddilemmata, nämlich Ethnozentrismus und Anerkennungsprobleme beider Konfliktparteien. Bevor man sich demzufolge sachlichen Auseinandersetzungen widmet, müssen zunächst die kulturspezifischen Differenzen aufgedeckt und wechselseitig zumindest kognitiv verstanden werden und die Beziehungsprobleme besondere Aufmerksamkeit erfahren, damit sich jeder in seiner Person und Kultur anerkannt sieht. Neben der eigentlichen Konfliktbehandlung treten dadurch Maßnahmen des interkulturellen Lernens stärker in den Fokus mit der Schwerpunktsetzung auf Empathie. In den Hintergrund kann dagegen die Konfliktanalyse treten, da sie »nur zu wechselseitigen Schuldzuweisungen und Wiedergutmachungsforderungen führen würde« (Ropers 1995, S. 85). Damit kommt der interkulturellen Kompetenz bei der Konfliktlösung eine Schlüsselrolle zu. Hierdurch wird deutlich, dass die per Kommunikation transportierten »Informationen« wesentlich dafür sind, ob Konflikte in interkulturellen Überschneidungssituationen entstehen oder nicht. Auch der Umgang mit dem Konflikt ist dann wieder eine Frage der Kommunikation und ebenso der kulturellen Prägung: Spricht man den Konflikt und die vermeintlichen Unterschiede an oder übergeht man ihn? Vieles spricht für Letzteres.

2.6.5 Interkulturelle Konfliktprävention

Auch der Umgang mit Irritationen – wenn ein Konflikt sozusagen in der Luft liegt – ist eine Frage der Kommunikation und ebenso der kulturellen Prägung: Expliziert man unangenehme Gefühle angesichts von Irritationen? Spricht man einen unterschwelligen oder sich anbahnenden Konflikt und die vermeintlichen Unterschiede an oder übergeht man ihn? Die Frage der Explizierung muss im konkreten Fall entschieden werden. Gerade Menschen aus kollektivistischen Kulturen empfinden es oftmals als verletzend, wenn Irritationen zu direkt angesprochen werden. Am sinnvollsten erscheint uns bei interkulturellen Irritationen keine sofortige Explizierung anzustreben, sondern zunächst zu versuchen durch gemeinsame informelle Aktivitäten, die eine gemeinsame positive Atmosphäre erzeugen, die Bedeutung der Irritation abzuschwächen. Nur wenn darüber keine Arbeitsatmosphäre geschaffen werden kann, muss im Sinne der Konfliktprävention gemeinsam nach den Ursachen der Irritation gesucht werden, was ihre Explizierung voraussetzt. Dafür eignet sich das Reflexionswerkzeug »Interkulturelles Grid«" von Pedersen et al. (2008, S. 103).

Das Interkulturelle Grid besteht aus zwei Reflexionsstufen – dem intrapersonalen und dem interpersonalen Grid –, die im Folgenden skizziert werden. Eine ausführliche Anleitung und Übung zum Interkulturellen Grid findet sich im Trainingsteil im ▶ Abschn. 10.6, Aktivität 3.

Pedersen (1993, S. 350f.) empfiehlt insgesamt fünf Schritte, die beide Partner durchlaufen sollen. Wir empfehlen, zunächst die Irritation nicht anzusprechen und das mit den Schritten 1–4 beschriebene intrapersonale kulturelle Grid alleine zu bearbeiten. Erst wenn dadurch keine Besserung eintritt, sollte die Irritation angesprochen und alle Stufen durchlaufen werden.

1. Identifiziere spezielle unterschiedliche (scheinbar feindliche und streitsüchtige) Verhaltensweisen kulturell verschiedener Personen im Konflikt.
2. Versuche die Erwartungen, welche jede Person mit ihren verschiedenen Verhaltensweisen verbindet, zu identifizieren unter besonderer Berücksichtigung geteilter positiver Erwartungen wie Gerechtigkeit, Vertrauen, Respekt und Harmonie.
3. Versuche die Werte hinter den verschiedenen Verhaltensweisen der Personen zu identifizieren unter besonderer Berücksichtigung von Werten, welche beide Parteien teilen.
4. Versuche die entsprechenden Sozialisationsinstanzen, in denen oder durch die die Werte gelehrt oder erlernt wurden, zu identifizieren, unter besonderer Berücksichtigung von hervorstechenden Sozialisationsinstanzen, welche beide Parteien teilen.

Wenn die Selbstreflexion anhand des intrapersonalen Grids nicht ausreicht, um ein seltsam anmutendes Verhalten des Kommunikationspartners zu relativieren, ist möglicherweise ein Ansprechen und ein gemeinsamer Versuch die jeweiligen Intentionen hinter den Verhaltensweisen zu identifizieren, notwendig. D. h. das intrapersonale kulturelle Grid wird von beiden Seiten ausgefüllt und dieses anschließend gemeinsam gesichtet und darüber ein Dialog geführt. Mit der Arbeit am **intrapersonalen** kulturellen Grid kann der (kulturelle) Kontext der Intentionen und damit verbundenen Werte, hinter (irritierenden und nicht irritierenden) Verhaltensweisen identifiziert werden und damit werden Fehlattribuierungen korrigiert. Beispielsweise kann ein sehr formelles und damit korrektes Kommunizieren Ausdruck des Wunsches nach Aufbau von Vertrauen sein, aber von einem Partner, der selbst eine solche Intention durch informelles, also persönliches Kommunizieren zum Ausdruck bringen würde, zu Irritation führen. Er missversteht das formelle Kommunizieren als Bedürfnis, Abstand zu wahren. Indem er sich Klarheit über die Intentionen der Verhaltensweisen seines Kooperationspartners verschafft, können viele Missverständnisse verhindert oder im Nachhinein bereinigt werden. Somit kann Verständnis für das Gegenüber aufgebaut werden, sodass eine eher feindliche Konstellation aufgelöst werden kann. Im nächsten Schritt kommt nun ein weiteres Werkzeug, das **interpersonale** kulturelle Grid, zum Einsatz.

5. Entwickle gemeinsam mit dem vermeintlichen Kontrahenten Strategien der Problemlösung, die auf positiven Erwartungen und Werten basieren, welche beide Parteien teilen, ohne Dich dabei von irritierenden Verhaltensweisen und Intentionen der anderen Partei ablenken zu lassen.

Das Vorgehen ist eine Möglichkeit mit Irritationen umzugehen und Konflikte im Keim zu ersticken. Sollte ein Konflikt schon manifest werden, empfiehlt Pedersen (1993, S. 352) evtl. mithilfe eines Mediators auf die gemeinsamen Intentionen und Werte zu verweisen. Dadurch kann die Konflikteskalationsdynamik wieder auf eine niedrigere Stufe zurückgehen. Dabei ist der Perspektivenwechsel bezogen auf die Intentionen und Werte hinter dem Verhalten ein zentrales Mittel.

Eine andere prophylaktische Maßnahme ist der Einsatz eines Dolmetschers, der von sich aus im vorgenannten Sinne als Kulturvermittler fungiert. Hierbei wird die Rolle guter Dolmetscher deutlich. Sie haben nicht Worte zu übersetzen, um den Gesprächspartnern Gesagtes verständlich zu machen, sondern müssen sich als »Vermittler« zweier Welten verstehen, als neutrale, externe Mediatoren. Dies bedeutet eine De-Konstruktion des Gesagten und seine kulturell angepasste Neu-Konstruktion für die Empfänger-Kultur. Denn:

> » »Eine objektive Wahrheit gibt es nicht, aber Konsens ist möglich. … Aus konstruktivistischer Sicht ist soziale Wirklichkeit nicht objektiv gegeben, sondern durch gesellschaftliches Handeln und Sinninterpretationen der Akteure konstruiert.« (Over 2012, S. 93).

Der Übersetzer lügt demzufolge nicht, sondern hilft bei der wechselseitigen Sinnstiftung. Dies setzt natürlich eine enorme interkulturelle Kompetenz voraus. Neben guter Beobachtungsgabe und Einfühlungsvermögen sind hier vor allem Verständnis fremdkultureller Handlungszusammenhänge und der Besonderheiten interkultureller Kommunikationsprozesse gefragt.

Kommunikation

Christel Kumbruck, Wibke Derboven

C. Kumbruck, W. Derboven, *Interkulturelles Training*,
DOI 10.1007/978-3-662-43462-8_3, © Springer-Verlag Berlin Heidelberg 2016

Kommunikation ist eine Grundvoraussetzung menschlichen Zusammenlebens. Wie in den Ausführungen zum semiotischen Kulturverständnis gezeigt, bilden Menschen durch Kommunikation ihre Kultur, indem sie sich darauf »einigen«, wie sie die Welt sowie den angemessenen Umgang damit sehen wollen. Das heißt, die Menschen konstruieren sich ihre Welt; unterschiedliche Kulturen haben demzufolge unterschiedliche Welten. In dieser Sichtweise ist selbstverständlich Spielraum für individuelle Abweichungen vorhanden, denn wir sind ja keine kulturellen Klone. Mitglieder einer Kultur grenzen sich von anderen sozialen Gemeinschaften ab, indem sie ihren Zeichen eine spezifische Bedeutung geben.

Vielfach wird nur daran gedacht, dass in einer Kommunikation Sachinformationen weitergegeben werden, und zwar in Form von Daten. Kommunikation so verstanden ist die Überreichung eines Paketes, das sich durch die Weitergabe nicht verändert. Nach Watzlawick u. a. (1996) ist ein solches Verständnis aber nur eingeschränkt gültig. Wohl werden auf einer sog. syntaktischen Ebene Daten als Rohstoff jeder Kommunikation übertragen. Aber diese müssen dann vom Empfänger erst noch interpretiert werden – dies ist die semantische Ebene. Damit die Interpretation stimmig ist, müssen beide ein möglichst ähnliches Kodierungs- und Dekodierungssystem haben. Sie müssen sich darüber hinaus durch sog. Metakommunikation wie z. B. Rückfragen-Stellen in ihren beiden Interpretationen annähern. Schließlich wirkt die Kommunikation auf das Handeln von Sender und Empfänger – dies ist der pragmatische Aspekt der Kommunikation. In diesem Sinne ist jede Kommunikation eine Konstruktion von Wirklichkeit.

Die pragmatische Seite der Kommunikation beruht darauf, dass in jeder Kommunikation mehr als nur eine Sachinformation gegeben wird. Der Sender gibt nämlich eine Information über sich selbst sowie über die Beziehung, und er verbindet damit einen Appell an den Zuhörer, etwas zu tun. Schulz von Thun (1981) spricht deshalb von den vier Seiten einer Nachricht, dem Sachinhalt, der Selbstoffenbarung, der Beziehung sowie dem Appell. Eine Kommunikation gilt erst dann als erfolgreich, wenn sie im Sinne des Appells in Handlung umgesetzt wird. Es kommt bei der Verständigung also auch auf die Anbindung des Mitgeteilten ans Handeln an (Ungeheuer 1969).

Jede Kommunikation, auch im eigenen kulturellen Umfeld, ist anfällig für Missverständnisse aufgrund von Fehlwahrnehmung, Fehlinterpretation oder Fehlbewertung. Eine Einschränkung der Wahrnehmung liegt vor, wenn im Zuge der notwendigen Selektion der Sinnesreize der Zuhörer nicht alle vier Ohren zum Empfang der Sach-, Selbstoffenbarungs-, Beziehungs- und Appellbotschaften gleichermaßen geöffnet hat. Interpretationen basieren insbesondere auf der schnellen Kategorisierung des Wahrgenommenen. Die damit verbundene Gefahr der Stereotypisierung wurde bereits ausgeführt. Fehlbewertungen entstehen vor allem dadurch, dass das Verhalten des Kommunikationspartners nicht den impliziten Erwartungen entspricht.

In der interkulturellen Kommunikation liegen verstärkte Potenziale für Missverständnisse. Das Ausselektieren bestimmter Sinnesreize kennt man in der Kommunikation mit Vertretern der eigenen Kultur; Vertreter fremder Kulturen selektieren andere Elemente aus, was zu Irritationen führt. In der interkulturellen Kommunikation ist die Tendenz zur Stereotypisierung besonders groß, weil das eigene Vorurteil ja oftmals nicht durch regelmäßigen Kontakt relativiert wird. Das Verhalten der anderen wird durch die Brille der eigenen Kultur mit ihren Maßstäben und Regelwerken bewertet.

Um Missverständnisse möglichst gering zu halten, gibt man beim Kommunizieren Kontexthinweise und versucht, sich in einem metakommunikativen Prozess wechselseitig zu vergewissern, ob man richtig verstanden hat. Beispielsweise fragt man bei unklaren Aussagen nach oder gibt die eigene Interpretation wieder mit der Frage, ob man richtig verstanden habe. Auf diese Weise erreicht man eine Korrektur und Annäherung der Interpretationen des Gesagten und Gemeinten. Dies gilt jedoch nicht unbedingt in der interkulturellen Kommunikation, wo das Einbringen von in der eigenen Kultur gebräuchlichen Kontextualisierungshinweisen und metakommunikativen Mitteln oftmals nicht verstanden wird und deshalb zu noch mehr Störungen in der Kommunikation führt.

Kommunikation erfolgt nicht nur sprachlich, sondern auch parasprachlich und nonverbal. Als paraverbale Mittel gelten die Intonation, also Modulation, Lautstärke und Betonung. Nonverbale Kommunikation erfolgt mittels Mimik, Gestik, Berührung, Körperhaltung und Bewegung. Darüber hinaus gibt es eine

Vielzahl von nonverbalen Kommunikationselementen wie den Abstand, den zwei Kommunikationspartner einhalten, Sitzordnungen, Geruchssignale wie z. B. Parfüms oder Zigarrenrauch etc.
Man geht davon aus, dass nur 20–30 % aller Kommunikation sprachlich erfolgt (Argyle 2002). Parasprachliche und nonverbale Elemente der Kommunikation dienen der Verstärkung und Relativierung des Gesagten. Die Wahrnehmung der nonverbalen Kommunikation ist wichtig, um die Bedeutung und Stimmigkeit des Gesagten zu prüfen: Wird die Aussage »Ich mag Dich« von einem Lächeln begleitet, wärmt dies zusätzlich das Herz; wird dieselbe Aussage im grimmigen oder gelangweilten Ton gemacht, bezweifelt man ihre Stimmigkeit. In der interkulturellen Kommunikation ist man, wenn man nicht dieselbe Sprache von Haus aus spricht, noch mehr auf die nonverbalen Signale fixiert. Nichtsdestotrotz hat Ickes (2003) nachgewiesen, dass die Dechiffrierung nonverbaler Aussagen in geringerem Maß als erwartet die Akkuratheit des Verstandenen erhöht, d. h. sehr stark fehleranfällig ist (► Abschn. 3.1). Wie schon ausgeführt, werden in der Kommunikation auch Selbst- und Fremdbilder sowie das Beziehungsgeflecht vermittelt. Nach Thommen (2002, S. 440) ist eine besondere Quelle für Missverständnisse »die interkulturell unterschiedliche Beachtung und Bedeutung der Kommunikation als Spiegel des speziellen Beziehungsschemas zwischen den verschiedenen Kulturvertretern«. Insbesondere Aspekte des sozialen Status und der hierarchischen Verhältnisse werden durch nonverbale Signale ausgedrückt, in vielen insbesondere asiatischen Kulturen aber zudem durch sprachliche Mittel wie Wortwahl, Satzbau und Anrede verdeutlicht. In der interkulturellen Kommunikation liegt im Zusammenspiel von verbalen, paraverbalen und nonverbalen Kommunikationsmitteln ein großes Potenzial für Irritationen.

3.1 Verbale Kommunikation – Sprachprobleme

Auf der sprachlichen Ebene hat man natürlich mit einer fremden Sprache und deren Übersetzung zu kämpfen. Wenn nur eine Person in einer ihr fremden Sprache sprechen muss, muss die andere die Geduld aufbringen, dieser trotz aller Holprigkeiten zuzuhören und sie ggf. unterstützen, wenn ihr z. B. die richtige Vokabel nicht einfällt. Sie muss dafür Sorge tragen, dass sie den Gesprächspartner nicht mittels eines sprachlichen Vorsprungs überrumpelt. Sprechen alle in einer ihnen fremden Sprache, können die Interpretationen und die Bedeutungsvielfalt enorm zunehmen. Diese Fremdsprachproblematik in der interkulturellen Interaktion hat eine hohe alltagspraktische Relevanz, wird aber im wissenschaftlichen Diskurs wenig thematisiert. Sowohl das Sprechen und Verstehen einer Fremdsprache als auch das Zuhören der eigenen, vom Kommunikationspartner gebrochen gesprochenen Sprache erfordert eine hohe Anstrengungsbereitschaft. Für eine konstruktive und faire Interaktion kommt erschwerend das Phänomen hinzu, dass Stereotypisierungsprozesse beim Gegenüber ausgelöst werden können, wenn man eine Sprache nicht vollständig korrekt und akzentfrei spricht (Grigoleit 2011). So besteht die Gefahr, dass die fachliche Kompetenz abgewertet wird, was in der beruflichen Kooperation weitreichende Folgen haben kann.

Darüber hinaus aber stellt die Sprache als Spiegel unserer Weltsicht Konzepte parat, die nicht immer übersetzbar sind, allenfalls umschreibbar. Auch direkte Übersetzungen fassen oftmals den Kern des Gedankens nicht. Besonders markante Konzepte ermöglichen jedoch einen unmittelbaren Einblick in den Charakter der Kultur: Ein Beispiel ist das spanische »mañana«, das zwar übersetzt »morgen« heißt, aber »morgen oder übermorgen oder überübermorgen oder irgendwann« meint und Ausdruck einer Mentalität ist, es nie eilig zu haben und zu erledigende Dinge gerne aufzuschieben. Ein anderes Beispiel ist das japanische »Harakiri«, das zwar einen Begriff für einen rituellen Selbstmord darstellt, aber zugleich auf die Vorstellung der Nichtigkeit des individuellen menschlichen Lebens und der Bedeutung von Ehre verweist und auf eine Gesellschaft, in der sich ein Leben nicht mehr lohnt, wenn diese Ehre befleckt ist. Auch das deutsche Wort »Ordnung« steht nicht nur für sonst in Europa übliche Standards von Reinlichkeit und Korrektheit, sondern ist der Inbegriff der preußischen Tugenden von Pünktlichkeit und Ordnungsliebe. Für Kulturen, die den entsprechenden Begriff nicht in ihrem Wortschatz haben, spielt er eine geringe Rolle, ja es fällt ihnen sogar schwer, die Bedeutung des Begriffes in seiner ganzen Tragweite zu erfassen.

Auch sprachliche Nuancierungen und Differenzierungen verweisen auf die Weltsicht der jeweiligen Kultur, auf das, was hier wichtig ist, z. B. wenn ein englisches Wörterbuch eine entschieden größere Anzahl von Vokabeln für männliche Attraktivität aufweist als ein deutsches, oder wenn die Zulu 39 Eigennamen für die verschiedenen Nuancen der Farbe Grün haben. In diesem Sinne wird auch behauptet, dass die Sprache das Denken beeinflusse. Es handelt sich hierbei um die von Whorf (1963) und Sapir (1956) postulierte und seitdem immer wieder heiß umstrittene These, wonach unsere Sprache unser Denken, also unsere Weltsicht bestimme. Lenneberg u. Roberts (1956) und diverse andere Forscher nach ihnen (Thomas 2003c, S. 228f.) sind der These nachgegangen, ob durch das Vorhandensein von sprachlichen Kategorien auch die Wahrnehmung beeinflusst wird. Sie untersuchten diesen Sachverhalt an Kulturen, die keine sprachliche Unterscheidung zwischen Gelb und Orange kennen. Die Ergebnisse sind nicht eindeutig. Da Sprache ein wesentliches Ausdrucksmedium unseres Denkens ist, kann es als unbestritten angesehen werden, dass sie einen Rahmen vorgibt, in dem wir uns normalerweise mit unseren Gedanken bewegen. In diesem Sinne hat sie eine dispositive Funktion. Sie ist sicherlich aber nicht so determinierend, dass sprachlich schlecht fassbare Gedanken gar nicht in Erwägung gezogen werden könnten. Gerade die Wissenschaft zeugt davon, wie neue gedankliche Konzepte eine sprachliche Widerspiegelung in Wortneuschöpfungen finden. Auch unterscheiden sich Kulturen zunächst darin, in welcher Situation man sich auf welche Weise sprachlich und kommunikativ zu verhalten habe. Auf diese Weise inszenieren sprachliche und kommunikative Praktiken unsere soziokulturelle Welt (Kotthoff 2002b, S. 103). Es herrscht demnach eine Wechselwirkung zwischen Sprache und Denken, welche die Frage nach Ursache und Wirkung obsolet macht.

Gerade dieser Gedanke der Inszenierung der soziokulturellen Welt durch Sprache und Kommunikation ist von großer Bedeutung, wenn man sich mit kulturellen Unterschieden befasst. Er drängt sich auf, wenn man Menschen aus unterschiedlichen Kulturen in ihrer eigenen Sprache parlieren sieht, beim Betrachten von Filmen sein Augenmerk auf die Kommunikationsweisen richtet, Vorträge und die Kommunikation des Vortragenden mit dem Publikum beobachtet oder Verhandlungspraktiken unter die Lupe nimmt. So vielfältig wie die Kulturen und Sprachen sind auch die Nutzungsmöglichkeiten der Kommunikation. Bliebe man bei der Vorstellung von Kommunikation als Paketaustausch, man müsste dabei an Zweckentfremdung denken. So wird der Blick aber auf den eigentlichen Sinn von Kommunikation gerichtet: Es geht dabei sowohl um den Austausch einzelner unterschiedlicher Worte als auch um ein System der Selbstdarstellung, der Vereinnahmung des anderen und des Dialogs. Es geht um Inhalation, um Resonanzboden, um Kampf. Der Klang einer Sprache, ihre Melodie, ist für den Transport ganz unterschiedlicher Botschaften geeignet. Schon König Carlos V von Spanien meinte, dass man auf Deutsch am besten mit Soldaten, auf Englisch mit Pferden, auf Italienisch mit Frauen und auf Spanisch mit Gott sprechen kann. Besonders deutlich wird das unterschiedliche Verständnis von Kommunikation sowohl verbal als auch nonverbal in Verhandlungen.

Aber zunächst bleiben wir auf der verbalen Ebene. Unterschiedliche Kulturen haben ihre eigenen Muster, mit denen sie durch eine Verhandlung gehen. Sie drücken damit auch ihre Vorstellung darüber aus, wie man andere Personen von der eigenen Meinung am besten überzeugt. Dies wird besonders deutlich, wenn die Gesprächspartner etwas missverstehen oder nicht so leicht für die eigene Meinung zu gewinnen sind (s. Lewis 1996).

Deutsche z. B. gehen davon aus, dass eine Orientierung an den harten Fakten am überzeugendsten ist. Sie setzen mit Sachinformationen an, und wiederholen immer wieder die gleichen; denn wenn der andere noch nicht einsichtig ist, dann kann das nur daran liegen, dass er sie noch nicht vollständig aufgenommen hat. Dabei hören sie aber genau auf die Reaktionen der Gesprächspartner, um diese bei ihrem Insistieren zu berücksichtigen.

Italiener dagegen wollen mit emotionalem Wortschwall Glauben finden; folglich beginnen sie auch schon mit einem gewaltigen Wortfeuerwerk, und solange das Gegenüber nicht zustimmt, wird die Wortbasis einfach beliebig verbreitert.

Franzosen fechten mit Logik; man hört die Wortschläge regelrecht – jedes Argument wird losgeschossen, bevor der andere das Seinige landen konnte. Es ist aber nicht so, dass sie einander nicht zuhören, sie antizipieren nur nach den ersten zwei Wörtern eines Satzes schon, was noch kommt (das ist übrigens nach dem deutschen Satzaufbau, wo erst am Schluss eines Satzes eine mögliche Verneinung kommt, kaum möglich). Denn für sie zählt das beste logische Argument, eingebettet in Philosophie und Weltbild, sprich »Grand design«.

Lewis (1998, S. 99ff.) hat diese Muster, andere von der eigenen Position zu überzeugen, für geschäftliche Meetings bildlich dargestellt.

3.2 Nonverbale Kommunikationsprobleme

Auch wenn wir in jeder Kommunikation 80 % nonverbale Zeichen (meist unbewusst) aufnehmen, ist das Dechiffrieren sehr fehleranfällig, insbesondere im interkulturellen Kontext. Wenngleich man von einigen kulturübergreifenden universalen Gefühlsäußerungen ausgeht, die überall die gleiche mimische Ausdrucksform haben, nämlich Freude, Überraschung, Angst, Wut, Ekel/Abscheu und Traurigkeit, differieren Kulturen jedoch in der Offenheit, diese Gefühlsäußerungen zu zeigen. Noch viel mehr unterscheiden sie sich in den diversen anderen nonverbalen Zeichen, ja teilweise gibt es sogar diametrale Bedeutungen von Zeichen (Argyle 2002). Zum Beispiel ist es in europäischen Kulturen ein unbedingtes Muss, dem Kommunikationspartner in die Augen zu schauen. Nach unten schauen gilt als Ausdruck von Schüchternheit, in eine andere Richtung schauen dagegen als desinteressiert und damit unhöflich. In arabischen Kulturen gehört es sich, nach unten zu schauen, alles andere würde als »frech oder dreist« interpretiert. In China hat der in der Hierarchie unten Stehende, z. B. der Jüngere, seinen Blick nach unten zu richten. In Sri Lanka darf man sich nicht in die Augen schauen. Natürlich kann man sich sog. »Dos and Don'ts« für Kulturen aneignen, mit denen man es zu tun hat, z. B., wo man sich zur Begrüßung vorzugsweise die Hand schüttelt, wo man sich umarmt oder auf die Wange küsst (Morrison et al. 1994). Solche eher in der Oberflächenkultur angelegten Verhaltensweisen unterliegen auch am ehesten Veränderungen durch Einflüsse von außen, was man auch daran sieht, dass sie in der Regel zuerst von Jugendkulturen aufgenommen werden.

Schwieriger wird es aber bei unbewussten Signalen, die in der Sozialisation in Fleisch und Blut übergegangen sind, wie z. B. der Abstand, den man zu geschäftlichen Kommunikationspartnern einhält (Hall 1966). Die Unterschiede sind gewaltig. Während z. B. ein Mensch aus dem arabischen oder südamerikanischen Kulturkreis seinen Kommunikationspartner so nahe braucht (20–50 cm Abstand), dass er sich ein Urteil darüber erlauben kann, ob er ihn »gut riechen kann«, hat ein auf 120 cm Höflichkeitsabstand »gepolter« Mensch aus Nordeuropa bei Abständen unter einem Meter den Eindruck, dass man ihn bedrängt. Und wenn dem Menschen aus Nordeuropa (England, Deutschland) ein Mensch aus Japan oder Finnland begegnet, der einen noch größeren Wohlfühlabstand einhält, dann interpretiert er dies als Ausdruck von Distanzierung oder Misstrauen (Sicherheitsabstand). Selbst wenn man von den anderen Gepflogenheiten weiß, ist es in vielen Fällen schwer, anders als gewohnt zu handeln, zu empfinden und zu reagieren.

Die Vielfalt der Körpersignale ist immens. Sie werden mit den unterschiedlichen Sinnesorganen (Geruch, Geschmack, Gehör, Augen, Hände, Haut und andere Fühlorgane) wahrgenommen, wirken häufig subliminal, d. h. unterhalb der bewussten Wahrnehmungsschwelle, und sind deshalb nur teilweise steuerbar (z. B. wird auch über den Körpergeruch und seine – meist unbewusste – Bewertung die Zugehörigkeit zu der eigenen Kultur signalisiert; so nehmen z. B. Japaner in der Regel »Langnasen« als »stinkend« wahr).

Das Zuhörverhalten ist sicherlich auch eine besondere nonverbale Kommunikationsweise. Die kulturellen Unterschiede in der Informationsaufnahme wurden bereits unter den Kulturtypen dargestellt. Auch das Zuhörverhalten, insbesondere die Aufmerksamkeitsspanne, und die damit verbundenen Erwartungen an den Vortragenden bei Vorträgen und Präsentationen unterscheiden sich von Kultur zu Kultur gewaltig.

Kultur in Organisationen

Wibke Derboven, Christel Kumbruck

C. Kumbruck, W. Derboven, *Interkulturelles Training*,
DOI 10.1007/978-3-662-43462-8_4, © Springer-Verlag Berlin Heidelberg 2016

Es ist davon auszugehen, dass Menschen zukünftig verstärkt in international operierenden Organisationen und in multikulturellen Teams arbeiten werden. Teams, die aus internationalen Fachkräften bestehen, können lösungsrelevantes Know-how entwickeln, auf das in globalisierten Weltwirtschaften nicht verzichtet werden kann (Zeutschel u. Thomas, S. 17). Dabei werden verstärkt kulturelle Aspekte relevant, die man der Intention nach synergetisch nutzen soll. Allerdings sind Synergieeffekte angesichts der kulturellen Komplexität, mit der die Teammitglieder konfrontiert sind, nicht immer leicht zu realisieren, sondern sie müssen bewusst gefördert werden. Dabei ist sowohl der Einfluss von National- und Organisationskulturen zu bedenken als auch der Einfluss der kulturellen Diversität auf die alltägliche Zusammenarbeit.

4.1 Nationale und Organisationskulturen

Bei Nationen übergreifenden Fusionen oder anders begründeten multikulturellen Teambildungsprozessen können Kulturkollisionen gleich auf (mindestens) zwei Ebenen in Erscheinung treten: auf der nationalen und auf der organisationalen (Barkema et al. 1996). So stellt sich die Frage, was diese beiden Ebenen unterscheidet und in welchem Verhältnis sie zueinanderstehen. Häufig findet sich die Unterscheidung, dass nationale Kulturen durch geteilte Werte zu erkennen sind, wohingegen organisationale Kulturen durch geteilte Alltagspraktiken deutlich werden (Hofstede 1991, S. 182). Firmen innerhalb eines Landes folgen demnach tendenziell den gleichen Werten, aber nicht zwangsläufig den gleichen Alltagspraktiken.

Nach Hofstede (1980) und Trompenaars (1993) zeichnen sich nationale Kulturen durch ihr Wertesystem, das für sie in Beziehungen Gültigkeit hat, in ihrer Zeitorientierung und ihrem Verhältnis zur Natur aus (Inkeles u. Levinson 1969). Das Wertesystem auf der Beziehungsebene ist diesen zufolge dadurch zu unterscheiden, ob es in einer Kultur eher individualistische oder eher kollektivistische Strebungen gibt, welcher Wahrheitsbegriff verwendet wird, wie expressiv Gefühle gezeigt werden, ob verschiedene Lebensbereiche strikt voneinander getrennt sind, welche Statusquelle bevorzugt wird, ob hierarchisch begründete Machtverhältnisse akzeptiert oder abgelehnt werden und ob eher maskuline oder feminine Tendenzen zu verzeichnen sind. Das Verhältnis zur Natur wird dadurch deutlich, ob eine internale oder externale Kontrolle vorherrscht und wie die Kultur versucht, Unsicherheit zu vermeiden. In der Dimension Zeit wird zwischen vergangenheits-, gegenwarts- und zukunftsorientierten Menschen sowie einer monochronen und einer polychronen Zeitvorstellung unterschieden (► Abschn. 2.5).

Organisationskulturen dagegen zeigen sich in den Modi der Zusammenarbeit, der Form von Arbeitsgruppen, in Konzepten der Zentralisation, der Arbeitsteilung und der Entlohnung.

Führungsstile gelten als stark von der nationalen Kultur geprägt, weil diese das individuelle Verhalten determiniert und Einfluss auf die Art und Weise ausübt, wie Führungspersönlichkeiten Geschäfte angehen und strukturierend in ihre Organisation hineinwirken (Malekzadeh u. Nahavandi 1998 S. 114ff.). So ist z. B. der für skandinavische Firmen typische konsensorientierte Managementstil (Myers et al. 1995) häufig verbunden mit einer teamorientierten Organisationskultur und ist zugleich Ausdruck einer nationalen Kultur des institutionellen Kollektivismus und niedriger Machtdistanz, wie sie von Hofstede u. Hofstede (2006) beschrieben wurden. Die Auffassungen über das Verhältnis von nationaler und organisationaler Kultur gehen jedoch auseinander. Während z. B. Hofstede eine Überformung der Organisationskulturen durch die Landeskultur annimmt (Hofstede 1991, S. 317f.), geht Schreyögg (1993, S. 152) davon aus, dass immer ein Spielraum für die Ausbildung von Unternehmenskultur bleibt, sodass große Unterschiede in den Unternehmenskulturen trotz ein- und derselben landeskundlichen Kultur aufzufinden sind.

Sicher ist, dass Firmen genauso wenig wie Nationen homogene und eindeutige Kulturen haben. Es gibt immer auch Subkulturen (z. B. in einzelnen Abteilungen, z. B. die der Werker und der Entwickler) und Individuen mit unterschiedlichen Interessen und Wahrnehmungen, die sich zudem in Abhängigkeit vom situativen Kontext verändern können. Thomas sieht deshalb Unternehmenskultur als »ein System ineinander verschachtelter und ineinander greifender Subkulturen« an, »bei denen das Unternehmen selbst wieder als Subsystem der National- oder

Gesellschaftskultur definiert werden kann« (Thomas 2003b, S. 39). Dabei gibt es wechselseitige Einflüsse zwischen den Hyper- und Subsystemen sowie zwischen den jeweiligen Subsystemen. Auch ist jedes Individuum durch unterschiedliche Subkulturen (Geschlecht, Religion, Nation, Unternehmen/Organisation, Branche/Profession) geprägt, denen es angehört. Deren Einflüsse überlagern sich bzw. konkurrieren miteinander, wodurch eine hochgradige Komplexität des Kulturphänomens entsteht.

Aber angesichts einer Konfrontation mit einem anderen Unternehmen, z. B. im Kontext einer Fusion, tritt eine spezifische nationale und Organisationskultur in Erscheinung, hinter der die individuellen und subkulturellen Strebungen zurücktreten. Aber diese konstituiert sich in ihrer spezifischen Ausprägung erst in der Notwendigkeit, sich mit einer anderen Kultur auseinanderzusetzen. Welche Aspekte der nationalen und organisationalen Kultur dabei in den Vordergrund geschoben werden, ist nicht determiniert. Auch wie der Prozess des kulturellen Austausches und der wechselseitigen Aneignung der anderen Kultur erfolgt, welche Kultur dominiert und wie sich die Individuen und Subkulturen in diesen Strom einpassen, darüber gibt es genauso viele Theorien wie Möglichkeiten (Malekzadeh u. Nahavandi 1988; Cartwright u. Cooper 1992; Larsson 1993; Forstmann 1994; Very et al. 1998). Folglich können Störungen bei Firmenzusammenlegungen nur schwer im Voraus und im Detail prognostiziert und entsprechende Aktionspläne als Gegenmaßnahmen eingeleitet werden (Gertsen et al. 1998a, S. 35f.).

4.2 Kulturelle Verortung von Organisationen

Organisation wird vielfältig definiert. Es geht dabei immer um die arbeitsteilige Durchführung von Aufgaben. Hierzu müssen die Arbeitsschritte sowohl bzgl. ihrer Abfolge (Ablauforganisation) koordiniert als auch einzelnen Abteilungen und Personen zur Bearbeitung zugewiesen werden, wobei auch der Grad der Verantwortlichkeit festgelegt werden muss (Aufbauorganisation). Auf dieser Grundlage können Aufgaben dann routiniert, d. h. mit wenig Reibung, erledigt werden. Jedoch stoßen solche Koordinierungen an Grenzen, weil nicht jede Eventualität und potenziell neue Umweltanforderung vorhergesehen und in der formalen Planung der Organisation berücksichtigt werden kann. Es entsteht dann eine Störung im koordinierten Ablauf. Immer wenn solche Definitionslücken auftreten, müssen die Mitarbeiter diese auf Grundlage ihres Erfahrungswissens und ggf. ihrer informellen Netzwerke ausfüllen. Man spricht dann von Kooperation (Wehner et al. 1996; Kumbruck 1999). Das Ausmaß, in dem Mitarbeitende Definitionslücken selbst schließen, hängt sehr stark davon ab, welche Handlungsspielräume sie haben, insbesondere in welchem Ausmaß sie befugt sind, selbst Entscheidungen zu treffen, bzw. sie auf ihre Vorgesetzten und deren Weisungen warten müssen. Darüber hinaus spielt eine wichtige Rolle, welche Möglichkeiten die Menschen in einem Team hatten, in ihrer Zusammenarbeit ein Set gemeinsamer Regeln, Sinnstiftungen und Modi des Kooperierens zu entwickeln (Raeithel 1991), auf das sie angesichts einer Störung zurückgreifen können, um diese zu bewältigen. Dieses Set passt die formalen Vorgaben der Organisation an die lokalen Erfordernissen an: formale Vorgaben werden informal ergänzt oder gar partiell ersetzt. Elemente dieses Sets werden besonders deutlich in Störsituationen und nicht geregelten Situationen, wenn Koordination in Kooperation übergeht (Wehner et al. 1996; Kumbruck 1999). Solche Störsituationen treten infolge von Internationalisierungen besonders häufig auf, weil nicht im eingespielten Takt agiert werden kann, sondern Vertreter anderer Kulturen aufgrund fremder Regelsets Irritationen hervorrufen und/oder selbst irritiert sind.

Das Ausmaß der Verregelung und der Entscheidungsspielräume der Mitarbeitenden ist in unterschiedlichen Kulturen sehr verschieden angelegt. Der Grad der Verregelung innerhalb einer Organisation prägt auch in der Tendenz nationale Organisationskulturen. Dies wird besonders deutlich in der Landkarte von Mole (1990), in welcher Organisationen anhand der zwei Dimensionen Organisationsstruktur und Führungsstil verortet sind. Organisationsstrukturen bewegen sich zwischen den Polen »systematisch« und »organisch« (Staehle 1973, S. 39) und Führungsstile zwischen den Polen »autoritär« und »kooperativ« (Wöhe 1986, S. 119).

4.2.1 Organisationsstruktur

Die Organisationsstruktur spiegelt die Arbeitsorganisation sowie den Grad der Verregelung wider. Pläne und Regeln spielen dabei eine zentrale Rolle, aber auch die Informationsverteilung und der Umgang mit neuen Situationen. Die Dimension Organisationsstruktur hat die Pole organisch und systematisch. Selbstverständlich existieren diese Extreme nie in Reinform.

Systematische Organisationsstruktur Eine systematische Organisationsstruktur ist gekennzeichnet durch mechanistische, aufgabenorientierte und formale Funktionen, die durch streng definierte formallogische Beziehungen koordiniert werden. Auch die Beziehungen der Menschen untereinander sind durch ihre Funktionen vorherbestimmt. Die Organisation existiert unabhängig von ihren konkreten Mitgliedern und deren Bedürfnissen, d. h. die Mitglieder sind beliebig ersetzbar. Man erwartet Loyalität gegenüber dem Unternehmen, nicht gegenüber einzelnen Personen. Eine solche Organisation ist in ihrer Extremform mit einer Maschine oder einem Mechanismus vergleichbar. Dieser Organisationsstruktur liegen Beziehungsmuster zugrunde, wie sie Lewis für Vertreter linear-aktiver Kulturen beschrieben hat.

Organische Organisationsstruktur Eine organische Organisationsstruktur wird durch die Merkmale sozial, mitarbeiterorientiert und informell charakterisiert. Es handelt sich um ein sehr lebendiges Gebilde, das durch die Bedürfnisse der Mitarbeiter, der Umgebung sowie der aktuellen situativen Aspekte geprägt ist. Natürlich gibt es auch Regeln und Pläne, aber wenn ein Widerspruch zwischen der konkreten Situation und der Anordnung auftritt, sind die Mitarbeiter angewiesen, eine Lösung zu suchen, die den konkreten und individuellen Umständen Rechnung trägt. Das heißt, die Anordnungen sind veränderbar und anpassbar. Sie kommen erst durch die Aktionen der Mitarbeiter ins Leben. Eine solche Organisation trägt im Extremfall chaotische und anarchische Züge. Dieser Organisationsstruktur liegen Beziehungsmuster zugrunde, wie sie Lewis für Vertreter multiaktiver Kulturen beschrieben hat.

Es wird unmittelbar deutlich, dass im kulturellen Einteilungssystem nach Mole Organisationsstrukturen, die auf reaktiven Beziehungsstrukturen aufbauen, nicht vorgesehen sind. Man muss diese sozusagen als einen dritten Pol (neben dem systematischen und dem organischen) wahrnehmen, was in unserer meist binär konzipierten Sichtweise nicht so einfach ist.

4.2.2 Führungsstil

Die Führungsstile spiegeln den Grad der Delegation von Macht wider. Wer hat die Macht, wer trifft Entscheidungen und wo liegt die Grundlage für die Autorität? Führungsstile liegen zwischen den beiden Extremen autoritär und kooperativ.

Autoritärer Führungsstil Der autoritäre Führungsstil zeichnet sich durch direktives, autokratisches, hierarchisches und autoritäres Verhalten der Führungskraft aus. Sie sammelt bei ihren Mitarbeitern Informationen, lässt sie aber nicht an den daraus getroffenen Entscheidungen teilhaben. Die implizite These, die zu diesem Führungsstil führt, ist, dass Menschen ungleich sind und das effektivste und klügste Individuum entscheiden soll. Der Extremfall ist der absolutistische Herrscher.

Kooperativer Führungsstil Der kooperative Führungsstil ist partizipativ, demokratisch, gleichberechtigt und arbeitet mit Bottom-up-Lösungen. Die implizite These dieser Führungshaltung lautet, dass auch dann, wenn Menschen nicht gleich sind, sie doch alle das Recht haben sollten, gehört zu werden und an Entscheidungen mitzuwirken, die sie betreffen. Führungskräfte haben ihr »Mandat« so lange, wie sie für die Interessen derjenigen eintreten, die sie repräsentieren. Sie versuchen, ihre Verantwortung zu teilen.

4.2.3 Anwendungen der Dimensionen »Organisationsstruktur« und »Führungsstil«

Die Ausprägungen der beiden Dimensionen werden besonders deutlich im Umgang mit folgenden Situationskonstellationen (Mole 1990):

Netzwerkbildung In systematischen Organisationen bestehen Beziehungen zwischen den Menschen, deren Funktionen überlappen. Kompetenz und Profession sind wichtiger als persönliche Beziehungen.

In organischen Organisationen dagegen bildet man Allianzen auf der Grundlage von Vertrauen und gegenseitigen Verpflichtungen, basierend auf gemeinsamem Background oder gemeinsamen Erfahrungen im Beruf.

Teambildung In systematischen Organisationen stellt man Teams als Gruppe von Spezialisten zusammen.

In organischen Organisationen konstituieren sich Teams selbst, wobei der Zweck oftmals nicht exakt formuliert ist und die Ziele und Verantwortlichkeiten nicht festgelegt sind.

Ein autoritärer Führungsstil wirkt sich auf die Teamzusammenstellung dergestalt aus, dass die Teilnehmer eines Teams dort die gleichen hierarchischen Funktionen wie auch sonst im Unternehmen haben. Demgegenüber können die Teilnehmer eines Teams in Organisationen mit kooperativem Führungsstil auch die hierarchischen Grenzen überschreiten.

Meetings Systematische Organisationen haben feste regelmäßige Termine für ihre Treffen. Zudem gibt es Komitees und Arbeitsgruppen mit spezifischen Zwecken. Sie beginnen und enden zu festgelegten Zeitpunkten, ggf. sogar, wenn noch nicht alle Punkte der Agenda abgearbeitet sind.

Organische Organisationen machen keinen Unterschied zwischen Meetings und informellen Zusammenkünften. Treffen dauern so lange, bis alle Punkte diskutiert oder ggf. verschoben worden sind.

In Organisationen mit autoritärem Führungsstil beklagen sich die Menschen über die Häufigkeit der Treffen, selbst wenn sie nur selten stattfinden. Meetings dienen der Instruktion, Anleitung und dem Sammeln von Informationen durch die Führungskraft. In Organisationen mit kooperativem Führungsstil dienen Meetings dem Informationsaustausch, der Entscheidungsfindung und der Verantwortungsverteilung. Man schätzt gute Zuhörer. Das wichtigste Ziel ist die auf Konsens beruhende Entscheidung.

Qualifikation und Fortbildung Systematische Organisationen bestehen aus Experten, Professionellen, Spezialisten. Die Ausbildung ist joborientiert und technisch qualifizierend.

In organischen Organisationen sieht man Erfahrung und gemeinsames Verständnis als wichtiger an als technische Qualifikationen. Weiterbildung gilt als Privileg.

Umgang mit Zeitplänen In systematischen Organisationen ist es schwierig, jemanden kurzfristig zu treffen bzw. ein Treffen zu arrangieren. Meist werden Terminkalender auch zentral geführt.

In organischen Organisationen geht man mit Daten und Zeitplänen flexibel um. Daten und Treffen werden kurzfristig festgelegt, manchmal zulasten eines anderen Termins. Nur der Inhaber eines Kalenders kennt den Inhalt, nicht jedoch das Sekretariat.

Als »Lackmustest« kann deshalb gelten: Als je wichtiger Meetings angesehen werden, desto mehr bewegt sich der Grad auf der Führungsstilskala in Richtung »kooperativ«. Je pünktlicher die Menschen sind, desto mehr steuert die Organisationsstruktur in Richtung einer »systematischen«.

Letztlich geben beide Dimensionen Auskunft darüber, wie hoch der Grad der Koordination und Partizipation ist und wie flexibel Menschen in Organisationen undefinierte Situationen kooperativ meistern (müssen).

4.2.4 Interkulturelle Meetings

Während zuvor der Blick für die Identifizierung der Kultur einer Organisation geschärft wurde, geht dieser Abschnitt auf unterschiedliche Erwartungen von Kulturen an Meetings ein. Meetings sind ein Anwendungsbeispiel für Kommunikation und implizite Regeln. Kommunikation ist ein wesentlicher Bestandteil von geschäftlichen Meetings, jedoch gibt es bedeutende Abweichungen von der Alltagskommunikation, auf die wir im Folgenden eingehen.

Meetings haben unterschiedliche Zwecke, was sich zunächst oftmals in der Sitzanordnung widerspiegelt. Konsultationen »am runden Tisch« dienen der Lösung von Problemen sowie der Entwicklung von neuen Ideen in der Gruppe. Verhandlungen erfolgen zwischen zwei Parteien mit unterschiedlichen Interessen und das Ziel ist ein Kompromiss. Die konfrontative Ausgangslage zeigt sich auch dadurch, dass die beiden Parteien sich an einem langen Tisch gegenübersitzen. Ankündigungen erfolgen durch einen den Vorsitz einnehmenden Leiter, der die im Plenum sitzenden Gruppenmitglieder informiert, instruiert und kontrolliert. Wenn eher über Beziehungen und Störungen gesprochen werden soll, bietet sich ein Stuhlkreis für die Gesprächsrunde an. Eine Metaplandiskussion hat eine beratende Funktion und wird durch einen Moderator geleitet, der an einer Pinnwand Argumente sammelt, clustert und dann der im Halbkreis sitzenden Runde zurückspiegelt. Ein normales Meeting ist eine bunte Mischung dieser Elemente. Idealtypische Unterschiede zwischen Meetings in verschiedenen Kulturen beschreibt Lewis (1999) wie folgt:

Startphase Für jedes Meeting (ebd., S. 80ff.) ist die Startphase von besonderer Bedeutung, jedoch wird sie von Kultur zu Kultur sehr unterschiedlich ausgelebt. Während in Deutschland Wert auf pünktlichen Beginn und formale Einführung gelegt wird, haben viele andere Kulturen ein informelles »Vorspiel«. In den USA gönnt man sich ca. drei Minuten für eine Tasse Kaffee und einige kluge Sprüche, bevor man einfach startet. In Großbritannien wird bei einer Tasse Tee und Keksen ca. zehn Minuten über das Wetter und Sportaktivitäten geplaudert, bevor man lässig die Sitzung beginnt. In Frankreich nimmt man sich 15 Minuten Zeit für Small Talk über Politik und Skandale und legt Wert auf eine formale Einführung. In Japan geht es eher förmlich zu; so ist insbesondere die Sitzordnung sehr streng. Auch hier ist ein informeller Einstieg mit einer Tasse grünem Tee und dem Austausch von Höflichkeiten üblich, der durch das plötzliche Startsignal des Sitzungsleiters, in der Regel an seiner Seniorität zu erkennen, abgebrochen wird. In Spanien und Italien werden die 20–30 Minuten, bis alle anwesend sind, mit einem Gespräch über Fußball, Familienangelegenheiten u. a. überbrückt.

Verhandlungen Verhandlungen sind eine soziale Begegnung besonderer Art. Doch dieser Aspekt drückt sich in verschiedenen Kulturen nicht gleichermaßen aus. Während Vertreter multiaktiver und reaktiver Kulturen Verhandlungen als soziale Zeremonie pflegen, neigen angelsächsische und skandinavische Kulturen dazu, den pragmatischen Aspekt im Vordergrund einer Verhandlung zu sehen. In Deutschland und in der Schweiz haben Verhandlungen sowohl einen sozialen als auch pragmatischen Charakter. Aus den unterschiedlichen Orientierungen erwachsen vielfältige Missverständnisse.

Kompromisse finden Kompromisse sind ein wichtiges Glied in einer Verhandlung. Sie können definiert werden als das Finden eines Mittelweges gegensätzlicher Positionen. Dies können asiatische reaktive Kulturen besonders gut. Auch im Orient, Lateinamerika, Britannien und Schweden geht man direkten Konfrontationen aus dem Weg, wodurch eine Kompromissfindung erleichtert wird. Dagegen zieht man in Deutschland, USA und Finnland Direktheit, Ehrlichkeit und Unverblümtheit der subtilen Diplomatie vor.

Entscheidungen treffen Jede Verhandlung soll zu einer Entscheidung führen. Die der hegelianischen Idee der Entstehung von Neuem durch Widerspruch und Kampf verpflichteten US-Amerikaner lieben Entscheidungen, weil diese selbst »action« bedeuten und danach endlich zur Tat geschritten werden darf. Menschen aus Japan dagegen meiden schnelle Entscheidungen und ziehen ein graduelles Vorwärtstasten hin zu einem Konsens unter Einbezug des gesamten Betriebes vor (der sog. Ringi-sho-Konsens; ebd., S. 81). Menschen aus lateinamerikanischen Kulturen überlassen die Entscheidung ihrem Chef und bringen vor allem dessen Position ein. In Frankreich, dem Land der kartesianischen Logik, fechten Verhandlungspartner im Wechsel Argument um Argument durch, bis sie das endgültige Ergebnis haben. Hierzu gehört auch, alle Punkte abgearbeitet zu haben und auf vorzeitige Interimslösungen zu verzichten. In manchen Kulturen wie z. B. in Russland oder China als postkommunistische Systeme ist es ratsam, im Vorfeld Schlüsselpersonen und persönliche Netzwerke zu nutzen, da Entscheidungen »by-passed«, also außerhalb der regulär formalen Entscheidungswege erfolgen (ebd.).

Verbindlichkeit von Entscheidungen Das Verständnis darüber, ab wann eine Entscheidung als verbindlich gilt, ist kulturell sehr unterschiedlich ausgeprägt. In angelsächsischen Ländern und Deutschland ist eine Entscheidung eine Art oraler Vertrag, d. h. man will davon nicht mehr abrücken. In Japan und Südeuropa dagegen wird nichts Falsches darin gesehen, eine sich im Nachhinein als fragwürdig erwiesene Entscheidung wieder zurückzunehmen und neu darüber zu verhandeln. In Japan geht es gar gegen das ethische Verständnis, eine Entscheidung, die sich durch andere Umstände, also in einem neuen Licht als falsch erweist, nicht zu revidieren. In Frankreich und Italien verstehen Menschen Verhandlungen als eine Art Brainstorming, sodass Zwischenentscheidungen keinerlei Bedeutung haben. Entsprechend weit ist auch das Verständnis darüber gestreut, welche Schritte und Ergebnisse einer Entscheidung als verbindlich anzusehen sind.

Diese kulturell unterschiedlichen Gepflogenheiten Meetings und Verhandlungen durchzuführen, sind bei der Vorbereitung eines interkulturellen Meetings zu berücksichtigen. Insbesondere wenn man der Gastgeber ist, müssen die anderen Erwartungen an Durchführung und Spielregeln antizipiert werden, was sich insbesondere in der Zeitplanung und der Agenda widerspiegelt.

4.3 Multikulturelle Teams

Im Gegensatz zum Abschnitt 4.2 beschäftigt sich der folgende Abschnitt nicht mit den kulturellen Unterschieden in Organisationen und auch nicht mit eher einmaligen Events wie interkulturelle Meetings (▶ Abschn. 4.2.4), sondern mit der Besonderheit der Arbeit in über einen längeren Zeitraum zusammenarbeitenden multikulturellen Teams. Die Auffassung, der kulturelle Anpassungsprozess laufe quasi von allein, gilt als widerlegt (Rothlauf 2009, S. 218). Einigkeit besteht darüber, dass multikulturelle Teams nicht selbstverständlich und quasi nebenbei zu einer gut funktionierenden Arbeitsgruppe zusammenwachsen, sondern dass sie besondere Maßnahmen wie eine multikulturelle Teamentwicklung und eine interkulturell sensible Führung brauchen. Die interkulturelle Forschung betont darüber hinaus, dass interkulturelle Teams über eine kultursensible Teamentwicklung und Führung hinaus in eine interkulturelle Öffnung der gesamten Organisation eingebettet werden müssen (Over 2011; Pavkovic 2001; Rothlauf 2009). Damit ist Interkulturalität immer auch eine Querschnittsaufgabe der gesamten Organisation. Im folgenden Abschnitt gehen wir sowohl auf die Herausforderungen der Zusammenarbeit als auch auf die Besonderheiten der Führung von multikulturellen Teams ein. Dabei werden detailliertere Unterscheidungssysteme als das System nach Mole (1990) vorgestellt und diskutiert. Somit können Maßnahmen für eine gute Zusammenarbeit abgeleitet werden.

4.3.1 Herausforderungen der Zusammenarbeit

Es gibt viele verschiedene Arten von multikulturellen Arbeitsgruppen (für einen Überblick s. Kopper 2003, S. 364) und jeweils verschiedene Einflussfaktoren auf die Gruppen. Im Folgenden beziehen wir uns auf multikulturelle Teams, die nicht nur virtuell, sondern primär in Face-to-Face-Kontakten zusammenarbeiten. Nach Sundstrom (1990, S. 120, Übersetzung der Autorinnen) verstehen wir unter Teams eine »interdependente Gruppierung von Individuen, die eine gemeinsame Verantwortung für bestimmte Ergebnisse ihrer Organisation trägt«. Jenseits des Umgangs mit den im Folgenden vorgestellten Herausforderungen wirken sowohl die Zusammensetzung der Teammitglieder als auch die Art der zu bewältigenden Aufgabe auf die Teamdynamiken. Studien belegen, dass ein Team mit einer größeren Zahl von vertretenen Kulturen weniger konfliktanfällig ist als eines mit einer geringen Zahl von Kulturen mit deutlicher Mehrheiten-/Minderheitenbildung (Smith u. Noakes 1996; Weißbach et al. 2007; Pavkovic 2001). Nach Winkler (2011, S. 142) treten die meisten Konflikte auf, wenn eine Kultur über eine kulturelle Minderheit dominiert oder wenn sich kulturelle Koalitionen bilden. Eine große Anzahl von Kulturen im Team wirkt sich positiv auf die Teamentwicklung aus, indem sie eine Hierarchisierung sowie Konflikte um Dominanz und Einfluss hemmt und die diskursive Auseinandersetzung fördert. Winkler (2011) zeigt aber auch, dass es einen erheblichen Einfluss hat, welche kulturellen Prägungen in einem Team zusammentreffen, und schlägt vor, sehr genau auf die Zusammensetzung der Teammitglieder zu achten, um unlösbare Konflikte (▶ Abschn. 2.6) zwischen den Teammitglie-

Zitat?
Bezugnahme

dern zu vermeiden. Auch die Art der Aufgabe hat einen Einfluss auf die Leistungsfähigkeit von Teams. Bei einfachen Aufgaben sind monokulturelle Gruppen von Vorteil, während mit steigender Schwierigkeit multikulturelle Gruppen an Vorteilen gewinnen (Rothlauf 2009). Diese Ergebnisse decken sich mit allgemeinen Studien zur Gruppenarbeit, die zeigen, dass bei einfachen Aufgaben homogene Gruppen Vorteile haben und bei komplexen Aufgaben heterogene Gruppen effektiver arbeiten können (Hoffmann u. Meier 1961, S. 401–407).

Die Arbeit in einem multikulturellen Team ist mit besonderen Herausforderungen verbunden. Nach Kopper (2003, S. 371) sind dies insbesondere der Umgang mit fremdsprachlicher Kommunikation, der Umgang mit Stereotypisierungen und der Umgang mit kulturellen Unterschieden. Wir ergänzen diese Themen um das wichtige Thema von Macht und Status, das wegen der Unterschiedlichkeit des Status verschiedener Kulturen in multikulturellen Teams eine besondere Dynamik entwickelt. Hier beziehen wir uns auf Winkler (2011), die in ihren Studien zu multikulturellen Innovationsteams herausfand, dass Macht und Status ein zentrales Konfliktfeld in multikulturellen Teams darstellt. Im Folgenden gehen wir näher auf diese vier zentralen Herausforderungen ein, denen sich multikulturelle Teams stellen müssen.

- **Fremdsprachliche Kommunikation**

Studien belegen, dass Sprachkompetenz ein ganz wichtiger Faktor ist, der auf multikulturelle Teams einwirkt und mangelnde Sprachkompetenz ein zentraler Stressor darstellt (Kopper 2001; Grigoleit 2011; Rothlauf 2009; Weißbach et al. 2007). Das Sprechen in einer fremden Sprache ist anstrengend und führt dazu, dass man sich weniger einbringt. Ein eingeschränkter Sprachgebrauch produziert Missverständnisse, die zu sehr starken Konflikten führen können (Winkler 2011, S. 109f., 168f.). Auch sind überlegene Sprachkenntnisse eine zentrale Ressource, um sich Einfluss zu verschaffen (ebd.). Weißbach et al. (2007) zeigen in ihrer Studie darüber hinaus, dass Menschen mit fremdkulturellem Hintergrund u. a. auch wegen ihrer geringeren Sprachkompetenz Konflikte weniger thematisieren und dies, obwohl sie eine höhere Konfliktwahrnehmung haben als Menschen ohne fremdkulturellen Hintergrund. Sprachschwierigkeiten sind aber auch für Zuhörende anstrengend und erfordern Geduld und Rücksichtnahme.

- **Stereotypisierungen**

Kulturelle Zuschreibungen und damit Stereotypisierungen sind in interkulturellen Interaktionen immer präsent. In ihrer Studie zu hoch qualifizierten Migrantinnen in technischen Berufen konnte Grigoleit (2011) zeigen, dass eine fehlerhafte Sprechweise oder eine Sprechweise mit einem ausländischen Akzent zusätzliche stereotype Zuschreibungen beim Gegenüber auslöst. Das heißt, dass hörbare Nichtmuttersprachler über die konkrete Beanspruchung hinaus, die das Sprechen in einer fremden Sprache mit sich bringt, verstärkt mit stereotypisierenden und ethnisierenden Zuschreibungen konfrontiert sind. Auch Konflikte verstärken Stereotypisierungsprozesse (Winkler 2011). Für den Abbau von Vorurteilen und Stereotypisierungen ist die Wahrnehmung einer »gemeinsamen Binnengruppenidentität« von entscheidender Bedeutung. Erfolgreiche Kontaktsituationen schaffen ein »Wir« und lösen ein Denken in »Wir und Die« auf (Gaertner et al. 1993; Weißbach et al. 2007). Doch sollte ein Team auch nicht verkrampft und übervorsichtig mit nationalen Stereotypen umgeben. Ein zeitweises Spielen mit den Stereotypen des eigenen nationalen Hintergrundes kann die Teamatmosphäre erheblich auflockern (Winkler 2011, S. 133).

- **Kulturelle Unterschiede**

Bewusstsein und Aufmerksamkeit für die kulturelle Verschiedenartigkeit sind sehr wichtig und haben einen zentralen Einfluss auf die kollektive Leistungsfähigkeit (Weißbach et al. 2007; Felsing et al. 2004; Smith u. Berg 1997). Ohne ein Bewusstsein für Diversität entsteht ein Gefühl von Problembehaftung und Irritation; Konflikte sind dadurch vorprogrammiert. Ein Wissen um die kulturellen Unterschiede stiftet Verständnis für Menschen, die sonst fremd, verwirrend oder gar bösartig erscheinen (Khanide u. Giebeler 2003, S. 13f.). Ein Ignorieren der kulturellen Unterschiede wird als hoch problematisch angesehen (Smith u. Berg 1997, S. 8; Rothlauf 2009, S. 217). Winkler (2011) beschreibt sehr differenziert die Wirkungen von kulturellen

Unterschieden und betont, dass kulturelle Unterschiede verschiedene Wirkungen haben: Während einige Unterschiede meist tiefe und nachhaltige Konflikte verursachen, verursachen andere Unterschiede nur anfängliche Konflikte, lösen später aber konstruktive Lernprozesse aus. Ihre Studie zu multikulturellen Innovationsteams basiert auf den Kulturdimensionen der GLOBE-Studie (House et al. 2004), ergänzt um die Dimensionen Kontext, Raum und Zeit (Hall u. Hall 1990; ► Abschn. 2.1). Sie zeigt, dass insbesondere Unterschiede in den Dimensionen Machtdistanz, Gender-Gleichheit und In-Gruppen-Kollektivismus nachhaltige Konflikte verursachen, während Unterschiede in den Dimensionen Kontext und Zeit nur anfangs Konflikte, später aber Lernprozesse auslösen und sich konstruktiv auswirken. Diese Lernprozesse werden als Kompetenzzuwachs angesehen, da sie mit einem hohen Grad an Selbstreflexion und einer Zunahme der eigenen Verhaltensflexibilität verbunden sind. Dieser Kompetenzzuwachs wird als Vorteil von multikulturellen Teams interpretiert und von den Mitarbeitenden geschätzt (Winkler 2011, S. 177). Da interkulturelles Lernen von multikulturellen Teammitgliedern als Gewinn gesehen wird, sollte es nicht nur als eine Maßnahme der Teamentwicklung, sondern auch als Maßnahme der individuellen Kompetenzentwicklung betrachtet und entsprechend gewichtet werden. Für einen konstruktiven Umgang mit kulturellen Unterschieden ist es wichtig, dass gemeinsame Ansichten über Leistungsziele, Arbeitsweisen und Problemlösungen erarbeitet und Teamprozesse transparent gemacht werden (Kopper 2003). Zum Erlangen einer gemeinsamen Arbeitsweise kann es sinnvoll sein, verständliche Arbeitshilfen zu entwickeln und zu verschriftlichen (Weißbach et al. 2007; Hofielen u. Broome 2002). Wichtig ist zudem eine Aufgabenverteilung entlang der Stärken und Ressourcen der einzelnen Teammitglieder. Forscher betonen, dass neben den kulturellen Unterschieden immer auch die Gemeinsamkeiten benannt werden müssen (Hofner 1996; Winkler 2011). Sie sehen in der ausbalancierten Bewusstmachung von Unterschieden und Gemeinsamkeiten einen konstruktiven Entwicklungsprozess für multikulturelle Teams.

- **Macht- und Statusunterschiede**

Um Einfluss und Macht in einem Team zu erlangen, nutzen Teammitglieder verschiedene Ressourcen, um den sozialen Status im Team zu stärken. Dies können persönliche Ressourcen sein wie Kompetenz, Dominanz und Sprachgewandtheit oder auch soziale Ressourcen wie Status des eigenen kulturellen Hintergrunds oder Möglichkeiten, Verbündete im Team zu finden. Insbesondere sprachliche Vorteile stellen eine wichtige Machtquelle in multikulturellen Teams dar (Janssens u. Brett 1997). Aber auch der nationalkulturelle Hintergrund spielt eine Rolle. Menschen aus Kulturen mit einem hohen Status haben eine soziale Position, die zunächst einmal mehr Gehör bekommt. Kompetenzen von ethnischen Minoritäten werden generell meist geringer eingeschätzt (Swann et al. 2004). Kulturelle Unterschiede können damit den Status von einigen Teammitarbeitern real bedrohen. Sie können aber auch als Statusbedrohung wahrgenommen werden, obwohl gar keine Statusbedrohung vorliegt. Dies ist besonders dann der Fall, wenn unterschiedliche Kommunikationsstile aufeinanderprallen, z. B. wird eine kontextarme Sprache von Menschen, die kontextreich kommunizieren, oft zunächst als Ablehnung interpretiert (Winkler 2011, S. 194).

Zentral für den konstruktiven Umgang mit den Herausforderungen bzw. für eine gute Zusammenarbeit ist, dass alle Teammitglieder bereit sind, voneinander zu lernen, damit divergierende Vorstellungen, Kompetenzen, Erwartungen und Wertungen zu einem gemeinsamen Gruppenverständnis konvergieren können. Rothlauf (2009, S. 219f.) formuliert in Anlehnung an Smith u. Berg (1997) folgende Faktoren, die entweder den notwendigen interkulturellen Lernprozess fördern oder behindern:

Faktoren interkultureller Lernprozesse

Lernförderliche Faktoren

- positive und negative Rückmeldungen,
- Offenheit und Ehrlichkeit,
- offener Austausch von Erfahrungen,
- Fehlertoleranz und offene, zeitintensive Fehleranalysen,
- Einsicht, nicht allwissend zu sein,

Zitat

Westeuropa aufgreifen!

Zitat -> Lösung Konflikt DE ES!

- aktives Zuhören auch bei schlechten Nachrichten und
- Atmosphäre, die Lernen ermutigt und Leistungen belohnt.

Lernhemmende Faktoren

- Klima der Schuldzuweisungen,
- Angst,
- Vorstellung, Probleme lösen sich von allein,
- keine Zeit zur Reflexion,
- Mangel an Information,
- Überbetonung von Außeninformationen und Vernachlässigung von Binneninformationen,
- autoritäre Managementstruktur,
- Fokussierung auf Personen und nicht auf Leistung und
- zu starkes Eingehen auf egoistische Bedürfnisse.

Multikulturelle Teams sind bei der Bewältigung komplexer Aufgaben sehr produktiv. Diese Produktivität kann sich allerdings nur entfalten, wenn es gelingt, die oben genannten besonderen Herausforderungen gut zu meistern. Ein lernförderliches soziales Klima ist dafür eine Grundvoraussetzung. Ohne die Bereitschaft, voneinander zu lernen, werden sich mit hoher Wahrscheinlichkeit manifeste Konflikte entwickeln, die sowohl die Produktivität als auch die Arbeitszufriedenheit stark mindern.

4.3.2 Führung

Im Folgenden konzentrieren wir uns auf personale Führung, unter der wir die »[z]ielorientierte soziale Einflussnahme zur Erfüllung gemeinsamer Aufgaben in/mit einer strukturierten Arbeitssituation« (Wunderer u. Grunwald 1980, S. 62) verstehen. In der Wissenschaft gibt es zahlreiche verschiedene Ansätze Führung und Führungserfolg zu erklären und die zentralen Einflussgrößen zu beschreiben. Wegen der besonderen Herausforderungen in der Zusammenarbeit in multikulturellen Teams, wie wir sie oben beschrieben haben, empfiehlt z. B. Kopper (2003) folgende Führungsgrundsätze für multikulturelle Teams:

Multikulturelle Teamleader

» – handeln als Moderatoren des Prozesses
– handeln aufgabenorientiert
– strukturieren den Prozess
– schaffen eine Atmosphäre der gegenseitigen Unterstützung
– ermutigen abweichende Meinungen offen zu äußern
– geben Meinungen früh in die Diskussion
– suchen nach gewinnbringenden Aspekten in den Meinungen der Teammitglieder

(Kopper 2003, S. 373; in Anlehnung an Hofner 1996, S. 250; Übersetzung der Autorinnen).

Hilfreiche Perspektiven auf die Führung multikultureller Teams ergeben sich aus generellen Erkenntnissen allgemeiner Führungstheorien. Grob lassen sich Führungstheorien in drei Bereiche strukturieren (in Anlehnung an Wunderer 2003):

1. Personenorientierte Führungstheorien betrachten die Führungskraft als zentrale Variable, um Führungswirkungen zu erklären.
2. Situationsorientierte Führungstheorien betrachten die Situation als zentrale Variable, um Führungswirkungen zu erklären.
3. Positionsorientierte Führungstheorien betrachten die organisationalen Rahmenbedingungen als zentrale Variable, um Führungswirkungen zu erklären.

Wegen der kulturellen Diversität und damit auch der Diversität der möglichen Situationen sind Erkenntnisse der situationsorientierten Führungstheorien besonders relevant für multikulturelles Führungshandeln. Insbesondere das Situational Leadership® Modell (Hersey et al. 2013, S. 113ff.) und die Rollentheorie der Führung von Neuberger (2002) können Hinweise zum konstruktiven Führungshandeln in multikulturellen Teams geben. Das Situational Leadership® Modell (Hersey et al. 2013, S. 113ff.) betont die Notwendigkeit eines situativen Führungsstils und gibt Anregungen zur praktischen Anwendung. Es geht davon aus, dass es am besten ist, sich auf keinen Führungsstil festzulegen, sondern je nach Fähigkeiten sowie Motivationslagen der einzelnen Mitarbeitenden flexibel mit einem je eigenen Führungsstil zu führen. Es werden vier Leistungsgrade von Mitarbeitenden benannt, sogenannte Performance Readiness® Level und dazu jeweils angemessene Führungsstile beschrieben, die an dieser Stelle sehr verkürzt jeweils in zwei Stichworten dargestellt werden (Hersey et al. 2013, S. 129, 124ff.):

- R1, geringer Leistungsgrad der Mitarbeiter: wenig fähig und wenig motiviert oder unsicher → Führungsstil S1: »telling«: anweisen und leiten.
- R2, geringer bis mittlerer Leistungsgrad der Mitarbeiter: wenig fähig, aber motiviert oder selbstsicher → Führungsstil S2: »selling«: erklären und begründen.
- R3, mittlerer bis hoher Leistungsgrad der Mitarbeiter: fähig, aber wenig motiviert oder unsicher → Führungsstil S3: »participating«: ermutigen und unterstützen.
- R4, hoher Leistungsgrad der Mitarbeiter: fähig und motiviert oder selbstsicher → Führungsstil S4: »delegation«: beauftragen.

In multikulturellen Teams gibt es über die Unterschiede in Fähigkeiten und Motivlagen der Mitarbeiter hinaus zusätzlich noch sehr unterschiedliche Vorstellungen vom Geführt-Werden (auch ▶ Abschn. 2.6.1). Da die Akzeptanz der Führungskraft von der Erfüllung der eigenen Erwartungen des Geführt-Werdens abhängt (Oelsnitz 2006), ist in multikulturellen Teams ein Führungsstil zu empfehlen, der es zulässt, auf die individuellen Erwartungen des Geführt-Werdens zumindest in Teilen einzugehen. Auch hierfür bietet das Situational Leadership® Modell (Hersey et al. 2013, S. 113ff.). Möglichkeiten, da die verschiedenen Führungsstile auch entlang der kulturellen Erwartungen der Mitarbeiter eingesetzt werden können. So erwarten Mitarbeiter aus linear-aktiven Kulturen häufiger einen kooperativen Führungsstil, während Mitarbeiter aus multiaktiven Kulturen eher einen autoritär-eloquenten und Mitarbeiter aus reaktiven Kulturen eher einen autoritär-paternalistischen Führungsstil erwarten (Lewis 2000).

Neuberger (2002, S. 312f.) betont in seiner Rollentheorie der Führung, dass die Führungsaufgabe mit verschiedensten Herausforderungen verbunden ist, die sich insbesondere aus den Erwartungen der Mitarbeiter, aber auch der höheren Vorgesetzten ergeben. Rollenerwartungen wirken auf Führung in zweierlei Hinsicht. Zum einen hängt die Akzeptanz der Führungskraft davon ab, inwieweit sie die Rollenerwartungen der Mitarbeiter erfüllt, zum anderen wird das Verhalten der Führungskraft durch die (vermuteten) Rollenerwartungen der Mitarbeiter beeinflusst. Sich auf die Erwartungen der Mitarbeiter einzustellen und diese im Führungshandeln zu berücksichtigen, ist wichtig, wobei allerdings auch zu berücksichtigen ist, dass die Flexibilität von Führungskräften ihre Grenzen hat. Das heißt, dass Verhaltensflexibilität nicht unbegrenzt zur Verfügung steht und Führungskräfte sich zwar bemühen können, aber auch an zu akzeptierende Grenzen kommen. Wegen dieser Grenzen sollten Führungskräfte nicht nur auf die Erwartungen des Geführt-Werdens eingehen, sondern diese auch beeinflussen. Als wichtige Voraussetzung hierfür müssen die gegenseitigen Erwartungen transparent gemacht werden. In multikulturellen Teams gibt es wegen der kulturellen Unterschiede eine Fülle von Erwartungen, die unausgesprochen sehr schnell zu enttäuschten Erwartungen führen können und dann einen erheblichen Stressor darstellen (Ward et al. 2001). Deswegen ist neben einem situativen Führungsstil ein (Rollen-)Erwartungsmanagement wichtig, weil Führungskräfte nicht auf alle Erwartungen eingehen können. Um trotzdem enttäuschte Erwartungen zu vermeiden, ist es wichtig, auch auf Erwartungen Einfluss zu nehmen und diese im Sinne einer guten Zusammenarbeit zu gestalten.

Darüber hinaus halten wir das Führen über das eigene Verhalten, wie es insbesondere Führungstheorien im Kontext der Positiven Psychologie formulieren (Creusen u. Müller-Seitz 2010), für einen wichtigen Führungsgrundsatz in multikulturellen Teams. Bandura (1976) hat gezeigt, dass Lernen am Modell für Menschen generell einen zentralen Lernmechanismus darstellt und eine hohe Bedeutung für das Lernen hat. In multikulturellen Teams gibt es wegen der kulturellen Unterschiede ein hohes Maß an Handlungsunsicherheit. Damit geht in der Regel aber auch eine erhöhte Bereitschaft einher, die Handlungsweisen der anderen zu beobachten und evtl. nachzuahmen. Führungskräfte haben in dieser Atmosphäre der Unbestimmtheit eine besondere Verantwortung für ihr eigenes Handeln, weil die Wahrscheinlichkeit, dass ihr Handeln

Modellcharakter hat, noch höher ist als in monokulturellen Teams. Cox et al. (1991) zeigen, dass kulturelle Diversität Verunsicherung bewirkt, die wiederum sozial erwünschtes Verhalten begünstigt und die Bereitschaft erhöht, vom Verhalten anderer zu lernen. Diese Bereitschaft sollte genutzt und gefördert werden, denn die Bereitschaft aller zum gegenseitigen Lernen markieren zahlreiche Studien als einen wichtigen Erfolgsfaktor von multikulturellen Teams. Eine zentrale Voraussetzung für gegenseitiges Lernen ist ein gewisses Maß an Prozesstransparenz und eine Haltung, nicht alles für selbstverständlich zu halten. Führungskräfte sollten deswegen Transparenz einfordern und selbst auch vorleben. Zusammenfassend lassen sich fünf Führungsgrundsätze zur Führung multikultureller Teams benennen:

1. Situativ führen: Enttäuschte Erwartungen des Geführt-Werdens werden als wichtiger Stressor gesehen, den es möglichst zu minimieren gilt.
2. Die Erwartungen gestaltend führen: Nicht alle Erwartungen können erfüllt werden, sondern sie müssen teilweise auch verändert werden.
3. Durch Vorbild führen: Nicht nur über Macht und Einfluss führen, sondern auch durch das eigene Verhalten.
4. Lernfördernd führen: Gegenseitiges Lernen fördern.
5. Transparenzherstellend führen: Nichts für selbstverständlich halten, sondern Prozesse und implizite Regeln erklären und diskutieren.

Eine zentrale Führungsressource, um diese Grundsätze umsetzen zu können, ist ein hohes Reflexionsvermögen gegenüber den Mitarbeitern und sich selbst. Es ist wichtig, dass Führungskräfte über Wissen zu den möglichen kulturellen Unterschieden, d. h. über Kenntnisse der zentralen Kulturdimensionen verfügen, um das Verhalten der Mitarbeiter entlang dieser Dimensionen reflektieren zu können. Verschiedene Autoren und Autorinnen weisen auf Bereiche oder Dimensionen der kulturellen Unterschiede hin, für die Führungskräfte besonders sensibel sein sollten. Vielfach beziehen sie sich auf die Kulturdimensionen von Hofstede (1983). Es wird insbesondere Machtdistanz als zentrale Kulturdimension genannt, für deren unterschiedliche Ausprägung Führungskräfte sensibilisiert sein sollten. Die Ausprägung dieser Dimension entscheidet z. B. darüber, ob ein kooperativer oder ein autoritärer Führungsstil erwartet bzw. akzeptiert wird, und darüber, ob Menschen daran gewöhnt sind, dass Informationen in alle Richtungen fließen oder nur entlang der Hierarchiestufen. Winkler (2011, S. 148ff.) fand in diesem Zusammenhang heraus, dass mit manifesten Konflikten zu rechnen ist, wenn Mitarbeiter, die einen kooperativen Führungsstil erwarten, auf eine autoritär agierende Führungskraft stoßen. Neben der Dimension Machtdistanz benennt Winkler (ebd.) weitere Dimensionen, die bei unterschiedlichen Ausprägungen Konflikte auslösen und für die Führungskräfte deshalb sensibel sein sollten: Gender-Gleichheit, In-Gruppen-Kollektivismus, Kontext und Zeit. Zu berücksichtigen ist dabei aber auch der qualitative Unterschied der Konflikte. Unterschiede in der Dimension Gender-Gleichheit und In-Gruppen-Kollektivismus verursachen nach Winkler (ebd.) starke manifeste Teamkonflikte. Insbesondere Frauen, die ein hohes Maß an Gender-Gleichheit erwarten, fühlen sich in ihrem Selbstwert bedroht, wenn sie auf Männer treffen, die aus Kulturräumen kommen, in denen Gender-Gleichheit weniger ausgeprägt ist. Bezüglich der Dimension In-Gruppen-Kollektivismus fand Winkler (ebd.) heraus, dass insbesondere Menschen mit einer hohen Ausprägung auf dieser Dimension sich durch Teamkonflikte in ihrer sozialen Identität gefährdet sehen und sich schneller als ausgeschlossen erleben als Menschen mit einer niedrigeren Ausprägung auf dieser Dimension. Unterschiede in den Dimensionen Kontext und Zeit verursachen nach Winkler (ebd.) dagegen nur zu Beginn Konflikte, die mit der Zeit gelöst werden und sogar konstruktiv im Sinne einer Flexibilisierung des eigenen Verhaltens wirken können. Unterschiede in diesen Dimensionen lösen also langfristig interkulturelle Lernprozesse aus (zu führungsrelevanten kulturellen Unterschieden s. auch Thomas 2011, S. 33ff.).

Eine intensive Selbstreflexion ist insbesondere im Hinblick auf den eigenen Führungsstil wichtig. Wie schon erwähnt, gehen unterschiedliche kulturelle Prägungen mit unterschiedlichen Vorstellungen des Führens und auch des Geführt-Werdens einher. Mole (1990) fand in seinen kulturvergleichenden Studien zu den Organisationsstrukturen und Führungsstilen heraus, dass sich die Führungsstile in verschiedenen Kulturen zwischen den Polen »autoritär« und »kooperativ« bewegen (▶ Abschn. 4.2.1). Auch Lewin et al. (1939) beschreiben in den wegweisenden Studien zu Führungsstilen ähnliche zentrale Unterscheidungen. Sie beschreiben darüber hinaus aber noch einen dritten Stil, den Stil des Nichtführens und kommen damit auf drei zentrale Führungsstile: autoritär, demokratisch (entspricht kooperativ) und laissez-faire. Nach Lewin et al. (ebd.) bestimmen autoritär Führende die Ziele und Aufgaben der Gruppen, sie verteilen die Aufgaben und geben genaue Anweisungen, wie die Aufgaben ausgeführt werden müssen. Bei der Bewertung der Tätigkeiten lassen sie nicht oder nur vage erkennen, welchen Bewertungsmaßstab sie zugrunde legen. Demokratisch Führende hingegen ermutigen die Gruppenmitglieder Ziele, Aufgaben und Arbeitsweisen zum Gegenstand von Gruppenentscheidungen zu machen. Die Arbeitsverteilung diskutieren sie mit den Mitarbeitern. Bei der Bewertung der Tätigkeiten legen sie ihren Beurteilungsmaßstab offen. Die Führungsstile autoritär und demokratisch decken sich weitgehend mit den Beschreibungen der Führungsstile in ihrer Polarität zwischen autoritär und kooperativ, wie sie Mole (1990) kulturvergleichend herausgearbeitet hat (▶ Abschn. 4.2.1). Der Laissez-faire-Stil, den Lewin et al. (1939) als dritten wichtigen Führungsstil beschreiben, verweist darauf, dass einige Führende die Dinge einfach sich selbst entwickeln lassen und damit ihre Führungsaufgabe gar nicht wahrnehmen. Da aktuelle Studien zur Führung aufzeigen, dass dieser Führungsstil problematisch ist (Sturm et al. 2011), ist es wichtig, diesen Führungsstil in die Selbstreflexion miteinzubeziehen. Denn nicht wahrgenommene Führung – im Sinne eines Laissez-faire-Führungsstils – wirkt sich in multikulturellen Teams noch dramatischer als in monokulturellen Gruppen aus. Hier ist eine gelingende Selbstorganisation noch unwahrscheinlicher als in monokulturellen Teams. Entlang der Führungsstile nach Lewin et al. (1939) können Führungskräfte ihr eigenes Führungsverhalten reflektieren und neue Stile erproben und anwenden lernen. Eine vertiefende Beschäftigung mit dem eigenen Führungsstil ermöglicht das oben beschriebene Situational Leadership® Modell (Hersey et al. 2013, S. 113ff.). Es verweist noch auf feinere Differenzierungen möglicher Führungsstile, die zwecks Professionalisierung des Führungshandelns zu erproben sich lohnt. Mit der Zeit können Führungskräfte so ihr eigenes Handlungsrepertoire erweitern und flexibilisieren. In Kombination mit dem oben erläuterten Erwartungsmanagement können dabei die eigenen Grenzen der Flexibilität gewahrt bleiben.

▪ Prozessbegleitendes Führen in den Teamphasen

Interkulturelle Teams müssen Konzepte entwickeln, die dabei helfen, die interkulturelle Praxis zu reflektieren und weiterzuentwickeln (Pavkovic 2001). Eine Möglichkeit ist, diese notwenige Reflexion und Entwicklung der interkulturellen Praxis entlang der verschiedenen Phasen der Gruppenprozesse zu gestalten. Gruppenprozesse verlaufen in Phasen, die jeweils andere Führungsinterventionen brauchen. Wir beziehen uns in unserem Vorschlag zur Prozessbegleitung auf die fünf Phasen nach Stahl (2002, S. 49f.), der die von Tuckmann (1965) beschriebenen vier Phasen der Teambildung um eine fünfte Phase ergänzt hat. Teamprozesse beginnen mit einer Gründungsphase, in der sich die Gruppenatmosphäre herausbildet. In der nachfolgenden Streitphase bilden sich die Rollen aus. In der anschließenden Vertragsphase werden die Regeln für ein funktionierendes Miteinander – bewusst oder unbewusst – ausgehandelt. Erst danach beginnt die eigentliche Arbeitsphase, in der produktiv an der Arbeitsaufgabe zusammengearbeitet werden kann. In der Orientierungsphase kann Bilanz gezogen und können nötige Korrekturen initiiert werden. Stahl (2002, S. 49f.) transformiert das lineare Modell von Tuckman (1965) in ein zirkuläres Modell, in dem die Phasen nicht konsequent linear, sondern auch zirkulär verlaufen und nicht immer streng voneinander abgegrenzt sind, somit sich durchkreuzen und überschneiden. Die Phasen beschreiben einen konstruktiven Entwicklungsprozess von Teams. Führungskräfte haben in diesem Prozess die Aufgabe, die Teams gut durch die Phasen zu begleiten und somit die Erreichung der Ziele der einzelnen Phasen zu unterstützen. Dabei gibt es nach Stahl (2002, S. 66) zwei Leitfragen, die Führungskräfte sich stellen können: Was unterstützt mein Team dabei, eine Phase optimal zu durchlaufen? Was hilft meinem Team, den Übergang zur nächsten Phase zu finden? Kon-

Tab. 4.1 Teamphasen nach Stahl (Mod. nach Stahl 2012, S. 54. Eberhard Stahl, Dynamik in Gruppen © 2012 Beltz, Programm PVU, Weinheim/Basel)

Phase	Vorherrschende Aktivitäten	Evolutionäre Leistung	Entwicklung des Miteinanders durch
Gründungsphase (Forming)	Sich-Kennenlernen Sich-Einschätzen Einordnung	Abgrenzung	Konventionen
Streitphase (Storming)	Sich-Zeigen Sich-Vertreten Auseinandersetzung	Zuspitzung	Konflikte
Vertragsphase (Norming)	Sich-Festlegen Sich-Abfinden Einigung	Entscheidung	Vereinbarungen
Arbeitsphase (Performing)	Sich-Einbringen Sich-Engagieren Zusammenarbeit	Bewährung	Kooperation
Orientierungsphase (Re-Forming)	Bilanzieren Sich-Besinnen Erfahrungsaustausch	Veränderung	Bilanzen

flikte in der aktuellen Phase deuten stets darauf hin, dass die vorangegangene Phase nicht optimal durchlaufen wurde. Sie verweisen auf unbearbeitete Themen der vorangegangenen Phase, die dringend noch behandelt werden müssen. Insofern sollten Führungskräfte bei Schwierigkeiten im Team Interventionen einleiten, die das Team unterstützen, Prozesse der vorangegangenen Phase nochmals zu durchlaufen. Tab. 4.1 zeigt die Phasen im Überblick.

Im Folgenden wird beschrieben, wie Führungskräfte durch Interventionen die verschiedenen Teamphasen in multikulturellen Gruppen unterstützen können.

Gründungsphase (Forming)

Die Gründungsphase ist eine von Ungewissheit geprägte Phase, in der die Kommunikation gehemmt und eher durch Konformismus geprägt ist. In der Gründungsphase geht es darum, Vertrauen aufzubauen und eine gemeinsame Identität zu entwickeln. Ziel des Führungshandelns in dieser Phase ist es, Sicherheit und Orientierung zu vermitteln (Stahl 2002, S. 67f.). Gemeinsame Ziele, Werte und Interessen sollten herausgearbeitet werden, wobei die Unterschiede nicht aus dem Blickfeld geraten dürfen. Nach Kopper (2003, S. 381) ist der frühe Austausch über Sprachprobleme, Stereotypisierungsprozesse und kulturelle Unterschiede entscheidend für eine effektive Zusammenarbeit. Nur unter Beachtung der Unterschiedlichkeit – »assume differences until similarities are proven« (ebd., S. 381) – kann die Vielfalt konstruktiv wirken. Übungen aus dem Modul »Kultur und Kommunikation« (▶ Abschn. 9.2) können diese Phase unterstützen.

Streitphase (Storming)

Die Streitphase ist geprägt durch die Klärung von Konflikten. Es geht darum, die Widersprüche zwischen den Teammitgliedern aufzudecken. Die einzelnen Teammitglieder müssen sich als Individuum mit eigenen Bedürfnissen abgrenzen und ihre Teaminteraktionen unter Berücksichtigung dieser Grenzen gestalten (Stahl 2002, S. 95f.). In der Streitphase kommt es daher häufig zu Konflikten und Rollen bilden sich aus. Da der Umgang mit Konflikten nicht in allen Kulturen diskursiv ist (▶ Abschn. 2.6.4), ist davon auszugehen, dass es nicht immer zu offenen Konflikten kommt und die Führungskraft auch auf unausgesprochene Konflikte reagieren muss. Statusunterschiede zwischen Kulturen können eine große Rolle bei Konflikten in multikulturellen Teams spielen. Die soziale Identitätstheorie nach Tajfel (1982) beschreibt, wie statushohe Gruppen Selbstwert durch Abgrenzungsprozesse zu statusniedrigeren Gruppen erhalten. Bei Konflikten sollten Führungskräfte eine besondere Fürsorge für Mitarbeiter aus Kulturkreisen mit einem niedrigeren Status entfalten, denn diese sind besonders in Gefahr, fachlich abgewertet und sozial ausgegrenzt zu werden. Im Zusammenhang mit Konflikten sind auch enttäuschte Erwartungen in Bezug auf die Ausgestaltung der Führungsrolle zu berücksichtigen. Studien zeigen, dass enttäuschte Erwartungen darüber hinaus sogar zu psychischen Problemen führen können (Ward et al. 2001, S. 76). Erfüllte Erwartungen sind dementsprechend als Erfolgsfaktor zu werten. Je »geringer die subjektiv empfundene Distanz zwischen den führungsbezogenen Erwartungen der Geführten und dem tatsächlich praktizierten Führungsverhalten des Vorgesetzten ist, desto größer werden zunächst Zufriedenheit, Engagement und Leistungsstärke der Arbeitsgruppe sein« (Oelsnitz 2006, S. 153). In multikulturellen Teams gibt es viele unterschiedliche Erwartungen. Wenn diese nicht verhandelt werden, sondern im Verborgenen wirken, ist die Wahrscheinlichkeit hoch, dass viele dieser Erwartungen weder erfüllt noch korrigiert werden, sondern zu Enttäuschungen führen. Enttäuschte Erwartungen führen aber zu unterschwelligen Konflikten, zu Unzufriedenheit, zur Reduzierung der Leistungsbereitschaft und können zur Erschöpfung und Burnout führen (Semmer et al. 2007). Da der Erfüllungsgrad der persönlichen Erwartungen also einen sehr hohen Einfluss auf das Wohlbefinden und die Leistungsfähigkeit hat, ist das Führen von multikulturellen Teams immer auch mit der Gestaltung von Erwartungen verbunden. Eine Führungskraft kann in verschiedener Art und Weise mit Erwartungen umgehen: Sie kann versuchen, Erwartungen zu erfüllen oder Erwartungshaltungen zu verändern. Dafür müssen in einem Dialog implizite Erwartungen expliziert werden, um anschließend zu bewerten, welche Erwartungen erfüllt und welche verändert werden müssen. Führung in multikulturellen Teams bedeutet also auch, Menschen dazu zu bringen, persönliche Erwartungen zu revidieren. Klärung, Prüfung und Veränderung von Erwartungen sind eine zentrale Führungsaufgabe. Es bietet sich besonders in der Streitphase an, die Erwartungen aller zu explizieren, wertschätzend zu diskutieren und ggf. zu korrigieren. Eine Möglichkeit, die Erwartungen zu reflektieren, ist die durch die Führungskraft angeleitete Bearbeitung folgender Fragen:

- Was erwarte ich von Ihnen?
- Was erwarten Sie von mir?
- Was erwarten Sie von Ihren Kollegen und Kolleginnen?
- Was erwarten Sie von sich selbst? Was bringen Sie in das Team ein?

In der Streitphase wird der Umgang mit Konflikten kultiviert. Zum Umgang mit kulturellen Unterschieden haben Maznewski u. DiStefano (2000) ein Modell aufeinander aufbauender Aktivitäten für mehrkulturelle Arbeitsgruppen konzipiert. Dieses Modell lässt sich auch auf den Umgang mit Konflikten übertragen:

- Mapping: Die Teammitglieder identifizieren Unterschiede und Gemeinsamkeiten. Diese Phase soll verhindern, dass man in die Fallen des Gleichheitspostulats (»Alle Menschen sind im Prinzip gleich«) oder der Personalisierung von kulturell bedingten Irritationen (»Das spezifische Individuum ist böse oder dumm«) läuft.
- Bridging: Es müssen angesichts identifizierter Unterschiede Brücken gefunden werden. Hierfür sind die explizite Wahrnehmung der einzelnen Unterschiede sowie eine gute Kommunikationsfähigkeit wichtige Voraussetzungen: »develop bicultural tongues and ears« (Maznewski u. DiStefano 2000, S. 199).
- Integrating: Die herausgearbeiteten unterschiedlichen Sichtweisen und Vorlieben der Teammitglieder müssen zusammengebracht und etwaige Konflikte müssen gelöst werden. In diesem Prozess dürfen die wichtigen Unterschiede nicht eliminiert werden.

Andere Modelle schließen eine vierte Phase der sog. Innovation an, die Kulturunterschiede transzendiert und in der die multikulturellen Potenziale als Impulse für Veränderungen der Organisation im Sinne einer lernenden Organisation wirken (Zeutschel u. Thomas 2003, S. 6).

Führungskräfte sollten sich aber auch bewusst sein, dass ihr eigenes Konfliktverhalten einen großen Einfluss auf das Konfliktverhalten aller Teammitglieder hat, sie also quasi als Modell fungieren. Lernen am Modell (Bandura 1976) ist in multikulturellen Gruppen ein wichtiger Lernmodus, der nicht unterschätzt werden sollte. Dies gilt insbesondere dann, wenn es schwer ist, gemeinsame Umgangsweisen zu finden, wie es beim Umgang mit Konflikten der Fall ist (▶ Abschn. 2.6). Lassen sich keine gemeinsamen Regeln formulieren, bleibt der Führungskraft immer noch der Versuch, konsequent einen Umgang vorzuleben – in der berechtigten Hoffnung, dass sich die Mitarbeiter ein Stück weit auch über vorgelebtes Verhalten führen lassen.

▪ Vertragsphase (Norming)

In der Vertragsphase werden die Regeln der Zusammenarbeit festgelegt und das gemeinsame Ziel gefestigt. Gemeinsame Regeln und Ziele ermöglichen ein gemeinsames Handeln in der nächsten Phase. Es ist aber auch die Phase der Ernüchterung, in der Illusionen verabschiedet und Erwartungen am Machbaren ausgerichtet werden (Stahl 2002, S. 127). Wichtig ist, dass die Regeln die besonderen Herausforderungen multikultureller Teams berücksichtigen, also den Umgang mit Sprachunsicherheit, mit Stereotypisierung, mit kulturellen Statusunterschieden und mit kulturellen Unterschieden bezüglich der Werte und des Verhaltens (Kopper 2003; Winkler 2011). Zu beachten ist, dass Regeln formuliert werden, die die als realistisch ausgehandelten Rollenerwartungen unterstützen. Ein Beispiel für ein Regelwerk zum Umgang mit Sprachunsicherheiten zeigt Kopper (2003, S. 397):

Regeln für native Speaker (Kopper 2003, S. 367; Übersetzung der Autorinnen):

> - Spreche langsam und klar.
> - Benutze einfache Wörter und Sätze.
> - Vermeide umgangssprachliche Ausdrücke.
> - Wiederhole wichtige Punkte und fasse sie zusammen.
> - Mache Pausen und warte während Phasen der Stille.
> - Teile Arbeitspunkte in kleine Module.
> - Benutze Visualisierungen, um Kerngedanken zu verdeutlichen.
> - Paraphrasiere die Redebeiträge und Fragen der anderen.
> - Vergewissere dich zwischendurch, ob alle das gleiche Verständnis von dem behandelten Thema haben.
> - Ermutige und fördere stille Mitglieder.
> - Strukturiere ein Meeting so, dass die Teammitglieder die Möglichkeit haben, zu zweit oder zu dritt zu diskutieren.
> - Mache öfter eine Pause.

▪ Arbeitsphase (Performing)

In der Arbeitsphase wird die gelebte Kooperationsstruktur entwickelt und es zeigt sich, inwieweit die vorherigen Vereinbarungen praxistauglich sind. Die einzelnen Teammitglieder bewerten das Team im Hinblick auf seine soziale und fachliche Nützlichkeit (Stahl 2002, S. 153f.) Führungskräfte sollten einen flexiblen Führungsstil anstreben, d. h. sie sollten die Arbeit der Teammitglieder je nach Arbeitsaufgabe, Kompetenz und Führungserwartung situativ anleiten bzw. unterstützen. Eine Reflexion der Stärken und Schwächen der Mitarbeiter ist wichtig, damit die verschiedenen Arbeitsaufgaben entlang der Ressourcen und Stärken der Mitarbeiter verteilt werden können. Winkler (2011, S. 237) schlägt darüber hinaus die Etablierung bi-kultureller Arbeitstandems vor, um darüber eine Vertiefung des interkulturellen Lernens zu initiieren. Dabei sollte nach Winkler (ebd.) darauf geachtet werden, dass diese Tandems gemeinsame soziale Merkmale wie z. B. Geschlecht, Alter oder Beruf haben. Hierdurch werden den Teammitgliedern alternative Möglichkeiten der Gruppenbildung aufgezeigt und der Gefahr einer Gruppenbildung entlang der Kulturen entgegengewirkt. Auch in der Arbeitsphase sollten sich Führungskräfte darum bemühen, geduldig immer wieder Sachverhalte zu erklären und nicht vorschnell Sachverhalte als selbstverständlich vorauszusetzen. Da es wichtig ist, eine Kultur des Lernens zu fördern, sollten Führungskräfte Instrumente des Lernens in den Teamalltag integrieren und nicht auf Selbstorganisation hoffen. Multikulturelle Teams brauchen formelle Räume, in denen die Mitarbeiter voneinander lernen können. Informelle Räume reichen nicht. Für sehr geeignet halten wir das Instrument der Kollegialen Beratung und das Instrument der Lerntandems (Reisig u. Derboven 2008).

Die Kollegiale Beratung ist ein Instrument zur gegenseitigen, kollegialen Beratung innerhalb eines Teams. Die angesprochenen Probleme können sowohl auf der fachlichen, auf der sozialen als auch der individuellen Ebene liegen. Das Instrument ist geeignet, gegenseitige Lernprozesse sowohl auf der Sach- als auch auf der Beziehungsebene anzuregen. Die Ziele im Einzelnen sind:

- Wissen problemorientiert austauschen,
- soziale Kompetenzen austauschen,
- individuelle Arbeitstechniken austauschen,
- Beziehungen knüpfen und
- bisherige Gruppendynamik »verflüssigen«.

Das Vorgehen wird detailliert im Trainingsteil (► Teil III, Abschn. 11.6) beschrieben.

Das Instrument der Lerntandems ist geeignet, sich gegenseitig beim Erwerb von Kompetenzen zu unterstützen (Reisig u. Derboven 2008). Dazu müssen zunächst der jeweilige Lernbedarf und die jeweiligen Stärken expliziert werden, um anschließend – wie bei einem Tauschring – jeweils zwei Personen zu einem Lerntandem zusammenzubringen, bei denen die Lernbedarfe und die Stärken in etwa komplementär sind. In einer Art Lernvereinbarung sollten die grundlegenden Prozesse schriftlich festgehalten werden. Führungskräfte sollten auch hier – wie bei Konflikten – besondere Aufmerksamkeit auf Mitarbeiter aus Kulturkreisen mit einem niedrigeren Status legen und darauf achten, dass diese auch ihre Stärken formulieren. Es ist schwerer für diese Mitarbeiter, die eigenen Stärken zu formulieren, weil der niedrigere Status ihrer Kultur negativ auf die Selbsteinschätzung wirken kann.

■ Re-Forming

In der Orientierungsphase geht es darum, zu bilanzieren und Prozesse zu korrigieren. Gemachte Erfahrungen werden ausgewertet (Stahl 2002, S. 169f.). Es geht aber auch darum, sich die gemeinsamen Erfolge bewusst zu machen. Das Bewusstmachen der gemeinsamen Erfolge stärkt die Selbstwirksamkeit der Gruppe und lenkt die Aufmerksamkeit weg von den Problemen. Zeutschel (1999, S. 158) empfiehlt in diesem Zusammenhang: »Erfolge und positive Ergebnisse sollten bewusst zur Kenntnis genommen und ›gefeiert‹ werden.«.

Interkulturelle Handlungskompetenz

Christel Kumbruck, Wibke Derboven

C. Kumbruck, W. Derboven, *Interkulturelles Training*,
DOI 10.1007/978-3-662-43462-8_5, © Springer-Verlag Berlin Heidelberg 2016

Wie in ► Abschn. 1.4.2 ausgeführt, stellen interkulturelle Überschneidungssituationen hohe Anforderungen an die betroffenen Menschen, zu deren Bewältigung sie Ressourcen benötigen. Speziell die von uns dargestellte Interaktionsarbeit, die interkulturelle Situationen prägt, ist nur mittels besonderer Ressourcen zu bewältigen. Während die Forschung zurecht auch bedingungsbezogene Ressourcen, insbesondere (organisationale) Handlungsspielräume und soziale Unterstützung, als hilfreich identifiziert hat, fokussieren wir in diesem Kapitel auf personenbezogene Ressourcen, nämlich interkulturelle Kompetenzen, weil nur diese in einem Training verbessert werden können. Dieser Fokus prägt unser interkulturelles Stressmodell (◘ Abb. 5.1).

In unserem davon abgeleiteten interkulturellen Kompetenzmodell (s. unten) werden die Ressourcen als Kompetenzen differenziert aufgeführt, wobei diese nach einem Surface und einem Deep Level unterschieden werden. Während die Kompetenzen auf dem Surface Level vor allem Orientierung und Verständnis für die Herausforderungen interkultureller Begegnungen sowie Bewältigungsstrategien auf der Verhaltensebene (z. B. gute Rahmenbedingungen für interkulturelle Begegnungen schaffen) ermöglichen, dienen die Kompetenzen auf dem Deep Level der Selbststeuerung und dem vertieften Verständnis. Während die Kompetenzen auf dem Surface Level überwiegend an kognitiven Prozessen ansetzen, haben die Kompetenzen auf dem Deep Level ihren Ausgangspunkt in affektiven Prozessen. Beide Kompetenzarten münden im Training in der Erweiterung von Handlungsoptionen (verhaltensbezogene Dimension).

In Anlehnung und Erweiterung des handlungs- und lerntheoretischen Konzeptes interkultureller Kompetenz von Thomas (2003a) gehen wir von folgendem Prozessmodell aus. Demnach beginnt interkulturelles Lernen mit jeweils individuellen personalen und sozialen Vorbedingungen und einer interkulturellen Erfahrung. Die nächste Stufe ist das interkulturelle Lernen im Sinne des Erwerbs von Wissen über andere Kulturen. Dieser folgt der Erwerb diverser Fähigkeiten, interkulturelle Situationen zu verstehen und sich in den neuen Situationen pragmatisch bewegen zu können. Die vierte und höchste Stufe ist das Erlangen interkultureller Handlungskompetenz, die über das pragmatische Handeln hinausgeht durch das Vermögen, tiefe, beziehungsorientierte Begegnungen einzugehen. Dies setzt entsprechend nicht nur voraus, sich in der anderen Kultur korrekt-pragmatisch bewegen zu können, sondern auch eine entsprechende Haltung des Beziehung-Eingehen-Wollens einzunehmen.

Die Bedeutung des In-Beziehung-Gehens in der interkulturellen Begegnung wird durch neuere Studien sichtbar. Genkova u. Huber (2009) fanden in ihrer Studie zu den Einflussfaktoren kultureller Anpassung heraus, dass vor allem gute Kontakte zu den Angehörigen der Gastkultur und Sprachkenntnisse die Anpassung fördern, wohingegen landeskundliches Wissen keinen Einfluss darauf hat. Dabei zählt nicht die Häufigkeit der Kontakte zu den Angehörigen der Gastkultur, sondern die Qualität der Beziehungen.

Überträgt man die von uns getroffene Unterscheidung in Deep- und Surface-Level-Kompetenzen auf das Modell von Thomas (2003a), bedeutet das, dass in den ersten drei Stufen interkulturelle Kompetenzen auf dem Surface Level und in der vierten Stufe Kompetenzen auf dem Deep Level erworben werden. Die Entwicklung von einer zur nächsten Stufe der interkulturellen Handlungskompetenz geschieht nicht automatisch, sondern nur unter bestimmten Voraussetzungen. Auch wer sich lange in einer anderen Kultur aufhält, erreicht unter Umständen nicht mal die Stufe des interkulturellen Lernens.

Durch den Erwerb der Surface-Level-Kompetenzen kann man in einer kulturellen Überschneidungssituation gut funktionieren, insbesondere in Arbeitskontexten auch mit anderen zusammen handeln. Durch den Erwerb der Deep-Level-Kompetenzen wird man in die Lage versetzt, in Beziehung mit anderen Menschen zu gehen. Insbesondere in kollektivistischen Kulturen, die die Eigen- und Fremdgruppe sehr stark unterscheiden, ist es äußerst sinnvoll, mittels Deep-Level-Kompetenz Beziehung aufzubauen, um aus dem beziehungslosen Status des Fremden in den des Freundes zu wechseln, damit ein Teil der Eigengruppe von Menschen im Gastland zu werden und angemessen interkulturell kooperieren zu können.

Die Elemente der Deep-Level-Kompetenz (Emotionsregulation, Empathie, Ambiguitätstoleranz, kritisches Selbstreflexionsvermögen und Selbstwirksamkeit) stehen in Bezug auf interkulturelle Handlungsfähigkeit in besonderen Beziehungen zu- und in Hierarchisierungen untereinander. Die jeweils vorherigen Elemente stellen die Weichen für den weiteren Bewer-

Abb. 5.1

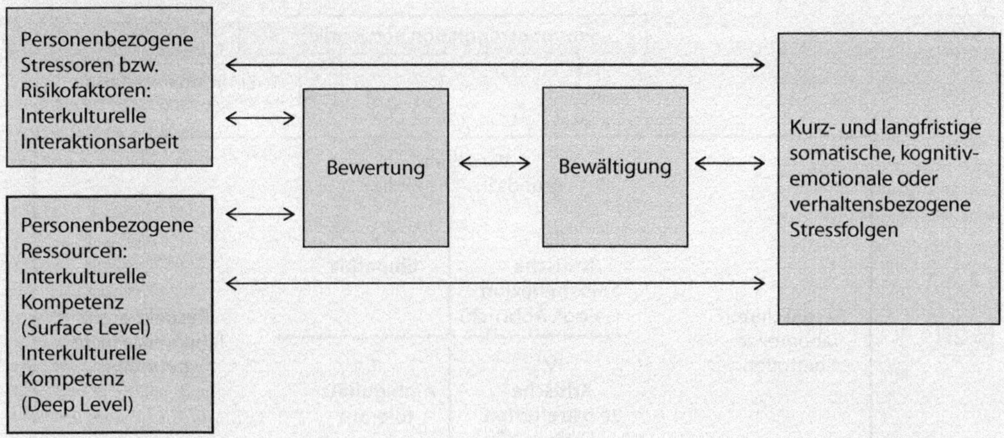

Das interkulturelle Stressmodell. (Mod. nach Hoppe u. Bamberg 2013, S. 438)

tungsprozess, ob und wie man sich der interkulturellen Herausforderung stellen will und kann. In der folgenden Übersicht ist das interkulturelle Kompetenzmodell mit den einzelnen Kompetenzen auf dem Surface Level und dem Deep Level dargestellt.

Das interkulturelle Kompetenzmodell

Surface-Level-Kompetenzen

- Reflexionsvermögen
- Selbstaufmerksamkeit
- Verständnis von selbst- und fremdkulturellen Handlungszusammenhängen
- Verständnis der Besonderheiten interkultureller Prozesse
- Unterscheiden können (Kommunikation, Regeln, Werte)
- Fähigkeit zum kultursensiblen Kommunizieren
- Fähigkeit zum kultursensiblen Kooperieren

Deep-Level-Kompetenzen

- Emotionsregulation
- Empathie
- Ambiguitätstoleranz
- Kritisches Selbstreflexionsvermögen
- Selbstwirksamkeit

5.1 Das Kompetenzmodell als Prozess

Die einzelnen Deep-Level-Kompetenzen wirken nicht alleine für sich wie in einem additiven Modell, sondern in besonderer Weise in einem Prozess zusammen. In diesem Prozessmodell stellt das Zusammenspiel der von uns identifizierten fünf Teilkompetenzen zusätzliche Herausforderungen an die Akteure, so dass die Prozesssteuerung als Metafunktion anzusehen ist. Es geht dabei wie im interkulturellen Stressmodell (◘ Abb. 5.1) um Bewertungs- und Bewältigungsprozesse von Stressoren und Ressourcen. Das Zusammenspiel wird entlang der Stationen S1–S3 dargestellt (◘ Abb. 5.2).

S1: Ausgangspunkt vieler interkultureller Überschneidungssituationen sind Irritationen, die uns auf der emotionalen Ebene beeinträchtigen. So entstehen z. B. aufgrund der Konfrontation mit Vorlieben, die den eigenen widersprechen, z. B. beim Essen, u. U. Gefühle wie Ekel. Ebenfalls werden aufgrund der unterschiedlichen sich ggf. widersprechenden Regelwerke, z. B. Benimmregeln und Höflichkeitsansprüche, die Gefühle stark gefordert. Im menschlichen Verhalten gehen die Gefühlsreaktionen den bewussten Entscheidungen voraus. Der Psychologe Zajonc (1980) fasst diesen Sachverhalt in die Worte: »Preferences need no references«.

Deshalb muss im Prozess mit der Bearbeitung dieser Gefühle begonnen werden. Damit sie unser

Abb. 5.2

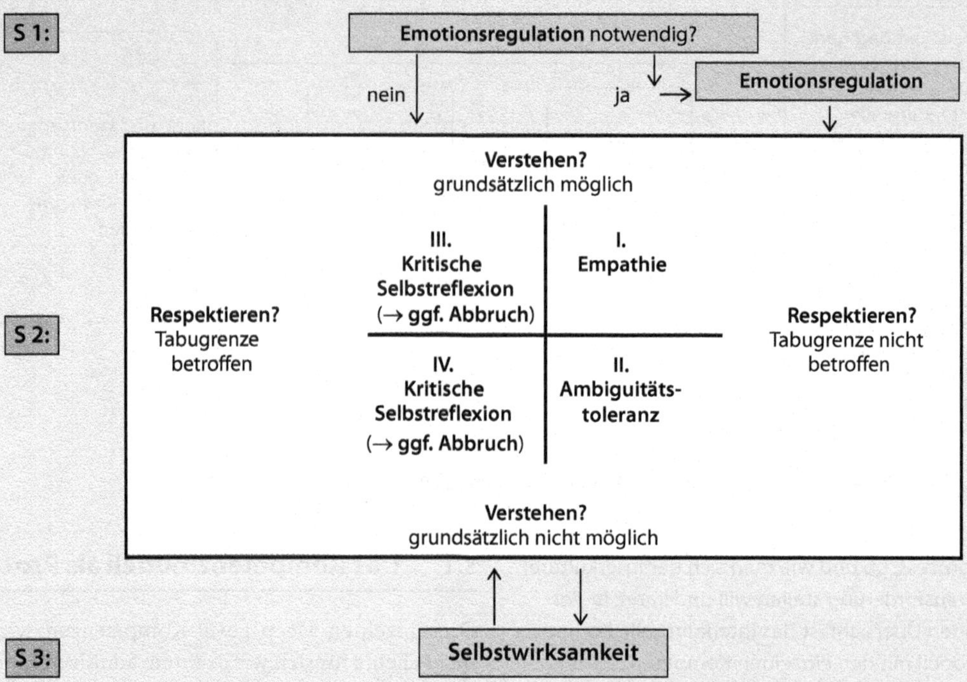

Prozessmodell Deep-Level-Ressourcen für interkulturelle Handlungskompetenz

Verhalten in solchen kritischen Situationen nicht überschwemmen, nutzen Menschen den psychologischen Modus der **Emotionsregulation**. Diese Kompetenz ermöglicht angesichts emotional belastender Situationen die eigenen emotionalen Reaktionen zu steuern. Dadurch erhalten die von emotional belastenden Situationen betroffenen Menschen die Kontrolle über diese Situation zurück. Übersteigt jedoch die emotionale Herausforderung das Selbstregulationsvermögen, kommen keine weiteren Entscheidungsprozesse zustande, wie mit einer Situation umgegangen werden soll, stattdessen wird diese in der Regel verlassen.

S2: Reicht die Emotionsregulation aus, werden Situationen unter Zuhilfenahme weiterer Ressourcen weiterbewertet. Dieser folgende Bewertungsprozess orientiert sich daran, ob man die Situation und die Akteure, die eine interkulturelle Herausforderung darstellen, auf der moralischen Ebene respektieren und sowohl auf der kognitiven als auch affektiven Ebene verstehen kann. Respektieren und Verstehenkönnen sind zentrale Modi des Bewertens von interkulturellen Herausforderungen. Je nach ihrer Ausprägung und Kombination werden unterschiedliche Ressourcen aktiviert um handeln zu können. Es handelt sich dabei um die Kompetenzen Empathie (► Abschn. 5.3), Ambiguitätstoleranz (► Abschn. 5.4) und Kritische Selbstreflexion (► Abschn. 5.5). Eine weitere quer zum Prozess liegende Ressource ist die Selbstwirksamkeit (► Abschn. 5.6).

Interkulturelle Handlungskompetenz bewegt sich in kritischen Situationen in einem Handlungsraum, der durch die beiden Dimensionen »Verstehen« und »Respektieren« aufgespannt wird. Die vertikale Dimension »Verstehen« hat die Pole »Verstehen grundsätzlich möglich – Verstehen grundsätzlich nicht möglich«, die horizontale Dimension »Respektieren« hat die Pole »Tabugrenze betroffen – Tabugrenze nicht betroffen« (◘ Abb. 5.2).

Je nach Kombination der Ausprägungen beider Dimensionen werden unterschiedliche Ressourcen aktiviert und vertiefen die Begegnung oder führen zu ihrem Abbruch. Wenn ein Verstehen der interkulturellen Situation bzw. des Gegenübers zwar nicht spontan, aber grundsätzlich möglich ist und zugleich die eigenen Tabugrenzen mit dem Verhalten des Gegenübers nicht verletzt werden, greift das Mittel der **Empathie**, um in Beziehung zu treten (Quadrant I).

Interkulturelle Situationen und Menschen in diesen Situationen sind meist nicht auf Anhieb verstehbar. Insbesondere Sinnkonstruktionen und Werte sind oftmals nicht nachvollziehbar. Wie in anderen Kommunikationssituationen auch dient das Mittel der Empathie zum besseren Verstehen, indem man sich mittels Perspektivenwechsel sowohl kognitiv als auch emotional in den anderen hineinversetzt (► Abschn. 1.4.1).

Aber es gibt Situationen, die zwar auch nicht unsere moralischen und Tabugrenzen überschreiten, aber die wir trotz Bemühen um Empathie nicht nachvollziehen können. Dadurch geraten wir in ein Dilemma zwischen unserem Anspruch zu verstehen und unserer Unfähigkeit, uns in die Perspektive des anderen hineinzuversetzen, die wiederum Ausdruck dessen ist, dass sich tatsächlich oder vermeintlich unvereinbare Werte und Normen sowie davon abgeleitete Praktiken (unsere und die der anderen) gegenüberstehen. Um solche Situationen zu bewältigen, ist es wichtig, diese als widersprüchlich empfundenen Situationen aushalten zu können. Hierfür benötigen wir **Ambiguitätstoleranz**, um in Beziehung zu treten (Quadrant II).

Es gibt interkulturelle Herausforderungen, die wir weder mit Empathie noch Ambiguitätstoleranz bewältigen können. In diesen Fällen sind unsere Tabugrenzen betroffen. Insbesondere Macht- und Gewaltstrukturen in einer anderen Kultur können uns unter Umständen an die eigenen Grenzen nicht nur des Verstehens, sondern auch des Respektierens führen. In diesen Fällen, in denen also die eigene Tabugrenze betroffen ist, ist der erste Impuls, den Kontakt nicht mehr als sinnvoll anzusehen und ihn deshalb auch nicht aufrechterhalten zu wollen. Die Konsequenz eines Abbruchs sollte nur nach ausführlicher **kritischer Selbstreflexion** über die eigenen Grenzen, die Unterschiede zu respektieren, in Erwägung gezogen werden. Somit stellt sich in dieser Dilemma-Situation die Frage, ob man in Beziehung gehen kann oder den Kontakt abbricht. Auch der Abbruch ist als legitim anzusehen und ist als Konsequenz einer kritischen Abwägung durchaus Ausdruck interkultureller Handlungskompetenz (Quadranten III und IV).

S3: Selbstwirksamkeit liegt quer zu diesem Prozess und kann somit an verschiedenen Stationen wirken. Es ist damit das Vertrauen in die unterstützenden Situationsbedingungen und eigenen Fähigkeiten zur Bewältigung der interkulturellen Herausforderung (im Stressmodell als Stressor benannt) gemeint und adressiert damit in interkulturellen Überschneidungssituationen ganz generell die vorhandenen interkulturellen Kompetenzen. Sie hat einerseits eine Einzelressourcen umfassende, abwägende Funktion (Reichen meine Ressourcen zur Bewältigung der Herausforderung?) und ist somit auch Folge vorhandener anderer Ressourcen, so sie dem Nutzer bewusst sind. Andererseits greift Selbstwirksamkeit auf eigene Lebenserfahrung sowie Einstellungen in Bezug auf die Bewältigung schwieriger interkultureller Situationen zurück. Ohne die daraus abgeleitete Gewissheit, eine herausfordernde Situation bewältigen zu können, wird eine Herausforderung als nicht bewältigbar bewertet und führt zum Abbruch der Interaktion oder zu einem erhöhten Risiko Stressfolgen zu erleiden. Das heißt, es fehlt ggf. schon das Vertrauen, dass die anderen Deep-Level-Ressourcen (Empathie, Ambiguitätstoleranz und kritische Selbstreflexion) etwas bewirken könnten, sodass man auf sie möglicherweise gar nicht zugreift. Als erfolgreich erfahrene Situationen führen somit zu einer Erhöhung der Selbstwirksamkeit, als Misserfolg empfundene Erfahrungen führen zu ihrer Schwächung. Diese Reaktion kann an allen Quadranten I–IV des Entscheidungsprozesses stattfinden.

Emotionsregulation ist somit der Aktivierung der Ressourcen Empathie, Ambiguitätstoleranz sowie Kritische Selbstreflexion über die Tabugrenzen vorgelagert. Selbstwirksamkeit speist sich aus diesen und anderen Ressourcen. Umgekehrt hat sie einen Einfluss auf die Aktivierung dieser vier Deep-Level-Ressourcen; je nach Ausprägung der Selbstwirksamkeit wird die Aktivierung beschleunigt, verlangsamt oder sogar verunmöglicht.

5.2 Emotionsregulation

Wie in ▶ Abschn. 1.4.2 beschrieben, lassen viele interkulturelle Situationen unsere Emotionen »hochkochen« und erfordern deshalb die Arbeit an den eigenen Gefühlen. Selbstregulationsmechanismen bestimmen darüber, ob Situationen und Bedingungen als Stressoren oder Herausforderungen wahrgenommen werden. Deren Wirksamkeit konnte in Untersuchungen zur interkulturellen Gruppenarbeit nachgewiesen werden (Gröschke u. Schäfer 2012). Aber »Fehler in der Selbstregulation treten dann auf, wenn situative Zusammenhänge missverstanden werden oder versucht wird, Nicht-kontrollierbares zu kontrollieren sowie hauptsächlich die emotionale Regulation zu fokussieren« (Baumeister u. Heatherton, 1996, zit. nach Gröschke 2013, S. 482). Hier liegt ein wichtiges Einfallstor für das Erleben von Stress in interkulturellen Situationen. Stress führt aber zwangsläufig zu einer Verschlechterung kognitiver Fähigkeiten, also auch des kognitiven Perspektivenwechsels, und ganz allgemein zur Reduzierung von Handlungsoptionen. Ein Mangel an Selbstkontrolle führt ganz allgemein zu erhöhtem kontraproduktivem Handeln, z. B. zu aggressiven Handlungen (Markus u. Schuler 2004). Deshalb ist es zur Bewältigung schwieriger interkultureller Herausforderungen wichtig, von vornherein Instrumente der Emotionsregulation zur Verfügung zu haben.

Zu ihrer Entwicklung eignen sich ganz unspezifisch alle Trainingsarten, die dem Ziel der Selbstkontrolle dienen, z. B. Sport oder Diät, kontinuierliches Büffeln oder gar systematisches Geldsparen. Ein Ansatz der gezielten Steuerung von Emotionen in interkulturellen Überschneidungssituationen setzt an den negativen Attribuierungen, also Interpretationen der Beweggründe des Verhaltens von Menschen anderer Kulturen an. Durch das Lernen des Zulassens von höherer Flexibilität in den Attributionsmustern wird auch das emotionsbedingte Stressgeschehen positiv beeinflusst (Brenk u. Schmitt 2013, S. 498). Hierzu wird Ambiguitätstoleranz benötigt (▶ Abschn. 5.4).

5.3 Empathie

Interkulturelle Situationen und Menschen in diesen Situationen sind meist nicht auf Anhieb verstehbar. Insbesondere Sinnkonstruktionen und Werte sind oftmals nicht nachvollziehbar. Wie in anderen Kommunikationssituationen auch dient das Mittel der Empathie zum besseren Verstehen, indem man sich mittels Perspektivenwechsel sowohl kognitiv als auch emotional in den anderen hineinversetzt. Hierzu versucht man, den inneren Bezugsrahmen eines anderen Menschen genau wahrzunehmen, so, als ob man selbst der andere wäre. Dieser »Als-ob-Zustand« wird dabei nicht verlassen. Empathie ist so auch als »Brücke« zu verstehen, die aus der eigenen Wirklichkeit in die Wirklichkeit anderer hineinführt (Hagemann 2003). Dreh- und Angelpunkt ist hierbei das Verstehen und das Nachvollziehen fremden Erlebens. Dabei geht es um mehr, als nur mit den Augen eines anderen zu sehen und mit den Ohren dieses anderen zu hören. Empathie beschränkt sich keineswegs auf die Wahrnehmung von Gefühlen, sondern betrifft alle Erlebensdimensionen.

Grundsätzlich ist die Fähigkeit zur Empathie bei allen Menschen angelegt und entfaltet sich aufgrund von Lernprozessen. Sie ist von Mensch zu Mensch in unterschiedlichem Ausmaß vorhanden: Sie kann dauerhaft zu gering ausgeprägt sein (vgl. Autismus); sie kann sich auf nur wenige Menschen beschränken oder sie kann zeitlich befristet ausgeblendet sein. Beispielsweise in Not- oder Stresssituationen müssen sich Menschen auf sich selbst konzentrieren (Lazarus 1966) und können somit nicht im selben Maße für andere offen sein.

Empathie basiert in anderen Kulturen auf anderen Regulationsmustern. In westlichen Kulturen (individualistisch, independent) wird sie über die empathische Wahrnehmung (Spiegeln) eines subjektiven Zustandes des autonomen Gegenübers gebildet. In vielen anderen (kollektivistischen, interdependenten) Kulturen entsteht Empathie als gemeinsames quasi per Ansteckung übertragenes emotionales Erleben des anderen; in diesen Kulturen wird nicht zwischen dem eigenen und dem fremden Erleben unterschieden (Ickes 2003, S. 90).

Scheler (1913) hat das Konzept Empathie nach folgenden Facetten differenziert:

- Emotionale Solidarität: Hier haben (zwei) Menschen ähnliche Gefühle angesichts einer gemeinsamen Erfahrung, z. B. Eltern am Grab des verstorbenen Kindes, wobei trotz des Teilens der Gefühle jeder sein ureigenes Leid verspürt.
- Emotionale Intuition – die eigentliche Empathie: Die Gefühle und Gedanken des anderen werden mittels Perspektivenwechsel erfasst.
- Emotionale Imitation: Die Gefühle eines anderen werden nachgemacht, ohne dass man sie selbst teilt, z. B. Übernahme einer Rolle als Schauspieler.
- Emotionale Beteiligung bzw. Sympathie: Man spürt angesichts der Erfahrung des anderen dessen Gefühle und aufgrund ähnlicher eigener Erfahrungen wird man z. B. ebenfalls traurig.
- Emotionale Ansteckung: Man wird vom Gefühlszustand des/r anderen angesteckt, wie dies z. B. in der Massenhysterie angesichts einer Katastrophe geschieht.
- Emotionale Identifizierung: Man identifiziert sich mit den Problemen/positiven Erlebnissen des anderen so sehr, dass man nicht mehr zwischen sich selbst und dem anderen unterscheiden kann. Dies geschieht z. B., wenn wir Mitleid für eine andere Person entwickeln.

Diese Facetten sind nach drei Dimensionen strukturiert:

a. Der Grad, nach dem der Wahrnehmende die Gefühle des anderen objektiviert (explizite kognitive Repräsentation der Gefühle); dieser ist am höchsten bei der emotionalen Intuition, am niedrigsten bei der emotionalen Ansteckung.
b. Der Grad, mit dem der Wahrnehmende die Gefühle des anderen aktuell teilt; dieser ist am höchsten bei der emotionalen Solidarität und bei der emotionalen Identifizierung, am niedrigsten bei der emotionalen Imitation.
c. Der Grad, mit dem das Selbst und der andere unterschieden werden; dieser ist bei der emotionalen Imitation am höchsten und der emotionalen Identifizierung am geringsten.

Je nachdem, welche Dimension und Facette besonders betont wird, fällt die Definition von Empathie anders aus, ja es steckt dadurch sogar Widersprüchlichkeit im Konzept Empathie. Im professionellen Kontext ist die Fähigkeit zur Objektivierung der Gedanken und Gefühle des anderen besonders wichtig; es besteht keine Erfordernis die Gefühle des anderen zu teilen, außer probeweise; es ist wichtig, dass das Selbst vom anderen unterschieden wird. Dadurch wird in der interkulturellen Kommunikation die emotionale Intuition am bedeutsamsten. Allerdings steckt in dieser Aussage vielleicht eine ethnozentristische Sicht, wenn wir Ickes (2003) Ergebnisse bedenken, wonach gerade in kollektivistischen Kulturen Empathie nicht über Unterscheidung des eigenen und fremden Erlebens, sondern über »Ansteckung« entsteht. Dieser Thematik muss in weiteren Untersuchungen nachgegangen werden.

5.3.1 Akkuratheit des Verstehens durch Empathie

Der Sozialpsychologe Ickes (2003) hat eine Vielzahl von Versuchen zur Akkuratheit von Empathie, also des korrekten Verständnisses von Menschen darüber, was andere Menschen in gemeinsamen Interaktionen denken und fühlen, durchgeführt. Dabei hat er Faktoren identifiziert, die zur Erhöhung der Akkuratheit des Verstehens führen. Einige seiner Ergebnisse werden im Folgenden referiert und in Bezug zum interkulturellen Verstehen gebracht. Von besonderem Interesse für den vorliegenden Kontext ist das Ergebnis, dass die Treffsicherheit mittels intensiver verbaler Kommunikation und eifrigem Schauen erhöht wird. Sender können durch Verwendung von 1.-Person-Singular-Pronomen sowie ergänzendem häufigen Lächeln die Empathie-Akkuratheitswerte des Zuhörers verbessern (hier sei aber im interkulturellen Kontext darauf verwiesen, dass in manchen Kulturen Lächeln unter Fremden und in anderen wiederum die Verwendung der 1. Person Singular negativ dechiffriert wird). Günstig ist des Weiteren eine gemeinsame Historie, sodass Freunde in der Regel bessere Verstehenswerte haben als Fremde.

Fremde können aber gegenüber Freunden einiges aufholen, wenn die Sender einen sog. Common Ground (gemeinsame Basis) für ihre Erzählungen, die von Ereignissen zu anderen Zeiten und an anderen Orten handeln, durch Kontextinformationen schaffen. Anderenfalls nutzen die Zuhörer die Erzählungen des anderen nur zur Entwicklung relativ guter Stereotype über ihr Gegenüber. Zusatzinformationen von Dritten zu diesen Personen korrigieren die stereotype Sicht. Überhaupt scheint Stereotypisierung eines der größten Hindernisse zu sein, echtes Verstehen zu erlangen. (Selbst Ehepaare neigen nach der intensiven Kennenlernphase dazu, echte Erkenntnisse durch stereotype Rollenbilder zu ersetzen.) Nichtsdestotrotz wird der durch Kontextinformationen geschaffene Common Ground mit der Zeit zunehmend implizit und selbstverständlich. Gerade in Situationen, in denen man viel Intimes von sich preisgibt (sog. »high-disclosure situations«), wie z. B. in Therapiesitzungen, entsteht eine solche gemeinsame Basis relativ schnell. Der Common Ground – also Informationen über Teilnehmer, Beziehungen, Herausforderungen, Dilemmata, Gründe dafür und mögliche Lösungen – dient der Rahmung einer Handlung. Menschen rahmen (Goffman 1959) ihre Erfahrungen rasend schnell, d. h. meist ohne bewusste Reflexion. Erst wenn aufgrund unterschiedlicher Rahmung Irritationen in einem Gespräch auftauchen, tritt die Rahmung einer Situation möglicherweise ins Bewusstsein. Typisch ist das von Watzlawick unter dem Kommunikationsaxiom »Interpunktion« gegebene Beispiel eines Paares, dessen männlicher Part abends immer in die Kneipe trinken geht und dessen weiblicher Part schimpft: Aus seiner Sicht geht er in die Kneipe, weil sie schimpft; aus ihrer Sicht schimpft sie, weil er trinken geht. Wer hat Recht? Die selbst gesetzten unterschiedlichen Rahmungen verhindern wechselseitiges Verstehen oder gar einen Kompromiss.

Die Aufgabe, einen Common Ground zu schaffen, tauchte auch im Rahmen der Mediation von interkulturellen Konflikten auf, dort jedoch noch weiter verstanden im Sinne der Spurensuche nach den hinter dem Verhalten steckenden Erwartungen bzw. Werten (▶ Abschn. 2.6.4, ▶ Abschn. 2.6.5). Unser Empathiebegriff bezieht dieses erweiterte Verständnis mit ein. Damit bezieht sich ein Perspektivenwechsel ganz wesentlich auf das Verstehen von Sinnkonstruktionen.

Eine enorme Steigerung der Empathie-Akkuratheitswerte unter Fremden (s. Ickes 2003) nach schon ca. 30 Minuten erfolgt dann, wenn die Zuhörer im Verlauf dieses Prozesses schon Feedback auf die Korrektheit ihres Verstehens nebst richtigen Antworten erhalten. Diese Erkenntnis beruht auf Untersuchungen mit Therapeuten, deren Empathie für psychisch Kranke geschult wurde. Empathie kann, z. B. über die Aufgabe, anhand von Videos kulturspezifische Interaktionen zu dechiffrieren und darauf kontinuierliches Feedback zu erhalten, verbessert werden. Jedoch zeigte sich, dass der mit dieser Methode zu erzeugende Lerngewinn, also Einfühlungsvermögen, bei ambivalenten Klienten geringer ausfällt als bei konsistent kommunizierenden Klienten. Dies könnte auf ein besonderes Problem interkultureller Kommunikation angesichts spezifischer Kulturkonstellationen verweisen: Zuhörern aus Kulturen mit der Regel relativ eindeutig zu kommunizieren fällt es schwer, Sender aus Kulturen, in denen ambivalent kommuniziert wird, z. B. um das Gesicht zu wahren, zu verstehen.

Die Dechiffrierung von nonverbalen Zeichen scheint übrigens entschieden fehleranfälliger zu sein als das richtige Verstehen von Wortsprache, und die Konzentration auf sowohl Sprache als auch nonverbale Zeichen erhöht nur minimal das Verstehen gegenüber der Konzentration allein auf die Wortsprache. Dabei wird sowohl auf die expliziten als auch impliziten Aussagen (also das, was zwischen den Zeilen zu lesen ist) zurückgegriffen. Diese Erkenntnisse basieren auf Untersuchungen (ebd.) mit weißen US-Amerikanern, sodass wir keine validen Ergebnisse für die Akkuratheit der Dechiffrierung nonverbaler Zeichen in der interkulturellen Kommunikation haben.

Damit wird deutlich, dass das empathische Verstehen sowohl auf einem automatisierten, erfahrungsbasierten Modus des »Gedankenlesens« im Sinne des »Sich-in-die-Schuhe-des-Gegenübers-Stellens« (engl. Redensart), aber auch auf einem analytischen Weg der deduktiven Ableitung von Gesagtem beruhen kann. Besonders wichtig ist dabei die Schaffung eines Common Ground durch Übermittlung von Kontextinformationen allgemein sowie Hintergrundinformationen zu den Intentionen.

5.3.2 Verstehen durch Perspektivenwechsel

Mead (1968) zeigt, wie zentral es ist, aus der Perspektive des Gegenübers zu denken, um erfolgreich kommunizieren zu können. Er benutzt dafür das Konzept der Rollenübernahme: Kinder üben im Spiel Rollen anderer Personen ein, z. B. der Eltern, und lernen so aus der Perspektive des anderen zu denken, zu fühlen und zu handeln. Die Rollenübernahme ist nicht identisch damit, empathisch zu sein, aber ein wichtiger Bestandteil davon (► Abschn. 1.4.1).

Jede Kommunikation ist durch Perspektivenwechsel geprägt. Neben einem beobachtbaren äußeren Prozess, in dem sprachliche und außersprachliche Zeichen getauscht werden, gibt es immer auch einen inneren Prozess. Sender und Empfänger versuchen bei ihrer Rede den anderen und dessen Situationsdefinition zu antizipieren, um besser verstanden zu werden. Sie machen sich als Sender also Gedanken darüber, wie sie ihre Botschaft übermitteln sollen. Als Empfänger beschäftigen sie sich mit der Frage, was der andere wohl meint. Beide versuchen, den Sinn für sich und den anderen in der Rede zu finden und die Frage zu klären, wie sie damit angemessen verfahren sollen.

Menschen tauschen in der Kommunikation ihre Vorstellungen von den Dingen in der Welt, von sich selbst und vom anderen aus. Durch die Reaktion des Gegenübers erfahren sie Bestätigung oder Infragestellung der eigenen Sichtweise. Sie können somit zwei Sichtweisen (die eigene und die vermeintliche des anderen) miteinander vergleichen. Dies ist die Spiegelfunktion der Kommunikation. Durch die Konfrontation mit mehreren Fremdsichten entsteht eine Art Kondensat von Fremdsichten, das korrigierend auf die eigene bisherige Sichtweise wirkt. Auf diese Weise verändern Menschen einerseits ihre eigene Sichtweise, aber fühlen sich andererseits in der Regel auch in ihrer Sicht der Dinge, auf die Beziehung und insbesondere auf die eigene Person bestätigt. Kommunikation erzeugt somit sowohl Kontinuität als auch Dynamik in den Vorstellungen der Interaktionspartner.

Dies gilt im Prinzip auch für die interkulturelle Kommunikation. Da hierbei jedoch, wie ausgeführt, sehr disparate Konzepte in einen Austausch treten, oftmals sogar, ohne dass die Unterschiedlichkeit explizit deutlich wird, haben es die interkulturell Interagierenden schwerer, Bestätigung ihrer eigenen Sichtweise und Anregung für kontinuierliche Weiterentwicklung darin zu entdecken. Dazu kommt vielfach noch, dass die interkulturelle Kommunikation mangels Gelegenheit seltener als die eigenkulturelle Begegnung geschieht. Die dabei auftretenden Irritationen wurden hinlänglich beschrieben.

Wie kann eine Lösung aussehen? Auch für die interkulturelle Kommunikation ist der entscheidende Mechanismus der Perspektiventausch und die wichtigste Fähigkeit Empathie. Sie stehen den Interagierenden hier aber nicht quasi automatisch zur Verfügung, sondern müssen bewusst angegangen werden ggf. unter Überwindung großer innerer Widerstände. In diesem Sinne ist die Abgrenzung von Sympathie hilfreich: Sympathie basiert auf kulturellen Ähnlichkeiten; Empathie basiert darauf, Unterschiede zu akzeptieren und trotzdem zu versuchen, die Sinnkonstruktion des anderen nachzuvollziehen. Gerade für interkulturelle Interaktionen ist es wichtig, mit dem Mittel der Empathie nicht auf die Identifizierung möglichst großer Ähnlichkeit zu zielen, sondern neben Ähnlichkeiten auch Unterschiedlichkeit als dafür wesentlich anzusehen. Pedersen et al. (2008) haben dafür den Begriff »Inclusive Cultural Empathy« geprägt. Inkludierend ist diese Empathie insofern, als sie nicht ausschließend versucht, kognitive und emotionale Dissonanzen, die durch interkulturelle Passungenauigkeiten entstehen, zu reduzieren, sondern Widersprüchlichkeit und Komplexität, die sich durch die kulturelle Unterschiedlichkeit ergeben, zu akzeptieren (ebd. S. 45).

Zentraler Mechanismus hierfür ist der Prozess der wechselseitigen Perspektivenverschränkung bzw. des imaginativen Rollentausches. Um eine Perspektivenübernahme zu erleichtern, kann man sich vorstellen, dass wichtige Bezugsgruppen, in denen der Mensch aus der anderen Kultur sozialisiert wurde (Eltern, Lehrer, Freunde, Vorgesetzte etc.; »die signifikanten Anderen«), mit am Tisch sitzen, und einfordern, dass die ihnen wichtigen Werte mitberücksichtigt werden. Indem man dieses Bild auf sich wirken lässt, wird nicht nur die Perspektive des Gegenübers übernommen, sondern – vorübergehend – auch die Unterdrückung der eigenen Perspektive ermöglicht. Die Perspektivenunterdrückung gilt als notwendig, aber viel schwieriger, als die Perspektive des anderen zu produzieren (Keysar 1994). Danach kehrt die Person mit der hierbei gewonnenen Einsicht in die eigene Rolle zurück und konfrontiert in einem inneren Dialog ihre bisherige Haltung mit der im Perspektiventausch gewonnenen anderen Sichtweise. (Ob Empathie für Menschen aus nichtwestlichen Kulturen ebenfalls durch den beschriebenen Vorgang der Trennung zwischen der eigenen und der fremden Perspektive erfolgen muss, ist bisher nicht ausreichend erforscht.)

Im Zentrum steht die Begegnung des Eigenen mit dem Fremden, wobei das Ziel die wechselseitige Annäherung ist. Das Ziel ist also die Entselbstverständlichung des Eigenen und die Selbstverständlichung des Fremden. Dies setzt als ersten Schritt voraus, dass man sich zunächst seiner eigenen kulturellen Prägung bewusst ist und auch dazu steht. So ist der Perspektiventausch nicht nur ein Aufweichen von Grenzen, sondern auch eine Sichtbarmachung von Unterschieden und Grenzen (Schäfftner 1997). Denn erst aus der Abgrenzung des Eigenen vom Fremden kann eine Haltung der Toleranz entwickelt werden, indem man sich bewusst dazu entschließt, zu versuchen, die andere Perspektive zu verstehen, eben »sich in die Schuhe des anderen zu stellen«. Dabei gilt es, die Gratwanderung zwischen Ausgrenzung und Integration bewusst zu gehen, sodass das Entdecken von Unterschieden nicht zur Intoleranz führt, sondern mittels Aktivierung von Empathie zu Verstehen führt. Im Hinblick auf gemeinsames Handeln bedarf es neben dem Einfühlen in unterschiedliche Sichtweisen auch der Identifizierung von Ähnlichkeiten zwischen den Kulturen und ihren Vertretern, weil diese Ähnlichkeiten als bereits vorhandenes Bindeglied fungieren. Wird man sich ihrer bewusst, hat man einen sicheren Boden, von dem aus man die Herausforderung, Neuland – also die Unterschiede der anderen Kultur – zu entdecken, leichter annehmen kann. Durch diesen doppelten Vorgang, sowohl Unterschiede als auch Ähnlichkeiten bewusst ins Blickfeld zu nehmen, wird, wie Pedersen et al. (2008) ausführen, Empathie neu definiert. Aus der traditionellen Sicht auf Empathie als therapeutischem Werkzeug des einseitigen Verstehens entwickelt sich das neue Verständnis von Empathie als Werkzeug des interkulturellen Handelns durch wechselseitiges Verstehen, ohne Unterschiede eliminieren zu müssen.

5.4 Ambiguitätstoleranz

Fremdkulturelles Verhalten ist auch unter Aufbringung von Empathie nicht immer verständlich und keiner eindeutigen Interpretation zugänglich. Solche Situationen bewirken meist Unsicherheit in der Interpretation und damit auch Unsicherheit im Handeln. Handlungsunsicherheit ist ein zentraler Stressor in Arbeitssituationen, die nicht genau definiert sind. Schon in monokulturellen Arbeitskontexten brauchen Menschen individuelle Ressourcen, um Handlungsunsicherheiten auszugleichen (Kumbruck u. Derboven 2013). Umso mehr brauchen sie diese in interkulturellen Überschneidungssituationen. Die Bewältigung von Unsicherheit wird in der Psychologie mit dem Konstrukt der Ambiguitätstoleranz beschrieben und erklärt. Seine Ursprünge hat das Konzept in Studien Frenkel-Brunswik (1949) zur ethnozentrischen Voreingenommenheit von Kindern. Es stellte sich heraus, dass Kinder ein unterschiedlich differenziertes Bild von ihren Eltern haben. Während einige es akzeptierten, dass sie sowohl positive als auch negative Gefühle den Eltern gegenüber haben, hielten andere dieses Sowohl-als-auch nicht aus und konstruierten ein durchweg entweder positives oder negatives Bild. Diesen Unterschied fasst Frenkel-Brunswik in dem Konzept der Ambiguitätstoleranz bzw. -intoleranz. Sie definiert Ambiguitätsintoleranz als »Tendenz auf Schwarz-Weiß-Lösungen zurückzugreifen, […] unter Vernachlässigung der Wirklichkeit und mit einer inadäquaten entweder generellen Akzeptanz oder generellen Ablehnung anderer Personen« (ebd., S. 115, Übersetzung der Autorinnen).

In seinem Ursprung bezieht sich der Begriff der Ambiguitätstoleranz demnach auf die »Fähigkeit, widersprüchliche Informationen erkennen und die sich daraus ergebenden widersprüchlichen Handlungsanforderungen aushalten zu können (Müller-Christ u. Weßling 2007, S. 187).« Heute wird der Begriff der Ambiguitätstoleranz vielfältiger genutzt: Er kann sich auf widersprüchliche Situationen beziehen, aber noch öfter auf unsichere Situationen. Beispielsweise wird im Dorsch Psychologisches Wörterbuch der Schwerpunkt von Ambiguitätstoleranz auf Unsicherheit gelegt, indem der Begriff als die Fähigkeit »Vieldeutigkeit und Unsicherheit zur Kenntnis zu nehmen und ertragen zu können« definiert wird (Häcker u. a. 2004, S. 33). Ebenso kann sich der Begriff der Ambiguitätstoleranz auf verschiedene Sachverhalte beziehen: entweder auf das Aushalten der Emotionen oder auf das Erlangen von Handlungsfähigkeit. Auch wird kontrovers diskutiert, ob und inwiefern Ambiguitätstoleranz eine Persönlichkeitseigenschaft ist.

Studien zeigen abweichend von der ursprünglichen Sicht, dass Ambiguitäts(in)toleranz inhaltsspezifisch ist, d. h. dass es innerhalb einer Person je nach Bereich unterschiedliche Ausprägungen gibt. Das bedeutet, dass Menschen zugleich ein hohes Maß an Ambiguitätstoleranz in einem bestimmten Bereich und ein niedriges Maß an Ambiguitätstoleranz in einem anderen aufweisen können (Durrheim u. Foster 1997). Reis (1997) belegt eine bereichsspezifische Ausprägung der Ambiguitätstoleranz und arbeitet fünf verschiedene Dimensionen heraus, in denen eine Person durchaus unterschiedliche Ausprägungen von Ambiguitätstoleranz aufweisen kann: Problemlöseverhalten, Umgang mit sozialen Konflikten, Elternbild, Akzeptanz von Rollenstereotypen und Offenheit für neue Erfahrungen. Aufgrund der Erkenntnis, dass Ambiguitätstoleranz weniger eine stabile Persönlichkeitseigenschaft als eine bereichsspezifische Eigenschaft ist, geht man heute davon aus, dass sie erlernbar ist.

Ambiguitätstoleranz ist eine wichtige Kompetenz, um in interkulturellen Interaktionen handlungsfähig zu bleiben. Hatzer u. Layes (2003, S. 143) definieren Ambiguitätstoleranz im interkulturellen Kontext als die Fähigkeit »mit neuen scheinbar unstrukturierten Situationen, mit unverständlichen Informationen oder mit unberechenbarem Handeln und Kommunizieren von Interaktionspartnern umgehen zu können« oder auch als die Fähigkeit »Abweichungen von gewohnter Normalität oder unerwartete Reaktionen zu akzeptieren, statt als Bedrohung zu empfinden«. Da es in interkulturellen Überschneidungssituationen neben der Unsicherheit, die bei Hatzer u. Layes im Vordergrund steht, auch oft Widersprüchlichkeit zu bewältigen gibt, bietet es sich an, die Zweigleisigkeit des Konzeptes aufzugreifen und zu nutzen und unter Ambiguitätstoleranz als Teil der Deep-Level-Ressourcen für interkulturelle Handlungskompetenz sowohl eine Toleranz gegenüber unsicheren als auch widersprüchlichen Situationen zu fassen.

5.5 Kritische Selbstreflexion

Es handelt sich um einen speziellen Modus der Selbstreflexion, der angesichts des Erreichens eigener Tabugrenzen in Entscheidungssituationen wirksam werden sollte. Sie besteht in einer sorgfältigen Überprüfung und einem selbstkritischen Hinterfragen eigener Tabugrenzen. Zum Beispiel berührt das Phänomen der Zwangsehen die moralische Tabugrenze der meisten Westeuropäer und US-Amerikaner. Beschäftigt man sich ausgiebig mit diesem Phänomen, kann man feststellen, dass der Begriff der Zwangsehe für unterschiedliche Ehen gilt, die durch dritte Parteien gestiftet wurden. So gibt es sowohl arrangierte Ehen, in die sich die zukünftigen Ehepartner fügen, als auch mit Gewalt gegen den Willen der zukünftigen Ehepartner durchgesetzte Ehen. Mit dieser Differenzierung lassen sich bestimmte Formen der Zwangsehe, nämlich die arrangierten, mit westlichen moralischen Vorstellungen in Einklang bringen, zumal auch in Westeuropa die Praxis der arrangierten Ehen früher üblich war und diese noch heute in bestimmten Kreisen vorkommen.

Kritische Selbstreflexion setzt voraus, dass man sich selbst in Konfliktsituationen zurücknehmen kann. Sie sollte im Alltag geübt werden.

5.6 Selbstwirksamkeit

In der Selbstwirksamkeitserwartung drückt sich der Glaube an die eigene Handlungsfähigkeit des Individuums aus. Es handelt sich nicht um ein allgemeines, sondern um ein aufgabenspezifisches Selbstvertrauen. In unserem Zusammenhang wäre es somit das Vertrauen eine interkulturelle Situation zu bewältigen. Individuen, die mit Selbstwirksamkeitserwartungen einer solchen interkulturellen Herausforderung begegnen, weisen eine bessere

Anpassung an das Gastland (Palthe 2004) und ein effizienteres Kommunikationsverhalten (Rubin et al. 1993) auf.

Selbstwirksamkeit wirkt in allen Phasen eines Interaktionsprozesses positiv: In der Phase der Zielsetzung dient sie der Zielbindung und dem Leistungshandeln. Dabei werden ambitioniertere Ziele als ohne Selbstwirksamkeit angestrebt. Mit Selbstwirksamkeit wird mehr Energie in eine Leistungsaufgabe gesteckt. Besonders wichtig in interkulturellen Begegnungen ist der Einfluss von Selbstwirksamkeit auf die Ausdauer angesichts von Schwierigkeiten und Rückschlägen bei der Zielverfolgung (Stajkovic u. Luthans 1998). Selbstwirksamkeit verringert den erlebten Stress bei der Aufgabenerfüllung und verringert die Anfälligkeit für Selbstanklagen im Falle des Scheiterns, was ja ebenfalls langfristig Stress reduzierend wirkt (Bandura u. Locke 2003). Aber auch auf das Lernverhalten wirkt sich Selbstwirksamkeitserleben sehr positiv aus und dient damit dem interkulturellen Lernen.

Die wichtigste beeinflussbare Möglichkeit Selbstwirksamkeit zu erlangen besteht im Erwerb interkultureller Kompetenzen mittels Trainings und natürlich auch mittels darauf beruhender positiver Erfahrungen. Dies setzt voraus, dass man sich auf die Menschen einer anderen Kultur tiefergehend einlässt.

Teil II Didaktische Grundlagen

Lerntheoretisches Fundament

Wibke Derboven, Christel Kumbruck

C. Kumbruck, W. Derboven, *Interkulturelles Training*,
DOI 10.1007/978-3-662-43462-8_6, © Springer-Verlag Berlin Heidelberg 2016

Einleitung

Im Zusammenhang mit der Entwicklung eines Kategoriensystems zur Analyse interkultureller Trainingsprogramme hat Kammhuber (2000) darauf hingewiesen, dass insbesondere die lern- und lehrtheoretischen Grundannahmen interkultureller Trainings selten expliziert werden, sondern als subjektive Theorien im Impliziten verborgen bleiben. Gleichzeitig betont Kammhuber die Notwendigkeit einer Offenlegung:

> » Eine Qualifizierung der Trainingstätigkeit im Hinblick auf die Entwicklung, Implementation und Evaluation interkultureller Trainings setzt aber ein systematisches, konsistentes und überprüfbares Lernmodell voraus (Kammhuber 2000, S. 19f.).

Diesen Gedanken aufgreifend, möchten wir im Folgenden die Kerngedanken unseres lerntheoretischen Fundaments beschreiben. Da die lerntheoretische Perspektive unseres Trainings eng mit den Lernzielen verbunden ist, sei an dieser Stelle noch einmal kurz auf die Ziele unseres Trainings hingewiesen. Primäres Ziel des Trainings ist die Erweiterung der sozialen Kompetenz in interkulturellen Situationen (► Abschn. 1.4.3). Das bedeutet, dass Lernen auf drei Ebenen ermöglicht werden muss: kognitiv, affektiv und verhaltensbezogen. Damit brauchen wir ein lerntheoretisches Fundament, das über eine reine Wissensvermittlung hinausgeht. Zentral ist, dass dort Selbst- und Fremdreflexionen ihren Platz haben und Raum gegeben wird, auf das Wahrnehmen, Denken, Fühlen und Handeln gleichermaßen einzuwirken. Mit Blick auf unser Lernziel haben wir die didaktische Konzeption des vorliegenden Trainings schwerpunktmäßig aus folgenden zwei grundlegenden lerntheoretischen Perspektiven entwickelt:

1. erfahrungsgeleitetes Lernen und
2. konstruierendes Lernen.

Diese Perspektiven sind als Abgrenzung zu klassischen Theorien zu interpretieren, die Lernen als eher passive Aufnahme von Informationen und Lehren dementsprechend als Übertragung dinghaft definierter Sachverhalte interpretieren und definieren (Transfer-Modell). Das traditionelle Lehr-/Lernverständnis mündete in die heute noch weit verbreitete curriculare Lehr-/Lernumgebung. Curriculares Lehren basiert auf dem Prinzip der Instruktion und fokussiert auf konditioniertes, instrumentelles und deklaratives Lernen. Der öffentliche lerntheoretische Diskurs kritisiert diese Lehr-/Lernumgebung immer vehementer als ineffektiv und ineffizient. Begründet wird diese Kritik mit dem Argument, dass hier schwerpunktmäßig passives bzw. träges Wissen produziert wird, indem die Tätigkeit der Lernenden auf eine passive Rezeption des angebotenen Wissens reduziert wird. Neuere Theorien des Lernens und Lehrens betonen dagegen die Notwendigkeit der eigenständigen Konstruktion von Wissen und versuchen in ihren Konzepten das Prinzip der Instruktion und das der Konstruktion zu integrieren. Sie betonen, dass Lehr-/Lernumgebungen nur dann nachhaltig und wirkmächtig sind, wenn Wissen entlang lebensrelevanter Probleme von den Lernenden sowohl konstruiert als auch von den Lehrenden instruiert werden kann.

6.1 Erfahrungsgeleitetes Lernen

Im vorliegenden Training steht die interkulturelle Erfahrung der Teilnehmenden im Zentrum der Konzeption. Wir folgen damit einer Traditionslinie, die von großen Namen wie Dewey, Lewin und Piaget eingeleitet wurde.

In seinem wegweisenden Werk »Experience and Education« arbeitete Dewey (1966) die Bedeutung der Erfahrung für das Lernen heraus. Aus seiner philosophischen Perspektive des amerikanischen Pragmatismus, für den die Aufhebung der strikten Trennung von Subjekt und Objekt zentrales Paradigma war, überwand Dewey in seinem transaktionalen Ansatz die Trennung von Person und Umwelt. In seinem Konzept der »activity«, d. h. dem menschlichen Tätigsein, ist jede Person untrennbar mit ihrer Umwelt verbunden. Nach Dewey lernt der Mensch im Handeln durch Erfahrung, wenn unbestimmte Situationen den selbstverständlichen Handlungsstrom unterbrechen und den Handelnden zum Fragenden machen. Damit bekommt neben der Erfahrung auch die Frage eine zentrale Bedeutung im Lernprozess. Fragen generieren bewusstseinsfähige Erfahrungsepisoden, indem sich der Fragende dem grundsätzlich allperspektivischen Erlebnisstrom reflexiv zuwendet und somit eine für den Lernprozess notwendige Intentionalität entsteht. Nach Dewey basiert

Lernen damit auf Erfahrungen, die im befragten Handeln gewonnen werden.

Aus einer ganz anderen Perspektive, nämlich der phänomenologischen Perspektive der Gestaltpsychologie, arbeitete Kurt Lewin (1951) die Bedeutung der Erfahrung für das Lernen heraus. Dabei war für ihn der Gedanke der Integration von Theorie und Praxis forschungsleitend. Er betonte die Wichtigkeit des Zusammenspiels aus konkreter Erfahrung und anschließender analytischer Reflexion entlang einer theoretischen Orientierung. Dabei war ihm bewusst, dass dieses Zusammenspiel geprägt ist von unvermeidbaren Passungenauigkeiten zwischen Theorie und Praxis, die das Zusammenspiel zu einem Wettstreit werden lassen. Doch gerade dieser Wettstreit zwischen Theorie und Praxis ist für Lewin die zentrale Dynamik im Prozess des erfahrungsgeleiteten Lernens. Im Lernprozess müssen die Lernakteure ihre konkreten Erfahrungen beobachten und reflektieren. Aus der Reflexion werden anschließend abstrakte Konzepte extrahiert und damit die konkrete Erfahrung aus dem spezifischen Kontext gelöst und generalisiert. Diese Generalisierungen werden fortlaufend an neuen Erfahrungen des Lernakteurs überprüft.

Im entwicklungspsychologischen Kontext erforschte Jean Piaget (1972) den kognitiven Entwicklungsprozess bei Kindern. Die Ergebnisse seiner Forschungen zeigen, wie das menschliche Denken durch die durchlebten Erfahrungen geformt wird. Er beschreibt, dass Kognition und Intelligenz keine inneren Prozesse sind, sondern Produkte der Interaktion von Person und Umwelt. Lernende versteht er als Alltagswissenschaftler, die beobachten, explorieren, experimentieren und eigene Schlüsse ziehen. Für Piaget ist Lernen ein dialektischer Prozess der Assimilation von Erfahrung in schon bestehende innere Konzepte und der Akkommodation, d. h. Anpassung dieser Konzepte an neu gemachte Erfahrungen. Piaget entdeckte die Tatsache des reifenden Subjekts und betont in seiner genetischen Epistemologie, dass die Verarbeitung von Reizen nicht voraussetzungslos, sondern an bestimmte innere Reifungen, d. h. kognitive Verfasstheiten gekoppelt ist. Lernen wird als eine Verzahnung und wechselseitige Bedingtheit aus biologischer Reifung und umweltabhängigen Erfahrungen aufgefasst. Dabei gestaltet der Mensch seine Welt auf zwei Arten geistig nach:

- Neue Erfahrungen können an bereits bekannte Denk- und Handlungsschemata assimiliert werden oder aber
- die Schemata werden zugunsten der konkreten Erfahrung akkommodiert.

Mit diesen beiden grundlegenden kognitiven Entwicklungsprozessen betont Piaget neben der Bedeutung der konkreten Erfahrung auch den Prozess des kognitiven Konstruierens für Lernprozesse.

Diesen Traditionen folgend, beschreibt David Kolb (1984) in seinem Buch »Experiential Learning« ein Konzept des erfahrungsgeleiteten Lernens, das unser Training in seiner didaktischen Gestaltung angeregt hat. Kolb definiert Lernen als einen Prozess der Transformation von Erfahrungen: »Lernen ist ein Prozess, in dem Wissen durch die Transformation von Erfahrung generiert wird« (Kolb 1984, S. 38, Übersetzung der Autorinnen). Damit betont er, dass die reine Erfahrung noch kein Wissen ist, sondern diese erst durch aktiv-konstruierende Transformation zu Wissen emergiert. Elementare Lernprozesse setzen somit eine Transformation der eigenen Erfahrung zu Wissen voraus (Derboven et al. 2002). Diese Transformation ist ein vom Lernakteur intendierter dialektischer Prozess der Integration auf zwei Dimensionen: Sowohl konkrete Erfahrungen und abstrakte Konzepte müssen integriert werden als auch Aktivitäten und deren Reflexion. Ausgehend von diesen Dimensionen formuliert Kolb vier elementare Wissensformen, die in der Gestaltung von Lehr-/Lernumgebungen berücksichtigt werden müssen (◘ Abb. 6.1).

Diese Dimensionen verweisen auf vier Lehr-/Lernsettings, denen wir uns in der didaktischen Konzeption des Trainings verbunden fühlten:

1. Erfahrungsaustausch (Aktualisierung konkreter Erfahrungen der Teilnehmenden),
2. theoretische Inputs (Vermittlung theoretischer Konzepte durch die Moderation),
3. Spiele (Aktivität und Handeln in der Simulation),
4. Reflexion (anhand der theoretischen Orientierungen).

Die Berücksichtigung dieser methodischen Säulen und deren Ausbalancierung halten wir für beson-

Abb. 6.1

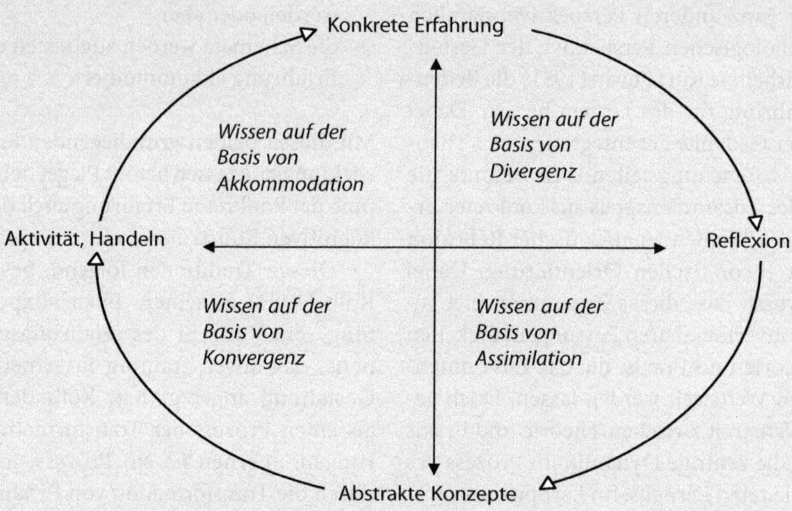

Dimensionen von Lernprozessen und resultierende Wissensformen. (Mod. nach Kolb 1984, p.42. Kolb, D. A., Experiential learning: Experience as the Source of Learning and Development, 1st Ed., ©1984, Reprinted by permission of Pearson Education, Inc., New York, New York; Übersetzung durch die Autorinnen)

ders wichtig, damit das im Lernprozess erworbene Wissen nicht passiv und träge und somit im Verborgenen bleibt, sondern handlungsleitend zur Bewältigung alltagspraktischer Herausforderungen zur Verfügung steht. Die Wirkmächtigkeit von Trainingsmaßnahmen für die eigene Praxis ist nicht voraussetzungslos. Sie hängt davon ab, inwieweit Trainingsinhalte gleichermaßen auf die Wahrnehmung, das Denken, die Gefühle und auf das Verhalten einwirken. Wir möchten die Teilnehmenden als wahrnehmende, denkende, fühlende und tätige Menschen in dieser Ganzheit mit unserem Training ansprechen und auch auf alle vier Ebenen einwirken.

6.2 Konstruierendes Lernen

Neben dem Primat der Erfahrung fokussiert das methodische Setting unseres Trainings auf die Bedeutung der aktiven Konstruktion der Lerninhalte durch den Lernakteur selbst. Lernen berührt immer die ganze Person und ist ein an das Subjekt gebundener Transformationsprozess, dessen Ergebnis sich einfachen Ursache-Wirkungs-Regeln entzieht und meist weniger vorhersehbar ist als Lehrende und Lernende gemeinhin annehmen. Lernen ist kein passiver Empfang von Informationen, sondern aktive Konstruktion einer veränderten »Organisation und Verkörperung« von Wirklichkeit: eine Konstruktion, die an Vergangenes anschließt, die von der leiblich-situierten Präsenz des Lernenden im Augenblick der Lernsituation beeinflusst wird und die auf antizipierte Zukunft verweist. Damit muss jeder Lehrversuch sowohl die Vergangenheit als auch die Gegenwart und die Zukunft der Lernenden berühren. Nur so kann »Neues« inkorporiert werden. Bildlich gesprochen, braucht der Lernende vom Lehrenden eine Lernmelodie. Wir können eine Melodie nur wahrnehmen, weil wir beim Hören des Tones an den oder die vorangegangenen anschließen und den oder die folgenden antizipieren. Nur so bleiben uns die Melodie und in diese eingeschlossen auch die Töne im Gedächtnis; als isolierte Ereignisse sind Töne nicht erinnerbar oder gar reproduzierbar. Erzählungen oder Geschichten sind in diesem Sinne ideale Lehrformen, weil sie auf dem chronologischen Muster unserer alltäglichen Erlebniswelt basieren und immer ein zeitliches Verlaufsmuster innehaben, das Ereignisse durch eine Art »Zeitmelodie« miteinander verbindet und sie damit erinnerungsfähig macht.

Eine systemtheoretische Sichtweise auf Lernprozesse öffnet neue Perspektiven im Sinne dieses Vorverständnisses. Betrachtet man Lernende als weitgehend geschlossene Systeme, die aufgrund dieser Geschlossenheit nur auf der Basis von Resonanz in Kontakt zu ihren Umwelten treten können (Luhmann 1984, 2000), hebt man automatisch die Aneignungsperspektive des Lernenden hervor und entfernt sich von der klassischen Herstellungsperspektive der Pädagogik. Systemisch gesehen ist die Geschlossenheit von Systemen Voraussetzung und gleichzeitig Folge der Kontaktfähigkeit mit relevanten Umwelten. Die systemischen Ansätze geben mit dem Bild der Geschlossenheit wertvolle Anregungen, um Lernen aus einer bisher eher unbeachteten Perspektive zu betrachten. Sie verweisen auf die »Macht des Subjektes«, auf die Notwendigkeit der aktiven Konstruktion, auf die Ohnmacht der Mächtigen (Lehrenden) und auf die chaotische (im Sinne von nichtlinearer, demnach turbulenter) Beziehung zwischen Absicht und Wirkung:

» Die Sprache überträgt keine Informationen. Ihre funktionale Rolle besteht in der Erzeugung eines kooperativen Interaktionsbereiches zwischen Sprechern durch die Entwicklung eines gemeinsamen Bezugsrahmens, auch wenn jeder Sprecher ausschließlich in seinem eigenen kognitiven Bereich operiert, in dem jede letztgültige Wahrheit durch persönliche Erfahrung bedingt ist. Da ein Bezugsrahmen durch die Klassen der Auswahlakte definiert wird, die er ermöglicht, kann das sprachliche Verhalten nur rational sein, d. h. determiniert durch Relationen der Notwendigkeit innerhalb des Bezugsrahmens, in dem es sich entwickelt. Niemand kann folglich jemals rational von einer Wahrheit überzeugt werden, die nicht bereits implizit in seinen Grundauffassungen enthalten war (Maturana 1982, S. 80).

Die Aufnahme neuer Informationen ist nicht voraussetzungslos, sondern verlangt eine bestimmte innere Haltung der »Öffnung«. Unserer Meinung nach sind Fragen gute Instrumente, diese innere Haltung herzustellen. Erst wenn man durch eine Frage »Druck« erzeugt, kann die Antwort als »Gegendruck« die prinzipielle Geschlossenheit überwinden und damit angeeignet werden. Der bekannte Satz »In der Schule bekommt man tausend Antworten auf Fragen, die man nie gestellt hat« bringt diese Auffassung auf den Punkt: Nur wenn der Lernende eine Frage hat, kann die Antwort zur Konstruktion von Neuem genutzt werden. Da jeder Druck einen Gegendruck erzeugt, könnte man auch sagen, jede Antwort erzeugt auch eine Frage. Im Prinzip ist das richtig. Unser Denkstil hat uns aber darauf festgelegt, auf Fragen nach Antworten zu suchen und nicht umgekehrt, Antworten als die entsprechende Kehrseite von Fragen zu sehen. Aber vorstellbar ist auch ein Training, in dem die Teilnehmenden aus Antworten Fragen generieren sollen, die sie interessieren, um damit die Antwort für den Lernenden anschlussfähig zu machen. Wichtig ist nur, die Polarität aus Fragen und Antworten zu beachten, die in den Lernprozess immer integriert werden muss. Denn Lernen heißt Komplexität zu reduzieren, indem Fragen Antworten zugeordnet werden oder umgekehrt. Das heißt, dass das geführte Fragen ein wichtiges Lehrdesign ist und damit die Fähigkeit der Moderation eine Schlüsselqualifikation des Lehrenden darstellt. So stellt sich die Rolle des Lehrenden nicht vorrangig als Schöpfer von Antworten, sondern eher als Hebamme von für den Lernenden persönlich bedeutsamen Fragestellungen.

Ein sinnvoller Lernprozess erhöht sowohl die eigene Organisiertheit als auch die Beziehungen zu den relevanten Umwelten. Damit hat Lernen zwei Pole, die zunächst paradox erscheinen: Lernen hat sowohl einen eher verengenden – im Sinne von strukturierenden – Pol (systeminterne Organisation) und einen erweiternden – im Sinne von Perspektiven verschränkenden – Pol (Aufbau von Beziehungen zu relevanten Umwelten). Damit verweist Lernen auf die Polarität »Zentrierung – Bewegung«. Diese Prinzipien gilt es bei der konzeptuellen Gestaltung bzw. Inszenierung eines Themas zu berücksichtigen:

Der verengende Pol muss das Innere des Lernenden strukturieren, d. h. in erster Linie bisher isolierte Wissenselemente gruppieren, also Entitäten integrieren bzw. bewusst voneinander abgrenzen. Dies gelingt, indem mögliche Unterscheidungen angeboten werden, auf deren Basis die Vergangenheit neu geordnet und die Zukunft neu beobachtet werden kann. Hier leistet die Theorie gute Dienste, indem sie nicht nur »neue« Unterscheidungen anbietet, sondern diese auch einem gesellschaftlichen Diskurs unterliegen und somit konsensuell als wahr ausgehandelt sind.

Der erweiternde Pol des Lernens soll Perspektiven verschränken. Perspektivenverschränkung kann nach innen gerichtet sein, indem bisher isolierte Wissensinseln vernetzt werden, sie kann aber auch die Perspektivenübernahme einer von außen herangetragenen Perspektive beschreiben. Hier helfen die an Alltagsmuster angelehnten Lehrformen wie Gespräche, Erzählungen oder auch Spiele, das natürliche Interesse am Neuen zu wecken und damit Perspektivenübernahme zu erleichtern.

Im Sinne dieser Paradoxie halten wir ein theoriegeleitetes Training für besonders wertvoll: Die Theorie liefert die für die eigene Organisiertheit notwendige Struktur; sie hilft somit zu verstehen und zu antizipieren. Die spielerischen Elemente des Trainings ermöglichen an die Alltagswelt angelehnte Erfahrungen, die aufgrund ihrer Emotionalität Perspektivenübernahme erfahrbar machen.

6.3 Zusammenfassende theoretische Implikationen und methodische Gestaltungsleitlinien

Im Folgenden werden die von unserem Vorverständnis geformten theoretischen Überzeugungen überblicksartig zusammengefasst, um nachfolgend die daraus resultierenden methodischen Gestaltungsleitlinien zu skizzieren.

Theoretische Implikationen

- **Erfahrungsbezug:** Nachhaltiges Lernen soll handlungsleitendes Wissen und Überzeugungen generieren. Hierfür müssen eigene Erfahrungen transformiert, d. h. anhand von Konzepten generalisiert und verortet werden.
- **Ganzheitlichkeit:** Das Lernen ist kein rein kognitiver Vorgang, sondern muss auch unsere Gefühle und unser Verhalten berühren.
- **Resonanzbedarf:** Lehren ist kein direktes Bewirken von Lernen. Es werden keine dinghaft definierten Informationen übertragen. Lernen ist ein aktiver, selbst gesteuerter Erwerbsprozess. Lernende werden nur über Resonanz erreicht. Was Lehrende lehren und Lernende lernen, liegt in zwei verschiedenen Welten. Damit betonen wir die Aneignungsperspektive des Subjektes und entfernen uns von der klassischen Herstellungsperspektive des Lehrenden.
- **Paradoxiegehalt:** Lernen bewegt sich zwischen den Polen Zentrierung und Bewegung und berührt immer auch deren Paradoxie. Der Pol der Zentrierung repräsentiert die Struktur bzw. das Wissen und ist damit träge. Der Pol der Bewegung repräsentiert das Neue bzw. die Veränderung und ist dynamisch. Im Lernprozess werden diese beiden Pole integriert.
- **Zeitliche Gestaltbildung:** Lernen berührt die zeitliche Triade aus Vergangenheit, Gegenwart und Zukunft. Welche Wirkung ein bestimmter Lehrstoff auf einen bestimmten Lernenden hat, ist von der subjektiven Anschlussfähigkeit des Lehrstoffes an die Vergangenheit, an die Gegenwart und an die antizipierte Zukunft gleichermaßen abhängig.
- **Vagheit:** Lehrstoff ist für den Lernenden immer vage und bedarf einer subjektiven Konkretisierung. Das heißt, das Allgemeine muss durch einen aktiven Aneignungsprozess zum Besonderen hinabsteigen. Sowohl ein zu wenig als auch ein zu viel an Vagheit verhindert die persönliche Anschlussfähigkeit und die Resonanzkraft von Lehrstoff. Metaphern und Analogien sind Beispiele für Vagheitsgrade, die eine weit gefächerte Anschlussfähigkeit hervorbringen.
- **Selbstbezug:** Lernen kann und muss von daher auch gelernt werden. Jede Lernsituation lässt sich reflexiv auf den eigenen Lernprozess hin auswerten. Dadurch wird jede Lernsituation zur paradigmatischen Analyseeinheit, die man nutzen kann und sollte. Lernen verfolgt also immer zwei Ziele: Erstens mehr »Welt« als vorher mit sich selbst zu verbinden und zweitens zu lernen, wie der Prozess des »Verbindens der Welt mit sich selbst« optimiert werden kann.

Methodische Gestaltungsleitlinien

- **Theorie als strukturierende Unterscheidungen:** Theorieinputs, die auf der Basis von Unterscheidungen ordnen und strukturieren, sind wichtig um den Lernpol der Zentrierung zu gestalten. Denn Wissen gibt es nicht ohne Struktur.
- **Erfahrungsbezug:** Die Anschlussfähigkeit an die Vergangenheit wird maßgeblich durch die Möglichkeiten der Einbettung von Erfahrung in das Neue bestimmt. Daher ist die Verschränkung von Erfahrung und theoretischem Wissen der Schlüssel zum Lernerfolg.
- **Reflexionsraum:** Da Erfahrung häufig nicht spontan abrufbar ist, müssen methodisch gestützte Reflexionsräume bereitgestellt werden, um die »Sichtbarmachung des bisher Unsichtbaren« zu ermöglichen.
- **Spiele (Probe-Handlungsräume):** Im Spiel – hier vorwiegend das simulative Spiel – kann und muss gehandelt werden. Handlungen sind dabei gleichermaßen geprägt von der Vergangenheit, der Gegenwart und der Zukunft. Handlungen integrieren damit Historizität, Situativität und Vorausschau. Im Handeln verkürzen sie gedanklich zu denkende Möglichkeiten auf eine einzige und berühren damit die Entscheidungsfähigkeit und die Perspektivität des Subjektes. Handeln macht Unsichtbares und Un- bzw. Vorbewusstes sichtbar. Praxis wird inszeniert und damit alltagsnahes Erleben ermöglicht.
- **Atmosphäre des Wohlfühlens:** Die Ganzheitlichkeit des Lernaktes verlangt nach einer Atmosphäre des Wohlfühlens. Nur in einer angstfreien, fehlertoleranten und anregenden Atmosphäre kann Offenheit und sogar Empathie für das Neue und damit Bewegung im Sinne von Perspektivenverschränkung angeregt werden.
- **Vielfalt an Episoden, Geschichten, Erlebnissen:** Erzählungen sind aufgrund ihres zeitlichen Verlaufs eine Form des Lehrens, die an unsere Alltagserfahrung anknüpfen und von daher besonders anschlussfähig sind.

6.4 Konkrete methodische Gestaltung des Trainings

Aus unserem Vorverständnis zum Lernen ergibt sich das Gebot der methodischen Vielfalt, um jedem Lernenden einen Resonanzraum zur Verfügung zu stellen. Im Folgenden werden die konkreten Methoden des Trainings dargestellt. Dabei unterscheiden sich die Methoden auf den unterschiedlichsten Ebenen, sodass der nachfolgende Versuch einer Systematisierung lediglich einer unter vielen Möglichen ist.

Zunächst ist die Verschränkung von Input (im Sinne einer Kurzvorlesung), moderiertem Erfahrungsaustausch und aktivem Spiel konzeptueller Bestandteil dieses theoriegeleiteten Trainings. Intendiert ist damit eine Einbettung der eigenen Erfahrungen in gemeinschaftlich anerkanntes Wissen (im Sinne einer ordnenden Struktur auf der Basis kollektiver Unterscheidungen) und eine Inszenierung des ganzheitlichen Sozialisationslernens im Spiel. Da Wissen immer auch an Überzeugungen gebunden ist, ist gerade das Spiel, das unmittelbares Feedback auf das eigene Tun garantiert, eine geeignete Methode, um dem Lernenden das Gefühl der »Gewissheit« zu ermöglichen, welches letztlich nur im praktischen Tun entsteht. Die angestrebte Balance der drei methodischen Säulen »Input – Erfahrungsaustausch – Spiel« ist eine Folge unserer Überzeugung, dass Lernen ein Prozess ist, der den Menschen in seiner Ganzheit berührt und nicht auf die Kognition beschränkt werden kann. Somit ist die methodische Gestaltung gleichermaßen gerichtet auf die Wahrnehmung, das Denken, das Fühlen und das Handeln der Lernenden.

Darüber hinaus ist der Wechsel zwischen Plenum, Kleingruppe und Einzelarbeit ein wichtiges Designelement des Seminars. Hier soll die Gelegenheit gegeben werden, in unterschiedlichen sozialen Umgebungen das Thema zu durchdringen. So haben Plena eine ganz andere Wirkung auf Lernende als Kleingruppen. In der Kleingruppe ist es wesentlich einfacher sich zu öffnen und dadurch eine Atmosphäre des gegenseitigen Verstehens (sowohl andere zu verstehen als auch von anderen verstanden zu werden) zu leben, während das Plenum größere Anonymität, damit aber auch Vagheit und Ambiguität impliziert, was das für den

Lerneffekt notwendige Konstruieren eigener Sinnhaftigkeiten aber auch erleichtern kann. Denn Plena bewegen sich – aus der Sicht der Lernenden – eher als Kleingruppen auf der Stufe der mehrdeutigen Botschaften, die erst durch den Konstruktionsprozess des Lernenden zum konkreten Inhalt hinabsteigen. Dies erzeugt zwar häufig das Gefühl des Nichtverstehens, erleichtert auf der anderen Seite aber die Versubjektivierung des Sachverhaltes und damit dessen Anschlussfähigkeit. Plena produzieren Effekte der Vagheit, denen eine hohe Inkorporationsmacht innewohnen kann. Die Einzelarbeit soll den Prozess der Versubjektivierung bzw. Inkorporation von für den Lernenden eher vagen Lehrinhalten anstoßen, indem Raum für die dafür notwendige Transformation gegeben wird.

Auch der Wechsel aus formellen und informellen Lehr-/Lernräumen ist ein wichtiges methodisches Gestaltungselement. Drei Abendveranstaltungen (Präsentation der eigenen Kultur, Gastvortrag, Theaterbesuch) finden außerhalb der normalen Seminarräume statt und werden kulinarisch eingebettet. Diese informellen Räume stoßen eine Form der Kommunikation an, die man in Seminarräumen kaum inszenieren kann. In diesen Abendveranstaltungen wird die klassische Dichotomie »Freizeit – Arbeit/Lernen« aufgehoben und sehr lernförderlich miteinander verzahnt. Hier kann die Aura der Ernsthaftigkeit und des Bewertetwerdens, die formellen Räumen stets innewohnt, hinter sich gelassen werden. Durch die informellen Abendveranstaltungen wird eine Atmosphäre geschaffen, die stark auf die Emotionen wirkt und für die Entwicklung von Empathie unter den Teilnehmenden eine wichtige Rolle spielt.

Die oben genannten methodischen Settings gelten auch für andere Lehrinhalte. Es gibt jedoch weitere, die speziell für das Kulturthema von besonderer Bedeutung sind.

Für dieses Training ist die multikulturelle Zusammensetzung der Teilnehmenden eine notwendige Bedingung für eine erfolgreiche Durchführung. Dadurch wird gewährleistet, dass eine multikulturelle Praxis hergestellt wird, die jeder erlebt und der man sich reflexiv zuwenden kann. Nur in einer multikulturellen Umgebung können Selbst- und Fremdbilder gegenübergestellt, kann Empathie für das Fremde erfahren und multikulturelles Miteinander hergestellt werden.

In einem interkulturellen Training begegnen sich differente Sinnwelten (sowohl theoretisch als auch praktisch) und eine Kernbotschaft, die es zu inszenieren gilt, ist die der Relativität von Sinn. Im Zentrum der Dramaturgie steht die Begegnung des Eigenen mit dem Fremden, wobei das Ziel die wechselseitige Annäherung ist. Wechselseitig heißt – in Anlehnung an das Zangenmodell –, beide Seiten zu bearbeiten, sowohl das Eigene als auch das Fremde. Denn Eigenes und Fremdes sind ja zwei Seiten einer Medaille, die beide auf Identität referieren. Zur Verständigung der Kulturen muss also die individuelle Identität immer auch ein Stück erschüttert werden, indem – wie bei einem Zangengriff – sowohl am subjektiven Konzept des Eigenen als auch am subjektiven Konzept des Fremden gerüttelt wird. Das Ziel ist also die Entselbstverständlichung des Eigenen und das Vertrautmachen mit dem Fremden.

Kulturelles Lernen kann als reflexive Verschränkung divergenter Identitätskontexte oder sogar Identitätskonzepte verstanden werden. Dabei besteht die Gefahr, dass Verständnis für das Fremde nur über das Abwerten des Eigenen entwickelt werden kann. Hier ist es wichtig – wie bei dem Seiltänzer – Sicherheitsnetze zu installieren, die die Schönheit und Sinnhaftigkeit der eigenen Kultur bewahren. Hier gilt dem geläufigen Denkstil des »Entweder-oder« entgegenzuwirken und einen Denkstil des »Sowohl-als-auch« methodisch zu fördern. Einen Denkstil des »Sowohl-als-auch« kann man aber nur entwickeln, wenn das andere als etwas anderes wahrgenommen wird und die Grenze zum Eigenen gezogen werden kann. So ist die Vermittlung interkultureller Kompetenz nicht nur ein Aufweichen von Grenzen, sondern auch eine Sichtbarmachung von Unterschieden und Grenzen (Schäfftner 1997). Denn erst aus der Abgrenzung des Eigenen vom Fremden kann eine Haltung der Toleranz entwickelt werden. So muss ein interkulturelles Training mit Kulturtypisierungen arbeiten, ohne zu stereotypisieren. Da aber alle Beschreibungen letztlich nur selektive Attribuierungen sind, hat man immer auch mit Stereotypen und sogar mit Vorurteilen zu tun. Dieser Tatsache sollte man sich bewusst sein und die Gratwanderung zwischen »Ausgrenzung« und »Integration« verantwor-

Abb. 6.2

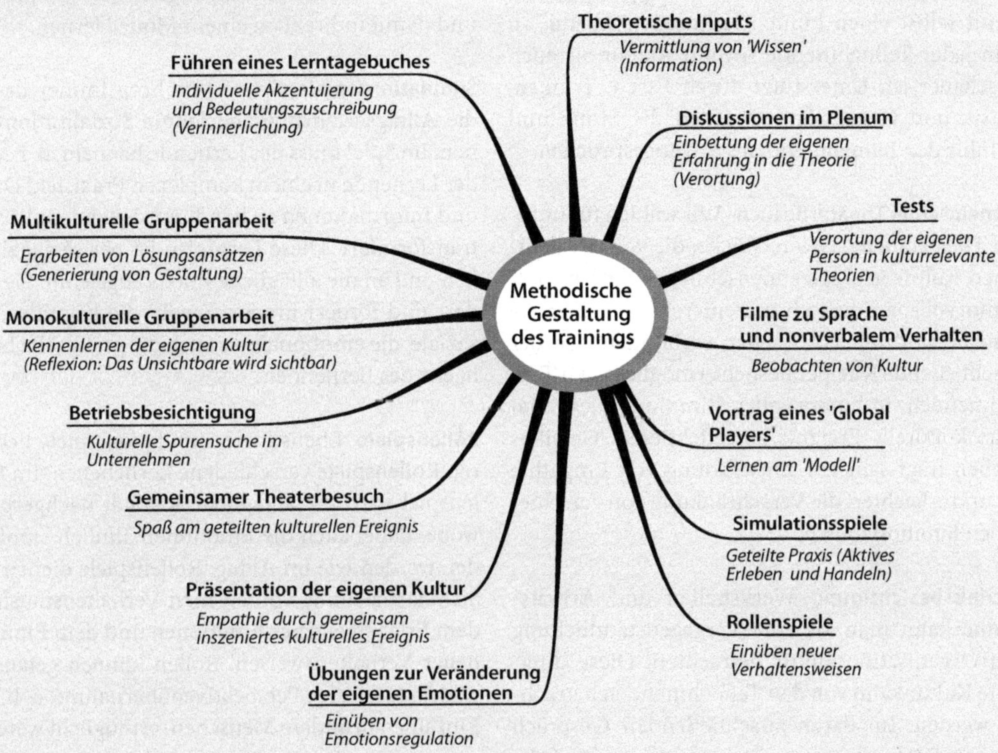

Methodische Bausteine des theoriegeleiteten Trainings

tungsvoll gestalten, sodass Typisierungen nicht der Intoleranz dienen, sondern der Empathie.

Im Folgenden werden die verschiedenen methodischen Designs noch einmal in ihrer Vielfalt aufgelistet und kurz erläutert (■ Abb. 6.2).

Theoretische Inputs Hier wird theoretisches Wissen vermittelt, das der Strukturierung dient. Angeboten werden vor allem kulturelle Ordnungssysteme und Beschreibungen von kulturellen Alltagsmustern. Dabei ist es wichtig, dass diese Ordnungen eine einfache Klarheit aufweisen, ohne zu trivialisieren oder gar wertend zu klassifizieren.

Moderierte Diskussionen im Plenum Im Anschluss an die theoretischen Inputs gibt es immer eine moderierte Diskussion, in der die Lernenden ihre eigenen Erfahrungen in die Theorie einbetten oder auch abgrenzen können. Wichtig ist zum einen die Verortung der eigenen Erfahrung in theoretische Modelle, zum anderen aber auch die Besetzung von individueller Erfahrung mit kollektiven Begriffen.

Monokulturelle Gruppenarbeit Diese Gruppen dienen der Reflexion der eigenen Kultur. Hier wird Raum gegeben, gemeinsam ein Selbstbild zu entwickeln, das im Plenum präsentiert und mit Fremdbildern konfrontiert wird.

Tests Die Tests dienen der Verortung der eigenen Person innerhalb möglicher kultureller Verhaltensmuster. Sie dienen der Verzahnung von subjektivem Erleben und theoretischen Klassifizierungen.

Präsentation der eigenen Kultur Diese Einheit ist informell und wird von einem gemütlichen interkulturellen Abendessen umrahmt. Jeder stellt interessante Phänomene seiner eigenen Kultur vor –

möglichst unterstützt durch Musik, Bilder, Fotos oder anderen Gegenständen. Die Gruppe inszeniert damit selbst einen bunten kulturellen Abend, an dem jeder Teilnehmende sowohl Akteur als auch Zuschauer ist. Unterstützt durch Essen, Trinken, Musik und Gegenstände werden die Sinne und Gefühle der Teilnehmenden stark angesprochen.

Gemeinsamer Theaterbesuch Wir wählen für unseren Theaterabend Theaterstücke, die von der deutschen Kultur geprägtes menschliches Miteinander humorvoll-parodistisch inszenieren. Die Theaterbesuche sind mit viel Lachen verbunden und der anschließende Kneipenbesuch ermöglicht den Teilnehmenden, in humorvoller Stimmung dieses geteilte kulturelle Ereignis zu reflektieren. Geteiltes Lachen trägt sehr zur Entwicklung von Empathie bei und erleichtert die Verschränkung von verschiedenen Sinnhorizonten.

Betriebsbesichtigung Werkshallen und Arbeitsräume kann man als eine Vergegenständlichung von Organisationskultur betrachten. Diese dinghafte Kultur kann von den Teilnehmenden betrachtet werden. Im daran anschließenden Gespräch können Beobachtungen ausgetauscht und auf die bisherigen Seminarinhalte bezogen werden.

Verschiedensprachige Filmausschnitte Wir zeigen Filmausschnitte, um das unterschiedliche nonverbale Verhalten sicht- und erlebbar werden zu lassen. Szenische Spielfilmausschnitte aus verschiedenen Kulturräumen werden in der jeweiligen Landessprache gezeigt, und in der anschließenden Diskussion werden die verschiedenen nonverbalen Verhaltensweisen reflektiert, verglichen und interpretiert. Da die Entwicklung von Empathie an das Erkennen nonverbaler Signale gekoppelt ist, dient die Auseinandersetzung mit kulturell bedingten Differenzen im nonverbalen Ausdruck der Verbesserung des Einfühlungsvermögens.

Vortrag eines erfahrenen »Global Players« Das Lernen am Modell nimmt einen hohen Stellenwert auf dem Lernweg eines jeden Menschen ein. Der Vortrag eines Erfahrungsträgers verdichtet diese Lernform. Der Lernende ist zwar nicht (teilnehmender) Beobachter am Ort des Geschehens, er kann aber teilhaben an den in Sprache transformierten und damit verdichteten Erfahrungen eines »Experten« und damit indirekt an einem Modell lernen.

Simulationsspiele Spiele berühren immer das an die Alltagserfahrung angelehnte Sozialisationslernen. Im Spiel muss der Lernende handeln, d. h. dass der Lernende in einem komplexen Praxisfeld Daten und Informationen zu handlungsleitendem Wissen transformiert. Diese Lernform ist per se ganzheitlich und an die alltägliche Praxis angelehnt. Sie fordert und fördert immer sowohl die kognitive, die soziale, die emotionale als auch die praktische Intelligenz des Lernenden.

Rollenspiele Ebenso wie Simulationsspiele berühren Rollenspiele verschiedene Lernebenen. Im Rollenspiel wird die alltägliche Realität nachgespielt, wobei dabei auch die Emotionen ähnlich empfunden werden wie im Alltag. Rollenspiele dienen der Sichtbarmachung von eigenen Verhaltensmustern, dem Erleben eigener Emotionen und dem Einüben neuer Verhaltensweisen. Rollen können getauscht und dadurch eine Perspektivenübernahme, d. h. das Einfühlen in andere Menschen, ermöglicht werden.

Übungen zur Veränderung der eigenen Emotionen Das Einwirken auf die eigenen Emotionen ist eine wichtige interkulturelle Kompetenz. Durch geeignete Übungen können Menschen lernen, ihre Gefühle zu gestalten. Sehr geeignet hierfür sind Methoden aus dem Coaching-Bereich. Da diese Übungen eine andere Tiefe haben, teilweise sogar therapeutisch anmuten, sollte die Moderation sich vorab überlegen, inwieweit die Gruppe sich auf die Übungen einlässt oder ob mit Abwehrreaktionen zu rechnen ist. Gegebenenfalls müssen einzelne Coaching-Übungen ausgelassen oder aber zumindest in besonderer Weise durch die Moderation angeleitet werden. Die Moderation kann z. B. die Rolle des Coaches, die in vielen dieser Übungen vorkommt, an Stelle eines Rollenspielers selbst übernehmen.

Multikulturelle Gruppenarbeit In der multikulturellen Gruppenarbeit geht es um die Erarbeitung von Lösungen. Menschen aus verschiedenen Kulturräumen widmen sich der Aufgabe, kulturübergreifend Konzepte für ein besseres Miteinander zu erarbeiten. Durch die gemeinsame Ausrichtung auf eine Aufgabe bei gleichzeitiger kultureller Vielfalt werden automatisch vielfältige Perspektiven verschränkt. Damit berührt diese Lernform immer beide Lernpole: den Pol der Bewegung und den Pol der Zentrierung.

Schreiben eines Lerntagebuchs Da wir die subjektive Aneignung des Lernstoffes als unbedingt notwendig ansehen, haben wir nach einer Methode gesucht, die Raum für diese Aneignung zur Verfügung stellt. Am Ende eines jeden Tages haben die Lernenden eine Viertelstunde Zeit, in die von uns vorbereiteten Lerntagebücher ihre persönlichen Lernthemen in Worte zu fassen. Wir formulieren die Tagebuchseiten mit der einfachen und eher vagen Fragestellung »Was waren für mich die wichtigsten Eindrücke? Welche Erkenntnisse habe ich gewonnen?«, um der Subjektivität des Aneignungsprozesses Rechnung zu tragen und nicht entlang konkreter Fragestellungen die Richtung der Antworten zu determinieren. So bleibt die Relevanzsetzung beim Lernenden und wird nicht von den Lehrenden vorgegeben.

Zum Abschluss sei noch einmal auf die zeitliche Abfolge der thematischen Einheiten des Trainings hingewiesen. Sehr knapp formuliert kann man sagen, dass der Aufbau die Dramaturgie eines Problemlöseprozesses berücksichtigt:

- Die erste Phase (Einheit 1) ist gekennzeichnet durch eine Standortbestimmung und Grenzsetzung: Wo stehe ich? Wie sehen mich die anderen? Wo stehen die anderen? Wie sehe ich die anderen?
- Die zweite Phase (Einheit 2–4) ist geprägt durch die Entfachung der Neugierde am Anderen (Spaß an der Vielfalt), indem bisher Verborgenes (implizite Regeln) aufgedeckt und dadurch Selbstverständliches entselbstverständlicht und Fremdes mit Sinn versehen wird. Aber auch die Belastungen werden deutlich.
- Die dritte Phase (Einheit 5) beinhaltet das Aufzeigen von Lösungsräumen, indem mithilfe eines zweistufigen Kompetenzmodells Wege und Möglichkeiten eines interkulturellen Miteinanders diskutiert und die dafür nötigen Kompetenzen trainiert werden.

Teil III
Trainingseinheiten

Umgang mit der Zusammenstellung der Einheiten und Module

Christel Kumbruck, Wibke Derboven

C. Kumbruck, W. Derboven, *Interkulturelles Training*,
DOI 10.1007/978-3-662-43462-8_7, © Springer-Verlag Berlin Heidelberg 2016

Einleitung

Die Themen des Trainingsteils können zu einem bedarfsgerechten Ablauf des Trainings zusammengestellt werden, wobei folgende inhaltliche thematische Einheiten und Botschaften didaktisch umgesetzt werden:

- Einheit 1: Kultur und Identität; Botschaft: »Kultur ist größtenteils unsichtbar und unbewusst.«
- Einheit 2: Kommunikation und Kultur; Botschaft: »Kulturen haben unterschiedliche Kommunikationsmuster.«
- Einheit 3: Kulturelle Werte und Regeln; Botschaft: »Nehme das andere Verhalten in seinem kulturellen Sinnzusammenhang wahr anstatt es abzuwerten!«
- Einheit 4: Kooperation, Organisation, Führung und Teams; Botschaften: »Die Organisationskultur reflektiert immer auch die nationale Kultur, aber es gibt bedeutsame Unterschiede.« »Das interkulturelle Handeln in multikulturellen Teams stellt ganz besondere Herausforderungen sowohl an die Teammitglieder als auch an die Teamführung!«
- Einheit 5: Interkulturelle Handlungsfähigkeit; Botschaft: »Versuche mittels Deep-Level-Kompetenzen in Beziehung zu Menschen aus anderen Kulturen zu gehen.«

Zu jeder thematischen Einheit werden Verweise auf die theoretischen Ausführungen gegeben. Die einzelnen thematischen Einheiten gliedern sich in Module und diese wiederum in verschiedene Aktivitäten. Dabei werden die fünf Einheiten jeweils durch einen Überblick und einen Zeitplan eingeführt. Die detaillierte Beschreibung der Module und deren Aktivitäten folgen einer strukturellen Logik, die durch die entsprechenden Kennzeichnungen sichtbar wird. Die verwendeten Kennzeichnungen und deren Bedeutungen sehen folgendermaßen aus:

- **Aktivität:** Hier werden die durchnummerierten Aktivitäten der einzelnen Module beschrieben. → Zur Verdeutlichung der Aktivität wird hier die Aufgabenstellung detailliert beschrieben und teilweise zusätzlich in Form der wörtlichen Rede (Anmoderation – erkennbar am ?) dargestellt. Wenn die Aktivität in mehrere Schritte unterteilt ist, werden diesen jeweils Pfeile (→) vorangestellt.
- **Hinweis, sofort erkenntlich am vorangestellten i:** Hier wird auf Besonderheiten, Stolpersteine, Chancen und Herausforderungen der einzelnen Aktivitäten hingewiesen.
- **Folien:** Die theoretischen Inputs der Moderation werden im Foliendesign dargestellt. Die Folien liegen unter ► http://extras.springer.com, Folie, als Kopiervorlage vor.
- **Beispiel:** Hier werden Beispiele von Produkten aus den Kleingruppenaktivitäten vergangener Seminare gezeigt.
- **Material:** Für diverse Aktivitäten benötigen die Teilnehmenden Materialien zum Bearbeiten, die von der Moderation ausgeteilt werden. Als Kopiervorlage ist das gesamte Material ebenfalls unter ► http://extras.springer.com, Material, vorhanden.

Das Baukastenprinzip – wie stelle ich mir ein Training oder einen Trainingstag zusammen? Wir geben für jede Einheit einen idealtypischen Ablauf vor, der zeitlich einen bis zwei Trainingstage füllt. Unserem Ablauf liegt eine innere Logik zugrunde, sodass die Voraussetzungen für ein Thema meist in zeitlich früher angesetzten Modulen gelegt wurden. Nichtsdestotrotz können Trainer aber durchaus den Ablauf um einzelne Module kürzen oder vorgeschlagene Module und Aktivitäten durch Alternativmodule und -aktivitäten ersetzen und ergänzen. Die vorgestellten Alternativaktivitäten sind überwiegend Vertiefungen und Ausdifferenzierungen des Themas, sodass sie dann, wenn einzelne Themen besonders intensiv bearbeitet werden sollen, genutzt werden können. Dies ist insbesondere dann der Fall, wenn ein Training nicht als Blockveranstaltung dargeboten wird, sondern als über einen längeren Zeitraum verteiltes Training mit themenbezogenen ein- bis zweitägigen Einzelterminen. Im Ablaufplan ist die voraussichtliche Dauer der jeweiligen Module gekennzeichnet. Jedoch sollte nach jeweils ca. 90–120 Minuten (je nach Aufmerksamkeitsspanne der Teilnehmenden etwas früher oder später) eine 15-minütige Pause vorgesehen werden; für die Mittagspause sind mindestens 60 Minuten einzuplanen. Die Abendveranstaltungen mit informellem Charakter sind inhaltlich nicht immer an die thematische Einheit gebunden.

Einheit 1 – Kultur und Identität

Christel Kumbruck, Wibke Derboven

C. Kumbruck, W. Derboven, *Interkulturelles Training*,
DOI 10.1007/978-3-662-43462-8_8, © Springer-Verlag Berlin Heidelberg 2016

Einleitung

Themen

- Kultur (zum theoretischen Hintergrund (▶ Kap. 1)
- Enkulturation und Akkulturation (zum theoretischen Hintergrund (▶ Abschn. 1.4)
- Kulturdimensionen (zum theoretischen Hintergrund (▶ Abschn. 2.1)
- Diversität (zum theoretischen Hintergrund (▶ Abschn. 2.2)

Botschaften

- »Kultur ist größtenteils unsichtbar und unbewusst!«
- »Kulturelle Begegnungen sind immer eine große Herausforderung!«
- »Die anderen sind nicht dumm oder böse, sondern haben einen anderen kulturellen Hintergrund!«
- »Beachte die Unterschiede, aber stecke niemanden in eine Schublade!«
- »Andere Kulturen sind faszinierend!«
- »Kultur ist nicht nur in der Umwelt, also dem Außen, zu finden, sondern vor allem in uns, in unserer Psyche und unseren sozialen Beziehungen. Kultur prägt das Selbst!«

Zielsetzung

In der ersten thematischen Einheit (◘ Tab. 8.1) wird Verständnis darüber entwickelt, was Kultur ist, wie vielfältig sie in Erscheinung tritt und wie jeder Einzelne davon geprägt ist.

- Modul 1: Begrüßung und Einführung.
- Modul 2: Was ist Kultur? (+ Kulturdefinitionen)
- Modul 3: Wo komme ich her?
- Modul 4: Wo kommst Du her?
- Modul 5: Diversität und interkulturelle Barrieren.
- Modul 6: Selbst- und Fremdsicht.
- Modul 7: Reflexion der Lernerfahrungen.
- Modul 8: Ich zeige Dir meine Kultur!

◘ **Tab. 8.1** Ablaufplan Einheit 1

Thema, Ablauf, Aktivitäten	Methode	Material	Zeitbedarf [min]
Ankunft: Möglichkeit zum informellen Austausch	–	Kaffee, Erfrischungen	15
Modul 1			
Begrüßung und Einführung	Gruppenmoderation	–	30
Modul 2			
Was ist Kultur?	Input, Kleingruppenarbeit, moderierte Diskussion	Flipchart-Papier, Stifte, ggf. vorbereitete Plakate	80
Modul 3			
Wo komme ich her?	Input, Kleingruppenarbeit, moderierte Diskussion	Flipchart-Papier, Stifte	150–180
Modul 4			
Wo kommst Du her?	Input, Test, moderierte Diskussion	Test (Material 8.1)	120
Modul 5			
Diversität und interkulturelle Barrieren	Individuelle Reflexion, Input, moderierter Erfahrungsaustausch	Metaplankarten, Stifte, Metaplanwände	135
Modul 6			
Selbst- und Fremdsicht	Input, Kleingruppenarbeit mit Texten	Texte, Flipchart, Stifte	120
Modul 7			
Reflexion – Lerntagebuch	Individuelle Reflexion	Tagebücher	15

■ Tab. 8.1 (Fortsetzung)

Thema, Ablauf, Aktivitäten	Methode	Material	Zeitbedarf [min]
Modul 8			
Ich zeige Dir meine Kultur!	Informeller Kulturaustausch	Gesonderter gemütlicher Raum, evtl. Getränke und Snacks	120

8.1 Modul 1: Begrüßung und Einführung [30 min]

Aktivität 1 Kurzvorstellung der Teilnehmenden und ihrer Erwartungen an den Kurs [20 min].

Aktivität 2 Vorstellung der Kursleiter [5 min].

Aktivität 3 Überblick über Kursinhalte und -ziele [5 min].
→ Input der Themenübersicht (► Folie 8.1, http://extras.springer.com) und der Lernziele für interkulturelle Sensibilität und Handlungskompetenz (► Folie 8.2, http://extras.springer.com).
→ Bezugnahme auf die Erwartungen der Teilnehmenden.

Folie 8.1

Input: Themenübersicht
1. Einheit: Kultur und Identität
2. Einheit: Kommunikation und Kultur
3. Einheit: Interkulturelle Werte und Regeln
4. Einheit: Kooperation, Organisation, Führung und Teams
5. Einheit: Interkulturelle Handlungsfähigkeit

Folie 8.2

Input: Lernziel – Interkulturelle Sensibilität und Handlungskompetenz
- Wissen über fremde Kulturen erwerben
- Die eigene kulturelle »Prägung« reflektieren
- Fremde Kulturen verstehen
- In kulturellen Überschneidungssituationen angemessen Handeln lernen

8.2 Modul 2: Was ist Kultur? [80 min]

Aktivität 1 Erarbeitung einer Definition von Kultur in Kleingruppen [20 min].
→ In multikulturell zusammengesetzten Kleingruppen (max. 5 Teilnehmende) wird jeweils eine Definition von Kultur gemeinsam erarbeitet und auf einem Flipchart dargestellt.

? Erarbeiten Sie gemeinsam eine Definition von Kultur, die Sie auf einem Flipchart darstellen.

Aktivität 2 Präsentation der Definitionen [40 min].
→ Im Plenum werden die Definitionen von den Teilnehmenden vorgestellt und diskutiert (Beispiel 8.1; ■ Abb. 8.1).

Hinweis
Folgende Fragestellungen sollten in der Diskussion herausgearbeitet werden:
- Wozu dient Kultur?
- Wie entwickelt sich Kultur?
- Wie verändern sich Kulturen?
- Welche Arten von Kulturen (nationale, Organisationskulturen …) gibt es?
- Was sind sichtbare und was sind unsichtbare Elemente von Kultur?

Aktivität 3 Bezugnahme zu wissenschaftlichen Definitionen von Kultur [20 min].
→ Input von Definitionen (► Folie 8.3, http://extras.springer.com).
→ Anschließende Diskussion.

Beispiel 8.1

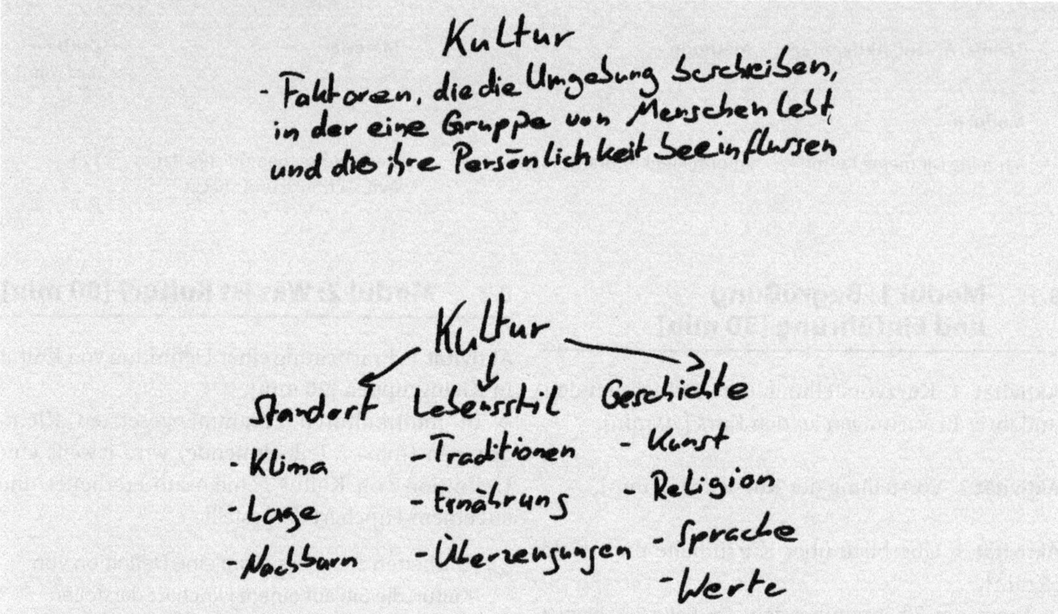

Abb. 8.1 Definition von Kultur

Folie 8.3

Input: Definitionen von Kultur

- Alltagssprachliches Kulturverständnis: Kultur zeigt sich in Literatur, Theater, Museen, Zeitungen, aber auch in den Bildungssystemen (z. B. Universitäten). Auch viele Bereiche des Alltagslebens werden unter dem Kulturbegriff subsumiert. So spricht man u. a. von einer Kultur der Unterhaltung, des Wohnens oder des Essens. Auch Artefakte wie Werkzeuge und Techniken gehören zur Kultur. Insbesondere die Benimmregeln (Begrüßungsrituale, Essgewohnheiten etc.) sind wichtige Ausdrucksformen von Kultur.
- Deterministisches Kulturverständnis: Kultur ist die kollektive Programmierung des Geistes, die die Mitglieder einer Gruppe oder Kategorie von Menschen von anderen unterscheidet. Es handelt sich um den Erwerb konstanter Strukturen (Hofstede 1991).
- Semiotisches Kulturverständnis: Menschen bilden durch Kommunikation ihre Kultur, indem sie sich meist unbewusst darauf »einigen«, wie sie die Welt sowie den angemessenen Umgang damit sehen wollen. Mitglieder einer Kultur grenzen sich von anderen sozialen Gemeinschaften ab, indem sie ihren Zeichen eine spezifische Bedeutung geben, die nur von den Angehörigen der eigenen Kultur verstanden wird (Geertz 1994).
- Das Kulturverständnis der Cultural Studies: Kultur ist als ein Kampf um Bedeutungen, ein nie endender Konflikt über Sinn und Wert von kulturellen Traditionen, Praktiken und Erfahrungen zu verstehen. Wer das kulturelle Bedeutungsmonopol hat, hat die Macht. Eine zentrale Funktion in diesem Prozess der Zirkulation, der Durchsetzung und der Aushandlung von Bedeutungen kommt den Medien zu (Hall 2008).

Hinweis

Auf folgenden Aspekten sollte eine besondere Betonung liegen: Kulturelle Praktiken haben sich nicht zufällig ausgebildet. Sie sind Ausdruck von »Überlebensrezepten« einer Gruppe von Menschen in einer bestimmten Region. Hier wurden frühere Generationen von Menschen mit geografischen und klimatischen Verhältnissen konfrontiert, die ihre Existenzbedingungen (z. B. Landwirtschaft) bestimmten; sie führten kriegerische Auseinandersetzungen mit anderen Gruppen von Menschen, die in Siege oder Niederlagen mündeten. Sie entwickelten vor diesem Hintergrund religiöse und ethische Vorstellungen und bildeten eine kulturspezifische Sprache aus. Die kulturellen Praktiken werden tradiert, aber auch angesichts neuer Umweltanforderungen modifiziert.

Individuen werden durch das Hineinwachsen (Sozialisation/Enkulturation) in eine Kultur davon geprägt und halten die eigenen kulturellen Praktiken deshalb für selbstverständlich und für »normal« (»so macht man das halt«). Durch den Prozess des Hineinwachsens sind die Maßstäbe für das »richtige« Tun und Denken größtenteils unbewusst. Deshalb sind sie schwer zu reflektieren. Die Kulturen dienen zur Unterscheidung von den »Anderen« und führen damit zur Identitätsausbildung der eigenen Gruppe. Hierin liegt die Gefahr zur Abwertung der Anderen, der »Unnormalen«.

Ohne das Sehen und Anerkennen der kulturell bedingten Unterschiede läuft man immer Gefahr, das andere Verhalten als individuelle Bosheit oder Dummheit zu interpretieren.

Aktivität 4 Alternative zu den Aktivitäten 1–3: Auseinandersetzung mit Kulturdefinitionen [80 min].

→ Anstatt Definitionen von Kultur von den Teilnehmenden selbst erarbeiten zu lassen, können auch die vier in Folie 8.3 beschriebenen Definitionen auf große Plakate – jeweils eine Definition pro Plakat – geschrieben und in vier Ecken des Raumes aufgehängt werden. Die Teilnehmenden verteilen sich in gleichgroßen Gruppen vor den Plakaten und bekommen die Aufgabe, über die Sinnhaftigkeit und das Für und Wider der Definition zu sprechen, vor der sie gerade stehen. Nach ca. 10 Minuten wird ein Signal gegeben, sodass die Gruppen zur nächsten Definition weiterwandern, wo sie wiederum über die Definitionen sprechen. Wenn alle Teilnehmenden einmal vor jeder Definition gestanden und sich mit ihr auseinandergesetzt haben, werden die Teilnehmenden aufgefordert, sich individuell für eine Definition zu entscheiden und sich vor dieser zu positionieren. Anschließend diskutieren alle vor einer Definition stehenden Personen über die Gründe, diese Definition zu bevorzugen und einigen sich auf die wichtigsten Gründe. Abschließend präsentiert jede Gruppe dem Plenum die zentralen Gründe, warum die ausgewählte Definition von Kultur aus ihrer Sicht die angemessenste ist. Es kann im Anschluss über noch fehlende Aspekte von Kultur in den vorgegebenen Kulturdefinitionen gesprochen werden.

8.3 Modul 3: Wo komme ich her? [150–180 min]

Aktivität 1 Vorstellen der Modelle Enkulturation und Akkulturation [30 min].

→ Input zu Enkulturation und Akkulturation (▶ Folie 8.4–Folie 8.7, http://extras.springer.com; ◘ Abb. 8.2, ◘ Tab. 8.2).

→ Anschließende Diskussion.

Folie 8.4

Input: Kulturelles Hineinwachsen

Enkulturation (sog. soziokulturelle Prägung) ist das Hineinwachsen in die primäre kulturelle Umwelt, in die Menschen hineingeboren wurden.

Akkulturation ist demgegenüber nach abgeschlossener Enkulturation die Anforderung, sich an eine zweite oder dritte »fremde« Kultur anzupassen, in die man aufgrund von Migration gelangt. Dadurch erleben aber auch die Einheimischen Akkulturationsprozesse.

Folie 8.5

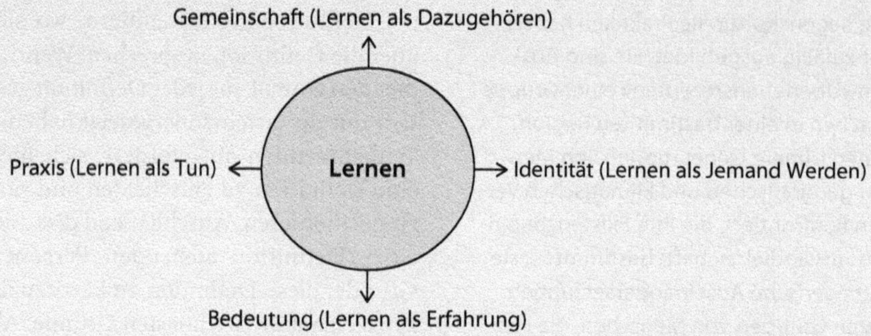

Abb. 8.2 Lernen als Enkulturationsprozess: Komponenten einer sozialen Theorie des Lernens. (mod. nach Wenger 1998; Übersetzung der Autorinnen)

Hinweis

Die Betonung sollte auf der Unterscheidung der Begriffe Sozialisation, Enkulturation und Akkulturation liegen: Unter Sozialisation versteht man den Prozess der Herausbildung einer handlungsfähigen sozialen Persönlichkeit; dieser ist viel umfassender als »Erziehung«. Enkulturation ist ein Begriff aus der Kulturanthropologie. Es handelt sich dabei um einen sich teils mit der Sozialisation überschneidenden, teils zeitlich an sie anschließenden Prozess der Übernahme kultureller Muster und Selbstverständlichkeiten. Für alle Menschen bedeutsam ist diese erste kulturelle Prägung. Sie besteht im Hineinwachsen eines Menschen in seine primäre kulturelle Umwelt, in die er hineingeboren wurde (auch soziokulturelle Prägung genannt). Hierbei werden das grundlegende Wissen und die Handlungskompetenzen erworben, die zum Überleben in der primären Kultur notwendig sind. Im Prozess der Enkulturation eignen sich Individuen ihre Kultur an. Sie werden dabei Teil der Gemeinschaft, entwickeln ihre Persönlichkeit (Identität), übernehmen Bedeutungskonstruktionen und erwerben praktische Fähigkeiten. Damit wirkt Kultur wie ein Kompass, der uns bzgl. der Vorstellungen von richtig-falsch, gut-böse, zugehörig-nichtzugehörig, normal-unnormal etc. »einnordet«. Enkulturation ist dadurch ein sehr umfassender Lernprozess.

Akkulturation ist demgegenüber nach abgeschlossener Enkulturation die Anforderung, sich an eine zweite oder dritte »fremde« Kultur anzupassen, in die man aufgrund von Migration gelangt. Das heißt, hier kommen auf die Betroffenen Interaktionen mit zunächst fremdkulturellen Menschen zu. Dabei erfahrende Verhaltensweisen können den in der Enkulturation gelernten Verhaltensmustern widersprechen. Die Irritationen betreffen die vier Komponenten der Enkulturation – Bedeutung/Sinn, Praxis/Regeln des Handelns, Identität und Zugehörigkeit – und führen zur Notwendigkeit, sich diesbezüglich neu zu orientieren (wo ist nun »Norden«?), also auch Neues zu lernen. Akkulturationsnotwendigkeiten entstehen aufgrund von Migrationsbewegungen. Diese haben unterschiedliche Ursachen (► Folie 8.6, http://extras.springer.com; ◘ Tab. 8.2).
Die Akkulturation ist Forschungsgegenstand der Interkulturellen Psychologie. Sie erforscht »psychische … Bedingungen, Verlaufsprozesse und Wirkungen menschlichen Erlebens und Verhaltens in Sonder- und Grenzsituationen …, die dadurch gekennzeichnet sind, daß Menschen aus verschiedenen Kulturen bedeutsam füreinander werden und eventuell einander begegnen.« (Thomas 2003). Es wurden drei große Herausforderungen für Akkulturationsprozesse identifiziert, nämlich Akkulturation

Tab. 8.2 (Folie 8.6) Verschiedene Formen von Akkulturation hinsichtlich der Beziehung zwischen Kulturen (nach Silbereisen, Lantermann u. Schmitt-Rodermund 2013, S. 112)

Massenbewegung: Von der Ursprungskultur zum Gastland	Freiwillig: Einwanderung	Vorübergehend: Gastarbeiter
		Dauerhaft: Neue Heimat
	Unfreiwillig: Flüchtlinge	Vorübergehend: Land als Zwischenstation
		Dauerhaft: Neue Heimat
	Unfreiwillig: Zwangsumsiedlung	Vorübergehend: Rückwanderung
		Dauerhaft: Neue Heimat
Individuelle Bewegung	Privat	Freiwillig: Auswandern aus persönlichen oder politischen Gründen
		Unfreiwillig: Asylsuche
	Beruflich	Vorübergehend: Aufenthalt im Gastland im Auftrag einer Firma, NGO oder als politischer Rollenträger
		Dauerhaft: Wirtschaftlich oder politisch langfristige Aufgaben
Kulturimperialismus und kultureller Austausch	Unfreiwillig: Unidirektional und bidirektional	Eroberung oder Majorisierung der Urbevölkerung
	Freiwillig: Unidirektional und bidirektional	Übernahme attraktiver kultureller Angebote aus anderen Kulturen (z. B. Speisen, Technik, Musik)

NGO »non governmental organization« (engl.), Nichtregierungsorganisation

als kulturelles Lernen, als sozialer Identifikationsprozess und als Stresszustand (► Folie 8.7, http://extras.springer.com).

Eine besondere Herausforderung stellen dabei die sozialen Identifikationsprozesse dar, die die in der Enkulturation erworbenen Komponenten Identität und Zugehörigkeit betreffen. Diese wurden gerade deshalb erworben, um sich zu einer Gruppe zugehörig zu fühlen (das »Eigene«) und um damit auch andere Menschen als die zu erleben, zu denen man nicht gehört (die »Fremden«). Hieraus können in Akkulturationsprozessen Identitätsprobleme erwachsen; die neue Konstruktion entspricht dann eher einer Patchwork-Identität als einem geschlossenen Identitätsgebilde.

Durch das Zusammentreffen mit Menschen aus anderen Kulturen erleben aber auch die Einheimischen Akkulturationsprozesse. (In ► Kap. 10 werden im Rahmen der Übung »Simulationsspiel« die Herausforderungen der Akkulturation deutlich gemacht. In ► Kap. 12 werden Ansätze zur Handlungsfähigkeit angesichts der drei Herausforderungen bearbeitet.)

Folie 8.7

Input: Herausforderungen der Akkulturation
- Akkulturation als kulturelles Lernen
- Akkulturation als sozialer Identifikationsprozess
- Akkulturation als Stresszustand, der Bewältigung erfordert

Folie 8.8

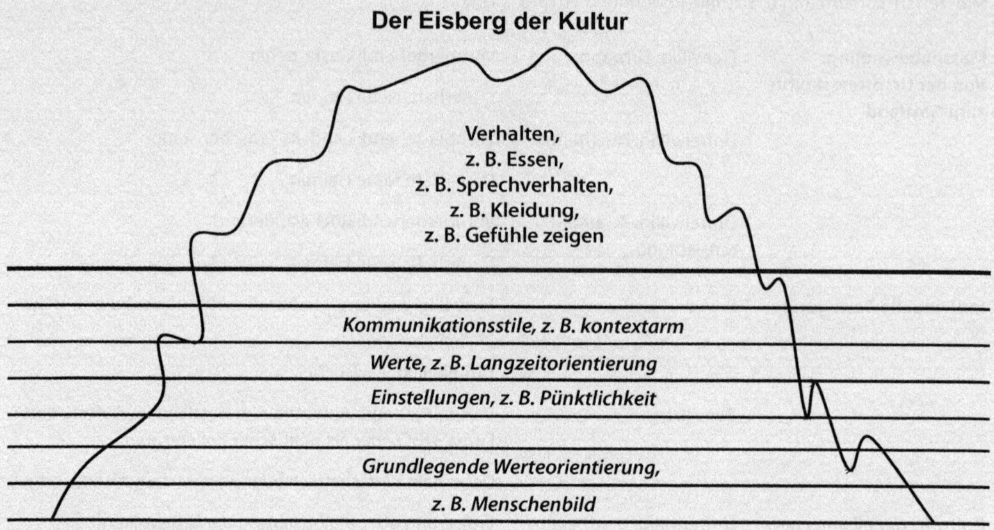

Abb. 8.3 Der Eisberg der Kultur

Aktivität 2 Erarbeiten der eigenen nationalen kulturellen Prägung mittels des Eisberg-Modells [40 min].

→ Input des Eisberg-Modells (► Folie 8.8, http://extras.springer.com; Abb. 8.3).

Hinweis

Herauszuarbeiten sind die verschiedenen Ebenen der Kultur und ihre Abhängigkeit voneinander. Wie bei einem Eisberg ist auch bei Kulturen der größte Teil »unter der Wasseroberfläche«, d. h. unsichtbar und vielfach unbewusst. Ganz unten liegen grundlegende Werteorientierungen wie z. B. das Menschenbild oder das Verhältnis von Mensch und Natur. Davon abgeleitet sind die Werte und Einstellungen – auch diese liegen noch unsichtbar im »Wasser«. Sie liefern die Begründungen und Intentionen für die Verhaltensweisen, die wir in den Interaktionen wahrnehmen.

Es werden auch andere Bilder für Kultur verwendet; Teilnehmende aus Frankreich ziehen oftmals das Bild eines Baumes vor (die unsichtbaren Dinge sind hier die Wurzeln, die aber auch grundlegender sind als die Elemente über der Erde; über diesen erhebt sich der nicht veränderliche Stamm – die Werte, aus dem die Krone erwächst als Zeichen für die Vielfalt und Veränderlichkeit eines individuellen Lebens); auch das Bild der Zwiebel wird von manchen Teilnehmenden als passender angesehen.

→ In monokulturellen Kleingruppen (max. fünf Personen) erstellen die Teilnehmenden den Eisberg ihrer nationalen Kultur.

Erarbeiten Sie gemeinsam den Eisberg ihrer nationalen Kultur und stellen Sie diesen auf einem Flipchart dar. Falls Sie ein anderes Bild für Kultur vorziehen, können Sie Ihre Kultur auch damit darstellen.

Hinweis

Die Teilnehmenden müssen dazu angehalten werden, in der Beschreibung ihrer Kultur konkret zu werden und sich nicht auf abstrakte Begriffe zu beschränken.

Aktivität 3 Präsentation der Eisberge [30 min].

→ Im Plenum werden die Eisberge von den Teilnehmenden vorgestellt und diskutiert (Beispiel 8.2; Abb. 8.4).

Beispiel 8.2

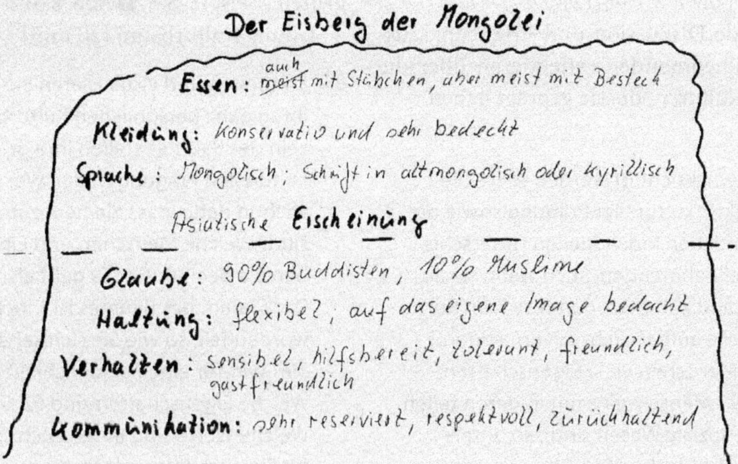

■ **Abb. 8.4** Eisberg der Mongolei

Folie 8.9

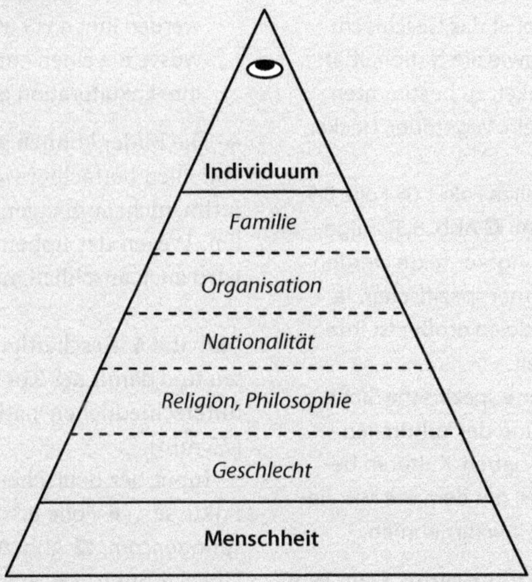

■ **Abb. 8.5** Kultureller Fokus

Aktivität 4 Beschäftigung mit der Vielfalt der kulturellen Prägungskontexte [25 min].

→ Input: Anhand des Modells des kulturellen Fokus (▶ Folie 8.9, http://extras.springer.com; ■ Abb. 8.5) wird die Vielschichtigkeit der kulturellen Prägung durch das Zusammenwirken diverser kultureller Zugehörigkeiten (religiöse Gemeinschaft, Nation, Familie etc.) jedes Individuums aufgezeigt. (Das Bild eines kulturellen Fokus bzw. Linse des Auges als Ausdruck des Blickfelds, auf das man innerhalb einer Kultur sein Augenmerk verstärkt richtet, folgt einer von Richard Lewis in einem Interkulturellen

Seminar 1999 in Hamburg vorgestellten Idee; siehe hierzu auch die Folien 8.10-8.12)

→ Anschließende Diskussion und Erfahrungsaustausch: Die Teilnehmenden reflektieren über die verschiedenen Kulturen, die sie geprägt haben.

Hinweis

Besonders berücksichtigt werden sollte die Vielschichtigkeit kultureller Prägung sowie die damit verbundenen individuellen Unterschiede der Kursteilnehmenden, auch wenn sie aus demselben Land kommen, damit sich im Kurs keine Vorurteile aufbauen bzw. verfestigen.

Wenngleich Menschen viele Eigenschaften aufgrund ihres Menschseins mit anderen teilen (z. B. dass sie soziale Wesen sind), so unterscheiden sie sich doch aufgrund der verschiedenen Kulturen, in denen sie leben, aber auch aufgrund individueller Besonderheiten (z. B. Temperament).

Dabei werden Individuen nicht nur durch einen, sondern durch verschiedene kulturelle Kontexte geprägt: z. B. spielt das Geschlecht eine wesentliche Rolle sowie die Nationalität oder auch die Zugehörigkeit zu bestimmten Subkulturen (Fußballverein, Vegetarier, Hacker, Techno-Fans).

Die im Modell des kulturellen Fokus (▶ Folie 8.9, http://extras.springer.com; ◘ Abb. 8.5) aufgelisteten kulturellen Prägungskontexte werden von unten nach oben immer spezifischer. Je weiter unten sie stehen, desto größer ist ihre generelle Wirkmächtigkeit.

Jedes Individuum hat seine spezifische Sichtweise auf die Welt aufgrund der kulturellen Kontexte, die es geprägt haben. Kulturen bestimmen somit den Fokus, mit dem die Mitglieder der Kultur ihre Umwelt wahrnehmen.

Aktivität 5 Individueller Kulturbaum: Den Wurzeln und den Träumen der eigenen Identität folgen [30 min].

Das Thema der kulturellen Prägung kann noch intensiver und zudem individuumsbezogen bearbeitet werden (es sollte aber dann Teile der Aktivität 2 ersetzen).

Nach dem Input des Modells des kulturellen Fokus (▶ Folie 8.9, http://extras.springer.com; ◘ Abb. 8.5) wird das Bild des Kulturbaumes wieder aufgegriffen (Beispiel 8.3, ◘ Abb. 8.6).

→ Übung Kulturbaum [20 min]

Erarbeiten und visualisieren Sie in Einzelarbeit Ihren ganz persönlichen Kulturbaum. Die Wurzeln des Baumes stellen Ihre grundlegenden kulturellen Prägungen dar: Wer oder was war wichtig dafür, dass Sie heute so sind, wie sie sind? Welche Menschen und Einrichtungen haben Sie beeinflusst? Es geht also um Ihre Basis. Der Stamm des Baumes ist Ihre kulturelle Gewordenheit, so wie Sie sich sehen: Wer sind Sie? Was für eine Persönlichkeit haben Sie? Welche Eigenschaften sind für Sie typisch? Welche Werte sind Ihnen wichtig? Vielleicht ist für Sie auch folgende Frage ein guter Anhaltspunkt: Was machen Sie (gerne)? Die Krone symbolisiert Ihre Zukunft(sträume): Welche Ziele, Visionen, Wünsche haben Sie? Wo und wie sehen Sie sich, wenn Sie z. B. zehn Jahre voraus in die Zukunft sehen könnten? Hiermit werden Ihnen vor allem auch die Personen bewusst, die einen entscheidenden Einfluss auf Ihre Enkulturation genommen haben.

→ Die Bilder können anschließend aufgehängt und von allen betrachtet werden. Wer sein Bild, weil zu intim, nicht aufhängen möchte, darf darauf verzichten. Wegen der hohen Intimität der Darstellungen wird auch anschließend nicht darüber diskutiert.

Aktivität 6 Beschäftigung mit dem Zusammentreffen und damit der Koordination von Menschen mit unterschiedlichen national-kulturellen Prägungen [25 min].

→ Input der deutschen und englischen kulturellen Fokusse (▶ Folie 8.10, Folie 8.11, http://extras.springer.com; ◘ Abb. 8.7, ◘ Abb. 8.8) sowie deren Überlappung (▶ Folie 8.12, http://extras.springer.com; ◘ Abb. 8.9).

→ Anschließende Diskussion und Erfahrungsaustausch.

Beispiel 8.3

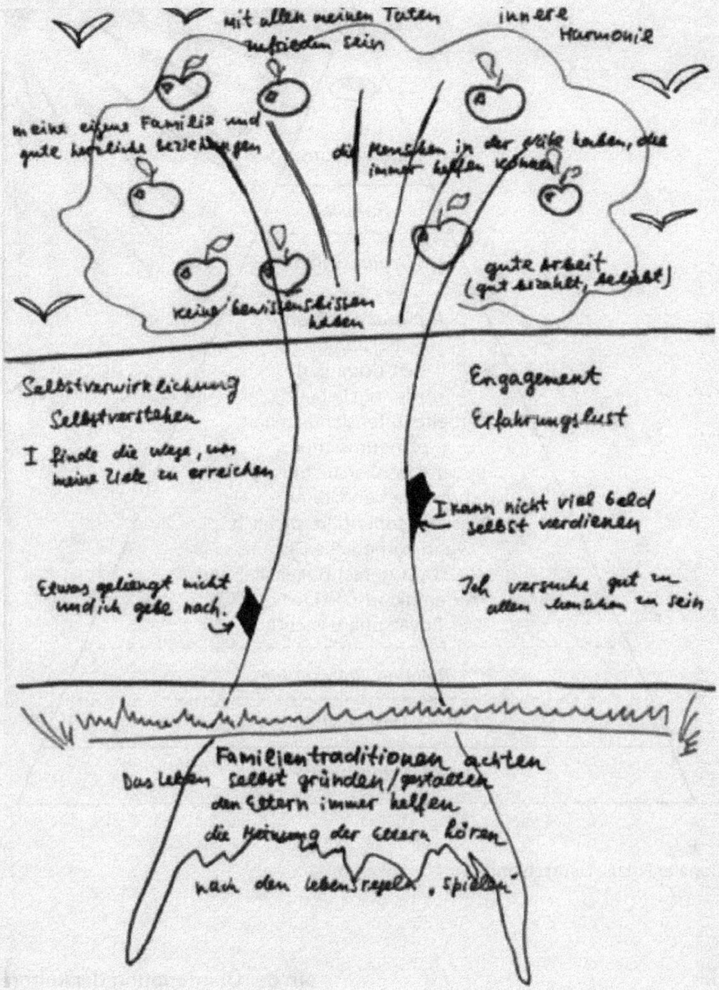

Abb. 8.6 Individueller Kulturbaum

Folie 8.10

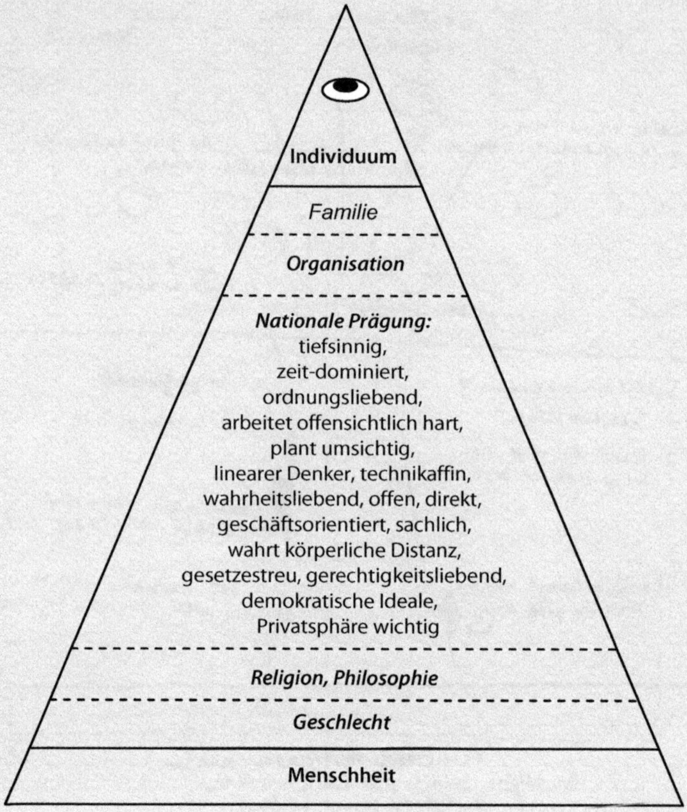

Abb. 8.7 Nationaler Fokus: Deutschland

Hinweis

Beispielhaft werden typische, manchmal auch stereotype nationale Eigenschaften bzw. bedeutsame Schwerpunkte der deutschen (► Folie 8.10, http://extras.springer.com; ◻ Abb. 8.7) und der englischen Kulturen (► Folie 8.11, http://extras.springer.com; ◻ Abb. 8.8) dargestellt die deren Sicht auf die Welt bestimmen.

Die Teilnehmenden diskutieren über die Berechtigung der kulturellen Zuweisungen. Dabei sollte deutlich werden, dass bei allen individuellen Unterschieden im Kontrast zu anderen Kulturen die kulturelle Typizität (stärkere Ausprägung eines Merkmals als bei anderen Kulturen) deutlich wird.

In der Überlappung der kulturellen Fokusse (► Folie 8.12, http://extras.springer.com; ◻ Abb. 8.9) wird schematisch verdeutlicht, wie zwei unterschiedliche kulturelle Fokusse sich beim Zusammentreffen teilweise überlappen und teilweise ausschließen. Das heißt, in gewissen Aspekten sehen und bewerten Deutsche und Engländer die Dinge ähnlich (z. B. teilen sie ihre Vorstellungen von Gerechtigkeit) und in anderen Bereichen unterschiedlich (z. B. trennen sich ihre Einschätzungen darüber, wie streng man sich an »objektive Wahrheiten« halten muss oder was es heißt, »Ordnung zu leben«).

Folie 8.11

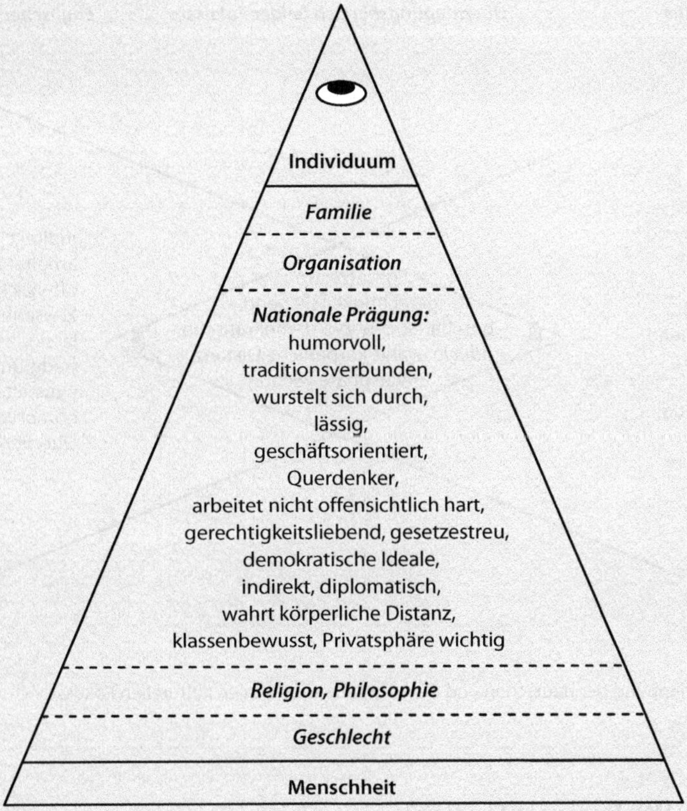

Abb. 8.8 Nationaler Fokus: England

Den Teilnehmenden soll deutlich werden, dass sie kulturell geprägt sind und dass diese Prägung im Zusammentreffen mit Vertretern anderer Kulturen relevant wird. Für das Individuum selbstverständliche Praktiken sind Ausdruck kultureller Prägung und werden beim Kontakt mit Menschen aus anderen Kulturen infrage gestellt.

Es ist wichtig, im interkulturellen Kontakt die Unterschiede nicht zu ignorieren, denn erst mit diesem Bewusstsein der Unterschiedlichkeit kann man aktiv die Gemeinsamkeiten (Überlappungen) herausfinden und auf diesen bei der Kooperation aufbauen.

Von besonderer Bedeutung ist es, beim Kontakt mit einem Menschen aus einer anderen Kultur weder zu stark zu stereotypisieren (»alle Engländer sind Exzentriker«, »alle Deutschen sind Ordnungsfanatiker«) noch dem Individuum typische kulturbedingte Eigenschaften anzulasten (»dieser Mensch aus England hat schreckliche Marotten«; »dieser Mensch aus Deutschland hat einen krankhaften Ordnungsfimmel«).

Folie 8.12

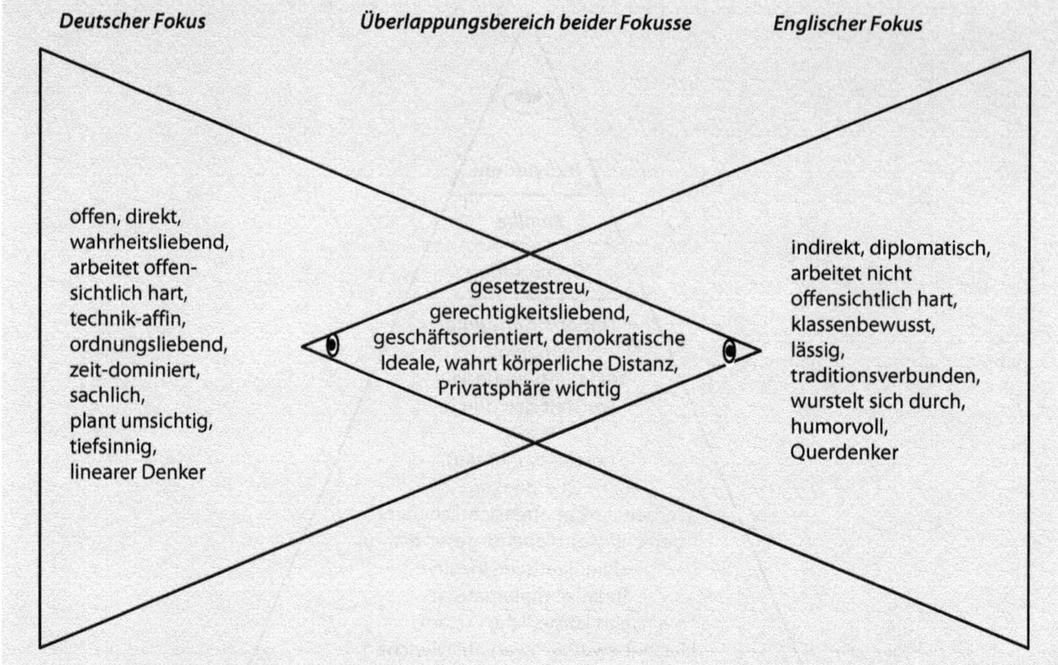

Abb. 8.9 Überlappung der deutschen und der englischen nationalen kulturellen Fokusse

8.4 Modul 4: Wo kommst Du her? [120 min]

Aktivität 1 Kulturdimensionen [60 min].

→ Input zur Kategorisierung von Kulturen in Form von Kulturdimensionen (▶ Folien 8.13–8.17, http://extras.springer.com; Abb. 8.10, Abb. 8.11).

→ Input zu den Kulturtypen von Lewis (2000) (▶ Folien 8.18–8.20, http://extras.springer.com).

→ Anschließende Diskussion und Erfahrungsaustausch.

Würden Sie aufgrund Ihrer Erfahrungen mit anderen Kulturen die Kategorien als zutreffend bezeichnen? Empfinden Sie Ihre eigene Kultur passend zugeordnet?

Hinweis

Mit Verweis auf die hierarchische Anordnung der Kulturebenen im Eisbergmodell (▶ Folie 8.8, http://extras.springer.com; Abb. 8.3) werden einige Konzepte von Kulturdimensionen vorgestellt. Viele kulturvergleichende Forscher haben kulturelle Unterschiede anhand von Kulturdimensionen identifiziert. Diese Kulturdimensionen können sich auf grundlegende Werteorientierungen (Kluckhohn u. Strodtbeck 1961) beziehen, auf Werte sozialer Ordnung (Hofstede 1983) oder Werte individuellen (Kommunikations-)Verhaltens (Hall u. Hall 1990) oder auf Arbeitsverhalten selbst.

Folie 8.13

Input: Grundlegende Werteorientierungen nach Kluckhohn u. Strodtbeck (1961)

Prämissen:

1. Gesellschaften, Subgruppen innerhalb von Gesellschaften und Individuen lassen sich systematisch durch unterschiedliche Werteorientierungen unterscheiden.
2. Es gibt eine begrenzte Anzahl von Problemen, mit denen sich Menschen aller Gesellschaften auseinandersetzen müssen; die Lösungen der Gesellschaften variieren.

Kulturelle Dimensionen:

- Menschenbild,
- Mensch-Umwelt-Beziehung,
- Zeitorientierung,
- Handlungsorientierung,
- Relationale Orientierung.

Folie 8.14

Werte sozialer Ordnung nach Hofstede (1983)

- Machtdistanz (groß – klein)
- Kollektivismus (vs. Individualismus)
- Maskulinität (vs. Femininität)
- Unsicherheitsvermeidung (stark – schwach)
- Langzeitorientierung

Werte individuellen (Kommunikations-)Verhaltens nach Hall u. Hall (1990)

- Zeit
- Raum
- Dichte der Informationsnetze (Kontext) und Informationsfluss

Hinweis

Von den Dimensionen am bedeutsamsten erscheint die Unterscheidung in kollektivistische und individualistische soziale Systeme mit jeweils interdependenten bzw. independenten Selbstkonstruktionen der Individuen. Die Durchlässigkeit der Grenzen des eigenen sozialen Systems gegenüber der fremden Person bestimmt das Verhalten.

Folie 8.15

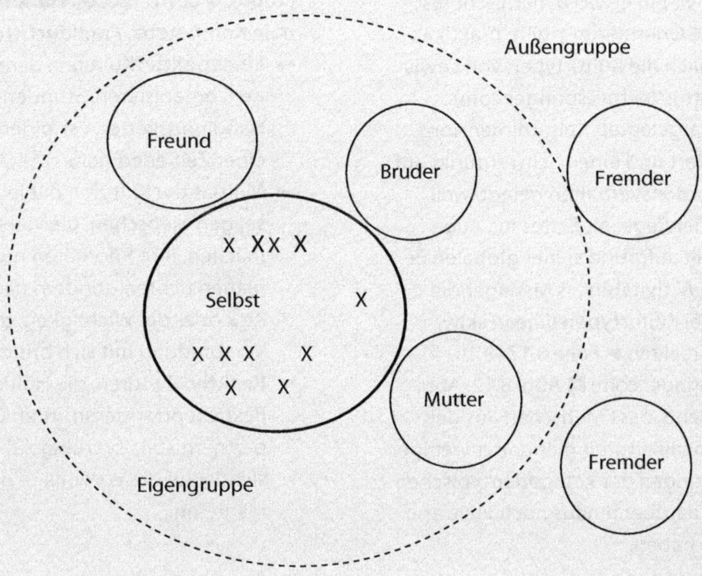

Abb. 8.10 Independente Selbstkonstruktionen – Individualismus. (Aus Kühnen u. Haberstroh 2012, S. 98)

Folie 8.16

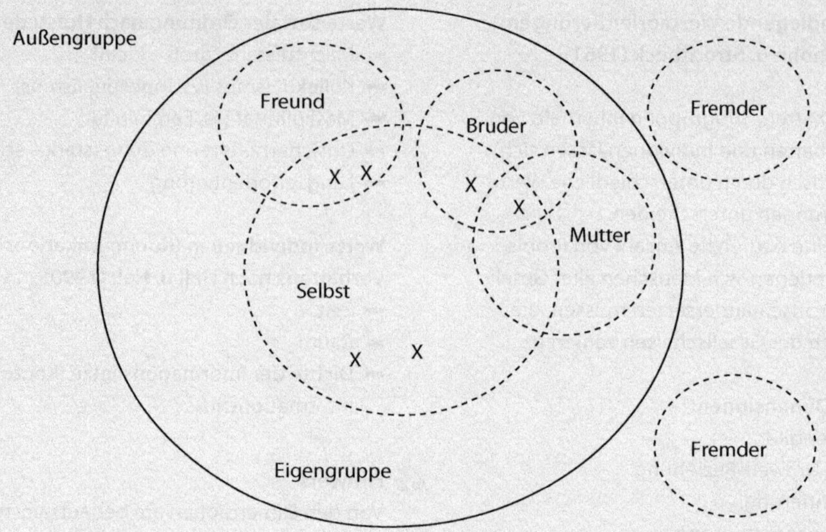

Abb. 8.11 Interdependente Selbstkonstruktionen – Kollektivismus. (Aus Kühnen u. Haberstroh 2012, S. 112)

Hinweis

Die hier wiedergegebenen Systeme sind teilweise sehr statisch und schüren dadurch Vorurteile, sodass wir ein etwas dynamischeres System als reine Orientierungshilfe praktikabler finden, nämlich die Kulturtypen von Lewis (► Folie 8.17, http://extras.springer.com). Lewis hat die dargelegten Kulturdimensionssysteme integriert und einen Schwerpunkt auf das Kommunikationsverhalten gelegt, weil dieses uns in aller Regel als Erstes ins Auge fällt. Er unterteilt aufgrund seiner globalen Erfahrungen und Aktivitäten als Manager die Welt grob in drei Kulturtypen (linear-aktiv, multiaktiv und reaktiv; ► Folie 8.17–8.19, http://extras.springer.com; Abb. 8.12, Abb. 8.13), wohlwissend, dass Menschen aus den einzelnen Nationalkulturen mehr oder weniger starke Ausprägungen der kategorientypischen Merkmale und darüber hinaus noch viele andere Merkmale haben.

Folie 8.17

Input: Kulturtypen nach Lewis (2000); Lewis (2006). © Lewis (2000). Handbuch internationale Kompetenz. Frankfurt/New York: Campus.

- **Linear-aktiv:** Kulturen, deren Mitglieder planen, organisieren, Stundenpläne machen, Handlungsketten verfolgen, eine Sache zu einer Zeit erledigen.
- **Multiaktiv:** Kulturen mit lebendigen, redseligen Menschen, die viele Dinge zugleich machen, ihre Prioritäten nicht nach Zeitplänen richten, sondern nach dem relativen Kick oder der Wichtigkeit, die jede einzelne Verabredung mit sich bringt.
- **Reaktiv:** Kulturen, die Höflichkeit und Respekt priorisieren, ihren Gesprächspartnern still und ruhig zuhören und vorsichtig auf die Vorschläge der anderen Seite reagieren.

Folie 8.18

linear-aktiv

1. **Deutsche, Schweizer**
2. **(Weiße) US-Amerikaner**
3. **Skandinavier, Österreicher**
4. **Briten, Kanadier, Neuseeländer**
5. **Australier, Südafrikaner (weiß)**
6. **Holländer, Belgier**
7. **US-amerikanische Subkulturen (u.a. Juden, Italiener, Polen)**
8. **Franzosen, Belgier (Wallonen)**
9. **Tschechen, Slowenen, Kroaten, Ungarn**
10. **Norditaliener**
11. **Chilenen**
12. **Russen, andere Slawen**
13. **Portugiesen**
14. **Polynesier**
15. **Spanier, Süditaliener, andere Mittelmeeranrainer**
16. **Inder, Pakistanis etc.**
17. **Lateinamerikaner, Araber, Afrikaner**

multiaktiv

Abb. 8.12 Skala linear-aktiver – multiaktiver Nationalitäten. (Nach Lewis 2000, S. 52; Lewis 2006). © Lewis (2000). Handbuch internationale Kompetenz. Frankfurt/New York: Campus.

Folie 8.19

stark reaktiv

1. **Japaner***
2. **Chinesen**
3. **Taiwanesen**
4. **Chinesen aus Singapur, Hongkong***
5. **Finnen***
6. **Koreaner**
7. **Türken+**
8. **Vietnamesen, Kambodschaner, Laoten+**
9. **Malayen, Indonesier+**
10. **Pazifische Insulaner (Fiji, Tonga etc.)+**

gelegentlich reaktiv

11. **Schweden***
12. **Briten***

* Linear-aktive Tendenzen beim Reagieren
\+ Multiaktive Tendenzen beim Reagieren

Abb. 8.13 Skala der reaktiven Nationalitäten. (Nach Lewis 2000, S. 58; Lewis 2006). © Lewis (2000). Handbuch internationale Kompetenz. Frankfurt/New York: Campus.

Hinweis
Das Modell von Lewis zeichnet sich gegenüber anderen Modellen durch Einfachheit und Eingängigkeit aus ohne Wertungen vorzunehmen. Wenngleich es das Manko hat, nicht mit wissenschaftlichen Methoden abgesichert zu sein, eignet es sich doch sehr gut als Reflexionsrahmen. Wie jedes System zur Einteilung von Kulturen hat es einerseits den Vorteil der leichteren Erstorientierung beim Kontakt mit Menschen aus anderen Kulturen, andererseits aber den Nachteil, dass man den Menschen aus anderen Kulturen nicht gerecht werden kann, wenn man bei dieser Erstorientierung stehen bleibt, weil man sie sozusagen in Schubladen steckt. Die jeweiligen Kategorien sollten von daher als generelle Tendenzen einer kulturellen Orientierung verstanden werden und nicht als starre Festschreibung und damit Stereotypisierung. Wenngleich das System den Anspruch hat, alle Kulturen darin zu integrieren, sind die Kulturräume doch sehr unterschiedlich ausdifferenziert. Beispielsweise gibt es für den gesamten afrikanischen Kontinent nur eine Beschreibung. Außerdem wird dem in der Dimension Kollektivismus/Individualismus formulierten wichtigen kulturellen Unterschied unserer Einschätzung nach nicht in allen Facetten Rechnung getragen.
Zu berücksichtigen ist, dass es Kulturen mit Überschneidungen der Kulturtypen gibt. Beispielsweise sind England und Schweden generell linear-aktiv, weisen darüber hinaus aber auch reaktive Tendenzen auf.

Aktivität 2 Überblick über die den Kulturtypen zugeordneten Zeitorientierungen [30 min].
→ Input zu unterschiedlichen Zeitorientierungen (▶ Folie 8.20, http://extras.springer.com) und unterschiedlichem Zeitverhalten (▶ Folie 8.21, http://extras.springer.com; ◘ Tab. 8.3).
→ Anschließende Diskussion.

Folie 8.20

Input: Die Nutzung von Zeit (Lewis 2000)
- **Lineare Zeit:** Zeit ist Geld. Protestantische Arbeitsethik. Uhren geben das Tempo vor.
- **Durch Situationen und Personen relativierte Zeit:** Eine subjektive Angelegenheit, die beeinflusst, geformt, verlängert oder verkürzt werden kann, unabhängig davon, was die Uhr spricht.
- **Zyklische Zeit:** Orientierung an natürlichen, wiederkehrenden Rhythmen. Als Gott die Zeit erschuf, machte er unendlich viel davon.

Hinweis
Die Kulturtypen haben ihre Entsprechungen in Zeitorientierungen: Menschen in linear-aktiven Kulturen haben lineare Zeitvorstellungen. Sie versuchen Zeit effektiv zu nutzen. Multiaktive Menschen dehnen Zeit in Abhängigkeit von der Bedeutung der Personen, mit denen sie zusammen sind, und den Ereignissen, mit denen sie sich gerade beschäftigen, beliebig aus. Auch dies ist ein Verständnis effektiver Zeitausnutzung, aber unterliegt nicht dem »Diktat der Uhr«. Vertreter reaktiver Kulturen können dieses Bedürfnis, Zeit effektiv zu nutzen, nicht nachvollziehen. Sie gehen davon aus, dass vergleichbar den natürlichen Rhythmen (z. B. Jahreszeiten) alle Gelegenheiten irgendwann wiederkehren und deshalb Eile nicht notwendig ist.
Die Zeitorientierung einer Kultur hat viel mit ihrer Religion zu tun: So ist die lineare Zeitorientierung Ausdruck der protestantischen Arbeitsethik, wo man z. B. glaubt, dass sich die Gottgefälligkeit in den eigenen Leistungen zeigt. Die zyklische Zeitorientierung hat ihre Entsprechung im Glauben an die Wiedergeburt wie im Buddhismus oder Hinduismus.
Einen erstaunlichen Einblick in unterschiedliches Zeitverhalten in verschiedenen Ländern geben Geschwindigkeitsrangfolgen (▶ Folie 8.21, http://extras.springer.com; ◘ Tab. 8.3), die aus kulturellen Geschwindigkeitsstudien des Psychologen Levine (1999) ermittelt wurden.

Tab. 8.3 (Folie 8.21) Geschwindigkeitsrangfolge in verschiedenen Ländern. (Aus Robert Levine 1999: *Eine Landkarte der Zeit*. Piper Verlag GmbH, München) © Piper-Verlag

Land	Geschwindigkeit total	Geschwindigkeit beim Gehen	Bedienungszeit auf Postamt	Pünktlichkeit von Uhren
Schweiz	1	3	2	1
Irland	2	1	3	11
Deutschland	3	5	1	8
Japan	4	7	4	6
Italien	5	10	12	2
England	6	4	9	13
Schweden	7	13	5	7
Österreich	8	23	8	3
Niederlande	9	2	14	25
Hong-Kong	10	14	6	14
Polen	11	8	18	10
Frankreich	12	12	15	8
Costa Rica	13	16	10	15
Taiwan	14	18	7	21
Singapur	15	25	11	4
USA	16	6	23	20
Kanada	17	11	21	22
Südkorea	18	20	20	16
Ungarn	19	19	19	18
Tschechien	20	21	17	23
Griechenland	21	14	13	29
Kenia	22	9	30	24
China	23	24	25	12
Bulgarien	24	27	22	17
Rumänien	25	30	29	5
Jordanien	26	28	27	19
Syrien	27	29	28	27
El Salvador	28	22	16	31
Brasilien	29	31	24	28
Indonesien	30	26	26	30
Mexiko	31	17	31	26

Tab. 8.4 (Material 8.1) Kulturtypentest (dieser Test geht auf ein Training von Lewis 1999 in Hamburg zurück; Übersetzung und Modifikation durch die Autorinnen)

Ich agiere initiativ	Ich bin manchmal initiativ, manchmal reaktiv	Ich reagiere auf mein Gegenüber
Ich rede die Hälfte der Zeit	Ich rede die meiste Zeit	Ich höre meistens zu
Ich mache eine Sache zu einem Zeitpunkt	Ich mache mehrere Sachen auf einmal	Ich mache manchmal eine und manchmal mehrere Sachen zu einem Zeitpunkt
Ich plane Schritt für Schritt voraus	Ich plane nur in groben Umrissen voraus	Ich betrachte bei der Planung grundlegende Prinzipien
Ich verheimliche teilweise meine Gefühle	Ich zeige meine Gefühle	Ich verberge meine Gefühle
Ich konfrontiere in Auseinandersetzungen mit Logik	Ich habe immer gute Entschuldigungen	Ich darf das Gesicht nicht verlieren und mein Gegenüber auch nicht
Ich unterbreche selten	Ich unterbreche oft	Ich unterbreche nicht
Ich bin sachorientiert	Ich bin menschenorientiert	Ich bin sach- und menschenorientiert
Ich halte mich an Fakten	Für mich haben Gefühle Vorrang vor Fakten	Für mich sind Erklärungen Versprechen
Wahrheit hat für mich Vorrang vor Diplomatie	Für mich ist Wahrheit flexibel	Diplomatie ist für mich wichtiger als Wahrheit
Ich bin höflich, aber direkt	Ich bin emotional	Ich bin höflich und bleibe indirekt

Tab. 8.5 (Beispiel 8.4) Kulturtypentest

Teilnehmende	Linear-aktiv	Multiaktiv	Reaktiv
Herr Meyer	7	2	2
Frau Schmidt	5	4	2
...	...	...	...

Aktivität 3 Selbstverortung der Teilnehmenden innerhalb des Kulturtypen-Systems [30 min].

→ Selbsttest (in Anlehnung an Lewis 2000, S. 53f.) [10 min]: Jeder Teilnehmende erhält ein Exemplar des Selbsttests (► Material 8.1, http://extras.springer.com; Tab. 8.4).

Kreuzen Sie in jeder Zeile das auf Sie am besten zutreffende Item an. Addieren Sie für jede Spalte die Kreuze.

→ Auswertung des Selbsttests [5 min]:

Da die drei Testspalten den drei Kategorien »linear-aktiv«, »multiaktiv« und »reaktiv« entsprechen, schreibt der Moderator diese Kategorien über drei Spalten auf eine Tafel. Auf Zuruf der Teilnehmenden notiert er darunter die jeweiligen aufaddierten Spaltensummen der Teilnehmenden in je einer Zeile (► Beispiel 8.4; Tab. 8.5).

→ Anschließende Diskussion [15 min].

Hinweis

An den Ergebnissen kann die Zugehörigkeit der Teilnehmenden zu den Kulturtypen überprüft werden. Dabei sollte man die Testergebnisse aber nicht als letztgültige Wahrheiten behandeln, sondern den Test spielerisch einsetzen. Trotzdem fragen sich die Teilnehmenden natürlich, ob die Kulturtypen auf sie passen. Man wird feststellen, dass die vollständige Punktzahl eines Kulturtyps nur selten erreicht wird.

Auch wenn ihre nationale Zugehörigkeit eine solche vielleicht nahe legt, sind die Teilnehmenden doch auch durch andere (Sub-)Kulturen geprägt, was sich in der Notwendigkeit zeigt, die Punktwerte auf die verschiedenen Kulturtyp-Spalten zu verteilen. So haben Frauen oftmals mehr multiaktive und sogar reaktive Werte als Männer. Vertreter technischer Berufe erlangen oft hohe Punktwerte auf der linearaktiven Skala, während Menschen mit sozialen und kommunikativen Berufen eher eine Punkteverschiebung in Richtung multiaktiv, mit therapeutischen Berufen in Richtung reaktiv aufweisen. Auch werden die Testergebnisse vom Kontext beeinflusst, in dem der Teilnehmende die Fragen gedanklich ansiedelt.

8.5 Modul 5: Diversität und interkulturelle Barrieren [135 min]

Aktivität 1 Erste Gedanken zu den im Kurs anwesenden und anderen Kulturen (»First Thoughts«) [20 min].

→ Übung First Thoughts [20 min].

Die Teilnehmenden werden aufgefordert, ihre spontanen Gedanken zu den anwesenden Kulturen und zu Kulturen, die für die Anwesenden besonders relevant sind, zu notieren. Vorab wird eine Metaplanwand vorbereitet, auf der in einer Zeile alle im Kurs vertretenen und weiteren als besonders relevant angesehenen Nationen (z. B. England, Frankreich) aufgelistet sind. Diese wird für alle sichtbar positioniert, und entsprechend der Anzahl der Nationen werden Metaplankarten an jeden Teilnehmenden ausgeteilt und nach der Übung wieder eingesammelt.

? Notieren Sie auf den Karten die auf der Metaplanwand aufgelisteten Nationen und fügen Sie jeweils eine charakteristische Eigenschaft der Menschen aus diesem Land hinzu.

Hinweis

Die Präsentation und Diskussion der spontanen Gedanken über die anwesenden Kulturen erfolgt zum Ende des Trainings. Dadurch werden die Teilnehmenden zum Ende des Trainings noch einmal mit ihren anfänglichen Meinungen und somit spontanen »Vorurteilen« konfrontiert. Indem diskutiert wird, inwieweit diese ersten Gedanken am Ende des Trainings überhaupt noch Relevanz besitzen, dient diese Konfrontation auch der Sichtbarmachung der persönlichen Korrektur von Vorurteilen durch das Training.

Die Karten werden von den Moderatoren in einer Pause oder zu einem anderen günstigen Zeitpunkt den entsprechenden Nationen zugeordnet. Die fertige Metaplanwand wird für die Teilnehmenden nicht einsehbar bis zur Präsentation am letzten Tag aufbewahrt.

Aktivität 2 Erläuterung von interkulturellen Barrieren [25 min].

→ Input zu den Barrieren einer konstruktiven Begegnung mit anderen Kulturen aufgrund von Wahrnehmungsfiltern und -verzerrungen (▶ Folie 8.22, http://extras.springer.com).

→ Anschließende Diskussion und Erfahrungsaustausch.

? Welche Erfahrungen haben Sie mit eigenen Vorurteilen anderen gegenüber und mit Vorurteilen anderer Ihnen selbst gegenüber gemacht? Was sehen Sie persönlich als Barriere des gegenseitigen Verstehens an?

Hinweis

Es ist wichtig zu verstehen, dass unser Wahrnehmungsapparat darauf hin konstruiert ist, anhand weniger Merkmale schnell Unterschiede in der äußeren Welt zu erkennen und uns damit Hinweise auf das davon abzuleitende Handeln zu geben. Diese Komplexitätsreduktion geschieht gleichermaßen in der unbelebten wie der belebten Umwelt durch **Kategorisierung,** also Zuordnung von Einzelmerkmalen (oder Merkmalsbündeln) zu einer Kategorie. Die Einteilung selbst (also welche Merkmale als Hinweise auf eine Gruppe genommen werden) ist willkürlich; ebenso ist das Bemühen um distinkte Unterscheidungen (also möglichst keine Überschneidungen von Kategorien) nicht durch den Wahrnehmungsapparat selbst, sondern durch kulturelle Vorstellungen gegeben. In einigen nichtwestlichen Kulturen werden Kategorien eher kreisförmig um ein Zentrum

mit vielen Überlappungen zu anderen Kategorien gebildet (Hallpike 1984; Kumbruck 1990). Solche Wahrnehmungsschablonen, gebildet aus äußeren Merkmalen (z. B. Hautfarbe), wenden wir auch auf Gruppen von Menschen an und leiten daraus – wiederum sehr schnell – Erwartungen bzgl. des Verhaltens des anderen Menschen ab: **Stereotypisierung.** In Verbindung mit (negativen oder positiven) Wertungen werden daraus übergeneralisierte Einstellungen und Überzeugungen gegenüber anderen Gruppen von Menschen, also **Vorurteile,** die im Einzelfall nicht mehr geprüft werden und sich dadurch stabil halten. Die Bilder im Gedächtnis werden dadurch wirkmächtiger als eigene Erfahrungen. Nur indem man sich seiner Vorurteile bewusst wird, kann man sie anhand einer konkreten Begegnung mit einem (z. B. stark pigmentierten) Menschen relativieren.
Ethnozentrismus dagegen legt den Blickwinkel fest, aus dem eine andere Kultur betrachtet wird, nämlich die Perspektive der eigenen Kultur. Dinge, die in dieser nicht relevant oder wichtig sind, werden in einer anderen Kultur gar nicht wahrgenommen. Außerdem werden die Sichtweisen der eigenen Kultur, z. B. auf angemessenes Verhalten, zum Bewertungsmaßstab anderer Kulturen.

Folie 8.22

Input: Wahrnehmungsfilter und -verzerrungen

- **Kategorisierung:** Nichtwertende Zuordnung von Wahrnehmungsinhalten – (äußeren Merkmalen, z. B. Hautfarbe, z. B. Härte) zu Kategorien (z. B. Ethnie, z. B. Diamant); als Wahrnehmungsschablone dient sie der schnellen Einordnung.
- **Stereotypisierung:** Zuordnung von Eigenschaften und Verhaltensmerkmalen (z. B. musikalisch) zu einzelnen, mit hohem Wiedererkennungswert verbundenen äußeren Wahrnehmungsmerkmalen (z. B. Hautfarbe) von Gruppen von Menschen; dient dem schnellen Aufbau von Erwartungen bezüglich des Verhaltens des anderen Menschen; führt nicht per se zu einer (negativen oder positiven) Bewertung; sie reduziert Komplexität.
- **Vorurteil:** Übergeneralisierung (z. B. alle stark pigmentierten Menschen sind musikalisch); ein vorab wertendes Urteil (Einstellung und Überzeugung gegenüber einer Gruppe von Menschen), das eine Handlung leitet.
- **Ethnozentrismus:** Positive psychologische Voreingenommenheit eines Individuums gegenüber seiner eigenen Gruppe; die Merkmale der Eigengruppe werden dabei als Bewertungsgrundlage genommen (»das Maß aller Dinge«) und gegenüber denen von Fremdgruppen als überlegen angesehen.

Hinweis
An dieser Stelle werden kulturelle Barrieren thematisiert. Dabei ist es wichtig, zu vermitteln, dass diese Barrieren kulturell bedingt und damit unbewusst sind. Die Überwindung dieser Barrieren ist deshalb nicht voraussetzungslos, sondern gelingt nur mit einer entsprechend tiefen Reflexion eigener, meist selbstverständlicher Praktiken und gleichzeitigem Vertrautmachen mit Praktiken anderer Kulturen. Aber auch Ängste, keine Klarheit mehr zu haben, was richtig und falsch ist, oder alles, was einem lieb und wichtig ist, aufzugeben und vielleicht am Ende nicht mal mehr Gewissheit darüber zu haben, wer man ist, stehen der Überwindung der kulturellen Barrieren im Wege (zu Lösungsansätzen ► Kap. 12).
Es sollte ein breiter Raum zum Erfahrungsaustausch bereitgestellt werden. In Zusammenhang mit diesem Thema haben die Teilnehmenden meist vielfältige Erlebnisse zu berichten. Ein breiter Austausch an dieser Stelle schafft eine hohe Identifikation mit dem Kulturthema.

Aktivität 3 Dem Verhalten einen neuen Sinn geben (Reframing) [20 min].
→ Input zur Methode Reframing [20 min]; (► Folie 8.23–8.24, http://extras.springer.com).

Folie 8.23

Input: Reframing (Satir 1975)
Durch Reframing **(Umdeutung)** wird einem Geschehen, einem Problem oder einer Verhaltensweise dadurch ein anderer Sinn gegeben, dass man es in einen anderen Rahmen (»frame«) stellt. Hierdurch kann sich die Bedeutung des Geschehens etc. verändern. Insbesondere als problematisch angesehene Verhaltensweisen oder Rollen werden somit in einem neuen Licht gesehen.

Hinweis

Wie Watzlawick in seinem klugen Buch »Anleitung zum Unglücklichsein« anhand des Mannes, der von seinem Nachbarn einen Hammer leihen will, deutlich gemacht hat, beeinflussen wir alleine durch unsere Einstellungen oft die Interaktionen mit anderen Personen. Das liegt daran, dass wir generell attribuieren, d. h. versuchen, uns das Verhalten anderer aufgrund lückenhafter Informationen zu erklären und dabei entweder in der Person des Gegenübers liegende »interne« oder in der Situation liegende »externe« Gründe dafür finden. Gerade wenn einer Person negative Absichten unterstellt werden, können daraus problematische Interaktionen entstehen. Eine Methode, eine negative Attribuierung zu ändern, stellt das Reframing dar. Diese Methode stammt aus der systemischen Familientherapie (Satir 1975) und dient dazu, problematisches Verhalten (erst einmal im Kopf) in einen neuen Rahmen zu stellen, um zu prüfen, ob sich dadurch – von einem anderen Standpunkt aus betrachtet – bisher nicht gesehene, nützliche Aspekte ergeben könnten (positives Probehandeln im Kopf).
Ein veränderter Rahmen kann einem Problem, einer Eigenschaft oder einer Verhaltensweise eine völlig veränderte Bedeutung geben. In den Prämissen des Reframing der systemischen Psychologen Schlippe u. Schweitzer (1996) wird die grundsätzliche Haltung gegenüber irritierenden Verhaltensweisen anderer Menschen hervorgehoben: In welchem Kontext ist dieses Verhalten sinnvoll? Wir wenden die Frage auf einer anderen Kultur an.
Reframing der Bedeutung: Hier ändern sich weder der Kontext noch die Situation, sondern allein unsere Gedanken darüber.
Beispiel 1: Gast: »Herr Ober!! Es ist eine Fliege in der Suppe.« Der Ober antwortet: »Toll!! Normalerweise meiden Fliegen unsere Suppen.«
Beispiel 2: Patient: »Meine Mutter mischt sich ständig in mein Leben ein.« Therapeut: »Ihre Mutter möchte Sie also beschützen.«
Reframing des Kontextes: Dies ist eine Form des Reframings, bei der eine Eigenschaft oder eine Empfindung, die jemand bei sich oder bei anderen als negativ empfindet, in einen anderen Kontext gestellt wird, in dem diese Eigenschaft/Empfindung nützlich oder normal ist.
Beispiel 1: Ein hungriger Bettler klingelt in Oberbayern an einem Haus und eine Oma schaut zum Fenster heraus. »Gute Frau«, jammert der Bettler, »drei Tage habe ich schon nichts mehr gegessen.« Sie antwortet ihm: »Musst Dich halt zwingen. Bei meiner letzten Diät war es auch am Anfang schwierig.«
Beispiel 2: Eine Person ist nur schwer oder gar nicht in der Lage, an einer Sache dranzubleiben. Durch Reframing erkennt man, dass diese Eigenschaft z. B. in Situationen positiv ist, in denen Flexibilität und das Vermögen, schnell umzudenken, erforderlich sind.
Das Einüben von Reframing erhöht die Bereitschaft nicht nur altbekannte Muster zu akzeptieren, sondern auch neue, bisher ungewohnte Interpretationen dafür zu finden.

Folie 8.24

Input: Prämissen des Reframing (Schlippe u. Schweitzer 1996)
- Jedes Verhalten ist in einem bestimmten (kulturellen) Kontext sinnvoll.
- Eine Person hat keine von einem (kulturellen) Kontext losgelösten Eigenschaften.
- Jedes Verhalten hat einen Sinn für das Überleben des (kulturellen) Gesamtsystems.
- Es gibt nur Fähigkeiten. Probleme ergeben sich manchmal daraus, dass der Kontext

und die Fähigkeiten nicht optimal zueinander passen.
- Jeder Nachteil oder jede schwache Eigenschaft auf der einen Seite des Systems zeigt sich als Vorteil oder Stärke auf einer anderen Seite.
- Die wichtigste Funktion des Reframing ist das Einführen einer neuen Sichtweise.

Aktivität 4 Vorübung Reframing [25 min].
→ Vorübung Reframing [10 min]. Zu bearbeitende Begriffe in ► Folie 8.25, http://extras.springer.com
→ Gemeinsame Besprechung der entstandenen Reframing-Ideen [15 min].

? Setzen Sie sich in Kleingruppen zu dritt zusammen. Finden Sie für folgende (eher negativ besetzte) Begriffe eine oder mehrere positive Umdeutungen entsprechend der Beispiele, die Sie gerade gehört haben.

Folie 8.25

Vorübung Reframing
- Abhängigkeit
- Passivität
- Intoleranz
- Anpassung
- Arroganz
- Unterwürfigkeit
- Zwanghaftigkeit
- Faulheit

Aktivität 5 Übung Interkulturelles Reframing [45 min].
→ Durchführung der Übung Interkulturelles Reframing [30 min].
→ Im Plenum werden anschließend die Nützlichkeit von Reframing zum Umgang mit interkulturellen Irritationen und die entwickelten Lösungen durch Reframing besprochen [15 min].

? Setzen Sie sich in 3er-Gruppen (Rollen: Interkultureller Coach, Klient, Beobachter) zusammen: Der »Klient« berichtet über eine selbst erlebte, irritierende kulturelle Verhaltensweise/Reaktionsmuster/Eigenschaft, die/das ihn stört. Der Teilnehmende in der Rolle des Coach reframt. Der Beobachter beobachtet dabei beide. Anschließend Gespräch darüber, wie das Reframen erlebt wurde (ca. 10 min). Machen Sie noch zweimal Rollenwechsel, bis alle in allen Rollen geübt haben.

8.6 Modul 6: Selbst- und Fremdsicht [120 min]

Aktivität 1 Sensibilisierung für kulturell disparate Selbst- und Fremdsichten [20 min].
→ Input (theoretische Ausführungen in ► Abschn. 2.3) [10 min]: ► Folie 8.26, http://extras.springer.com
→ Diskussion [10 min].

Folie 8.26

Input: Selbst- und Fremdsichten
- Jede kulturelle Gemeinschaft hat ihren eigenen Wahrnehmungshorizont, der sich mehr oder weniger stark von dem anderer Kulturen unterscheidet.
- Es gibt aber immer auch Gemeinsamkeiten zwischen den Fokussen unterschiedlicher Kulturen.
- Neben den faktischen Unterschieden wirken in kulturellen Überschneidungssituationen auch die stereotypen Sichten, die jeder Kulturträger auf den anderen hat.
- Selbst- und Fremdsichten beider Interaktionspartner wirken permanent wechselseitig in iterativen Prozessen aufeinander ein.

Aktivität 2 Welche Fremdsicht haben andere Kulturen auf uns? [100 min].
→ Übung Fremdsichten [70 min].
In dieser Übung geht es darum, Fremdsichten auf die eigene Kultur und deren Abweichungen von den Selbstsichten zu erfahren und zu diskutieren. Das

Thema steht auch in engem Zusammenhang mit dem Mechanismus des Perspektivenwechsels.
Vorbereitung: Als Grundlage eignen sich kurze Texte bzw. Textpassagen (3–5 Seiten) über die zur Diskussion stehenden Kulturen. Es gibt sehr viel gutes Material über kulturelle Zuschreibungen (Fremdsichten). Im Prinzip entwickelt jeder Mensch immer beim Lesen eines kulturspezifischen Buches oder durch Teilnahme an einem kulturspezifischen Training Fremdsichten über diese Kultur, sodass viele Bücher und Trainingsmaterialien als Grundlage für die Diskussion über Fremdsichten und die Abweichungen gegenüber den Selbstsichten genutzt werden können. Für viele Kulturen gibt es Literatur, in denen Selbst- und Fremdsichten bereits gegenübergestellt sind (z. B. Schroll-Machl 2007).
Durchführung: Die kopierten Texte werden von den Teilnehmenden in Kleingruppen gemeinsam gelesen und diskutiert.
→ Diskussion [30 min]: Die anschließende Diskussion im Plenum sollte sich mit den Fragen befassen, was diese Differenzen zwischen Selbst- und Fremdsicht für den interkulturellen Dialog bedeuten und wie dafür Lösungen gefunden werden können.

8.7 Modul 7: Reflexion der Lernerfahrungen [15 min]

Aktivität 1 Individuelle Selbstreflexion der ersten Trainingseinheit [15 min].
→ Den Teilnehmenden wird je ein Exemplar des Lerntagebuches ausgeteilt.

? Lassen Sie den heutigen Tag/die thematische Einheit Revue passieren und notieren Sie Ihre Gedanken in Ihrem persönlichen Lerntagebuch.

Lerntagebuch
Vorab muss pro Teilnehmenden je ein Lerntagebuch vorbereitet werden. Dieses besteht:
- aus einem Deckblatt mit dem Titel und dem Datum der Veranstaltung und
- zusätzlich für jeden Trainingstag einem Blatt mit dem Thema der Einheit und folgender Anleitung: »Was waren für mich die wichtigsten Eindrücke? Welche Erkenntnisse habe ich gewonnen?«

Das Lerntagebuch sollte eine ansprechende äußere Form haben, da es für die Teilnehmenden oft schwierig ist, nach der Geselligkeit zum Thema in der Stille für sich zu arbeiten. Hier hilft die ansprechende Form, dieser Einheit die notwendige Bedeutung zu verleihen (Aufforderungscharakter des Materials).

8.8 Modul 8: Ich zeige Dir meine Kultur! [120 min – länger]

Aktivität 1 Informeller Abend zum Präsentieren der eigenen Kultur [120 min und länger].
Vorbereitung: Die Teilnehmenden werden nach der Anmeldung gebeten, einen Beitrag vorzubereiten, der die eigene Kultur den anderen nahebringt. Dieser Beitrag soll keine Vortragspräsentation, sondern eine alle Sinne ansprechende Vorstellung der eigenen Kultur sein. Das heißt, dass die Teilnehmenden neben dem Erzählen typische kulturelle »Artefakte«, d. h. Gegenstände, Bilder, Musik und Essen mitbringen sollen, um die Kultur zu veranschaulichen und die Atmosphäre der eigenen Kultur in die Gruppe hineinzutragen.
Durchführung: In einem gemütlichen Raum (nicht der Seminarraum) sitzen die Teilnehmenden in einer Runde und werden von den Moderatoren gebeten, den anderen ihre eigene Kultur zu zeigen. Dabei sollte eine lockere Gesprächsatmosphäre herrschen und keine klassische Arbeitsatmosphäre.

Hinweis
Der informelle Abend ist ein sehr wichtiges Element des Trainings, da er den Teilnehmenden die Möglichkeit gibt, in ungezwungener Atmosphäre etwas von sich selbst zu erzählen und zu zeigen. Häufig tauen Teilnehmende erst auf, wenn sie diesen Raum zur Selbstdarstellung bekommen.
Gerade die Vertreter aus eher reaktiven Kulturen, die sich im Seminar mehr zurücknehmen, brauchen einen legitimierten Raum zur Selbstdarstellung. Häufig identifizieren sie sich erst durch diese Möglichkeit mit dem Seminar und auch mit der Gruppe.

In diesem Kontext entsteht in der Regel viel Offenheit und Sympathie für Vertreter anderer Kulturen.
Die Moderatoren sollten darauf achten, dass einzelne Teilnehmende nicht zu lange »präsentieren«, damit jeder Raum zur Selbstdarstellung hat.
Falls es im Training Teilnehmende aus Kulturen gibt, die im aktuellen politischen Konflikt zueinanderstehen, kann es durch die Präsentation zu einem Aufleben dieses Konfliktes kommen. An dieser Stelle müssen die Moderatoren eingreifen, besänftigen und im Extremfall das Gespräch abbrechen.

Einheit 2 – Kommunikation und Kultur

Christel Kumbruck, Wibke Derboven

C. Kumbruck, W. Derboven, *Interkulturelles Training*,
DOI 10.1007/978-3-662-43462-8_9, © Springer-Verlag Berlin Heidelberg 2016

Einleitung

Themen

- Kommunikation (zum theoretischen Hintergrund ► Kap. 3)

Botschaften

- »Unsere Sprache bestimmt unser Denken!«
- »Es ist eine große Herausforderung sich zu verstehen!«
- »Kulturen haben unterschiedliche Kommunikationsmuster!«

Zielsetzung

In der zweiten Einheit (◘ Tab. 9.1) wird Verständnis für den engen Zusammenhang von Kommunikation und Kultur entwickelt. Dies wird sowohl an verbalen Kommunikationsmustern, am Zuhörverhalten als auch an der nonverbalen Kommunikation aufgezeigt. Darüber hinaus wird herausgearbeitet, welche Anforderungen sich durch das Sprechen in einer Fremdsprache ergeben.

- Modul 1: Ankunftsrunde
- Modul 2: Zusammenhang von Kultur und Kommunikation
- Modul 3: Kommunikation in Fremdsprachen
- Modul 4: Kommunikationsmuster
- Modul 5: Nonverbale Kommunikation
- Modul 6: Zuhörstile
- Modul 7: Reflexion der Lernerfahrungen
- Modul 8: Private Herausforderungen beruflicher Auslandsaufenthalte

◘ **Tab. 9.1** Ablaufplan Einheit 2

Thema, Ablauf, Aktivitäten	Methode	Material	Zeit [min]
Ankunft: Möglichkeit zum informellen Austausch	–	Kaffee, Erfrischungen	15
Modul 1			
Ankunftsrunde	Blitzlicht im Plenum		15
Modul 2			
Kultur und Kommunikation	Input, Erfahrungsaustausch und moderierte Diskussion		75
Modul 3			
Kommunikation in Fremdsprachen	Spiel, moderierte Diskussion	Spielanleitung (Material 9.1)	40
Modul 4			
Kommunikationsmuster	Input, Videopräsentation und moderierte Diskussion; Kleingruppenarbeit und Präsentation	Spielfilmausschnitte aus unterschiedlichen Ländern in den Landessprachen, Flipchart und Stifte	115
Modul 5			
Nonverbale Kommunikation	Input, moderierte Diskussion, Spiel	Spielunterlagen (Material 9.2)	140
Modul 6			
Zuhörstile	Input, moderierte Diskussion, Übung		140
Modul 7			
Private Herausforderungen beruflicher Auslandsaufenthalte	Informeller Erfahrungsaustausch mit Gastvortrag	Gesonderter gemütlicher Raum, Getränke und Snacks	120

9.1 Modul 1: Ankunftsrunde [15 min]

Aktivität 1 Moderierte Blitzlichtrunde [15 min].
→ Die Teilnehmenden bekommen Raum, an den vorherigen Trainingstag anzuknüpfen und Offenheit für den heutigen Tag zu entwickeln.

❓ Mit welchen Gefühlen kommen Sie heute hier an? Wenn Sie den gestrigen Tag Revue passieren lassen, fallen Ihnen noch Dinge ein, die Sie jetzt einbringen möchten?

9.2 Modul 2: Kultur und Kommunikation: Zusammenhang von Sprache und Denken [75 min]

Aktivität 1 Einführung in den semiotischen Kulturbegriff [10 min].
→ Input zum Verständnis von Kultur als semiotisch konstituiert (Geertz 1994); (▶ Folie 9.1, http://extras.springer.com).

Folie 9.1

Input: Semiotischer Kulturbegriff
- Menschen als Teil einer Gruppe sind in selbst gesponnenen Bedeutungsgeweben verstrickt (Geertz 1994).
- Die Entstehung von Kultur ist nicht zufällig. Menschen interpretieren ständig ihre Umwelt und versuchen, Sinn darin zu sehen und angemessen damit umzugehen (Neuberger 1991).
- Kultur ist somit ein System, mit dessen Hilfe die Menschen ihr Wissen vom Leben und ihre Einstellungen zum Leben mitteilen, erhalten und weiterentwickeln: die »angemessene« Art und Weise des Denkens, Fühlens, Bewertens und Handelns. In diesem Sinne dient Kultur als »Orientierungsrahmen« (Thomas 2003a) oder »kognitive Landkarte« (Assmann u. Assmann 1990).
- Das kulturelle Selbstverständnis von Individuen und Kollektiven ist nur im Spiel der Differenzen artikulierbar: in Abgrenzung des Eigenen vom Anderen und Fremden.

Folie 9.2

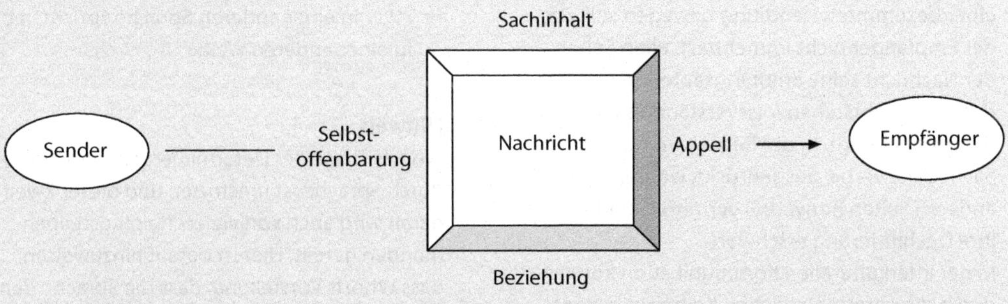

Abb. 9.1 Die vier Seiten einer Nachricht – ein psychologisches Kommunikationsmodell. (Mit freundlicher Genehmigung aus Schulz von Thun 1981, S. 30. Friedemann Schulz von Thun, »Miteinander reden 1. Störungen und Klärungen. Allgemeine Psychologie der Kommunikation«. Copyright © 1981 Rowohlt Taschenbuch Verlag GmbH, Reinbek bei Hamburg)

Folie 9.3

Abb. 9.2 Beispiel für das Modell der vier Seiten einer Nachricht – ein Paar beim Autofahren. (Aus Schulz von Thun 1981, S. 31. Friedemann Schulz von Thun, »Miteinander reden 1. Störungen und Klärungen. Allgemeine Psychologie der Kommunikation«. Copyright © 1981 Rowohlt Taschenbuch Verlag GmbH, Reinbek bei Hamburg)

Aktivität 2 Vorstellung des Kommunikationsmodells von Schulz von Thun [25 min].

→ Input des Kommunikationsmodells (► Folie 9.2, Folie 9.3, http://extras.springer.com; Abb. 9.1, Abb. 9.2).

→ Anschließende Diskussion.

Hinweis

Das 4-Seiten-einer-Nachricht-Modell zeigt die Komplexität von Kommunikation. Bei einer Nachricht wird nicht nur ein Sachinhalt übermittelt, sondern es werden auch Aussagen über die Beziehung und über die eigene Person (Selbstoffenbarung) gemacht sowie ein Appell ausgesprochen, der den Empfänger zu einer bestimmten Handlung bewegen soll. Da der Empfänger nicht immer nach allen Seiten der Nachricht seine Empfangsantennen ausgerichtet hat, entstehen Missverständnisse, wie das Beispiel zeigt. In der Regel wird nur die Sachebene verbal ausgedrückt, während die anderen Seiten nonverbal vermittelt sind, was ihre Dechiffrierung erschwert.

In der interkulturellen Kommunikation können durch die unterschiedlichen Kommunikationsmuster nicht nur in der Sache Missverständnisse entstehen, sondern in hohem Maße auf den anderen Seiten. Ein Bewusstsein für diese vielschichtigen Seiten von Kommunikation hilft Missverständnisse aufzulösen.

Aktivität 3 Erarbeitung des Zusammenhangs von Sprache und Denken [25 min].

→ Input zu Whorfs These der Determinierung des Denkens durch Sprache (► Folie 9.4, http://extras.springer.com) sowie zu unterschiedlichen Sprachkonzepten (► Folie 9.5, http://extras.springer.com; Tab. 9.2).

→ Anschließende Diskussion und Erfahrungsaustausch. Die Teilnehmenden werden dabei aufgefordert eigene Beispiele beizusteuern.

Folie 9.4

Input: Whorfs These (1963)

- »Unsere Sprache determiniert unsere Art zu denken.«
- »Wer in einer anderen Sprache spricht, lebt in einer anderen Welt.«

Hinweis

Whorfs These der Determinierung des Denkens durch Sprache ist umstritten und dieser Zweifel daran wird auch von vielen Trainingsteilnehmenden geteilt. Hier ist darauf hinzuweisen, dass Whorfs Vorstellung, dass die Sprache den Raum der eigenen Wahrnehmung und des eigenen Denkens begrenzt, vielleicht zu eng gefasst ist, es jedoch viele Hinweise darauf gibt, dass es eine enge Wechselbeziehung zwischen der Sprache und der Art und Weise gibt, wie und was man denkt. Auf jeden Fall lässt sich die Bedeutung eines Themas daran ablesen, wie viele unterschiedliche Differenzierungen ausdrücken-

Tab. 9.2 (Folie 9.5) Input: Nicht direkt übersetzbare Sprachbegriffe und ihre dahinter liegenden Lebenskonzepte

Begriff	Direktübersetzung	Lebenskonzept
Ordnung (Deutsch)	–	Ausgeprägter Ordnungssinn
Mañana (Spanisch)	Morgen	Irgendwann einmal in näherer oder weiter Zukunft
Harakiri (Japanisch)	Ritueller Selbstmord durch Schwerthieb	Wenn die Ehre verletzt ist, ist es besser zu sterben als ehrlos weiterzuleben
Savoir vivre (Französisch)	Zu leben wissen	Stilvoll leben
Fairplay (Englisch)	Gerechtes Spiel	An die Spielregeln halten und die Schwächen des Kooperationspartners nicht ausnutzen
Hygge (Schwedisch)	Gemütlichkeit	Ausgeprägte Häuslichkeit und Behaglichkeit

de Worte es in einer Sprache dafür gibt (z. B. haben die Zulus 39 eigenständige Bezeichnungen für die Farbe Grün, und in der chinesischen Han-Sprache gibt es fünf Bezeichnungen für Scham). Auch Schreibweise und Grammatik haben sicherlich einen Einfluss auf kognitive Prozesse, gerade wenn man Kulturen, deren Schrift auf Piktogrammen beruht, z. B. Han-Chinesisch, mit Kulturen vergleicht, die ein phonetisches Alphabet mit 26 Buchstaben (z. B. Englisch) benutzen. Erstere haben in der Regel ein visuelleres Gedächtnis und mehr Variationsmöglichkeiten, denselben Sachverhalt schriftlich darzustellen, was möglicherweise auch die Art und Weise, den sozialen Kontextbezug der Aussagen (Status zwischen den Dialogpartnern) immer mit auszudrücken, beeinflusst hat. Da Kulturen unterschiedliche Sprachen haben, haben sie unterschiedliche Perspektiven auf die Welt, z. B. unterschiedliche Differenzierungen von Sachverhalten oder unterschiedliche Begriffe und damit verbundene Lebenskonzepte, die eine Direktübersetzung nicht wiedergibt. Da Kommunikation über Sprache hergestellt wird, ist es wichtig, die mit den Sprachen verbundenen unterschiedlichen Sichtweisen auf die Welt zu reflektieren.

Aktivität 4 Beschäftigung mit Sprache als Ausdrucksmittel [15 min].
→ Input zur Sprache als Ausdrucksmittel (▶ Folie 9.6, http://extras.springer.com).
→ Anschließende Diskussion.

Folie 9.6

Input: Sprache als Ausdrucksmittel
- Sprache ist ein Kommunikationsmittel zur Übermittlung einer Nachricht – aber sie ist weit mehr.
- Sprache bringt den nationalen und damit auch individuellen Charakter zum Ausdruck.
- Im Dialog scheinen sowohl das ethisch-philosophische Verständnis als auch die psychologische Funktion des Umganges mit anderen durch.

Sprache ist z. B. für die Franzosen eine rhetorische »Waffe, mit der zum Angriff gestoßen« wird; die Engländer nutzen sie defensiv und diplomatisch, indem sie eine vage Antwort geben; für Italiener und Spanier ist sie ein Instrument zur Demonstration ihrer Eloquenz; Finnen und Ostasiaten »konfrontieren« mit konstruktiver Stille.

9.3 Modul 3: Kommunikation in Fremdsprachen [40 min]

Aktivität 1 Reden in einer Fremdsprache [20 min].
→ Spielen eines Spiels: Reden in einer Fremdsprache (in Anlehnung an das Spiel »Redundancia« (Nipporica Associates 1995) [20 min].

Die Moderation leitet das Spiel (▶ Material 9.1, http://extras.springer.com) an und verteilt ein Materialblatt an jeden Teilnehmenden.

? In den nächsten 15 Minuten spielen und reflektieren Sie ein Spiel, dass fremdsprachliche Kommunikation sowohl als Sender als auch als Empfänger erlebbar macht. Bitte tun Sie sich dafür in 2er-Gruppen zusammen.

Material 9.1 Spiel »Reden in einer Fremdsprache«

Spielanleitung

Bitte sprechen Sie 5 Minuten miteinander über ein Thema Ihrer Wahl in der Doppel-Gemoppel-Sprache.

Die Doppel-Gemoppel-Sprache zeichnet sich dadurch aus, dass jedes Verb mit einem Verb ähnlicher Bedeutung verdoppelt wird.

Beispiele: »Bitte bringe/gebe mir die Butter.« »Ich beabsichtige/will morgen nach Hamburg fahren/reisen.« »Ich interessiere/freue mich für/auf Menschen aus anderen Ländern.«

Spielauswertung

Bitte sprechen Sie 10 Minuten darüber, wo die Unterschiede zum Reden in einer vertrauten Sprache/Muttersprache sind und welche Gefühle das Gespräch in der Doppel-Gemoppel-Sprache bei Ihnen ausgelöst hat. Notieren Sie Stichpunkte dazu auf diesem Arbeitsblatt.

Welche Unterschiede zu einem Gespräch in der Muttersprache sind Ihnen aufgefallen?

Wie haben Sie sich im Doppel-Gemoppel-Gespräch gefühlt?

Aktivität 2 Auswertung des Spiels im Plenum [20 min].

→ Zunächst diskutiert das Plenum die gemachten Erfahrungen während des Spiels.

→ Dann regt die Moderation einen Erfahrungsaustausch über eigene Erfahrungen mit fremdsprachlicher Kommunikation in interkulturellen Situationen an.

9.4 Modul 4: Kommunikationsmuster [115 min]

Aktivität 1 Präsentation von Spielfilmausschnitten aus unterschiedlichen Ländern in den jeweiligen Landessprachen [50 min].

Vorbereitung: Die Moderatoren suchen im Vorfeld möglichst vergleichbare Spielfilmsequenzen (ca. 3 min Länge) aus den im Training vorhandenen Kulturen (in Originalsprache) aus, in denen intensive Dialoge (z. B. Beziehungsstreitigkeiten) zu sehen sind.

→ Analyse von Spielfilmausschnitten [30 min]. Die Filmsequenzen werden den Teilnehmenden vorgeführt und im Plenum analysiert.

? Schauen Sie auf die Filmsequenzen und achten Sie auf besondere kulturelle Ausdruckspraktiken. Bitte konzentrieren Sie sich auf folgende Fragen:

1. Was fällt Ihnen auf, wenn Sie die Sprecher im Video beobachten?
2. Welche Inhalte meinen Sie, kann man mit der Sprache besonders gut ausdrücken, welche weniger gut?
3. Wie setzen sich die Menschen auseinander?
4. Auf welche Lebenskonzepte könnten diese Kommunikationsweisen verweisen?
5. Gibt es nonverbale Ausdrucksmittel, die besonders auffallen?
6. Welche Gefühle meinen Sie, kann man mit der Sprache besonders gut ausdrücken, welche weniger gut?

Schreiben Sie alles, was Ihnen auffällt, nach Kulturen getrennt auf ein Blatt Papier.

→ Erste Auswertung im Plenum [20 min].

Folie 9.7

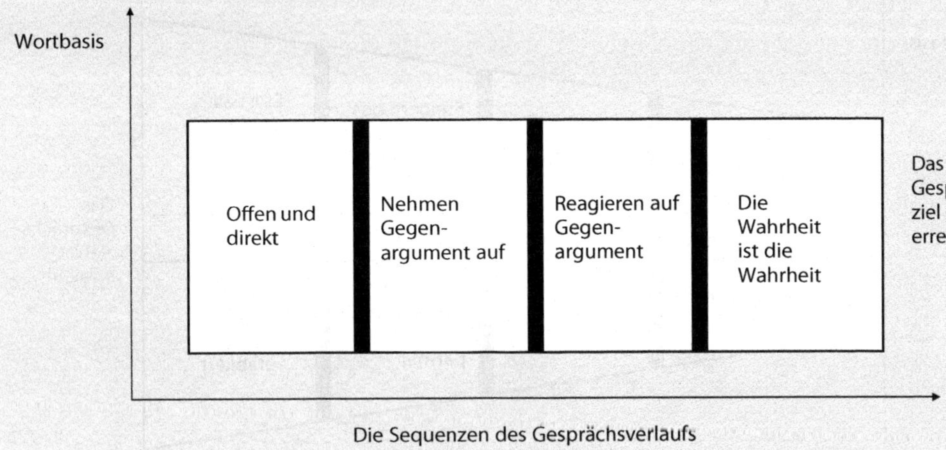

Abb. 9.3 Deutsches Kommunikationsmuster. (Nach Lewis 2000, S. 116; Lewis 2006). © Lewis (2000). Handbuch internationale Kompetenz. Frankfurt/New York: Campus.

Hinweis
Da diese Analyse sehr ungewohnt ist, sollte damit gerechnet werden, dass die Teilnehmenden zunächst sehr zurückhaltend mit ihren Äußerungen sind. Deshalb sollte die Moderation die Diskussion mit eigenen Deutungsmöglichkeiten anregen. Dadurch wird in der Regel eine sehr lebendige und fruchtbare Analyse und anschließende Diskussion der Teilnehmenden im Plenum angestoßen.
Die Auswertung der nonverbalen Kommunikationsweisen (Fragen 5 und 6) wird im Modul 5 nochmals aufgegriffen. In der nächsten Aktivität 2 werden im Hinblick auf die Verbalsprache Kommunikationsmuster betrachtet, die von Lewis (2000, S. 115ff.) für strittige Auseinandersetzungen in geschäftlichen Meetings entwickelt wurden. Sie verdeutlichen oftmals das, was man zwar sehen, aber wegen der fremden Sprache nicht verstehen konnte. Diese Muster werden auch zum besseren Verständnis der im Film wahrgenommenen Eindrücke genutzt.
Bei der Interpretation der Muster können die Muttersprachler oftmals besonders gute Hinweise zur Diskussion beisteuern. Außerdem kann mit ihnen auch die Gültigkeit und der Geltungsbereich der Abbildungen geklärt werden.

Aktivität 2 Beschäftigung mit Kommunikationsmustern in strittigen Auseinandersetzungen [25 min].
→ Input von Kommunikationsmustern, die von Lewis (2000, S. 115ff.) für strittige Auseinandersetzungen in geschäftlichen Meetings entwickelt wurden (► Folie 9.7, Folie 9.8, http://extras.springer.com; ◘ Abb. 9.3, ◘ Abb. 9.4).
→ Anschließende Diskussion.

Hinweis
Wenn Menschen bemerken, dass sie nicht verstanden werden, wenden sie unterschiedliche Methoden an, ihre Position durchzusetzen. Diese sind stark kulturell geprägt. Für die interkulturelle Kommunikation ist es von Vorteil, solche Muster herauszufinden und zu berücksichtigen. Weitere Kommunikationsmuster können bei Lewis (2000) eingesehen werden. Nicht für alle Sprachen und Kulturen gibt es diese vorbereiteten Kommunikationsmuster. In diesen Fällen können sie bei Bedarf in monokulturellen Kleingruppen selbst erstellt werden.

Aktivität 3 Erarbeitung der eigenen Kommunikationsmuster [20 min].
→ In monokulturellen Kleingruppen werden die nationalen Kommunikationsmuster erarbeitet.

Folie 9.8

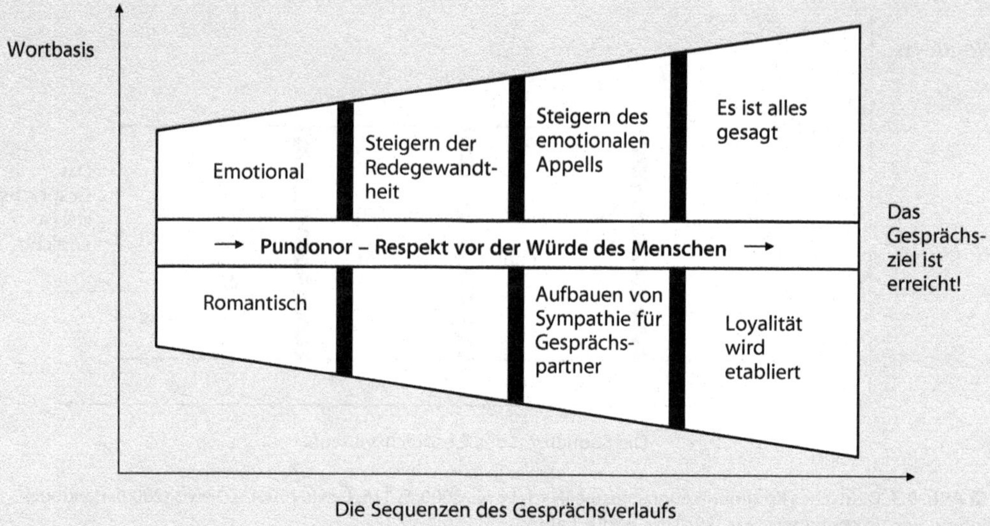

■ **Abb. 9.4** Spanisches Kommunikationsmuster. (Nach Lewis 2000, S. 118; Lewis 2006). © Lewis (2000). Handbuch internationale Kompetenz. Frankfurt/New York: Campus.

❓ Versuchen Sie in Anlehnung an die gezeigten Folien zu den Kommunikationsmustern und unter Berücksichtigung unserer Filmanalysen ihr nationales Kommunikationsmuster für strittige Auseinandersetzungen auf einem Flipchart zu visualisieren.

Aktivität 4 Präsentation der Kleingruppenergebnisse [20 min].

→ Im Plenum werden die erarbeiteten Kommunikationsmuster vorgestellt (Beispiel 9.1 Beispiel 9.2; ■ Abb. 9.5, ■ Abb. 9.6).

→ Anschließende Diskussion.

Beispiel 9.1

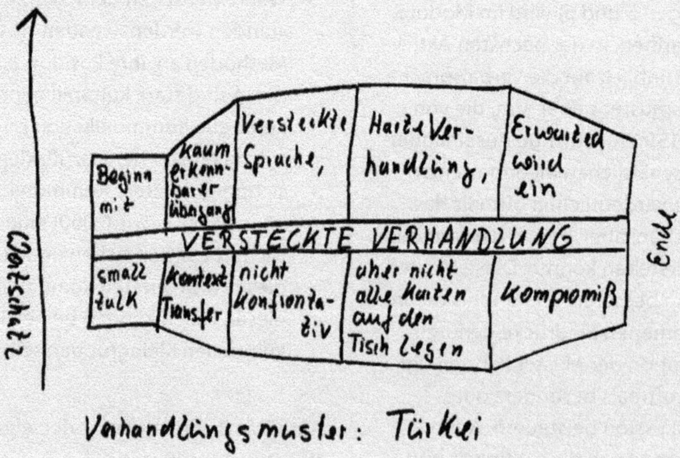

■ **Abb. 9.5** Kommunikationsmuster: Türkei

Beispiel 9.2

■ **Abb. 9.6** Kommunikationsmuster: Thailand

9.5 Modul 5: Nonverbale Kommunikation [140 min]

Aktivität 1 Analyse nonverbaler Kommunikationsmittel in verschiedenen Kulturen [20 min].
→ Auswertung der Filmsequenzen im Hinblick auf nonverbale Ausdrucksmöglichkeiten und Vergleich der Kulturen im Plenum (Fragen 5 und 6). Die Moderatoren bereiten vorab ein Tafelbild in Form einer Tabelle vor, in der in der Kopfzeile alle im Film dargestellten Kulturen wiedergegeben werden. Mithilfe dieser Tabelle wird die Auswertung visualisiert, indem die kulturtypischen nonverbalen Mittel eingetragen werden.

? Welche kulturspezifischen nonverbalen Ausdrucksmittel sind Ihnen im Filmausschnitt X (Ländername) aufgefallen?

Aktivität 2 Erläuterung der Bedeutung von nonverbaler Kommunikation [30 min].
→ Input zur nonverbalen Kommunikation (► Folie 9.9, Folie 9.10, http://extras.springer.com).

Folie 9.9

Input: Nonverbale = nichtsprachliche Kommunikation

Allgegenwärtig

In jeder Situation senden Personen Signale aus und reagieren auf Signale anderer Personen. Auch Wegschauen oder Nichts-Sagen ist eine Form der Kommunikation!

80% der Gesamtinformation werden aus dem non-/paraverbalen Spektrum entnommen:

- Paraverbal = nonverbale Elemente des Sprechens wie Stimmlage und Sprechverhalten

Unbewusst

Der Großteil der Signale und Botschaften, die Personen aussenden, ist unbewusst und nicht intendiert:

- Das bewusste Denken steuert vor allem die sprachliche Kommunikation.

Einen Teil der Körpersignale können wir kontrollieren:

- Die Kontrollmöglichkeiten nehmen dabei von oben (Kopf) nach unten (Füße) ab.

Folie 9.10

Input: Funktionen und Anwendungen von nonverbaler Kommunikation.
(Argyle 2002, S. 58)

a. Unterstützung der Sprache
b. Ersatz für die Sprache
c. Ausdruck von Emotionen
d. Ausdruck von interpersonalen Einstellungen
e. Mitteilungen über die Person
f. In Zeremonien und Riten
g. In der Werbung, bei politischen Veranstaltungen und Demonstrationen
h. In den Künsten

→ Moderierte Plenumsarbeit, in der alle nonverbalen Kommunikationsmittel noch einmal von der Gruppe zusammengetragen und vom Moderator auf einem Tafelbild visualisiert und ggf. ergänzt werden (► Folie 9.11, http://extras.springer.com).

? Lassen Sie uns nun noch einmal alle uns Menschen zur Verfügung stehenden nonverbalen Kommunikationsmittel zusammentragen.

Folie 9.11

Input: Nonverbale Kommunikationsmittel

- Augenbewegung und -kontakt: Aufregung, Dominanz
- Umgang mit Raum und Territorium, Distanz
- Berühren, Körperkontakt
- Stimme, parasprachliche Reize (Intonation, Akzent, Tempo, Lachen etc.)
- Schweigen
- Körpersprache (Schultern, Arme, Hände, Beine, Füße)
- Körperhaltung
- Gestik
- Mimik (Augen, Nase, Ohren, Mund)
- ...

Aktivität 3 Erläuterung der Bedeutung von nonverbaler Kommunikation in interkulturellen Begegnungen [30 min].

→ Input zur nonverbalen Kommunikation in interkulturellen Begegnungen (► Folien 9.12–9.15, http://extras.springer.com; ◘ Abb. 9.7).

Folie 9.12

Input: Nonverbale Dimension

- 80–90 % der Zeit wird in einer Verhandlung gesprochen, jedoch beträgt in der Kommunikation zwischen Menschen, die unterschiedliche Muttersprachen haben, der Anteil der aus Worten dechiffrierten Informationen nur 20 % oder weniger.
- Somit sind die nonverbal (auch para- oder extraverbal) wahrgenommenen Informationen sehr gewichtig, aber ihre Dechiffrierung sehr fehleranfällig.
  - Dies zeigt sich beim Emotionsausdruck: Obwohl Emotionen in großem Maße von physiologischen und neurochemischen Prozessen gesteuert werden, führen kulturelle Normen zu kulturspezifischem Erleben und Ausdrucksweisen von Emotionen (z. B. das Zeigen von Trauer).

Folie 9.13

Input: Biologische und kulturelle Ursprünge nonverbaler Kommunikation
Biologisch:

- Gesichtsausdrücke für wichtigste Gefühle sowie Lachen und Weinen ähneln sich über alle Kulturen hinweg bis hin zu den Primaten (s. die Forschung zu Mikromimik, Ekman 2003); sie finden sich auch bei Blinden und tauben Kindern
- Augengruß

Kulturell (Beispiele):

- Die Konventionen für das Zeigen oder Unterdrücken dieser Gesichtsausdrücke und die dafür vorgesehenen Situationen
- Gesten, z. B. Begrüßungsformen
- Raumverhalten, Körperkontakt
- Flirtregeln

Folie 9.14

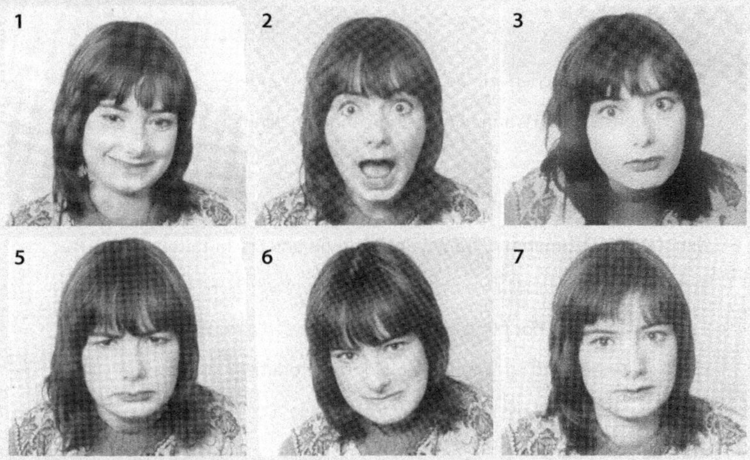

Abb. 9.7 Ausdruck von Emotionen – Die 7 Grundemotionen und die dazugehörigen Gesichtsausdrücke: (1) Freude, (2) Überraschung, (3) Angst, (4) Traurigkeit, (5) Wut, (6) Abscheu, (7) Interesse. (Aus Argyle 2002, Abb. 10)

Folie 9.15

Input: Nonverbale Kommunikation in unterschiedlichen Kulturen (Lewis 2000)

Es bestehen gewaltige kulturelle Differenzen in der Nutzung des nonverbalen Instrumentariums (Raum, Berührung, Kleidung, Gestik, Stille, Körpersprache wie Mimik und Stimmstärke, Umgangsstile, Informalität):

- Einige reaktive Kulturen nutzen Stille als Kommunikationsmittel; z. B. Finnen und Japaner gehen davon aus, dass sie durch ihr Schweigen einen wertvollen Beitrag zu einer Diskussion leisten.
- Multiaktive Menschen nutzen Körpersprache demonstrativ.
- Multiaktive Menschen halten in der Regel Abstände von 50–80 cm zu anderen Menschen ein, während linear-aktive Menschen in Geschäftsbeziehungen Abstände über 1 m vorziehen.

→ Moderierter Erfahrungsaustausch zu Erfahrungen der Teilnehmenden mit nonverbalen Ausdrucksmitteln im Kontakt mit Menschen aus anderen Kulturen.

Welche Erfahrungen haben Sie mit kulturell bedingten nonverbalen Kommunikationsmitteln und welche sind Ihnen davon als besonders angenehm bzw. unangenehm im Gedächtnis geblieben und warum?
Welche Erfahrungen haben Sie mit kulturell bedingten Ausdrucksformen von Emotionen und welche sind Ihnen davon als besonders angenehm bzw. unangenehm im Gedächtnis geblieben und warum?

Hinweis

Scheinbar sind verschiedene Aussagen zur Bedeutung der nonverbalen Kommunikation widersprüchlich. Einerseits nehmen wir in jedem Kommunikationsakt von allen Zeichen 80 % nonverbal auf. Andererseits ist bekannt, dass die Dechiffrierung nonverbaler Zeichen die Akkuratheit des Verstehens nur geringfügig erhöht. Wir erkennen tendenziell die sieben bzw. sechs (Ekman 2003) Grundemotionen, aber die Feinheiten entgehen uns meist. Die Deutung nonverbaler Zeichen ist immer mit der Gefahr verbunden, sich zu täuschen. Bei Sprachschwierigkeiten sind wir in interkulturellen Begegnungen sehr stark auf die nonverbale Kommunikation angewiesen, allerdings ist deren Dechiffrierung besonders fehleranfällig.

Tab. 9.3 (Material 9.2) Begrüßungsrituale

Deutsche:	Händeschütteln
Franzosen:	Angedeutete Küsschen auf die linke und rechte Wange
Mongolen:	Sich gegenseitig die Wangen beriechen und sich dann die Nasen reiben
China:	Verbeugung des Oberkörpers
Inder:	Handflächen aneinanderlegen und vor den Körper halten, sich verbeugen
Dani auf Neuguinea:	Minutenlanges Umarmen, Tränen der Rührung und Erschütterung
Eipo auf Neuguinea:	Schweigen
Kupfer Eskimos:	Faustschlag gegen Kopf und Schulter
Balonda (Afrika):	Händeklatschen und mit Ellbogen auf Rippen trommeln
Österreicher:	Angedeuteter Handkuss (Mann gegenüber Frau)
Lateinamerika:	Kräftige Umarmung

Aktivität 4 Begrüßungsrituale [60 min].
Dieses Spiel soll für kulturell unterschiedliche nonverbale Kommunikationssignale und den damit oftmals verbundenen Gefühlen der Irritation sensibilisieren. Auf der Welt werden sehr unterschiedliche Begrüßungsrituale praktiziert. Im Spiel wird das Aufeinandertreffen unterschiedlicher Begrüßungsrituale erlebbar gemacht.

Vorbereitung: Die Moderation hat Anweisungen für unterschiedliche Begrüßungsrituale in zweifacher Ausfertigung vorbereitet. Dann werden die Listen der Begrüßungsrituale (► Material 9.2, http://extras.springer.com; Tab. 9.3) zerschnitten, sodass für je zwei Teilnehmende dieselben Begrüßungsrituale vorhanden sind.

→ Spiel Begrüßungsrituale [30 min]. Jeder Teilnehmende zieht sich eine Anweisung. Die Aufgabe der Teilnehmenden ist dann, im Raum herumzuspazieren und jeden anderen Teilnehmenden mit »seinem«, also dem auf der Anweisung vermerkten kulturspezifischen Ritual zu begrüßen. Dabei soll er den Teilnehmenden mit demselben Ritual herausfinden und sich zu diesem stellen.

Austausch über die im Spiel empfundenen Gefühle (z. B. den anderen lächerlich finden) und was diese Gefühle in »echten« interkulturellen Begegnungen für die Kommunikation bedeuten würden [30 min]. Im anschließenden gemeinsamen Erfahrungsaustausch geht es um die Interaktionen zwischen den Vertretern unterschiedlicher »Kulturen«, ihren Gefühlen und Handlungen als Empfänger eines fremden Begrüßungssignals bzw. als Sender eines Signals, das von der anderen Seite nicht verstanden oder sogar abgewehrt wird. Es geht allgemeiner auch um die Diskussion über Probleme, die in interkulturellen Interaktionen angesichts nicht verständlicher nonverbaler Signale entstehen können, sowie Möglichkeiten der Auflösung. Besonders viel Irritation können die körpernahen Begrüßungsrituale auslösen.

9.6 Modul 6: Zuhörstile [140 min]

Aktivität 1 Beschäftigung mit kulturell bedingten Zuhörstilen [30 min].
→ Input der drei Zuhörkategorien und ihrer Informationsquellen (nach Lewis 2000, S. 59ff.); (► Folie 9.16; Folie 9.17, http://extras.springer.com; Abb. 9.8).
→ Anschließende Diskussion und Erfahrungsaustausch.

Folie 9.16

Input: Zuhörstile. (Nach Lewis 2000; Lewis 2006). © Lewis (2000). Handbuch internationale Kompetenz. Frankfurt/New York: Campus.

- Linear-aktive Kulturen sind besonders aufmerksam im Aufnehmen von Fakten (= datenorientierte Kulturen).
- Multiaktive Kulturen brauchen die persönliche Beziehung zum Aufnehmen von Kontextinformationen und zum Netzwerken. Sie müssen die Chance zum Mitreden haben (= dialogorientierte Kulturen).
- Reaktive Kulturen zeichnen sich durch die Fähigkeit aus, intensiv zuzuhören und dabei gleichermaßen Fakten wie personengebundene Informationen aufzunehmen (= Zuhörer-Kulturen).

Hinweis

Für eine gelingende Kommunikation sind das Zuhören und die Antizipation desselben durch den Sprecher von besonderer Bedeutung (Ungeheuer 1969; 4-Ohren-Modell von Schulz von Thun 1991).
Die kulturelle Ko-Konstruktion der Konzepte von Information und Wissen prägt das Zuhörverhalten. Unterschiedliche Kulturen haben unterschiedliches Zuhörverhalten. Hieraus resultieren interkulturelle Kommunikationsstörungen.
In der Diskussion können die Vor- und Nachteile dieser unterschiedlichen Zuhörstile behandelt werden. So könnten z. B. die jeweiligen Zuhörstile auch in Beziehung zu den volkswirtschaftlichen Strategien und Erfolgen der Länder oder zu den interkulturellen Potenzialen in diesen Kulturräumen gesetzt werden.
Für die Kommunikation mit Menschen aus anderen Ländern ist es wichtig, aufmerksam das Zuhörverhalten und die bevorzugten Informationsquellen des Gegenübers zu verfolgen und entsprechend das Kommunikationsverhalten darauf einzustellen.

Aktivität 2 Beschäftigung mit den Erwartungen der Zuhörer [30 min].
→ In monokulturellen Kleingruppen erarbeiten die Teilnehmenden die Erwartungen der Zuhörer während einer Präsentation für ihre jeweilige eigene Kultur.

? Machen Sie sich Gedanken über die Erwartungen an eine gute Präsentation im Geschäftsbereich in Ihrer Kultur. Was ist bei der Gestaltung einer Präsentation zu berücksichtigen, damit Sie aufmerksam zuhören können und Ihr Interesse geweckt wird? Wie lange sollte eine Präsentation maximal dauern, damit Sie bis zum Ende aufmerksam bleiben können?

Aktivität 3 Präsentation des erarbeiteten kulturtypischen Zuhörverhaltens [30 min].
→ Die Teilnehmenden stellen das kulturtypische Zuhörverhalten während einer Präsentation im Plenum vor.
→ Anschließende Diskussion.
→ Ergänzung durch einen Input zu unterschiedlichen Zuhörererwartungen (▶ Folie 9.18, http://extras.springer.com, ◘ Tab. 9.4).

Aktivität 4 Aktives Zuhören [50 min].
→ Input: Die Moderation erläutert die Grundidee und das Vorgehen beim Aktiven Zuhören (▶ Folie 9.19; Folie 9.20, http://extras.springer.com). Es wurde als Baustein der Klientenzentrierten Interaktion innerhalb der Gesprächspsychotherapie von Rogers (1973) entwickelt. Aktives Zuhören dient der besseren Verständigung und ist deshalb auch in der interkulturellen Kommunikation hilfreich. Wir konzentrieren uns auf den Modus, der dem Verstehen des Inhalts dient, also das Paraphrasieren [15 min].

Folie 9.17

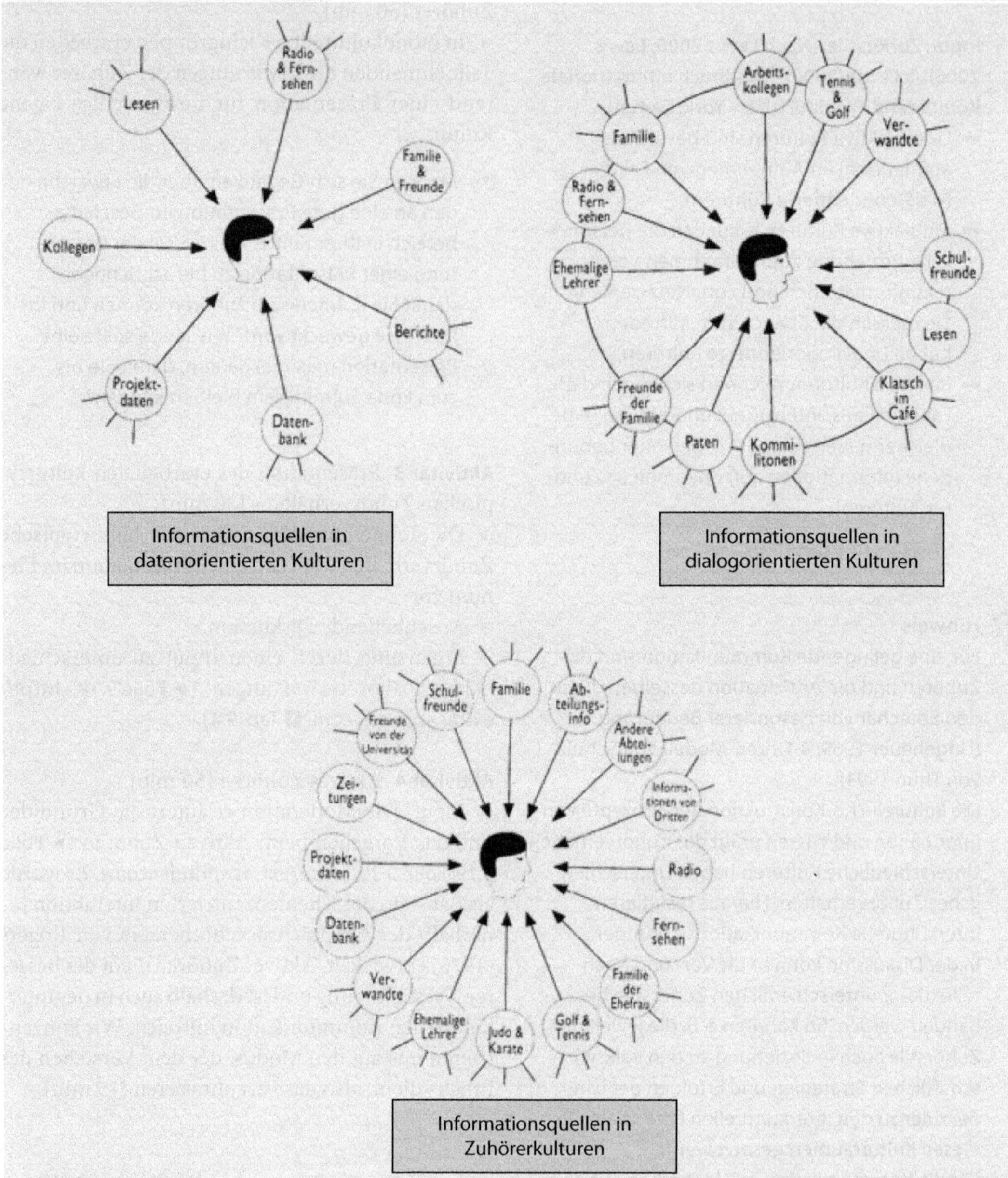

Abb. 9.8 Informationsquellen in datenorientierten, dialogorientierten und Zuhörer-Kulturen. (Aus Lewis 2000, S. 62ff.; © Lewis 2006). Lewis (2000). Handbuch internationale Kompetenz. Frankfurt/New York: Campus.

Tab. 9.4 (Folie 9.18) Input: Zuhörererwartungen bei Präsentationen. **a** USA, Großbritannien, Deutschland, **b** Frankreich, Japan, Schweden, **c** Mittelmeer-/Arabische Länder, Finnland, Australien. (Nach Lewis 2000, S. 122f.; Lewis 2006)

USA	**Großbritannien**	**Deutschland**
Humor	Humor	Solides Unternehmen
Witze	Gute Story	Solides Produkt
Modernität	»Nettes« Produkt	Technische Infos
Reklametricks	Vernünftiger Preis	Kontext
Slogans	Qualität	Anfang – Mitte – Ende
Aggressive Verkaufstaktik	Mehr Tradition als Modernität	Viel schriftliches Material
		Keine Witze
		Guter Preis
		Qualität
		Liefertermine
Aufmerksamkeitsspanne: 30 min	**Aufmerksamkeitsspanne: 30–45 min**	**Aufmerksamkeitsspanne: 1 h+**
Frankreich	**Japan**	**Schweden**
Förmlichkeit	Guter Preis	Modernität
Innovatives Produkt	Einmaliges Verkaufsargument	Qualität
Sex-Appeal	Synergie mit Unternehmensimage	Design
Einfallsreichtum	Harmonie	Technische Informationen
Logische Präsentation	Höflichkeit	Liefertermine
Bezug zu Frankreich	Respekt für das japanische Unternehmen	
Stil, Auftreten	Guter Ruf des Anbieterunternehmens	
Persönliche Note	Ruhige Präsentation	
Toleranz für Unterbrechungen	Gut gekleidete Redner	
	Förmlichkeit	
	Diagramme	
Aufmerksamkeitsspanne: 30 min	**Aufmerksamkeitsspanne: 1 h**	**Aufmerksamkeitsspanne: 45 min**
Mittelmeer-/Arabische Länder	**Finnland**	**Australien**
Persönliche Note	Modernität	Kumpelhafter Einstieg
Rhetorische Fähigkeiten	Qualität	Durch und durch lockere Darbietung
Eloquenz	Technische Informationen	Humor
Lebendigkeit	Bescheidene Präsentation	Überredungskunst
Lautstärke	Design	Kein überflüssiges Beiwerk
Toleranz für Unterbrechungen		Wenig Kontext

Tab. 9.4 (Fortsetzung)

Zusätzliches Gespräch im Anschluss an die Präsentation		Innovatives Produkt
		Wesentliche technische Daten
		Persönliche Note
		Toleranz für Unterbrechungen
		Fantasievoller Schluss
Aufmerksamkeitsspanne: etwas 15 min	**Aufmerksamkeitsspanne: 45 min**	**Aufmerksamkeitsspanne: 30 min**

Folie 9.19

Input: Aktives Zuhören – Was ist das?
»Aktives Zuhören« ist zunächst eine Grundhaltung und erst nachrangig eine Kommunikationstechnik. Ein Mensch, der aktiv zuhört, zeigt seinem Gesprächspartner, dass
- er ihn respektiert und ernst nimmt,
- er sich bemüht, das Anliegen des Gesprächspartners richtig zu verstehen,
- er sich Zeit nimmt und sich für den Gesprächspartner interessiert.

Aktives Zuhören macht sympathisch.

Folie 9.20

Input: Aktives Zuhören – Wie geht das?
1. Die empfangene Botschaft des Gesagten mit eigenen Worten wiederholen (»paraphrasieren«) und
2. durch Rückfragen klären, ob das Gesagte richtig verstanden wurde.

Beispiele:
- Ich habe verstanden, dass … . Ist das richtig?
- Habe ich richtig verstanden, dass …?
- Ich bin mir unsicher. Was wollen Sie mir damit sagen?

→ Übung: Die Moderation leitet eine Übung zum aktiven Zuhören an.
Durchführung: In 3-er Gruppen wird ein Gespräch geführt. Es gibt drei Rollen: Erzähler, Zuhörer und Beobachter. Der Erzähler erzählt über eine interkulturell bewegende Erfahrung. Der Zuhörer hört aktiv zu, d. h. er paraphrasiert jede Redesequenz des Erzählers. Der Beobachter beobachtet aufmerksam und gibt im Anschluss an das Gespräch insbesondere dem aktiven Zuhörer Feedback. Die Rollen werden nicht getauscht, sondern es findet nur ein Durchgang statt. [15 min].
→ Auswertung der Übung im Plenum [20 min].

9.7 Modul 7: Reflexion der Lernerfahrungen [15 min]

Aktivität 1 Individuelle Selbstreflexion der zweiten Trainingseinheit [15 min].
→ Den Teilnehmenden wird je ein Exemplar des Lerntagebuches ausgeteilt.

? Lassen Sie den heutigen Tag/die thematische Einheit Revue passieren und notieren Sie Ihre Gedanken in Ihrem persönlichen Lerntagebuch.

9.8 Modul 8: Private Herausforderungen beruflicher Auslandsaufenthalte [120 min]

Aktivität 1 Informeller Abend (ggf. Spätnachmittag) zum Austausch von Erfahrungen von längeren beruflichen Auslandsaufenthalten, insbesondere den meist nicht mitgedachten privaten Arrangements [120 min].

Vorbereitung: Einladung eines Gastredners, der über mannigfaltige Auslandserfahrungen verfügt und Interesse daran hat, seine diesbezüglichen Erfahrungen an andere zu vermitteln. Geeignet sind Mitarbeiter global agierender Unternehmen. Der konkrete Inhalt sollte nicht vorgegeben werden, aber es ist wichtig, den Rahmen abzustecken: Wenn Mitarbeiter ins Ausland entsendet werden, haben sie neben der beruflichen Anforderung des Agierens im interkulturellen Kontext auch viele private Herausforderungen zu bewältigen, die selten thematisiert werden. Diesbezügliche konkrete private Problemstellungen sowie die Art und Weise des Umganges damit sollten Gegenstand des Vortrags und des anschließenden Erfahrungsaustausches sein.

Durchführung: In einem gemütlichen Raum (nicht der Seminarraum) sitzen die Teilnehmenden in einer Runde. Zunächst trägt der Gastredner vor – es sollte aber die Möglichkeit für Zwischenfragen und Anmerkungen bestehen. Im Anschluss daran bekommen die Teilnehmenden Raum, ihre eigenen Erfahrungen zu thematisieren und über Problemlösungen gemeinsam nachzudenken. Dabei sollte eine lockere Gesprächsatmosphäre herrschen und keine klassische Arbeitsatmosphäre.

Hinweis

In dieser Einheit wird Raum dafür geschaffen, über die meist wenig thematisierten privaten Arrangements von beruflichen Auslandsaufenthalten zu sprechen. Viele berufliche interkulturelle Kooperationen sind mit längeren Auslandsaufenthalten verbunden, sodass die Betroffenen sich auch mit der Frage der Lebensgestaltung von sich, ihren Partnern und Kindern befassen müssen. Es müssen Entscheidungen getroffen werden, die die Familien häufig stark belasten, wie z. B. bezüglich der beruflichen Karriere des Partners.

Ein umfassenderes interkulturelles Training, das nicht nur »Dos and Don'ts« vermittelt, muss diesen meist unsichtbaren privaten Bereich einbeziehen.

Gerade im Privatbereich erleben viele Menschen verschiedene Phasen der Konfrontation mit einer neuen Kultur. Diese Phasen sind nach Oberg (1960):

1. der begeisterte »Honeymoon« der ersten Begegnung,
2. die große Verwirrung und Abwehr angesichts der Erfahrung der Unterschiedlichkeit,
3. das Bemühen um Annäherung und schließlich
4. alternativ das Scheitern oder die Integration.

Allerdings sind die einzelnen Phasen und ihre zwingende Abfolge empirisch nicht eindeutig belegt (Ward 1996).

Die Forschung hat deutlich gemacht, dass private, echte Begegnungen mit Mitgliedern des Gastlandes besonders bedeutsam für die Integration sind. Diese Begegnungen werden idealerweise im häuslichen Rahmen mit der ganzen Familie durchgeführt.

Für die alltagspraktischen Vorbereitungen eines beruflichen Auslandsaufenthaltes können die Teilnehmenden auf Ratgeber wie Hecht-El Minshawi u. Szodruch (2008) verwiesen werden.

Einheit 3 – Kulturelle Werte und Regeln

Christel Kumbruck, Wibke Derboven

C. Kumbruck, W. Derboven, *Interkulturelles Training*,
DOI 10.1007/978-3-662-43462-8_10, © Springer-Verlag Berlin Heidelberg 2016

Einleitung

Themen

- Kulturelle Werte und Regeln (zum theoretischen Hintergrund ► Kap. 2)
- Akkulturationsstrategien (zum theoretischen Hintergrund ► Abschn. 1.4)
- Konflikte und ihre Auflösung (zum theoretischen Hintergrund ► Abschn. 2.6)

Botschaften

- »Gleiches Verhalten kann unterschiedliche Bedeutungen haben und verschiedenes Verhalten kann dieselbe Bedeutung haben.«
- »Irritationen aufgrund des Verhaltens von Vertretern anderer Kulturen entstehen oftmals vor dem Hintergrund unterschiedlicher impliziter Wertesysteme und davon abgeleiteter Regeln. Dieser andere Wertehintergrund bestimmt die Intentionen. Lasse Dich davon nicht entmutigen, sondern versuche, die mit dem Verhalten verbundenen Intentionen und Werte zu erkennen!«
- »Nehme die anderen Verhaltensweisen in ihrem kulturellen Sinnzusammenhang (den Werten der Kultur) wahr, anstatt sie abzuwerten!«
- »Versuche Deiner eigenen impliziten Werte und Regeln gewahr zu sein!«

Zielsetzung

In der dritten Einheit (◘ Tab. 10.1) wird Verständnis darüber entwickelt, dass das Verhalten von impliziten kulturellen Werten und Regeln bestimmt wird, die mit Intentionen und Erwartungen an das Gegenüber verbunden sind. Es wird in einem Simulationsspiel gezeigt, wie sich unterschiedliche kulturelle Regeln und Werte in der Kommunikation auswirken und wie man selbst damit mehr oder weniger unbewusst umgeht. Weiterhin werden Lösungsstrategien entwickelt.

- Modul 1: Ankunftsrunde
- Modul 2: Werte- und Regel-Kollisionen
- Modul 3: Interkulturelles Simulationsspiel
- Modul 4: Werte
- Modul 5: Internationale Meetings
- Modul 6: Konflikte und Konfliktlösungen
- Modul 7: Betriebsbesichtigung
- Modul 8: Reflexion der Lernerfahrungen

◘ **Tab. 10.1** Ablaufplan Einheit 3

Thema, Ablauf, Aktivitäten	Methode	Material	Zeit [min]
Modul 1			
Ankunftsrunde		Kaffee, Erfrischungen	15
Modul 2			
Werte- und Regelkollisionen	Input		15
Modul 3			
Interkulturelles Simulationsspiel	Interkulturelles Simulationsspiel	Spielmaterialien: DIN-A1-Pappen, bunte DIN-A4-Pappen, Stifte, Kleber, Scheren; Identitätskarten, Aufgabenanleitungen, Beobachterbögen, Reflexionsbögen (Material 10.1–10.7), Flipchart	270
Modul 4			
Werte	Input, Spiele, moderierte Diskussion, Erfahrungsaustausch, Kleingruppenarbeit	Arbeitsblatt (Material 10.8), Werbeanzeigen (z. B. Zeitschriften), Zitatensammlung (Material 10.9)	195

■ Tab. 10.1 (Fortsetzung)

Thema, Ablauf, Aktivitäten	Methode	Material	Zeit [min]
Modul 5			
Internationale Meetings	Input; Arbeit in Kleingruppen	Flipchart und Stifte	90
Modul 6			
Konflikte und Konfliktlösungen	Input; Test; Kleingruppenarbeit; Diskussion im Plenum	Test, Arbeitsblätter (Material 10.10–10.12)	155
Modul 7			
Betriebsbesichtigung			120
Modul 8			
Reflexion der Lernerfahrungen	Individuelle Reflexion	Tagebücher	15

10.1 Modul 1: Ankunftsrunde [15 min]

Aktivität 1 Moderierte Blitzlichtrunde [15 min]. → Die Teilnehmenden bekommen Raum, an den vorherigen Trainingstag anzuknüpfen und Offenheit für den heutigen Tag zu entwickeln.

? Mit welchen Gefühlen kommen Sie heute hier an?
Wenn Sie den gestrigen Tag Revue passieren lassen, fallen Ihnen noch Dinge ein, die Sie jetzt einbringen möchten?

10.2 Modul 2: Werte- und Regelkollisionen [15 min]

Aktivität 1 Werte als Basis des Verhaltens [15 min]. → Input zum Zusammenhang zwischen Werten und Verhalten (▶ Folie 10.1, http://extras.springer.com, ■ Abb. 10.1). Zur Einbettung des Simulationsspiels wird mithilfe der Werte-Verhaltens-Hierarchie dafür sensibilisiert, dass kulturelle Verhaltensregeln auf der Grundlage von Werteorientierungen und Werten konstruiert sind. Daraus folgt:

1. Verhaltensregeln sind immer in einem gewissen Maße interpretierbar.
2. Die dahinter liegenden Werte und Werteorientierungen sind meist verdeckt; sie haben sich im Kontext ihrer Entstehungsgeschichte als sinnvoll erwiesen.

Folie 10.1

Grundlegende Werteorientierungen
Menschenbild,
Mensch-Umwelt-Beziehung,
Zeitorientierung,
Handlungsorientierung,
Relationale Orientierung.

↓

Werte
Hierarchien, Akzeptanz von Macht,
Eingebundenheit des Individuums in »Clan«,
Geschlechterrollen,
Umgang mit nicht geplanten Situationen,
Zukunftsorientierung.

↓

Regeln des Verhaltens
Pünktlichkeit,
Informelles Handeln,
Dress-Code,
Körperliche Nähe,
…

■ **Abb. 10.1** Werte-Verhaltens-Hierarchie

10.3 Modul 3: Interkulturelles Simulationsspiel [270 min]

Aktivität 1 Vertrautmachen der Teilnehmenden mit dem interkulturellen Simulationsspiel [20 min].
→ Die Teilnehmenden werden darauf hingewiesen, dass der restliche Vormittag für ein Spiel reserviert ist, das in sehr anschaulicher Art und Weise Kultur sichtbar machen kann. Den Teilnehmenden wird anschließend der Ablauf des Spiels vermittelt.

? Die nächsten 4,5 Stunden spielen wir ein interkulturelles Simulationsspiel, welches den Einfluss impliziter Werte und Regeln erlebbar macht. Sie werden in drei Gruppen spielen. Sie bekommen mehrere Aufgaben, die sie in den Gruppen bearbeiten sollen. Nach dem Spiel werden wir Zeit für eine ausführliche Reflexion der Spielerfahrungen haben.

→ Die Teilnehmenden werden in drei Gruppen eingeteilt (dabei spielt die kulturelle Zusammensetzung keine Rolle): Jede Gruppe benennt einen Beobachter. Jede Gruppe bekommt eine Identitätskarte, das Aufgabenblatt 1, das Spielmaterial; die Beobachter bekommen die Beobachterbögen.

? Sie werden gleich neue Kulturen konstruieren und innerhalb dieser Kulturen Aufgaben bearbeiten. Sie haben die einmalige Gelegenheit eine Kultur in kürzester Zeit zu erschaffen. Von nun an gibt es keine Deutschen, Franzosen, Brasilianer etc. mehr hier im Raum, sondern nur noch Präriewölfe, Zitronenhaie und Paradiesvögel. Lassen Sie sich von nun an von Ihren Identitätskarten und Ihrer eigenen Kreativität leiten. Gehen Sie jetzt in die Spielräume. Dort lesen Sie bitte die Aufgaben und bearbeiten diese der Reihe nach. Achten Sie auf die Zeitangaben.

Aktivität 2 Spielen des Spiels [100 min].
→ Die Teilnehmenden spielen in drei Gruppen in getrennten Räumen das Spiel.

Zielsetzung des Spiels: Im Folgenden interkulturellen Simulationsspiel werden kulturelle Werte und Werteorientierungen aus dem Verborgenen befreit und diese bewusst in Szene gesetzt. Dadurch kann die Kraft der daraus abgeleiteten Verhaltensregeln sowie deren Irritationspotenzial beim Zusammentreffen verschiedener Regelwerke nachvollzogen werden.

Herkunft des Spiels: Die Grundidee des Spiels haben wir von dem interkulturellen Simulationsspiel »ECOTONOS« (Nipporica Associates 1997) übernommen. Wir haben es jedoch bezüglich der Spielregeln stark vereinfacht, aber in der Reflexion auch vertieft.

Kurzüberblick über den Spielinhalt: In diesem interkulturellen Simulationsspiel werden drei Spielgruppen à ca. fünf Teilnehmende mit »künstlichen Kulturen« ausgestattet, um ihnen anschließend jeweils vier Aufgaben anzuvertrauen. Die »künstlichen Kulturen« entstehen, indem die Gruppen unterschiedliche Namen und unterschiedliche Verhaltensregeln erhalten (► Material 10.1–10.3, http://extras.springer.com).

Nachdem die Aufgaben ausgeführt worden sind (► Material 10.4–10.5, http://extras.springer.com), folgt eine ausgiebige Reflexion der durchlebten Erfahrungen. Zur Unterstützung dieser Reflexion beobachtet ein Teilnehmender pro Gruppe das Spiel und hält seine Beobachtungen schriftlich fest (► Material 10.6, http://extras.springer.com). Zusätzlich füllen alle Spielakteure im Anschluss an das Spiel einen Reflexionsbogen aus (► Material 10.7, http://extras.springer.com).

Kurzüberblick über den Spielablauf: Nachdem das Spiel von der Moderation erläutert wurde, bekommt jede Gruppe (ca. vier Spieler und ein Beobachter) eine Aufgabenanleitung, eine Identitätskarte, das Spielmaterial (zwei große Pappen, buntes Bastelpapier, Schere, Klebstoff, verschiedenfarbige Stifte, ein Flipchartpapier), und der Beobachter erhält einen Beobachterbogen. Dann gehen die Gruppen in jeweils separate Räume, um dort die Aufgaben zu bearbeiten, wobei nach der dritten Aufgabe die Gruppen gemischt werden (dies wissen die Gruppen bis dahin nicht).

- **Vorbereitende Aufgabe 1** »Vertraut machen mit den Regeln«: Zu Beginn des Spieles müssen sich die Spieler zunächst mit den eigenen Regeln vertraut machen und überlegen, wie sich diese Regeln auf das sichtbare Verhalten auswirken. Gemeinsam werden sichtbare Verhaltensweisen formuliert.

- **Aufgabe 2** »Ausarbeitung und Visualisierung eines Mythos über die Entstehung dieser Kultur«: Die Spieler entwickeln einen kulturtragenden Mythos ihres Volkes und visualisieren diesen auf einem Flipchartpapier. Während dieser Phase haben die Gruppenmitglieder Zeit, das Anwenden der Regeln zu üben und sich in ihre neue Kultur einzufühlen.
- **Aufgabe 3** »Ausarbeitung und Visualisierung einer Stadt/Dorfgemeinschaft o. Ä., in der sich Vertreter dieser Kultur wohlfühlen«: Ausgestattet mit der neuen Verhaltenspraxis planen die Spieler gemeinsam eine Stadt/Dorfgemeinschaft o. Ä. ihrer Kultur und visualisieren diese mithilfe des »Bastelmaterials«.
- **Aufgabe 4** »Ausarbeitung und Visualisierung einer Stadt/Dorfgemeinschaft o. Ä. für die neu entstandene Mischkultur«: Vor der vierten und letzten Aufgabe werden die Gruppen mit Verweis auf Naturkatastrophen und der daraus resultierenden Notwendigkeiten der Emigration und Immigration gemischt, sodass aus künstlichen monokulturellen künstliche multikulturelle Gruppen werden. Dabei kann man entweder nur jeweils zwei Kulturen zusammenbringen oder alle drei Kulturen. Die Ausarbeitung und Visualisierung einer gemeinsamen Stadt/Dorfgemeinschaft o. Ä. sorgt für mannigfaltige Irritationen, da verschiedene Verhaltenspraktiken aufeinandertreffen und den Spielern nicht explizit gesagt wurde, dass jede Kultur eigene Regeln bekommt. Auch das Produkt selbst gestaltet sich im Vergleich zur vorherigen Aufgabe schwieriger, da unterschiedliche Bedürfnisse im Raum stehen und in die Planung integriert werden müssen.

Material 10.1

Identitätskarte 1

- Name der Kultur: Präriewolf
- Verhaltensregeln:
  1. Wir halten stets engen Körperkontakt zueinander und berühren uns bei Zustimmung.
  2. Wir antworten nie direkt auf Fragen mit »Ja« oder »Nein«, sondern wir reden um eine klare Antwort herum.
  3. Zeit und Pünktlichkeit haben für uns keine Bedeutung.

Material 10.2

Identitätskarte 2

- Name der Kultur: Zitronenhai
- Verhaltensregeln:
  1. Zum Nachdenken gehen wir auch in Besprechungen oft hin und her und führen leise Selbstgespräche. Wenn uns jemand begegnet, geben wir uns flüchtig die Hände.
  2. Wir benutzen oft und gerne ein klares »Nein«, auch wenn wir »Ja« meinen. Wenn wir etwas befürworten, sagen wir zwar zunächst »Nein«, bringen aber bei nächster Gelegenheit den Sachverhalt als eigene Idee ein.
  3. Zeit und Pünktlichkeit sind für uns sehr wichtig.

Material 10.3

Identitätskarte 3

- Name der Kultur: Paradiesvogel
- Verhaltensregeln:
  1. Wir halten stets viel Abstand zu unseren Mitmenschen und berühren uns nie.
  2. Wir benutzen das Wort »Nein« nie, sondern ignorieren Sachverhalte, die uns nicht gefallen.
  3. Wir haben immer Zeit für ein »privates Seitengespräch«, wollen aber auch Ergebnisse sehen.

Material 10.4

Aufgabenanleitung 1

1. Vorbereitende Aufgabe: »Regeln umsetzen«:
   - Lesen Sie die Regeln und überlegen Sie, wie man diese Regeln in sichtbares Verhalten transformieren kann. Sie haben dafür 10 Minuten Zeit.
2. Aufgabe: »Entwickeln Sie einen Mythos Ihres Volkes«:
   - Versuchen Sie einen Mythos zu entwickeln, der Ihre Kultur – die in den Regeln sichtbar wird – in einer Geschichte erklärt. Damit verdeutlichen Sie sich selbst, dass die Regeln ›Sinn‹ machen und von Ihren Werten bestimmt sind. Visualisieren Sie diesen Mythos auf einem Flipchartpapier. Achten Sie während dieser Arbeit auf Ihre neuen kulturellen Verhaltensregeln! Sie haben 20 Minuten Zeit.
3. Aufgabe: »Planen Sie eine Stadt/Dorfgemeinschaft o. Ä.«:
   - Entwerfen Sie eine Stadt/Dorfgemeinschaft o. Ä., in der Menschen Ihres Kulturkreises leben können. Der Entwurf sollte für andere verstehbar sein. Benutzen Sie zur Visualisierung die große Pappe als Unterlage und die anderen Pappen zur Darstellung der Details. Sie haben 30 Minuten Zeit für den Entwurf.

Material 10.5

Aufgabenanleitung 2

4. Aufgabe: »Planen Sie eine multikulturelle Stadt/Dorfgemeinschaft o. Ä.«:
   - Durch eine Tragödie wurden Ihre Stadt/Dorfgemeinschaft o. Ä. und andere Städte/Gemeinschaften in der Umgebung zerstört. Nun wollen Sie mit den Abgesandten der anderen zerstörten Städte eine Stadt/Dorfgemeinschaft o. Ä. planen, in der die verschiedenen Kulturen zusammenleben können. Visualisieren Sie diese. Sie haben 30 Minuten Zeit für den Entwurf.

Material 10.6

Beobachterbogen: Interkulturelles Simulationsspiel

Ihre Aufgabe ist es, die Spieler während der Spielphasen (s. Aufgaben 1-4) zu beobachten und ihnen im Anschluss (in der Auswertungsrunde im Plenum) Rückmeldung zu geben.

- Vorbereitende Aufgabe 1: »Regeln umsetzen«:
  - Zur Atmosphäre (freundlich – konfrontativ)
  - Zur Beteiligung der Spieler (Wer ist dominant, wer eher zurückhaltend?)
  - Zur Rollenverteilung (Wer liefert Ideen, wer entscheidet, wer führt aus?)
- Aufgabe 2: »Entwickeln des Mythos«:
  - Zur Atmosphäre (freundlich – konfrontativ)
  - Zur Beteiligung der Spieler (Wer ist dominant, wer eher zurückhaltend?)
  - Zur Rollenverteilung (Wer liefert Ideen, wer entscheidet, wer führt aus?)
- Aufgabe 3: »Planung einer Siedlung in einer monokulturellen Gruppe«:
  - Zur Atmosphäre (freundlich – konfrontativ)
  - Zur Beteiligung der Spieler (Wer ist dominant, wer eher zurückhaltend?)
  - Zur Rollenverteilung (Wer liefert Ideen, wer entscheidet, wer führt aus?)
- Aufgabe 4: »Planung einer Siedlung in einer multikulturellen Gruppe«:
  - Zur Atmosphäre (freundlich – konfrontativ)
  - Zur Beteiligung der Spieler (Wer ist dominant, wer eher zurückhaltend?)
  - Zur Rollenverteilung (Wer liefert Ideen, wer entscheidet, wer führt aus?)
- Rückmelderegeln:
  - Bitte sprechen Sie darüber, was Sie gesehen haben und geben Sie keine Interpretationen (beschreiben, nicht bewerten).
  - Seien Sie bitte konstruktiv.
  - Beginnen Sie bitte mit den positiven Eindrücken.

Material 10.7

Reflexionsbogen: Interkulturelles Simulationsspiel

- Vorbereitende Aufgabe 1: »Regeln umsetzen«:
  - Was passierte, als Ihre Gruppe sich über die Regeln verständigte und diese interpretierte?
  - Wie fühlten Sie sich bei der Umsetzung Ihrer neuen Regeln?
- Aufgabe 2: »Entwickeln eines Mythos«:
  - Was passierte, als Ihre Gruppe den Mythos entwickelte?
  - Wie fühlten Sie sich in Ihrer neuen Kultur?
- Aufgabe 3: »Planung einer Stadt/Dorfgemeinschaft o. Ä.« (monokulturelle Gruppe):
  - Was passierte, als Sie gemeinsam die Stadt/Dorfgemeinschaft o. Ä. planten?
  - Wie fühlten Sie sich?
  - Inwieweit förderten oder behinderten die Regeln die Gruppenarbeit?
- Aufgabe 4: »Planung einer Stadt/Dorfgemeinschaft o. Ä.« (multikulturelle Gruppe):
  - Was passierte, als Sie gemeinsam die Stadt/Dorfgemeinschaft o. Ä. planten?
  - Wie fühlten Sie sich?
  - Inwieweit förderten oder behinderten die Regeln die Gruppenarbeit?

Hinweis

Das Arbeitsmaterial wird folgendermaßen angefertigt: Die Identitätskarten (► Material 10.1–10.3, http://extras.springer.com) werden auf separate Blätter übertragen, damit sie einzeln an die jeweiligen Gruppen verteilt werden können.

Die Aufgaben 1–3 können auf ein Blatt geschrieben werden (► Material 10.4, http://extras.springer.com). Die Aufgabe 4 kommt auf ein separates Blatt (► Material 10.5, http://extras.springer.com), da sie erst nach der Durchmischung der Gruppen verteilt wird.

Auf den Beobachter- und Reflexionsbögen (► Material 10.6, Material10.7, http://extras.springer.com) muss zwischen den einzelnen Fragen und Beobachtungskategorien Platz für Notizen gelassen werden.

Nach Austeilung der Identitätskarten ist es sinnvoll, die neuen Kulturen spielerisch zu initiieren, damit die Teilnehmenden besser in die neuen Kulturen hineinschlüpfen können.

Da es den Spielern in der ersten Spielphase (Aufgaben 1–3) häufig schwerfällt, die Regeln einzuhalten, sollte die Moderation während des gesamten Spiels durch die Gruppen wandern und an die Einhaltung der Verhaltensregeln erinnern.

Die Durchmischung der Gruppen vor der vierten Aufgabe muss von der Moderation vorher durchdacht (wer soll zu wem gehen?) und praktisch angeleitet werden. Nach Ablauf der Spielzeit der ersten drei Aufgaben wird jeder Gruppe mitgeteilt, wie viele Spieler in welche anderen Gruppen gehen sollen.

Aktivität 3 Auswertung des Simulationsspiels allgemein [120 min].

→ Einleitung der Reflexion [2 min]: Alle Spieler kommen wieder zusammen und werden aus ihrer Spielrolle entlassen. Sie werden auf die folgende ausführliche Reflexion hingewiesen:

? Wir haben die nächsten 120 Minuten Zeit, Ihre Erlebnisse im Spiel ausführlich zu reflektieren. Dazu lassen wir die Identitäten der Präriewölfe, der Zitronenhaie und der Paradiesvögel hinter uns und widmen uns ganz der Reflexion des Spiels.

→ Individuelle Reflexion der Spielerlebnisse [13 min]: Alle Spieler bekommen einen Reflexionsbogen (► Material 10.7, http://extras.springer.com) und füllen diesen aus. Die Beobachter haben Zeit, die eigenen Beobachtungen zu ordnen und zu strukturieren.

→ Reflexion der ersten beiden Aufgaben [20 min]: Die Gruppen präsentieren reihum den visualisierten Mythos und berichten über ihre Erlebnisse während dieser Spielphase. Anschließend berichten die Beobachter über ihre Beobachtungen in dieser Phase. Es folgt eine ausführliche Diskussion der Erlebnisse und der Beobachtungen.

→ Reflexion der Aufgabe 3 [30 min]: Die Gruppen präsentieren reihum die von ihnen entworfene monokulturelle Stadt/Dorfgemeinschaft o. Ä. (Beispiel 10.1; ◘ Abb. 10.2) und berichten über ihre Erlebnis-

Beispiel 10.1

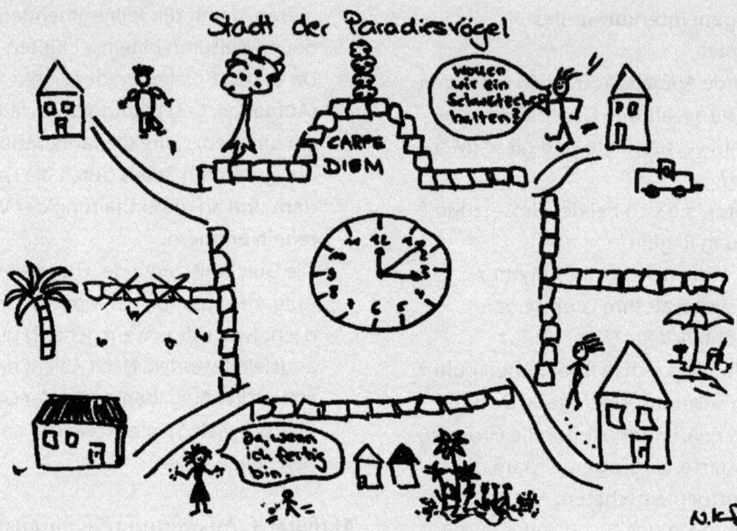

Abb. 10.2 Stadt der Paradiesvögel

se während dieser Spielphase. Anschließend berichten die Beobachter über ihre Beobachtungen in dieser Phase. Es folgt eine ausführliche Diskussion der Erlebnisse und der Beobachtungen.

→ Reflexion der Aufgabe 4 [45 min]: Die Gruppen präsentieren reihum den Entwurf der multikulturellen Stadt/Dorfgemeinschaft o. Ä. und berichten über ihre Erlebnisse während dieser Spielphase. Anschließend berichten die Beobachter über ihre Beobachtungen in dieser Phase. Es folgt eine ausführliche Diskussion der Erlebnisse und der Beobachtungen.

→ Festhalten der Erfahrungen [10 min]: Reihum werden die Erfahrungen in stark verdichteter Form abschließend ausgetauscht. Die einzelnen Beiträge werden dabei nicht kommentiert:

? Zum Abschluss möchte ich Sie bitten, reihum nochmals Ihre eindringlichste Spielerfahrung zu erzählen. Was nehmen Sie von diesem Spiel mit in Ihren Alltag?

Hinweis

Um die Reflexion lebendig zu halten, ist es wichtig, dass die Moderation den Prozess durch Fragen anregt. Fragen sollten dabei die Sachaufgabe, die Interaktion in der Gruppe und das einzelne Individuum berühren. Fragen sollten sich darüber hinaus auf das Handeln, auf die Gefühle und auf die Kognition beziehen:

- Handlungsebene: z. B. Was passierte überhaupt? Wie wurde interagiert?
- Gefühlsebene: z. B. Wie habe ich mich gefühlt? Welche Regel konnte ich gut leben, welche war mir unangenehm?
- Kognitive Ebene: z. B. Welche Regel war hilfreich für ein gutes Ergebnis, welche behinderte eher die Effizienz? Welche Regel war gut für unsere Gruppenatmosphäre, welche verhinderte eher ein Teamgefühl?

Abschließende Reflexionsfragen sollten auch die Verzahnung mit realen interkulturellen Erlebnissen anregen: Wenn Sie an Ihre realen interkulturellen Erlebnisse denken, entdecken Sie Gemeinsamkeiten mit ihren Spielerfahrungen?

Folie 10.2

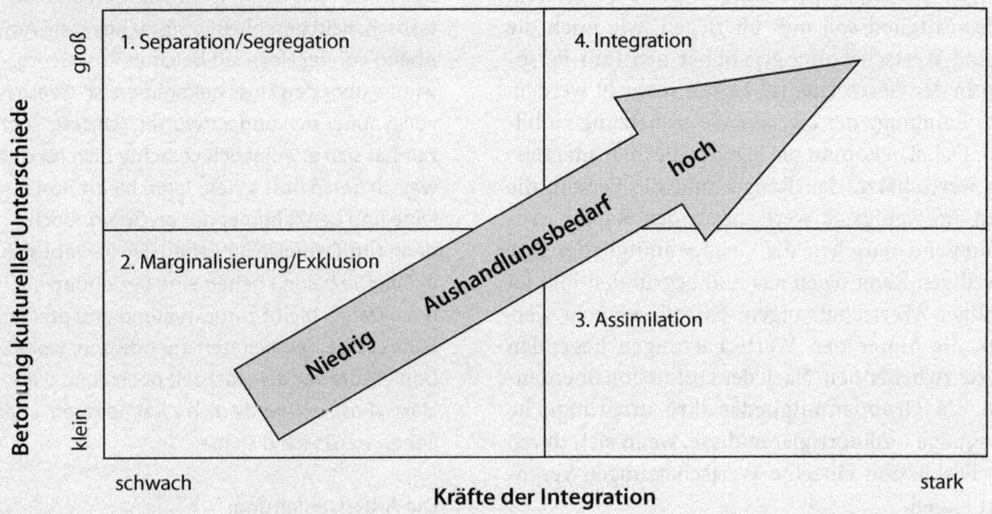

Abb. 10.3 Die 4 Akkulturationsstrategien. (Mod. nach Berry 1990. Reprinted from The Nebraska Symposium on Motivation, Volume 37: Cross-Cultural Perspectives, edited by John J. Berman, by permission of the University of Nebraska Press. Copyright 1990 by the University of Nebraska Press.)

Aktivität 4 Auswertung im Hinblick auf Akkulturationsstrategien [30 min].

→ Input zu Akkulturationsstrategien (▶ Folie 10.2, http://extras.springer.com; Abb. 10.3)

→ Einordnung der multikulturellen Städte/Dorfgemeinschaften in die Akkulturationsmatrix, Vergleich der Gruppen und Hinterfragen der multikulturellen Gruppendynamiken, die zu den jeweiligen Akkulturationsstrategien bei den »Migranten-« und den »Gastgeber-Kulturen« führten. Um die Akkulturationsstrategien besser zu erkennen, werden die Visualisierungen der Mythen, mono- und multikulturellen Siedlungen aufgehängt.

Hinweis

Da die multikulturellen Dörfer/Städte häufig deutliche Züge von Separation aufweisen, werden die Teilnehmenden mit der Selbsterkenntnis konfrontiert, in diesem Spiel andere kulturelle Gruppen ausgegrenzt und isoliert zu haben. Diese Erkenntnis kann sehr betroffen machen. Es sollte nicht so schnell darüber hinweggegangen, sondern darüber gesprochen werden.

10.4 Modul 4: Werte [195 min]

Aktivität 1 Auseinandersetzung mit eigenen und fremden Werten [60 min].

→ Kleingruppenarbeit [45 min].

Die Moderation leitet eine Übung zur Explizierung von Werten an. Sie erzählt den Spielablauf, teilt das Plenum in multikulturelle Kleingruppen (4-5 Personen) ein und verteilt in den Kleingruppen an jeden Teilnehmenden ein Arbeitsblatt (▶ Material 10.8, http://extras.springer.com).

Ziel der Übung: Die Aufgabe dient der Bewusstmachung der eigenen Werte und der Diversität von Werten in interkulturellen Situationen. Sie soll dafür sensibilisieren, dass nicht allein unser Verhalten, sondern auch unsere dahinterliegenden Werte uns von anderen Personen unterscheiden. Die Teilnehmenden müssen über die eigenen Werte nachdenken, sie konkretisieren und anderen mitteilen, sich aber auch in andere Wertesysteme hineinfühlen.

Herkunft: Die Aufgabe ist eine abgewandelte Form des Spiels »Die Entscheidung« von Helga Losche (2005, S. 141f., nach einer Idee von Lloyd E. Corder and others (1989). The Parable, S. 12).

Ablauf: In multikulturellen Kleingruppen von ca. vier Personen wird eine Geschichte gelesen. Jedes Mitglied soll nun überlegen, wie hoch die eigene Wertschätzung gegenüber den fünf Personen in der Geschichte ist. Es soll versucht werden, eine Rangfolge der eigenen Wertschätzung zu bilden. Dabei bekommt die Person, die man am meisten wertschätzt, den Rang 1 und die Person, die man am wenigsten wertschätzt, den Rang 5. Anschließend tauschen die Gruppenmitglieder ihre jeweiligen Rangfolgen aus und begründen ihre jeweiligen Wertschätzungen. Es soll versucht werden, die hinter den Wertschätzungen liegenden Werte zu benennen. Nach der Diskussion überdenken die Gruppenmitglieder ihre ursprüngliche Rangfolge und korrigieren diese, wenn sich durch die Diskussion einzelne Wertschätzungen verändert haben.

Material 10.8

Übung »Rosi«

Die Geschichte:

»**Rosi** ist ein Mädchen und 21 Jahre alt. Sie liebt **Georg**, den Mann von der anderen Flussseite. Sie hat ihn zwar bisher nur von weitem gesehen, aber sie ist sich sicher, dass Georg der Mann ihres Lebens ist. Doch sie kann nicht zu ihm gelangen, da ein großer, tiefer Fluss die beiden trennt. Doch Rosis Sehnsucht wird immer größer und sie muss unbedingt zu Georg auf die andere Seite. Sie überlegt, wie sie den Fluss überqueren kann. Ihr fällt ein, dass ihr Bekannter **Siegfried** ein Boot besitzt. Als sie Siegfried ihr Problem erzählt und ihn bittet, sie mit seinem Boot auf die andere Flussseite zu bringen, verlangt er dafür, dass sie eine gemeinsame Nacht verbringen. Rosi ist schockiert und denkt über andere Möglichkeiten nach. Ihr fällt **Frederik** ein, der auch ein Boot besitzt. Doch Frederik weist ihre Bitte nach einer Überfahrt barsch ab, weil er ein unglücklicher und neidischer Mensch ist, der anderen Menschen auf keinen Fall zu deren Glück verhelfen möchte. Also beschließt Rosi, auf das Angebot von Siegfried einzugehen: sie verbringt eine Nacht mit ihm und er bringt sie über den Fluss.

Das Treffen mit Georg ist romantisch und fantastisch. Bald beschließen sie zu heiraten. Am Abend vor der Hochzeit beichtet Rosi Georg, wie sie über den Fluss gekommen ist. Georg ist völlig außer sich und antwortet: »Unsere Hochzeit hat sich erledigt. Ich verachte dich für das, was du getan hast.« Viele Jahre bleibt Rosi alleine und denkt immer nur an Georg. Doch dann tritt **Daniel** in ihr Leben. Sie verliebt sich in ihn. Die beiden gehen eine Beziehung ein, doch Daniel bleibt zurückhaltend und etwas kühl. Die beiden heiraten irgendwann, wobei Daniel kurz vor der Hochzeit noch einmal erklärt: »Rosi, ich werde dich zwar heiraten, aber lieben werde ich dich nie.«

Die Arbeitsanleitung:

Bitte überlegen Sie jeder für sich, wie hoch die eigene Wertschätzung gegenüber den fünf Personen in der Geschichte ist. Versuchen Sie eine Rangfolge Ihrer Wertschätzung den Personen gegenüber zu bilden. Dabei bekommt die Person, die Sie am meisten wertschätzen, den Rang 1 und die Person, die sie am wenigsten wertschätzen, den Rang 5. Tauschen Sie sich anschließend mit den anderen Gruppenmitgliedern über ihre jeweiligen Rangfolgen aus, wobei Sie auch die Gründe für Ihre Wertung nennen und diskutieren sollten. Überdenken Sie nach der Diskussion Ihre ursprüngliche Rangfolge und korrigieren Sie diese, wenn sich durch die Diskussion einzelne Wertschätzungen verändert haben.

Herkunft: Das Spiel ist eine abgewandelte Form des Spiels »Die Entscheidung« von Helga Losche (2005; S. 141/142, nach einer Idee von Lloyd E. Corder and others (1989). The Parable, S.12).

Meine Rangfolge:

	Vor der Diskussion	Nach der Diskussion
Rosi		
Georg		
Siegfried		
Frederik		
Daniel		

→ Auswertung [15 min].

Im Plenum berichten die Kleingruppen anschließend über ihre Erfahrungen mit dieser Übung: Wie weit lagen die Rangfolgen auseinander? Wurden eigene Rangfolgen im Anschluss an die Diskussion korrigiert? Welche Gefühle lösten die unterschiedlichen Wertschätzungen aus?

Hinweis

Werteorientierungen sind teilweise nicht bewusst, sondern vielfach vorbewusst oder im Unterbewusstsein verankert. Deshalb sind sie auch schwerer veränderbar als das Verhalten. Für einen tieferen interkulturellen Kontakt ist es aber wichtig, auch die eigene Werteorientierung zu reflektieren und ggf. sogar zu verändern. In der Übung müssen die Teilnehmenden über die eigenen Werte nachdenken. Da es teilweise schwerfällt, die eigenen Werte als Begründung für die eigene Rangfolge anderen mitzuteilen, ist diese Übung für die Teilnehmenden nicht einfach. Die Moderation sollte deshalb darauf hinweisen, dass diese Übung das eigene Wertesystem berührt und von daher tiefe Emotionen auslösen kann. Die Diskussion in der Gruppe sollte deshalb behutsam und nicht allzu emotional geführt werden.

Die Moderation sollte sich vorab Gedanken machen, ob die Rollen in der Geschichte die Werte einiger Seminarteilnehmenden stark verletzen und deshalb starke unangenehme Gefühle auslösen würden. In diesem Fall sollte die Aufgabe in dieser Form nicht durchgeführt, sondern die Rollen vorab den vermuteten Schamgrenzen der Teilnehmenden angepasst werden.

Aktivität 2 Analyse von Werbeanzeigen [45 min].

→ Zur Sensibilisierung und Sichtbarmachung von expliziten und insbesondere impliziten Regeln und Werten eignet sich die Analyse von Werbeanzeigen (Alternative: organisationsbezogene Fallstudien; »case studies«), z. B. eines Produktes, das aus und in unterschiedlichen Kulturräumen beworben wird. Hierzu sollten die Teilnehmenden in Kleingruppen an Werbematerial (z. B. Werbung für Fluglinien) arbeiten und dabei die Schwerpunkte der Werbung (z. B. Service, Technik u. a.) identifizieren sowie die dahinter liegenden nationalkulturellen Werte herausfinden und auf einem Flipchart visualisieren. Die Ergebnisse werden anschließend im Plenum präsentiert und diskutiert.

Aktivität 3 Wie wahr ist die Wahrheit? [60 min].

→ Input [10 min]: Unterschied naturwissenschaftlicher vs. kontext-relativierter Wahrheitsbegriff (► Folie 10.3, http://extras.springer.com).

→ Erfahrungsaustausch in Kleingruppen [20 min].

→ Zusammentragen der wesentlichsten Ergebnisse im Plenum [15 min].

Kennen Sie Kulturen oder haben Sie kulturelle Erfahrungen mit dem relativierten Wahrheitsbegriff gemacht?

Folie 10.3

Input: Auffassungen von Wahrheit

1. **Naturwissenschaftlicher Wahrheitsbegriff:**
   - Skandinavien, Deutschland, Nordamerika, Australien: Faktenorientierung führt zu Ehrlichkeit!
2. **Durch den Kontext relativierter Wahrheitsbegriff:**
   - Höflichkeit führt zu widersprüchlicher Wahrheit!
   - Einfühlungsvermögen führt zum Verschweigen von Wahrheit!
   - Harmoniebedürfnis führt zu Beschönigungen!
   - Familienloyalität führt zur Aushandlung von Wahrheit!
   - Traditionen und Konventionen führen zur Ökonomisierung von Wahrheit!
   - Die Unterdrückung von Meinungsfreiheit im politisch-gesellschaftlichen System führt zur pragmatischen Anpassung von Wahrheit an die politischen Erwartungen (Sanktionssystem); daraus entwickelt sich ein situationsspezifischer Umgang mit Wahrheit als allgemeine soziale Praxis!

Hinweis

Menschen sagen nicht immer die Wahrheit im Sinne objektiver Faktenorientierung. Vertreter aus einer Kultur mit naturwissenschaftlichem Wahrheitsbegriff wissen dann, dass sie selbst lügen. Für Vertreter eines relativierten Wahrheitsverständnisses sind andere Werte wichtiger, so in vielen asiatischen Kulturen die Wahrung des Gesichts. Dies kann verdeutlicht werden anhand der Geschichte eines jungen Paares, sie Japanerin, er Deutscher. Er betrügt sie mit einer anderen Frau und beichtet ihr anschließend seinen Seitensprung. Sie sieht als einzige Lösungsmöglichkeit die Scheidung an. Diese begründet sie damit, dass nicht so sehr sein Fehltritt, sondern seine Beichte für sie einen nicht wieder gut zu machenden Gesichtsverlust darstelle.

Die inzwischen Geschichte gewordene sowjetische Gesellschaft wurde aus der »Außen«-Sicht gar als eine Gesellschaft der »Doppeldeutigkeit« und »dreifachen Moral« beschrieben, weil sich die Regeln die »Wahrheit« zu sagen je nach sozialem Kontext stark änderten: Es gab »offizielle Standards« für die Öffentlichkeit, »formelle nichtoffizielle Standards«, die vor fremden Augen versteckt, ungeschrieben, aber hoch reglementiert waren, und »nichtformelle Standards« für den engsten Kreis, z. B. die Familie (Radajew u. Schkartan 1996, S. 61, zitiert und übersetzt aus dem Russischen von Stein-Redent 2008, S. 31f.). Man kann davon ausgehen, dass die Sowjetbürger, die die Spielregeln den Kontexten zuordnen konnten, quasi aus der Innensicht auch Aussagen im Hinblick auf ihre jeweilige Gültigkeit einschätzen konnten. Aber eine solche extreme Kontextrelativierung stellte sicherlich für Menschen, die nicht innerhalb des Systems groß wurden, eine sehr hohe Herausforderung dar.

→ Ergänzung durch Zitate zur »Wahrheit« [15 min].

Die Folie 10.3 kann veranschaulicht werden mit diversen Zitaten zum Wahrheitsverständnis berühmter Personen, angefangen mit Galileo Galilei als überzeugter Vertreter des naturwissenschaftlichen Denkens, der für diese Wahrheit sogar die Verfolgung durch die Inquisition auf sich nahm. Diese Zitate in ihrer Unterschiedlichkeit sollten als Arbeitsblatt verteilt werden (► Material 10.9, http://extras.springer.com). Sie regen zur vertieften Diskussion an.

Material 10.9

Zitate zur Wahrheit

Zwei Wahrheiten können sich nie widersprechen. (Galileo Galilei, ital. Naturwissenschaftler)
Wenn alle Menschen immer die Wahrheit sagten, wäre das die Hölle auf Erden. (Jean Gabin, franz. Schauspieler)
Ich bin der Wahrheit verpflichtet, wie ich sie jeden Tag erkenne, und nicht der Beständigkeit. (Mahatma Gandhi, ind. Politiker)
Die Wahrheit kann auch eine Keule sein, mit der man andere erschlägt. (Anatole France, franz. Schriftsteller)
Eines Tages schwimmt die Wahrheit doch nach oben. Als Wasserleiche. (Wieslaw Brudzinski, poln. Satiriker)
Der Erfinder der Notlüge liebte den Frieden mehr als die Wahrheit. (James Joyce, engl. Schriftsteller)
Ein Dutzend verlogener Komplimente ist leichter zu ertragen als ein einziger aufrichtiger Tadel. (Mark Twain, US-amerik. Schriftsteller)
Wer viel redet, glaubt am Ende, was er sagt. (Honoré de Balzac, franz. Schriftsteller)
Jeder meint, dass seine Wirklichkeit die richtige Wirklichkeit ist. (Hilde Domin, dt. Schriftstellerin)
Die Wahrheit ist eine Braut ohne Aussteuer. (Francis Bacon, engl. Autor und Philosoph)
Warum zum Teufel müssen wir überhaupt erkennen, was gut und was böse ist, wenn es uns so teuer zu stehen kommt? (Fjodor M. Dostojewkski, russ. Schriftsteller, in »Die Brüder Kamarasow«)

Aktivität 4 Durchführung einer Übung zum Thema: Wie viel wert ist die Wahrheit? [30 min].

→ Diese Übung geht auf Pedersen 2004, S. 74, Exercise 32 »Testing the Underlying »Truth« zurück.

Zielsetzung des Spiels: In diesem Spiel sollen die Teilnehmenden erfahren, wie wichtig ihnen der Wert Wahrheit ist und gleichzeitig, wie relativ Wahrheit ist.

Durchführung: Die Anweisungen für die einzelnen Schritte werden nach und nach gegeben.

1. Die Gruppe sucht eine gemeinsame Aussage, an die alle glauben. Die folgenden Schritte 2–5 führt jeder Teilnehmer in Stillarbeit durch.
2. Nun beschreibt jeder Teilnehmer mit einem Satz, wieso er an die Richtigkeit dieser Aussage glaubt.
3. Mit einem zweiten Satz begründet er, warum seine erste Begründung der Wahrheit entspricht.
4. Es folgt ein dritter Satz, der beschreibt, wieso die zweite Begründung stimmt.
5. Es folgt ein vierter, fünfter, sechster oder x-ter (hier kann beliebig erweitert werden) den jeweils vorherigen Satz begründenden Satz.

Irgendwann verweigert die Gruppe eine Fortsetzung. Oftmals sagen sie »es ist mir egal, wieso es wahr ist, aber es ist wahr«.

→ Auswertung: Die Gruppenmitglieder stellen ihre lange Kette verknüpfter Erklärungen vor, welche auf die von allen geteilte wahre Aussage zurückzuführen ist. Es soll nach Gemeinsamkeiten und Unterscheidungen innerhalb der verschiedenen Begründungen gesucht werden. Diskussionsfragen könnten sein:

- Was verstehen wir unter »Wahrheit«?
- Können zwei verschiedene oder widersprüchliche Ansichten gleich wahr sein?
- Warum ignorieren wir manchmal grundlegende innere Überzeugungen in Diskussionen mit anderen?
- Hat sich Ihre Überzeugung darüber, was Wahrheit ist, in dieser Diskussion verändert? Inwiefern?

Hinweis
Personen mit unterschiedlichem kulturellem Hintergrund könnten an ähnliche Wahrheiten aus verschiedenen Gründen oder an verschiedene Wahrheiten aus ähnlichen Gründen glauben.

10.5 Modul 5: Internationale Meetings [90 min]

Aktivität 1 Erarbeitung eines Verständnisses für die in internationalen Meetings geltenden Regeln (und dahinter liegenden Werten) (s. Lewis 1996) [40 min].

→ Input zu internationalen Meetings [20 min]:

- Zentrale Formen von Meetings (► Folie 10.4, http://extras.springer.com);
- Phasen eines Verhandlungsmeetings (► Folie 10.5, http://extras.springer.com; ◘ Abb. 10.4);
- Eröffnungsphase: Dauer des Smalltalks (► Folie 10.6, http://extras.springer.com; ◘ Abb. 10.4);
- Prioritäten in der Zielsetzung (► Folie 10.7, http://extras.springer.com);
- Argumentations-, Annäherungs- und Entscheidungsphasen (► Folie 10.8, http://extras.springer.com);
- Verbindlichkeiten von Entscheidungen (► Folie 10.9, http://extras.springer.com).

Folie 10.4

Input: Zentrale Formen von Meetings
- **Arbeitsbesprechung:** Dient der gemeinsamen Problemlösung sowie der Ideengenerierung (runder Tisch)
- **Verhandlung:** Zwei Parteien mit unterschiedlichen Interessen suchen eine gemeinsame Lösung (langer Tisch)
- **Ankündigung/Präsentation:** Einseitige Information (frontale Sitzordnung)

Folie 10.5

Input: Phasen eines Verhandlungsmeetings
- Eröffnungsphase
- Argumentationsphase
- Annäherungsphase
- Entscheidungsphase
- Umsetzungsphase

Folie 10.6

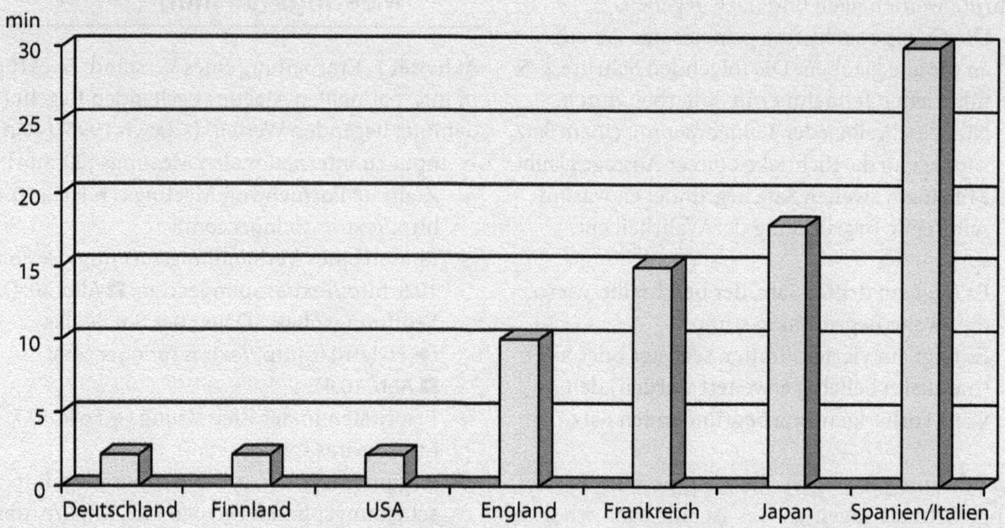

Abb. 10.4 Eröffnungsphase: Dauer des Small-Talks (mod. nach Lewis 2000)

Folie 10.7

Input: Prioritäten in der Zielsetzung (Lewis 2000)

- **Linear-aktive Kulturen**
  1. Gutes Geschäft
  2. Kurzfristiger Profit und Wachstum
  3. Nachhaltiger Profit
  4. Gute Beziehungen zum Geschäftspartner
- **Multiaktive Kulturen**
  1. Nationale Ehre
  2. Persönliches Prestige des Verhandlungsführers
  3. Langfristige Beziehungen zum Geschäftspartner
  4. Gutes Geschäft
- **Reaktive Kulturen**
  1. Harmonische Beziehungen zum Geschäftspartner
  2. Marktanteile sichern
  3. Langfristiger Profit
  4. Gutes Geschäft

Folie 10.8

Input: Argumentations-, Annäherungs- und Entscheidungsphasen (Lewis 2000)

- **Linear-aktive Kulturen**
  - Sie gehen in der Regel konfrontativ und sachlich vor und von der Prämisse aus, dass nur ein Ergebnis richtig sein kann. Während Deutsche dabei davon ausgehen, dass nur einer recht haben kann, erfreuen sich US-Amerikaner daran, im Streit ein gemeinsames Drittes herauszufinden.
- **Multiaktive Kulturen**
  - Für diese ist die Verhandlung mehr ein soziales Ereignis, das sie teilweise zur Darstellung ihrer eigenen Fähigkeit nutzen. Offene Konfrontation ist bei Lateinamerikanern und Arabern verpönt.
- **Reaktive Kulturen**
  - Für sie ist Harmonie das oberste Gebot. Das Treffen von Entscheidungen ist oft sehr langwierig, weil dazu alles bedacht und jeder Betroffene angehört werden muss.

Folie 10.9

Input: Verbindlichkeit von Entscheidungen (Lewis 2000)

- Linear-aktive Kulturen
  - Entscheidungen sind verbindlich, vergleichbar einem mündlichen Vertrag.
- Multiaktive Kulturen
  - Sehen kein Problem darin, einmal verabschiedete Entscheidungen durch neue Sachverhalte zu revidieren.
- Reaktive Kulturen
  - Sehen es als unethisch an, an Entscheidungen festzuhalten, die aufgrund neuer Umstände als veränderungsbedürftig angesehen werden.

Hinweis

Meetings folgen impliziten Werten, Regeln und Mustern. In internationalen Meetings treffen unterschiedliche Erwartungen an den Ablauf des Meetings und das Verhalten der anderen Teilnehmenden aufeinander. Da der Ablauf eines internationalen Meetings nicht alle Erwartungen erfüllen kann, kommt es zu Irritationen und Missverständnissen. Die Irritationen und Missverständnisse sind umso größer, je unbewusster die eigenen Erwartungen sind und für je selbstverständlicher man die eigenen Regeln und Muster hält. Genauso wie bei den Kommunikationsmustern ist es wichtig, sich die vielfältigen Meeting-Praktiken bewusst zu machen, indem man die eigenen Gewohnheiten und damit impliziten Vorlieben erkennt und ebenso andere kulturell bedingte Muster in den Abläufen von Meetings identifizieren kann. Da wir nicht für alle Kulturen Muster vorab beschreiben können, gilt es, eine Sensibilität für das Wahrnehmen dieser Muster in der Situation selbst zu entwickeln. Hierfür ist es hilfreich, die Meetings in Phasen einzuteilen, um so die phasentypischen Irritationsquellen schneller analysieren zu können.

In der Eröffnungsphase unterscheiden sich die Kulturen hauptsächlich in der Länge des informellen Small Talks und in der Pünktlichkeit. In den mittleren Phasen herrscht je nach Priorisierung einer möglichen Zielsetzung (kurzfristiger Profit vs. langfristige Geschäftsbezie-

Beispiel 10.2

Vor dem Meeting!
- Teilnehmer (Nationalität/Kultur)
- Zweck des Treffens?
  - → Entwickle Agenda; verteile sie frühzeitig
  - → Verteile ergänzende Informationen
- Raumbuchung (ggf. mehrere Räume)
- Anleitung für non-verbale Kommunikation
- Anleitung für Gastkultur(en)

Nach dem Meeting!
- Unterhaltungsprogramm
- Knüpfe Beziehungen

Für das Meeting selbst!
- Stil des Meetings
  - → formal/informal (Kleidung/Begrüßung)
  - → Sitzordnung
  - → Essen, Erfrischungen ..
- Sprache/Übersetzung
- Gastgeschenke?
- 'Regeln' für das Meeting
- Formales Protokoll?
- Erkläre den nationalen/internationalen Kontext
- Erkläre die eigene Organisation (Hierarchien...)
- Nutze Modelle, technische Daten ...

Abb. 10.5 Guidelines für internationale Meetings

hungen) eher ein konfrontativer oder ein kompromissorientierter Verhandlungsstil. Die Entscheidungs- und Umsetzungsphase ist geprägt vom Wahrheitsverständnis der jeweiligen Kulturen (▶ Folie 10.3, http://extras.springer.com). Es gibt zwei große Gruppen von kulturell bedingten Wahrheitsauffassungen: das naturwissenschaftlich und das durch den Kontext relativierte Wahrheitsverständnis. Während beim Ersteren die Fakten die »Wahrheit« bestimmen, ist die »Wahrheit« beim Letzteren ein fragiles Konstrukt, bei dem nicht nur die Fakten zählen, sondern auch verschiedene, meist beziehungsbedingte Kontextfaktoren einen großen Einfluss haben.

→ Diskussion und Erfahrungsaustausch im Plenum [20 min].

? Welche Erfahrungen haben Sie in internationalen Meetings gemacht? Welche Unterschiede zu nationalen Meetings haben Sie wahrgenommen?

Aktivität 2 Erarbeitung einer Vorbereitung eines internationalen Meetings [25 min].
→ In multikulturellen Kleingruppen erarbeiten die Teilnehmenden Guidelines zur Vorbereitung eines internationalen Meetings (angepasst auf den eigenen professionellen Kontext) und präsentieren diese anschließend.

? Legen Sie zunächst fest, welche Kultur Gastgeber sein wird und welche andere/n Kultur/en eingeladen werden. Diskutieren Sie dann gemeinsam, welche Probleme bei einem internationalen Meeting in der gewählten Konstellation von Kulturen auftreten können und wie man diese im Vorwege durch eine umsichtige Planung reduzieren könnte. Leiten Sie daraus Handlungsempfehlungen zur Vorbereitung eines internationalen Meetings in Form einer Guideline ab und visualisieren Sie diese auf einem Flipchart für eine anschließende Präsentation im Plenum.

Aktivität 3 Präsentation der Ergebnisse im Plenum [25 min].
→ Die Guidelines werden reihum präsentiert (Beispiel 10.2; ◘ Abb. 10.5) und diskutiert.

10.6 Modul 6: Konflikte und Konfliktlösungen [155 min]

Aktivität 1 Verständnis für Konflikte allgemein [30 min].
→ Input zu Konflikten:
- Konfliktkomponenten und -ebenen (▶ Folie 10.10, Folie 10.11, http://extras.springer.com; ◘ Abb. 10.6),
- Konfliktursachen (▶ Folie 10.12, http://extras.springer.com),
- der Rolle von Kommunikation in Konflikten (▶ Folie 10.13, http://extras.springer.com),
- Konflikt-Eskalationsdynamik (▶ Folie 10.14, http://extras.springer.com; ◘ Abb. 10.7) und
- Konfliktstrategien nach dem Dual Concern Modell (▶ Folie 10.15, http://extras.springer.com; ◘ Abb. 10.8),
- Typische Muster der Konfliktverdrängung (▶ Folie 10.16, http://extras.springer.com).

Folie 10.10

Input: Konflikt definierende Komponenten
- Verhalten der Konfliktparteien (z. B. Konkurrenz, unangemessene Aggressivität, Hass, Gewalt)
- Widerspruch zwischen unvereinbar erscheinenden Zielen, Interessen bzw. Bedürfnissen
- Einstellungen und Haltungen zur Rechtfertigung der eigenen Position (bewusst oder unbewusst; z. B. Feindbilder)

Folie 10.11

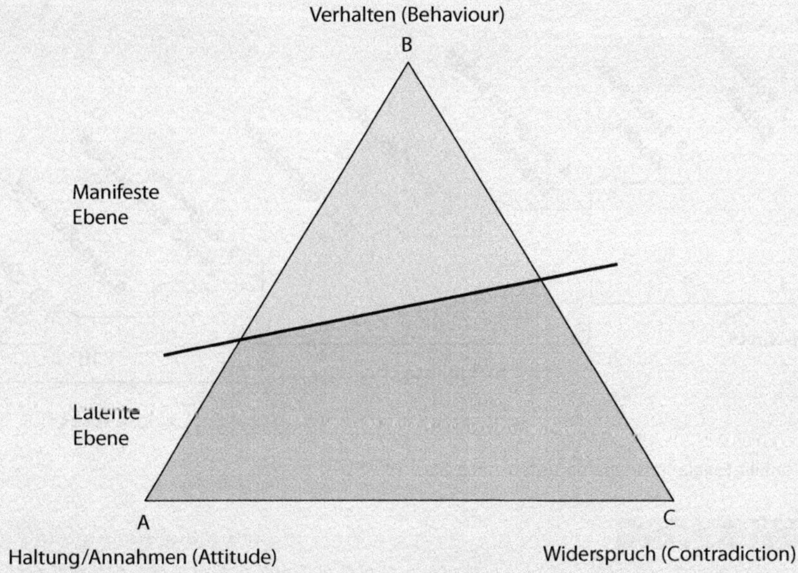

Abb. 10.6 Komponenten und Ebenen eines Konfliktes (Konfliktdreieck nach Galtung 2007)

Folie 10.12

Input: Konfliktursachen (Glasl 1984)

- Bewertungs- und Zielkonflikte
- Beurteilungs- und Wahrnehmungskonflikte
- Rollenkonflikte
- Verteilungskonflikte
- Beziehungskonflikte

→ Im interkulturellen Kontext liegen hinter den meisten der vorgenannten Ursachen Wertekonflikte!

Folie 10.13

Input: Kommunikation ist für jeden Aspekt von Konflikt instrumentell (Putnam u. Poole 1987)

- untermauert gegensätzliche Positionen
- rahmt die Wahrnehmungen des gefühlten Konflikts ein
- übersetzt die Gefühle und Wahrnehmung in Konfliktverhalten
- schafft die Voraussetzungen für spätere Konflikte
- dient der Konfliktvermeidung oder Unterdrückung des offenen Ausdrückens des Gegensatzes
- hilft bei der Entwicklung von Themen der Auseinandersetzung
- unterstützt die Konfliktlösung

→ Kommunikationskonflikte sind im interkulturellen Kontext sehr wahrscheinlich!

Folie 10.14

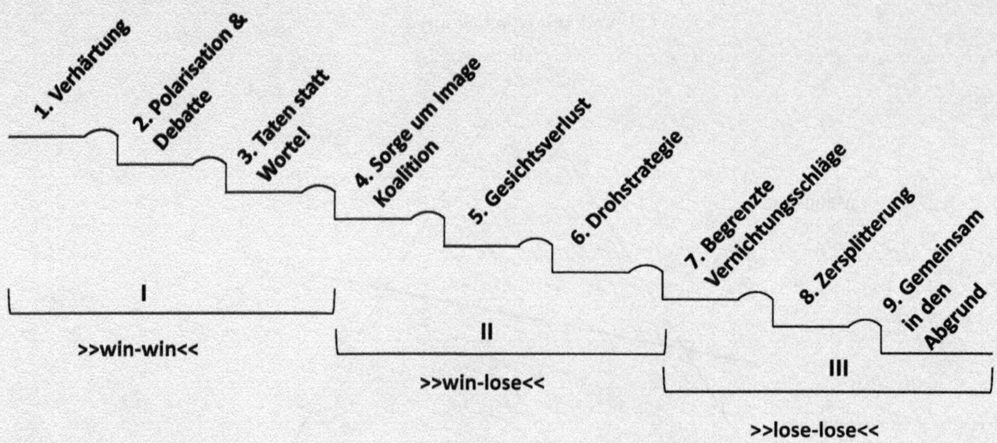

Abb. 10.7 Konflikt-Eskalationsdynamik. (Mod. nach Glasl 1994)

Folie 10.15

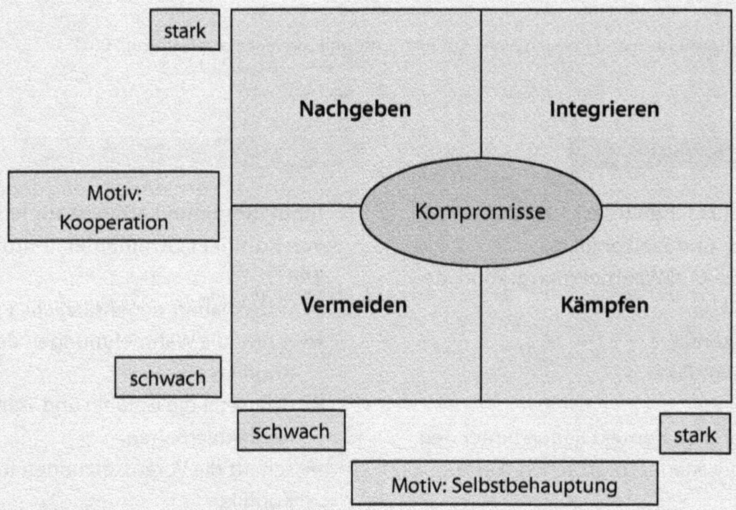

Abb. 10.8 Konfliktstrategien: Dual Concern Modell. (Mod. nach Nerdinger et al. 2008; S. 128; Pruitt u. Carnaevale 1993)

Hinweis

Wie das Konfliktdreieck von Galtung (▶ Folie 10.11, http://extras.springer.com; Abb. 10.6) zeigt, gibt es dabei eine latente und eine manifeste Ebene. Das Verhalten sehen wir, aber was dahinter steckt, können wir nicht wissen, obwohl dieser Hintergrund für den Konflikt ursächlich ist. In interkulturellen Konflikten kann dieser Hintergrund noch komplexer und tiefgehender sein als in sozialen Konflikten ohne kulturellen Hintergrund.

Die Wahrnehmung des Gegenübers ist sehr stark durch die Verständigung in der Kommunikation geprägt. Da interkulturelle Kommunikation sehr erschwert ist gegenüber einer Kommunikation zwischen Menschen aus einer Kultur und mit einer Sprache, liegt hier natürlich ein großes Potenzial Konflikte aufgrund von Miss-

verständnissen auszulösen oder diese zu verstärken (► Folie 10.13, http://extras.springer.com). Sprachlich bedingte Konflikte können am besten mit interkulturell geschulten Übersetzern vermieden werden, die neben der sprachlich korrekten Wiedergabe bei der Übersetzung auch kulturelle Fettnäpfchen umgehen.
Konfliktspannung führt zu kognitiver, affektiver und verhaltensmäßiger Engführung und damit zur Reduktion von Verhaltensoptionen. Dies zeigt sich in typischen Mustern der Konfliktverdrängung (► Folie 10.16, http://extras.springer.com).
Solche Muster prägen sowieso schon häufig interkulturelle Begegnungen und verstärken sich im Konfliktfall sehr schnell im Sinne von Stereotypisierungen: »Ich habe es ja schon immer gewusst, dass Russen (oder Franzosen) … sind.« Glasl (1994) weist darauf hin, dass diese Muster zur weiteren Konflikteskalation führen. Dabei zeigen die von ihm für die Eskalationsdynamik beschriebenen typischen Stufen, dass es mit zunehmendem Verlauf eines Konfliktes immer schwieriger wird, einen Konflikt zu lösen, da über die Konfliktursache hinaus sich die Konfliktparteien immer stärker als ganze Person oder Personengruppe angegriffen fühlen (► Folie 10.14, http://extras.springer.com; ◘ Abb. 10.7). Deshalb ist es wichtig einen Konflikt möglichst frühzeitig zu lösen.
Diese Muster schaffen neue Konflikte und eben auch Unwohlsein der beteiligten Personen, sodass sie diesen Zustand überwinden wollen. Dabei nutzen Menschen recht unterschiedliche Strategien, die natürlich mit ihrer Einschätzung der Stufe der Eskalationsdynamik zusammenhängen. (Dual Concern Modell ► Folie 10.15, http://extras.springer.com; ◘ Abb. 10.8). Nach dem Dual Concern Modell hängen die Konfliktstrategien von der jeweiligen Motivorientierung – Kooperation oder Selbstbehauptung – ab. Wie unschwer zu erkennen entspricht diese Matrix in ihrem Aufbau der Matrix der Akkulturationsstrategien. Somit dürften bei interkulturellen Konflikten die individuellen Akkulturationsstrategien die Motivation des Umgangs mit dem Konflikt beeinflussen.

Folie 10.16

Input: Typische Muster – Konfliktverdrängung (Glasl 1994)
- Polarisierung: Verengtes Denken in »Entweder Oder-Lösungen«
- Egozentrik: Verlust an Verständnis für Gegenseite
- Regression: Aggressive und kurzsichtige Reaktionen
- Rigidität: Festhalten an vertrauten Verhaltens- und Sichtweisen

Aktivität 2 Interkulturelle Wertekonflikte und ihre Lösung [15 min].
→ Input zu interkulturellen Wertekonflikten (► Folie 10.17, http://extras.springer.com; ◘ Abb. 10.9).

Hinweis
Für interkulturelle Konflikte sind Wertekonflikte am bedeutsamsten, da Werte unbewusst unser Verhalten steuern, aber nicht sichtbar sind. Letztlich stecken die Wertedifferenzen auch hinter den meisten anderen interkulturellen Konflikten, also z. B. Rollenkonflikten, weil entsendete Mitarbeiter bzw. Führungskräfte durch eine andere Ausprägung der Dimension Machtdistanz geprägt sind als einheimische Mitarbeiter bzw. Führungskräfte.
Es ist wichtig sich für die Erklärung der Folie 10.17 viel Zeit zu lassen, damit die Komplexität verstanden wird. Die Dimensionen individuellen Stils werden nach Winkler (2011) als individuelle Besonderheiten, vielleicht sogar »Macken« einer Person wahrgenommen, wodurch das Konfliktpotenzial nur kurzfristig vorhanden ist. Demgegenüber stellen die Dimensionen sozialer Ordnung unmittelbar eine Bedrohung für Status, Hierarchie etc. dar. Dadurch ist ein darauf beruhender Konflikt sehr schwer zu lösen.

Aktivität 3 Unterscheiden von Verhalten und Erwartungen/Werten [15 min].
→ Input zur Bedeutung des Unterscheidens von Verhalten und impliziten Erwartungen/Werten (► Folie 10.18, http://extras.springer.com).

Folie 10.17

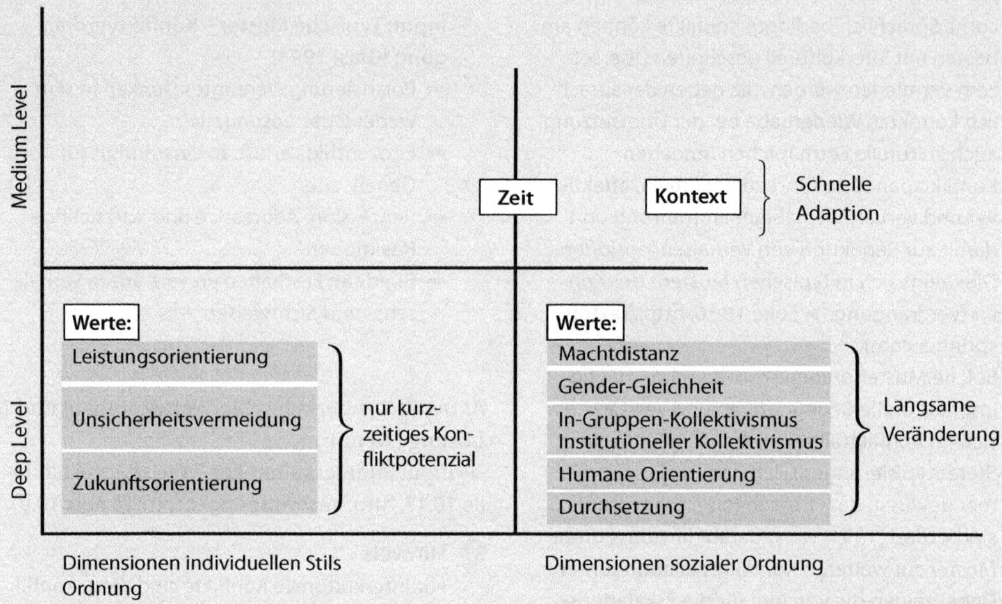

Abb. 10.9 Interkulturelle Wertekonflikte und ihr Veränderungspotenzial. (Mod. nach Winkler 2011, S. 207); © Pabst-Verlag

Folie 10.18

Unterscheiden von Verhalten und impliziten Erwartungen/Werten (Pedersen et al. 2008)

1. Identifiziere die speziellen unterschiedlichen (scheinbar feindlichen und streitsüchtigen) Verhaltensweisen von kulturell verschiedenen Personen im Konflikt.
2. Versuche, die Intentionen, die jede Person mit ihren verschiedenen Verhaltensweisen verbindet, zu identifizieren, mit besonderer Berücksichtigung geteilter positiver Intentionen wie Herstellung von Gerechtigkeit, Entwicklung von Vertrauen, Respekt und Harmonie.
3. Versuche, die Werte hinter den verschiedenen Intentionen und Verhaltensweisen der Personen zu identifizieren mit besonderer Berücksichtigung von Werten, die beide Parteien teilen.
4. Versuche, die entsprechenden Sozialisationsinstanzen (z. B. Familie, Schule), in denen die Werte gelehrt und erlernt wurden, zu identifizieren, mit besonderer Berücksichtigung von wichtigen Sozialisationsinstanzen, die beide Parteien teilen (z. B. dasselbe Unternehmen).
5. Entwickle gemeinsam mit dem vermeintlichen Kontrahenten Strategien der Problemlösung, die auf positiven Erwartungen und Werten basieren, die beide Parteien teilen, ohne Dich dabei von Verhaltensweisen der anderen Partei irritieren zu lassen, die zu Deinen Verhaltensweisen so unterschiedlich sind, dass Du sie zunächst als feindlich oder streitsüchtig wahrnimmst.

Hinweis

Um bei wertebedingten Konflikten möglichst frühzeitig die Eskalationsdynamik aufzuhalten und diese einer Lösung zuzuführen, ist es notwendig, die Werte hinter dem Verhalten zu identifizieren. Hierzu bietet Pedersen (2000) ein Werkzeug an, das besonders gut wirkt, wenn es von einem guten Coach genutzt wird. Es geht darum, Verhaltensweisen von Intentionen und dahinter liegenden Werten zu unterscheiden und somit die Chance zu haben, trotz unterschiedlicher Verhaltensweisen Gemeinsamkeiten auf der Werteebene zu identifizieren. Hierzu dienen fünf Schritte (▶ Folie 10.18, http://extras.springer.com):

Hinweis
Hierfür wird mit den intrapersonalen und interpersonalen kulturellen Grids gearbeitet. Diese können die Intentionen (wie sollte bzw. würde ein Dialogpartner aus meiner eigenen Kultur auf mein Verhalten reagieren?) und Werte, z. B. Wunsch nach Aufbau von Vertrauen, hinter dem unterschiedlichen Verhalten (z. B. informelles Kommunizieren des einen und formelles Kommunizieren des anderen Kommunikationspartners) identifizieren helfen. Damit werden Fehlattribuierungen korrigiert. Dieses Mittel kann dazu dienen, Verständnis für das Gegenüber zu gewinnen und aus einer eher feindlichen Konstellation in eine kooperative überzugehen (siehe hierzu die Identifizierung der mangelnden Passungen der Kombination aus Verhaltens(weisen) und Intentionen zwischen zwei kulturell unterschiedlichen Kooperationspartnern in einer Vier-Felder-Tafel (Pedersen et al. 2008, S. 212; ▶ Material 10.11, http://extras.springer.com; ◘ Abb. 10.10). Letztlich wird damit der Common Ground gemeinsamer Intentionen und dahinter liegender Werte hinter dem unterschiedlichen oder ähnlichen Verhalten sichtbar gemacht. Erleichtert wird ein solcher Lösungsversuch, wenn die Konfliktparteien Unterstützung durch Mediatoren oder Berater haben.
Es ist wichtig den Teilnehmenden gegenüber zu betonen, dass nicht jede Irritation expliziert werden muss oder zwangsläufig in einen Konflikt übergehen muss. Es reicht oftmals auch, sich anhand des intrapersonalen kulturellen Grids seiner eigenen kulturellen Prägung bewusst zu werden und dadurch das negative Gefühle auslösende Verhalten oder die Reaktion des Gegenübers auf eigenes (gut gemeintes) Verhalten als kulturbedingt relativieren zu können.

Aktivität 4 Die intrapersonalen und interpersonalen kulturellen Grids [45 min].
→ Erstellen der intrapersonalen und interpersonalen Grids (dieses Vorgehen wird von Pedersen et al. 2008 beschrieben).

Ablauf: Die Teilnehmenden tun sich in bikulturellen Zweierteams zusammen. Zunächst identifizieren die Partner gemeinsam im Gespräch besonders irritierende Verhaltensweisen des jeweils anderen; jeder erstellt dann für die gemeinsam ausgewählten Verhaltensweisen ohne Zwiesprache mit dem Partner das eigene intrapersonale kulturelle Grid (▶ Material 10.10, http://extras.springer.com; ◘ Tab. 10.2), wobei er den eigenen Wertehintergründen und kulturellen Sozialisationsinstanzen (wichtige Personen wie Eltern und wichtige Institutionen wie Schule), die in ihm diese Werte angelegt haben, auf die Schliche kommt. Die Ergebnisse werden danach gemeinsam angeschaut und besprochen und die gemeinsamen Werte und Sozialisationsinstanzen herausgearbeitet.

Verhaltensweisen und damit verbundene Intentionen einer Person aus Kultur A können in unterschiedlicher Kombination zu den Verhaltensweisen und damit verbundenen Intentionen einer zweiten Person aus Kultur B stehen. Für jede identifizierte Interaktionssituation wird ein **interpersonales** kulturelles Grid (▶ Material 10.11, http://extras.springer.com; ◘ Abb. 10.10)) erstellt, indem die dazu passende Kombination gemäß der Quadranten I–IV eingetragen wird:

I. Gleiches Verhalten und gleiche (positive) Intentionen. Beide Individuen interpretieren das Verhalten und die Intentionen des jeweils anderen korrekt; die Beziehung ist harmonisch. Sollten die Intentionen jeweils negativ sein (»hoffentlich kann ich den blöden Ausländer vergraulen«), ist die Beziehung zwar kongruent, aber nicht harmonisch; dieser Fall wird hier nicht weiter verfolgt, da der beidseitige Wille zur Kooperation fehlt.
II. Unterschiedliches Verhalten bei gleichen Intentionen, die jedoch missverstanden werden. Z. B. unterschiedlicher Umgang mit räumlicher Distanz. Diese Beziehungen sind instabil und gefährdet zu Scheitern, wenn nicht – möglichst schnell – die guten Absichten aufgedeckt werden.

Tab. 10.2 (Material 10.10) Das intrapersonale kulturelle Grid – bezogen auf Verhaltensweisen, die in der interkulturellen Interaktion irritieren (mod. nach Pedersen et al. 2008)

Kulturelle Sozialisationsinstanzen	**Persönliche Variablen**		
	Was tust du?	**Warum tust du es?**	**Wo hast du gelernt, es zu tun?**
1. Familiäre, kulturelle Beziehungen			
Eltern, Verwandte Landsleute Vorfahren			
2. Einflussreiche Beziehungen			
Freunde Sponsoren und Mentoren Vorgesetzte			
3. Gruppenzugehörigkeit			
Schule, Universität, Kirche Organisationen, Unternehmen Geschlechter- und Altersgruppen Arbeitskollegen			
4. Weniger nahe Beziehungen			
Bekannte Klassenkameraden Nachbarn Vorbilder aus Politik, Film, etc.			

Material 10.11

Verhaltensweisen und Bewertung durch die Kooperationspartner

Intention/Erwartung und Bewertung durch die Kooperationspartner

	gleiches Verhalten (jeweils positive Bewertung)	unterschiedliches Verhalten (jeweils negative Bewertung)
gleiche Intention (jeweils positive Bewertung)	I	II
unterschiedliche Intention (jeweils negative Bewertung)	III	IV

Abb. 10.10 Das interpersonale kulturelle Grid – Verhaltensweisen, Erwartungen und Bewertung in der interkulturellen Interaktion (mod. nach Pedersen et al. 2008)

Tab. 10.3 (Folie 10.20) Konfliktlösungsstrategien: Individualistisch vs. kollektivistisch (Augsburger 1992, S. 204)

Individualistisch	Kollektivistisch
Mediation als formaler Prozess → Mediator = neutraler Dritter, der nach der Konfliktlösung aus dem Lebenszusammenhang der Konfliktparteien entschwindet; Teilnahme der Konfliktparteien beruht auf Freiwilligkeit	Mediation ist Aufgabe der Gemeinschaft → Schlichter = vertrauensvolle Persönlichkeit, die auch nach der Konfliktlösung die Konfliktparteien beobachtet; sie kann Mediation gegen den Willen der Konfliktparteien durchsetzen
Direkte Kommunikation über Streitpunkte; Konfliktanalyse steht am Anfang: Trennung in Sach- und Beziehungsprobleme	Im Hinblick auf Gesichtswahrung wird nicht alles angesprochen; keine Konfliktanalyse; keine analytische Trennung
Prozess ist strukturiert, aufgaben- und ergebnisorientiert	Prozess ist dynamisch
Ziel: Einigung über die Streitfragen und Interessensausgleich (win-win für beide Parteien)	Ziel: Lösen von Spannungen in der Gemeinschaft (Harmonie), Aussöhnung/Entschädigung der geschädigten Parteien; Individualinteressen werden oft übergangen

III. Gleiches Verhalten bei sehr unterschiedlichen Intentionen. Z. B. kann ein freundliches Lächeln echt gemeint sein oder nur eine Fassade darstellen. Wenn diese zunächst als positiv interpretierte Intention aufgedeckt wird, entsteht in der Regel ein massiver Vertrauensbruch. Nur wenn man es in diesem Fall schafft, sich früherer positiver Interaktionen zu besinnen, besteht die Chance, trotz dieses kritischen Falles wieder Vertrauen aufzubauen und in einen besseren Kooperationszustand überzugehen (gemäß Quadrant I oder II). Wenn dies jedoch nicht gelingt, besteht die Gefahr weiterer Eskalation, sodass die Kooperationspartner sich irgendwann in der feindlichen Stufe des Quadranten IV wiederfinden.

IV. Unterschiedliches Verhalten ist mit unterschiedlichen oder negativen Intentionen verbunden. Die Erwartungen in ihre Beziehung und Vertrauen sind so unterschiedlich, dass es schwer ist, in einen kooperativen Modus zu kommen. Angesichts so vieler Verschiedenheiten ziehen sich die Kooperationspartner meist zurück. Pedersen schlägt vor, mithilfe eines Coaches positive Intentionen des anderen in anderen Situationen zu identifizieren, um somit wieder auf eine frühere Stufe der Beziehung zurückzufinden.

Danach kann an diesen interpersonalen Grids und den durch sie charakterisierten Interaktionssituationen gemeinsam gearbeitet werden. Selbst wenn eine Situation im Quadranten IV landet und somit unlösbar erscheint kann durch Rückbesinnung auf anfänglich geteilte positive Ausgangsbedingungen der Begegnung, bspw. in die Begegnung gesetzte positive Erwartungen oder anfangs geteilte positiv besetzte Werte, die Eskalationsdynamik gestoppt werden. Dadurch können Teilnehmende sozusagen auf eine frühere Stufe des Begegnung zurückgehen, als sie noch nicht im Konflikt standen (visualisiert in Quadrant I oder II). Danach werden mögliche Lösungen für zukünftiges Verhalten für die Quadranten II, III und IV besprochen. Es kann auch in Dreiergruppen mit einem Spieler in der Rolle des Mediators/Coachs gearbeitet werden.

Aktivität 5 Interkulturelle Konfliktlösungsstrategien [20 min].

→ Input [10 min] zu den Besonderheiten interkultureller Konfliktlösungsstrategien (▶ Folie 10.19, http://extras.springer.com) und Gegenüberstellung der Konfliktlösungsmodi in individualistischen und kollektivistischen Kulturen (▶ Folie 10.20, http://extras.springer.com; Tab. 10.3).

→ Diskussion im Plenum [10 min].

Folie 10.19

Input: Besonderheiten interkultureller Konfliktlösungen (Ropers 1995, S. 79)

- Unterschiedliche Kulturen haben auch unterschiedliche Konfliktlösungsmodi
  → ethnozentristische Konfliktlösungsmodelle sind nutzlos
- Sach- und Beziehungsebene sind immer vermengt
  → bei Konfliktlösung auf die psychosoziale Tiefendimension achten
- Es geht um Interessen- und Identitätskonflikte
  → Anerkennung der je spezifischen kollektiven Identitäten der beteiligten Parteien, sodass nicht die Anerkennung der einen als Bedrohung der anderen erscheint

Hinweis

Das Verfahren des interpersonalen Grids ist sowohl in den frühen Stufen eines Konfliktes hilfreich als auch in späteren Phasen, wenn ein Mediator Konfliktparteien hilft, mit Verweis auf die von ihm anhand des Grids identifizierten gemeinsamen Werte in ihrer Konflikteskalationsdynamik wieder auf eine niedrigere Stufe zurückzugehen. Da der Schwerpunkt auf der Harmonisierung der Parteien liegt, kann es somit auch in interkulturellen Konflikten zwischen individualistischen und kollektivistischen Kulturen hilfreich sein. Diese Konflikte sind ja aufgrund der Betroffenheit der Deep-Level-Wertekonflikte und damit der sozialen Ordnung besonders tiefgehend; gleichzeitig sind die Vorstellungen von Konfliktlösungen besonders konträr. Sie betreffen immer auch die Identitätskonstruktionen, sodass Lösungsversuche heikel sind. Somit sollten solche Konflikte auch immer mithilfe von interkulturell erfahrenen Mediatoren gelöst werden.

Aktivität 6 Selbstverortung der Teilnehmenden bzgl. individualistischer oder kollektivistischer Konfliktlösungsstrategien [30 min].
→ Selbsttest (in Anlehnung an Singelis u. Pedersen 1997, S. 185–187): Jeder Teilnehmende erhält einen Testbogen (► Material 10.12, http://extras.springer.com; ◘ Tab. 10.4) [15 min].

Kreuzen Sie auf einer Skala von 1–7 (1 steht für keine Übereinstimmung, 7 für sehr hohe Übereinstimmung) den Grad Ihrer Übereinstimmung mit der jeweiligen Aussage an.

Auswertung der Selbstbewertung:

- Addiere die Punkte der Aussagen 1, 3, 5, 7, 9, 10 und 12. Höhere Punktzahlen lassen eine Tendenz erkennen, dass Konflikte und Mediation von einer kollektivistischen Perspektive aus betrachtet werden.
- Addiere die Punkte der Aussagen 2, 4, 6, 8, 11, 14 und 15. Höhere Punktzahlen lassen eine Tendenz erkennen, dass Konflikte und Mediation von einer individualistischen Perspektive aus gesehen werden.

→ Anschließende Diskussion der Ergebnisse [15 min].

Hinweis

Spannend ist die Frage, ob die Teilnehmenden die Ergebnisse für sich so erwartet haben. Wichtig ist die weitere Diskussion, worin die Vor- und Nachteile von individualistischen und kollektivistischen Strategien des Konfliktmanagements bestehen. Zu diesem Zweck ist es hilfreich, auf zwei Flipcharts (je eines pro Kulturorientierung) in jeweils zwei Spalten die genannten Vor- und Nachteile des Konfliktmanagements zu notieren.

10.7 Modul 7: Betriebsbesichtigung [ca. 120 min]

Aktivität 1 Geführte Betriebsbesichtigung [ca. 120 min].

10.8 Modul 8: Reflexion der Lernerfahrungen [15 min]

Aktivität 1 Individuelle Selbstreflexion der dritten Trainingseinheit [15 min].
→ Den Teilnehmenden wird je ein Exemplar des Lerntagebuches ausgeteilt.

Tab. 10.4 (Material 10.12) Test für individualistische und kollektivistische Konfliktlösungsstrategien (mod. nach Singelis u. Pedersen 1997, S. 185–187)

1.	Bei der Lösung von Konflikten sind Personen wichtiger als Fakten.	1	2	3	4	5	6	7
2.	Ein faires Ergebnis verlangt einen neutralen Vermittler.	1	2	3	4	5	6	7
3.	Bei der Lösung von Konflikten ist es wichtig den Status einer Partei zu berücksichtigen.	1	2	3	4	5	6	7
4.	Normalerweise ist es möglich, Konflikte zu lösen, wenn die Personen involviert und direkt sind.	1	2	3	4	5	6	7
5.	Der beste Vermittler ist der, der beide Parteien gut kennt.	1	2	3	4	5	6	7
6.	Der erste Schritt der Konfliktlösung ist es, die Parteien den Konflikt von Angesicht zu Angesicht beschreiben zu lassen.	1	2	3	4	5	6	7
7.	Wenn ich gefragt werde, bei der Lösung eines Konfliktes mitzuwirken, möchte ich als Erstes wissen, welche Vorgeschichte die Parteien miteinander haben.	1	2	3	4	5	6	7
8.	Es ist nicht richtig, sich zu entschuldigen, wenn man im Recht ist.	1	2	3	4	5	6	7
9.	Oft ist es klüger, jemand anderes seinen Konflikt lösen zu lassen.	1	2	3	4	5	6	7
10.	Formelle Rituale sind wichtig, um Konflikte erfolgreich lösen zu können.	1	2	3	4	5	6	7
11.	Ein Vermittler, den beide Parteien nicht kennen, ist am besten geeignet, da er Neutralität und Anonymität gewährleistet.	1	2	3	4	5	6	7
12.	Manchmal ist es besser, über Konflikte zu schweigen, anstatt sie auszuleben.	1	2	3	4	5	6	7
13.	Konflikte stellen eine Herausforderung und eine Chance der Veränderung dar.	1	2	3	4	5	6	7
14.	Um Gerechtigkeit in der Mediation zu gewährleisten, müssen Kommunikationsregeln von beiden Parteien eingehalten werden.	1	2	3	4	5	6	7
15.	Man soll in die Zukunft und nicht in die Vergangenheit schauen, wenn man Lösungen für Konflikte finden will.	1	2	3	4	5	6	7

Hinweis

In der betrieblichen Praxis zeigen sich unterschiedliche Regeln oftmals sehr plastisch. Regeln sind hier sozusagen vergegenständlicht in der Arbeitsorganisation. Sensibilisiert für das Thema der kulturellen Regeln ist es für die Teilnehmenden aus unterschiedlichen Ländern sehr wertvoll, einen Betrieb in einer fremden oder der eigenen Kultur zu besichtigen und dort gemeinsam auf kulturelle Spurensuche zu gehen. Beispielsweise kann man die deutsche Regel »Ordnung zu halten« (als Ausdruck des Wertes »Unsicherheitsvermeidung«) sehr praxisnah z. B. an der Differenziertheit der Ablagemöglichkeiten erleben, wenn man wie wir in die Produktionshallen eines Luftfahrtunternehmens geht. Auch die Faktenorientierung der Deutschen wird meist sehr deutlich, wenn man auf die an technischen Details orientierten Ausführungen des Besichtigungsführers achtet und diese im Hinblick auf unser Thema interpretiert.

Lassen Sie den heutigen Tag/die thematische Einheit Revue passieren und notieren Sie Ihre Gedanken in Ihrem persönlichen Lerntagebuch.

Einheit 4 – Kooperation, Organisation, Führung und Teams

Wibke Derboven, Christel Kumbruck

C. Kumbruck, W. Derboven, *Interkulturelles Training*,
DOI 10.1007/978-3-662-43462-8_11, © Springer-Verlag Berlin Heidelberg 2016

Einleitung

Themen

- Kooperation, Organisation, Zusammenarbeit und Führung in multikulturellen Teams (zum theoretischen Hintergrund ► Kap. 4)

Botschaften

- »Die Organisationskultur reflektiert immer auch die nationale Kultur, aber es gibt bedeutsame Unterschiede!«
- »Das interkulturelle Handeln in multikulturellen Teams stellt ganz besondere Herausforderungen sowohl an die Teammitglieder als auch an die Teamführung!«

Zielsetzung

In der vierten Einheit (◘ Tab. 11.1) wird Verständnis darüber entwickelt, wie Organisationen, Kooperation und Führung funktionieren und sich beschreiben lassen. Die kulturelle Prägung von Organisationen wird aufgezeigt, um ein Verständnis für das subtile Zusammenwirken verschiedenster kultureller Prägungen (nationale, branchenspezifische, größenspezifische etc.) zu erarbeiten. Außerdem werden das Kooperationsverhalten (auch das eigene) in multikulturellen Teams und die Möglichkeiten einer kultursensiblen Führung diskutiert und erkundet.

- Modul 1: Ankunftsrunde
- Modul 2: Was sind Organisationen? Aus welcher Organisationskultur komme ich?
- Modul 3: Der Einfluss der nationalen auf die organisationale Kultur
- Modul 4: Interkulturelles Kooperationsspiel
- Modul 5: Herausforderungen multikultureller Teams
- Modul 6: Führung multikultureller Teams
- Modul 7: Reflexion der Lernerfahrungen
- Modul 8: Kulturelles Event

◘ Tab. 11.1 Ablaufplan Einheit 4

Thema, Ablauf, Aktivitäten	Methode	Material	Zeit [min]
Modul 1			
Ankunftsrunde		Kaffee, Erfrischungen	15
Modul 2			
Was sind Organisationen? Aus welcher Organisationskultur komme ich?	Input, Test, moderierte Diskussion	Test (Material 11.1–11.2)	120
Modul 3			
Der Einfluss der nationalen auf die organisationale Kultur	Individuelle Reflexion, moderierte Diskussion		45
Modul 4			
Interkulturelles Kooperationsspiel	Simulationsspiel, Präsentation im Plenum, moderierte Diskussion	Diverse Papier-, Stoff-, Holz- und Metallreste, die sich zum kreativen Basteln eignen. Entsprechendes Werkzeug und Material wie Zangen, Sägen, Scheren, Kleber etc.; Aufgabenanleitung und Beobachterbögen (Material 11.3–11.4); Ventilator; Flipchart und Stifte, Siegerurkunde, kleiner Preis	210

■ Tab. 11.1 (Fortsetzung)

Thema, Ablauf, Aktivitäten	Methode	Material	Zeit [min]
Modul 5			
Herausforderungen multikultureller Teams	Erfahrungsaustausch in Kleingruppen, Input, individuelle Reflexion, Rollenspiel	Flipchart und Stifte; Arbeitsblätter (Material 11.5)	160
Modul 6			
Führung multikultureller Teams	Input, Rollenspiel, Übungen	Flipchart und Stifte, Spielanweisungen (Material 11.6–11.9), Legosteine, Übungsanweisung (Material 11.10)	200
Modul 7			
Reflexion der Lernerfahrungen	Individuelle Reflexion	Tagebücher	15
Modul 8			
Kulturelles Event	Essen gehen, Theaterbesuch, Kneipengang		

11.1 Modul 1: Ankunftsrunde [15 min]

Aktivität 1 Moderierte Blitzlichtrunde [15 min].
→ Die Teilnehmenden bekommen Raum, an den vorherigen Trainingstag anzuknüpfen und Offenheit für den heutigen Tag zu entwickeln.

? Mit welchen Gefühlen kommen Sie heute hier an?
Wenn Sie den gestrigen Tag Revue passieren lassen, fallen Ihnen noch Dinge ein, die Sie jetzt einbringen möchten?

11.2 Modul 2: Was sind Organisationen? Aus welcher Organisationskultur komme ich? [120 min]

Aktivität 1 Vermittlung von Grundwissen über Organisationen, Führung und Kooperation [40 min]
→ Input zu Organisationen, Führung und Kooperation (► Folien 11.1–11.5, http://extras.springer.com; ■ Abb. 11.1).
→ Anschließende Diskussion im Plenum.

Folie 11.1

Input: Organisation

- Organisationen werden maßgeblich durch ihre Ablauf- und Aufbauorganisation ausdifferenziert.
- **Ablauforganisation:** Die arbeitsteilig zu erledigende Gesamtaufgabe eines Unternehmens wird in Einzelschritte zerlegt und bzgl. des Ablaufs, der Art und Weise ihrer Ausführung und bzgl. der ausführenden Abteilungen und Stellen festgelegt.
- **Aufbauorganisation:** Die Verantwortlichkeiten und Entscheidungsbefugnisse werden in einem hierarchischen System festgelegt.

Folie 11.2

Input: Zusammenarbeit

- In der alltäglichen Zusammenarbeit zeigt sich, ob die organisatorische Ausdifferenzierung (Arbeitsteilung etc.) geeignet ist, um die organisatorische Gesamtaufgabe zu realisieren (Integration).
- Dabei spielt das Zusammenspiel von Kooperation (situativ ausgehandelter Ablauf) und Koordination (routinierter Ablauf) eine wesentliche Rolle.
- Während koordiniertes Handeln der formalen Strukturierung und den formalen Regeln folgt, muss kooperatives Handeln von den Akteuren situativ neu und informell ausgehandelt werden. Kooperation wird insbesondere dann notwendig, wenn die formalen Strukturen und Regeln nicht ausreichen. Dies ist bei interkulturellen Kooperationen fast immer der Fall, weil die Strukturen und Regeln unterschiedlich interpretiert werden.

Folie 11.3

Input: Funktionen von Führung (Malik 2006)

- Für Ziele sorgen
- Organisieren
- Entscheiden
- Kontrollieren
- Menschen entwickeln und fördern

Folie 11.4

Input: Organisationskultur

Als Organisationskultur bezeichnet man die Gesamtheit von sichtbaren organisationalen Erscheinungen wie Gebäuden, Aufbau- und Ablauforganisationen sowie unsichtbaren organisationalen Fundamenten wie Normen, Wertvorstellungen und Denkstilen.

Folie 11.5

Basisannahmen über
Das Wesen des Menschen
Menschliche Handlungen und Beziehungen
Umweltbezug, Wirklichkeit und Zeit

↓

Werte und Normen
Handlungsmaximen
Verhaltensrichtlinien
Verbote

↓

Symbolsystem
Umgangsformen
Kleidung, Sprache
Architektur und Design
Routinen und Rituale
Geschichten und Legenden

Abb. 11.1 Ebenen einer Organisationskultur (in Anlehnung an Schein 1985)

Hinweis

Um das Thema kulturelle Einflüsse auf Organisationen bearbeiten zu können, braucht man zunächst ein Verständnis der grundlegenden Begriffe »Organisation«, »Zusammenarbeit«, »Führung« und »Organisationskultur«. Diese Grundbegriffe werden benötigt, damit die Teilnehmenden ihre Erfahrungen gemeinsam reflektieren können.

Dabei kommt dem Verhältnis von koordiniertem, also regelgeleitetem Handeln und kooperativem, auf situativem Aushandeln beruhendem Handeln eine wichtige Bedeutung zu, weil es in besonderem Maße die Organisationskultur beeinflusst. Dieses wird in der folgenden Aktivität verdeutlicht.

Aktivität 2 Beschäftigung mit unterschiedlichen Organisationskulturen [40 min].

→ Input zu Moles Dimensionen »Organisationsstruktur« und »Führungsstil« und der auf dieser Grundlage entwickelten Landkarte von Mole (nach Mole 1993; ► Folien 11.6–11.12, http://extras.springer.com; Abb. 11.2).

→ Anschließende Diskussion.

Folie 11.6

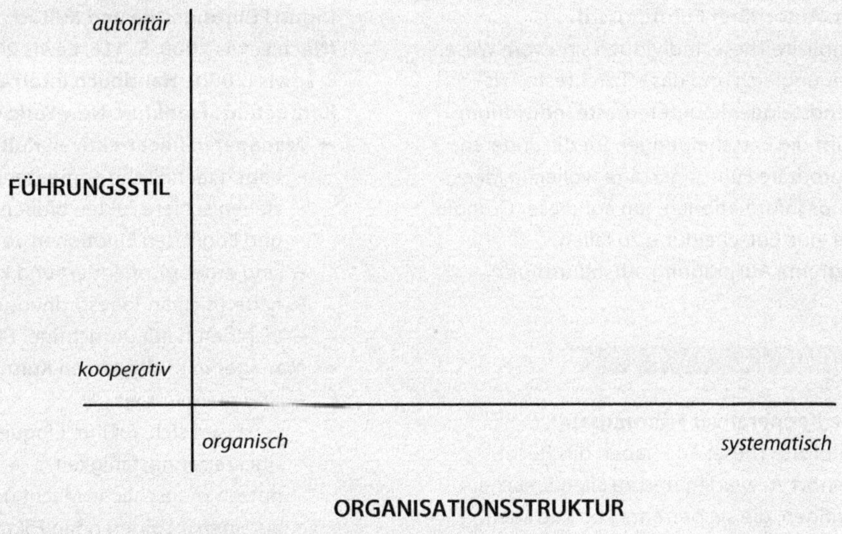

Abb. 11.2 Moles Matrix für Organisationskulturen. (Nach Mole 1993, S. 217)

Folie 11.7

Input: Systematische Organisationsstruktur

- Sie ist mechanistisch, aufgabenorientiert und formal.
- Implizite These: Grundelemente von Organisationen sind Funktionen, die durch genau definierte logische Beziehungen koordiniert werden.
- Die Beziehungen zwischen Menschen werden in erster Linie durch die Funktionen bestimmt, die sie ausüben.
- Die Wirksamkeit dieser Organisation hängt davon ab, wie gut die Funktionen definiert sind.
- Extreme Ausprägung: Automatismus.

Folie 11.8

Input: Organische Organisationsstruktur

- Sie ist mitarbeiterorientiert und informell.
- Implizite These: Organisationen sind wie lebende Organismen, die aus den Bedürfnissen ihrer Mitglieder, ihrer Umwelt und den augenblicklichen Umständen entstehen.
- Persönliche Beziehungen bestimmen die Ordnung der Organisation.
- Die Wirksamkeit dieser Organisation hängt davon ab, wie gut ihre Mitarbeiter zusammenarbeiten.
- Extreme Ausprägung: Anarchie.

Folie 11.9

Input: Autoritärer Führungsstil

- Implizite These: Individuen sind vom Wesen her ungleich und das effizienteste, wissendste oder kompetenteste Individuum trifft die Entscheidungen für die anderen.
- Autoritäre Führungskräfte wollen in Meetings Informationen, um auf dieser Grundlage eine Entscheidung zu fällen.
- Extreme Ausprägung: Absolutismus.

Folie 11.10

Input: Kooperativer Führungsstil

- Implizite These: Alle haben das Recht, gehört zu werden und zu allen Entscheidungen, die sie betreffen, beizutragen.
- Führungskräfte bleiben so lange im Amt, wie sie die Interessen derjenigen vertreten, die sie repräsentieren.
- Kooperative Führungskräfte wollen in Meetings, dass Entscheidungen und damit Verantwortung von allen Beteiligten mitgetragen werden.
- Extreme Ausprägung: Kollektivismus.

Folie 11.11

Input: Indikatoren für organisationskulturelle Unterschiede (Mole 1993)

- Informelle Netzwerke
- Teambildung
- Meetings
- Qualifikation, Aus- und Weiterbildung
- Zeitpläne
- Lackmus-Test:
  - Welche Bedeutung haben Meetings?
  - Wie wichtig ist Pünktlichkeit?

Folie 11.12

Input: Führungsstile und Kulturtypen. (Nach Lewis 2000, S. 116; Lewis 2006). © Lewis (2000). Handbuch internationale Kompetenz. Frankfurt/New York: Campus.

- **Manager in linear-aktiven Kulturen:**
  - haben technische Kompetenz
  - ziehen schiere Fakten bloßen Meinungen und Logik den Emotionen vor
  - sind ergebnisorientiert und korrekt
  - halten sich an Tagesordnungen
  - inspirieren mit umsichtiger Planung
- **Manager in multiaktiven Kulturen:**
  - sind extrovertiert
  - verlassen sich auf ihre Eloquenz und Überzeugungsfähigkeit
  - nutzen menschliche Macht und Charisma als einen inspirierenden Faktor
- **Manager in reaktiven Kulturen:**
  - sind menschenorientiert
  - dominieren durch Wissen, Geduld und stille Kontrolle
  - sind höflich trotz ihres akzeptierten höheren (Dienst-)Alters (Seniorität)
  - schaffen eine harmonische Atmosphäre für Teamwork
  - sind paternalistisch

Hinweis

Mole unterscheidet zwei wesentliche Dimensionen mit je zwei Ausprägungen zur Beschreibung von Organisationskulturen. Die Ausprägungen der Organisationsstruktur und des Führungsstils sieht er als wesentliche Bestimmungsmomente der Organisationskultur an. Sie eignen sich deshalb dafür, national geprägte Organisationskulturen zu verorten und gegeneinander abzugrenzen.

Die Einfachheit und der hohe Abstraktionsgrad dieser Dimensionen bieten einen Orientierungs- und Reflexionsrahmen, Organisationskulturen in ihrer Unterschiedlichkeit zu verstehen und die eigenen Erfahrungen als Mitarbeiter einer Organisation unter einer komplexitätsreduzierenden Perspektive zu beleuchten. Sehr hilfreich dabei ist das Instrumentarium aus Elementen organisationalen Verhaltens

Folie 11.13

◘ Abb. 11.3 Moles Landkarte der Organisationskulturen. (Nach Mole 1993, S. 234)

wie informellen Netzwerken, Meetings etc. (► Folie 11.11, http://extras.springer.com), mit dem die Ausprägung einer Organisationskultur identifiziert werden kann. Ein »Lackmus-Test«, der die Bedeutung von Meetings in der Organisation als Ausdruck des Führungsstils und die Pünktlichkeit als Indikator für die Organisationsstruktur nimmt, dient der ganz schnellen Zuordenbarkeit.

Oft ist es sinnvoll zusätzlich die Verortung von einzelnen landestypischen Organisationskulturen in der Landkarte nach Mole zu zeigen (► Folie 11.13, http://extras.springer.com; ◘ Abb. 11.3). Diese Verortungen sollten lediglich als Tendenzen und nicht als Abbild der Realität interpretiert werden, da sich Kulturen ständig im Wandel befinden und ihre konkrete Ausprägung von vielfältigen Bestimmungsmomenten abhängt. Zudem sind die asiatischen Länder nur bedingt damit erfassbar (► Abschn. 2.1). Bei all ihrer Angreifbarkeit bietet die Landkarte nach Mole aber einen vorzüglichen Rahmen für eine lebendige Reflexion und Diskussion.

Die Teilnehmenden sollen sich Gedanken darüber machen, wie mögliche Indikatoren für die beiden Ausprägungen sowohl der Organisationsstruktur als auch des Führungsstils aussehen könnten. Ergänzend können die an den drei Kulturtypen orientierten Führungsstile von Lewis erneut vorgestellt und vertieft diskutiert werden (► Folie 11.12, http://extras.springer.com).

Aktivität 3 Test zur Verortung der eigenen Organisationskultur (nach Mole 1990) [40 min].
→ Testdurchführung: Jeder Teilnehmende erhält einen Testbogen (► Material 11.1–11.2, http://extras.springer.com; ◘ Tab. 11.2–11.3).

? Sie haben einen Test zur Identifizierung ihrer Organisationskultur erhalten mit den Teilen »Organisationsstruktur« und »Führungsstil«. Es gibt jeweils zwei Spalten A und B mit entgegengesetzten Aussagen. Unterstreichen Sie pro Zeile von jedem Aussagenpaar die jeweils zutreffendere Aussage. Auch wenn Sie denken, dass für Ihre Organisation beide Aussagen zutreffen, entscheiden Sie sich bitte spontan für eine Aussage. Anschließend addieren Sie getrennt für die beiden Teiltests die unterstrichenen Aussagen jeweils für Spalte A und für Spalte B. Für jeden Teiltest ziehen sie die Spaltensumme B von der Spaltensumme A ab. Das Ergebnis kann somit sowohl positiv als auch negativ sein. Sie haben jetzt für jeden Teiltest und damit für jede Dimension eine Kennzahl.

Tab. 11.2 (Material 11.1) Fragebogen nach Mole: Dimension »Organisationsstruktur«

A	B
Die besten Entscheidungen basieren auf einer genauen Analyse.	Die besten Entscheidungen basieren auf Erfahrung.
Planung beeinflusst das Geschehen von morgen.	Warum planen? Die Zukunft ist unvorhersehbar.
Erfolg hängt von Fähigkeit ab.	Erfolg hängt vom Glück ab.
Vorgesetzte sollten hohe Fachkenntnisse besitzen.	Vorgesetzte sollten Charisma haben.
Das Organigramm gibt die betriebliche Realität wider.	Informelle Verbindungen sind die eigentliche Grundlage der Organisation.
Effektive Mitarbeiter brauchen detaillierte Vorgaben zur Aufgabenerfüllung.	Effektive Mitarbeiter brauchen Freiräume um kreativ zu sein.
Fehler werden dem System angelastet und führen zu Verbesserungen.	Fehler werden Mitarbeitern angelastet und führen zu gegenseitiger Beschuldigung.
Aufgaben müssen genau beschrieben werden.	Die Initiative der Mitarbeiter ist entscheidend bei der Aufgabenerledigung.
Kompetenz führt zur Beförderung.	Die richtigen Beziehungen führen zur Beförderung.
Fähigkeiten können erlernt werden.	Entweder man ist der Passende für eine Arbeit oder nicht.
Regeln sind dazu da, befolgt zu werden.	Regeln sollten ignoriert werden, wenn es notwendig ist.
Regeln sollten nur nach eingehender Analyse verändert werden.	Regeln sollten schnell abgeändert werden, wenn die Umstände es erfordern.
Erfolgsfaktor ist das Steuern von wichtigen Kennzahlen.	Erfolgsfaktor ist das Führen von Mitarbeitern.
In Meetings muss die Agenda strikt eingehalten werden.	Teilnehmer eines Meetings sollten keine Sklaven der Agenda sein.
Persönliche Gefühle haben nichts am Arbeitsplatz verloren.	Persönliche Gefühle beeinflussen die Leistung.
Meetings sind ineffektiv, wenn sie kein Ergebnis haben.	Meetings sind immer sinnvoll, da Mitarbeiter ihre Probleme äußern können.
Wichtige Entscheidungen werden in Meetings getroffen.	Wichtige Entscheidungen werden privat außerhalb eines Meetings getroffen.
Meetings sollten den gewohnten Strukturen folgen.	Meetings sollten so flexibel wie möglich sein.
Man muss Mitarbeitern hinterherlaufen, damit sie mitziehen.	Man kann darauf vertrauen, dass die Mitarbeiter mitziehen.
Die besten Argumente setzen sich durch.	Die besten Allianzen setzen sich durch.

11

Tab. 11.3 (Material 11.2) Fragebogen nach Mole: Dimension »Führungsstil«

A	B
Die effektivsten Entscheidungen werden von Einzelnen getroffen.	Die effektivsten Entscheidungen werden von Teams getroffen.
Planung wird vom Topmanagement gemacht.	Planung wird von allen Betroffenen gemeinsam erstellt.
Nur das Topmanagement muss die Unternehmensstrategie kennen.	Jeder im Unternehmen sollte die Unternehmensstrategie kennen.
Klare Instruktionen sind besonders wichtig zur Umsetzung von Entscheidungen.	Die Zustimmung aller ist wichtig zur Umsetzung von Entscheidungen.
Entscheidungen müssen von den Verantwortlichen getroffen werden.	Entscheidungen werden am besten von allen Betroffenen gefällt.
Führungskräfte werden geboren und nicht gemacht.	Jeder kann Führungskraft werden.
Vorgesetzte sollten eine gewisse Distanz zu ihren Mitarbeitern einhalten.	Vorgesetzte sollten Nähe zu ihren Mitarbeitern haben.
Die besten Vorgesetzten sind streng und stark.	Vorgesetzte sollten interessiert und verständnisvoll sein.
Die Hauptaufgabe eines Vorgesetzten ist es, klare Ziele zu setzen.	Die Hauptaufgabe eines Vorgesetzten ist es, die Unterstützung des Teams zu gewinnen.
Für Qualitätsverbesserungen sind spezielle Abteilungen verantwortlich.	Jeder ist für Qualitätsverbesserungen zuständig.
Einzelne werden für ihre Leistung entlohnt.	Teams werden für ihre gemeinsame Leistung entlohnt.
Jeder Mitarbeiter arbeitet für sich alleine.	Jeder Mitarbeiter arbeitet für das Team.
Gesunde Konkurrenz zwischen Kollegen ist wichtiger als Teamarbeit.	Teamarbeit ist wichtiger als Konkurrenz.
Wenn ich ein Problem habe, gehe ich zuerst zu meinem Chef.	Wenn ich ein Problem habe, gehe ich zu meinen Kollegen.
Meetings dienen vor allen Dingen der Information.	Meetings dienen vor allem der Entscheidungsfindung.
Die Agenda von Meetings wird vom Vorgesetzten festgelegt.	In Meetings kann jeder eigene Tagesordnungspunkte einbringen.
Ich unterstütze immer die Mehrheitsentscheidung, sogar wenn ich anderer Meinung bin.	Wenn ich einer Entscheidung nicht folgen kann, versuche ich, zu meiner Meinung zu stehen.
Wenn ich etwas will, treffe ich mich mit Kollegen einzeln.	Wenn ich etwas will, berufe ich ein Meeting ein.
Mein Hauptanliegen in Meetings ist es, meine Interessen durchzusetzen.	Mein Hauptanliegen in Meetings ist es, im Team einen Konsens herbeizuführen.
Meetings sind meist Zeitverschwendung.	Meetings sind der beste Weg zur Zustimmung aller.

Folie 11.14

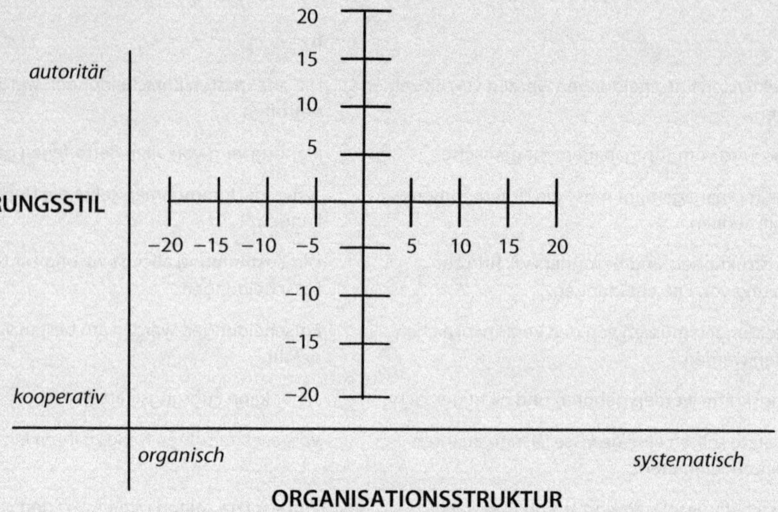

Abb. 11.4 Testauswertung des Mole-Tests (nach Mole 1993)

Hinweis

Beim Ausfüllen gibt es zuweilen Unsicherheiten bei den Teilnehmenden, da es ihnen sehr schwer fällt, sich zwischen den entgegengesetzten Aussagen zu entscheiden. Oft wird angemerkt, dass die betriebliche Realität in der Mitte läge. Es ist wichtig, hier einen spielerischen Umgang mit dem Test zu fördern, indem darauf hingewiesen wird, dass es nicht um absolute Wahrheiten, sondern um Tendenzen geht.

Teilnehmende haben oftmals Schwierigkeiten zu entscheiden, ob sie die Aussagen auf die gesamte Organisation oder nur auf ihre Abteilung beziehen sollen. Diese Entscheidung kann man den Teilnehmenden überlassen; dabei ist es nur wichtig, dass die einzelnen Teilnehmenden in ihrem selbst gewählten Bezugssystem konsistent bleiben.

→ Testauswertung: Wenn die Teilnehmenden den Test durchgeführt haben, werden alle Ergebnisse auf einem Auswertungsdiagramm (► Folie 11.14, http://extras.springer.com; Abb. 11.4) eingetragen. Pro Teilnehmenden wird ein Punkt markiert, der die Ausprägung der »Organisationsstruktur« auf der x-Achse und die Ausprägung des »Führungsstils« auf der y-Achse wiedergibt.

Zum Zweck der Analyse des nationalen Einflusses auf Organisationskulturen werden die Ergebnisse der Teilnehmenden pro Nation in derselben Farbe markiert. Auf diese Weise sieht man möglicherweise national bedingte Clusterungen der verschiedenen Organisationskulturen.

11.3 Modul 3: Der Einfluss der nationalen auf die organisationale Kultur [45 min]

Aktivität 1 Beschäftigung mit dem Einfluss der nationalen auf die organisationale Kultur [45 min].
→ Individuelle Reflexion über die nationale Prägung der eigenen Organisation.

Schauen sie noch einmal auf den Test und vergleichen Sie das Ergebnis mit dem Eisberg ihrer nationalen Kultur. Wo gibt es Überschneidungen, wo starke Abweichungen? Welche Aussagen lassen sich über die nationale Prägung ihrer Organisation machen?

→ Austausch der Gedanken der individuellen Reflexion und anschließende Diskussion.

Hinweis

Die Diskussion ist meist sehr lebhaft und kontrovers. Thematisch gibt es oft Brüche und Sprünge, da das Thema die vielfältigsten Verletzungen im Arbeitsleben (z. B. mangelnde Wertschätzung) aktualisieren kann. An dieser Stelle sollte man ein wenig »Chaos« in der Diskussion zulassen und nicht zu sehr auf die eigentliche Fragestellung fokussieren. Es dient der Reflexion der Rolle des Individuums in der Gesamtorganisation, die kulturell sehr unterschiedlich sein kann (so ist z. B. das Gefühl der mangelnden Wertschätzung oft ein Hinweis auf eine eher sachorientierte, mechanistische Organisationskultur, in der Mitarbeiter oftmals als austauschbar angesehen werden).
In der Diskussion kann man oft sehen, dass die Übereinstimmungen und auch Abweichungen auf verschiedenen Ebenen liegen. Nach Hofstede bewegen sich Unterschiede von nationalen Kulturen eher auf der grundsätzlichen Werteebene, wohingegen organisationale Kulturen an Arbeitspraktiken, wie z. B. der Gestaltung von Meetings, unterschieden werden können. Die enge Beziehung zwischen nationalen und organisationalen Kulturen wird an den von nationalen Werten durchdrungenen Arbeitspraktiken deutlich, z. B. führt die nationale Zeitorientierung zu einem spezifischen Umgang mit Zeitplänen in der Organisation.
In der Diskussion spürt man viel Abwehr der Teilnehmenden, die nationale Prägung der eigenen organisationalen Kultur zu sehen, da die Unterschiede im Rahmen der vielfältigen Globalisierung manchmal schwer zu erkennen sind. Die damit einhergehende subtilere Wirkmächtigkeit der nationalen Prägung führt im Kontakt mit Vertretern anderer Kulturen oft zu Irritationen, die nicht als kulturell bedingt erkannt und somit nicht reflektiert werden.

11.4 Modul 4: Interkulturelles Kooperationsspiel [210 min]

Aktivität 1 Interkulturelles Kooperationsspiel [120 min].
→ Um Kooperation im interkulturellen Rahmen zu verdeutlichen, wird ein Simulationsspiel durchgeführt.
Vorbereitung: Diverse Papier-, Stoff-, Holz- und Metallreste, die sich zum kreativen Basteln eignen, werden gesammelt. Entsprechendes Werkzeug wie Zangen, Sägen, Scheren, Kleber etc. wird bereitgelegt; es dient als »Werkzeugabteilung«.
Spielanleitung: Den Teilnehmenden wird der Ablauf des Spiels vermittelt.

Sie werden im Folgenden auf drei Gruppen aufgeteilt, die »Holzgruppe«, die »Metallgruppe« und die »Textilgruppe«. Ihre Aufgabe ist es, in Ihrer Kleingruppe mittels der vorhandenen Materialressourcen einen innovativen Prototyp für eine Maschine zu entwickeln, die in der Lage ist, Windenergie in Bewegungsenergie umzusetzen. Das Werkzeug kann in der »Werkzeugabteilung« jederzeit ausgeliehen werden. Nach einer Brainstormingzeit von 15 Minuten haben Sie nochmals 15 Minuten Zeit, mit den anderen Abteilungen Material zu tauschen. Danach haben Sie max. 60 Minuten Zeit zum Bau des Prototyps. In weiteren 10 Minuten können Sie den Qualitätscheck vornehmen und ggf. optimieren. Die letzten 20 Minuten verwenden Sie bitte zur Vorbereitung der Präsentation des Prototyps, also einer überzeugenden Marketingstrategie. Der Prototyp muss sich nach der Pause unter Konkurrenz im Praxistest (unter dem Einfluss einer Windmaschine) bewähren. Unter Ihren Prototypen wird ein Sieger erwählt, der den Kriterien »Funktionalität, Ästhetik und hohe Qualität« am meisten genügt.

Durchführung: Die Teilnehmenden werden in multikulturellen Kleingruppen auf drei verschiedene Arbeitsräume verteilt. Dort erwartet sie in einem Karton das Arbeitsmaterial, das für ihre »Materialorientierung« (Holz, Metall oder Textil) passend ist. Die Gruppen erhalten auch jeweils eine Aufgabenanleitung, auf der alles Wichtige noch einmal beschrieben ist (▶ Material 11.3, Aufgabenanleitung, http://extras.springer.com). Pro Gruppe gibt es einen Beobachter, der nicht mitarbeitet, sondern beobachtet (▶ Material 11.4, Beobachterbogen, http://extras.springer.com).

Material 11.3

Aufgabenanleitung Interkulturelles Kooperationsspiel

- Aufgabe: Erstellen Sie aus den Materialien einen Prototypen, der in der Lage ist, Windenergie in kinetische Energie umzuwandeln.
- Arbeitsphasen:
  1. Brainstorming (Konzeption): 15 min
  2. Materialtausch: 15 min
  3. Bau des Prototyps: 60 min
  4. Qualitätscheck: 10 min
  5. Vorbereitung der Präsentation des Prototyps (Marketingstrategie): 20 min
- Ziel: Der Prototyp muss sich unter Konkurrenz im Praxistest (unter dem Einfluss einer Windmaschine) bewähren.
- Kriterien für den Wettbewerb: Funktionalität, Ästhetik und Qualität.

Material 11.4

Beobachterbogen Interkulturelles Kooperationsspiel

- Ihre Aufgabe ist es, die Spieler während des Spiels zu beobachten und ihnen danach Feedback zu geben.
- In diesem Spiel haben die Spieler zu kooperieren. Sie sollen einen Prototypen erstellen, der Wind- in Bewegungsenergie umsetzt. Während des Spiels achten Sie bitte auf folgende Kriterien:
  - Prozess: Gibt es irgendwelche Diskussionen zum Kooperationsprozess?
  - Atmosphäre: Ist die Atmosphäre freundlich oder rau?
  - Dominanz/Aktivität: Wer beansprucht besonders viel Platz und Zeit für sich?
  - Kommunikation: Gibt es Sprachprobleme? Reden die Muttersprachler mehr als die Nichtmuttersprachler?
  - Entscheidungen: Wer dominiert Entscheidungen und auf welche Weise?
  - Ideen/Vorschläge: Wer macht Vorschläge? Was für welche?
  - Produkt: Achten die Spieler auf die Qualitätskriterien?
- Wenn das Spiel zu Ende ist, bitten wir Sie, den Spielern in der Auswertungsphase im Plenum Rückmeldung zu geben. Rückmelderegeln:
  - Bitte sprechen Sie darüber, was Sie gesehen haben und geben Sie keine Interpretationen (beschreiben, nicht bewerten).
  - Seien Sie bitte konstruktiv.
  - Beginnen Sie bitte mit den positiven Eindrücken.

Aktivität 2 Vorstellung der Prototypen und Preisverleihung [45 min].
→ Präsentation der Prototypen: Die Teilnehmenden stellen nacheinander ihre Prototypen vor (pro Gruppe 10 min; Beispiel 11.5, ◘ Abb. 11.5). Sie preisen möglichst anschaulich (z. B. mit gemalten Postern) die besonderen Qualitäten ihres Prototyps an (z. B. Zusatzfunktionen). Mittels eines großen Ventilators erfolgt dann die praktische Vorführung des Potenzials der Prototypen, Wind- in Bewegungsenergie zu übertragen.
→ Bewertung: Die Moderatoren ziehen sich zur Beratung zurück und wählen gemäß der drei genannten Kriterien den Sieger aus. Die Teilnehmenden der Siegergruppe erhalten jeweils eine Siegerurkunde und einen kleinen Preis.

Aktivität 3 Auswertung des Kooperationsspiels [45 min].
→ Debriefing: Die Teilnehmenden werden nach Ihren Erlebnissen im Spiel befragt, insbesondere danach, wie die Zusammenarbeit erfolgte. Im Anschluss daran berichten die Beobachter aus den Gruppen. Schließlich wird über die Erfahrungen und ggf. erlebte kulturell unterschiedliche Kooperationsstile diskutiert.

Beispiel 11.1

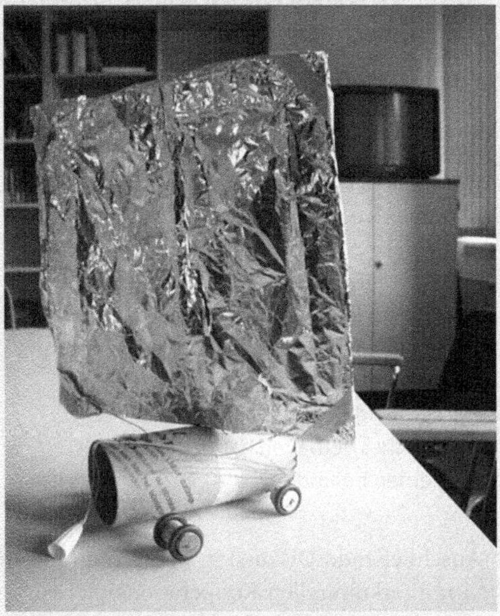

Abb. 11.5 Produkt: Sonnensegel

Können Sie schildern, wie Sie das Spiel erlebt haben? Wie war es in den verschiedenen Phasen (Planung, Ausführung, Qualitätstest, Marketingstrategie entwickeln)? Wie war die Zusammenarbeit?

Hinweis

Man kann sehr viel über Kooperation an sich und kulturell unterschiedliches Kooperationsverhalten in diesem Spiel wahrnehmen. Dies setzt jedoch eine gründliche Analyse des Geschehens (»debriefing«) voraus.
Wichtig ist die Analyse der verschiedenen Arbeitsphasen: Wie haben die Spieler angefangen? Wie kamen sie auf die Idee, die sie realisiert haben? Haben sie zuerst einen Plan gemacht oder entstand der endgültige Prototyp im Laufe des Handelns? Wie viele andere Versionen haben sie zunächst angefangen bzw. realisiert?
Aufschlussreich ist die Beschäftigung mit der Arbeitsteilung in den Gruppen. Wie haben die Spieler untereinander interagiert? Gab es spezifische Rollen, z. B. eine »Führungskraft«, einen »Ideengeber« oder einen »Koordinator«? Gab es eine spezifische Arbeitsteilung, z. B. zwischen denen, die Anweisungen gaben, und denen, die diese umsetzten? Wie wurde kooperiert? Haben möglicherweise mehrere Personen parallel an ihren »eigenen« unterschiedlichen Prototypen gearbeitet?
Wie wurden Konflikte gelöst?
Es hat sich in unseren Kursen immer wieder gezeigt, dass die Frage der Umsetzung der per Arbeitsvorgabe vorgegebenen Regeln kulturell sehr unterschiedlich erfolgt. In unseren Kursen haben z. B. englische Teilnehmende die Arbeitsvorgaben und Regeln teilweise deutlich großzügiger interpretiert als deutsche Teilnehmende, die sich oftmals schwerer taten, die eher chaotische Ausgangssituation mit Leben zu füllen. Dies führte dann in der Zusammenarbeit zu Konflikten.

11.5 Modul 5: Herausforderungen multikultureller Teams [160 min]

Aktivität 1 Herausforderungen multikultureller Teams [70 min].
(zu den theoretischen Erörterungen ► Abschn. 4.3)
→ Erfahrungsaustausch: In monokulturellen Kleingruppen tauschen sich die Teilnehmenden über ihre Erfahrungen in multikulturellen Teams aus [20 min].

Bitte erzählen Sie sich gegenseitig von Ihren Erfahrungen, die Sie in multikulturellen Teams gemacht haben. Erzählen Sie von anstrengenden, aber auch von positiven Erlebnissen. Welche besonderen Herausforderungen, aber auch Freuden lassen sich daraus ableiten? Bitte notieren Sie diese auf einem Flipchart in einem ansprechenden Design (wenn möglich mit bildlichen Darstellungen).

→ Präsentation der Erfahrungen: In Form der Methode des Gallery Walk (auch: Vernissage Methode) werden die Gruppenergebnisse präsentiert [20 min]:

Die Flipcharts werden auf Tafeln im Raum ausgestellt. Die Gruppen werden zu sog. Walking-Gruppen neu zusammengestellt, sodass sich in jeder Walking-Gruppe mindestens ein Repräsentant aus jeder vorherigen Gruppen befindet. Nun gehen die Walking-Gruppen versetzt von Tafel zu Tafel und verbleiben dort ca. 5 Minuten. Jeweils ein Gruppenrepräsentant erläutert vor der entsprechenden Tafel das Ergebnis seiner Gruppe.

→ Input zu den zentralen Herausforderungen multikultureller Teams und anschließende Diskussion zu den zentralen Herausforderungen multikultureller Teams (► Folie 11.15, http://extras.springer.com). Die Diskussion nimmt Bezug zum Erfahrungsaustausch und zum interkulturellen Kooperationsspiel [30 min].

Folie 11.15

Input: Zentrale Herausforderungen multikultureller Teams (nach Kopper 2003; ergänzt durch Winkler 2011)

- Umgang mit fremdsprachlicher Kommunikation
- Umgang mit Stereotypisierungen
- Umgang mit kulturellen Unterschieden
- Umgang mit Macht- und Statusunterschieden

Aktivität 2 Lernförderliche Teamkultur [40 min].

→ Input zu lernförderlichen und lernhemmenden Faktoren in Teams (► Folie 11.16, http://extras.springer.com; ◘ Tab. 11.4) [15 min].

→ Individuelle Reflexion des interkulturellen Kooperationsspiels (aus Modul 4) unter der Perspektive des gegenseitigen Lernens in Stillarbeit [10 min].

Die Moderation verteilt hierzu die Arbeitsblätter (Material 11.5) und bittet die Teilnehmenden das interkulturelle Kooperationsspiel unter der Perspektive des gegenseitigen Lernens in Stillarbeit nochmals zu reflektieren.

Material 11.5

Arbeitsblatt: Individuelle Reflexion des interkulturellen Kooperationsspiels unter der Perspektive des gegenseitigen Lernens

- Welche gegenseitigen Lernprozesse haben Sie wahrgenommen?
- Welche gegenseitigen Lernprozesse haben gefehlt, um noch besser zu kooperieren?
- Welches Verhalten hat gegenseitiges Lernen gefördert?
- Welches Verhalten hat gegenseitiges Lernen behindert?

→ Anschließende Diskussion im Plenum, ob und wie im interkulturellen Kooperationsspiel voneinander gelernt wurde und welche lernförderlichen bzw. lernhemmenden Faktoren eine Rolle gespielt haben [15 min].

Aktivität 3 Unangenehmes Ansprechen [50 min].

→ Spielen eines Rollenspiels: »Lautes, gestenreiches Telefonieren des Kollegen im gemeinsamen Zimmer. Wie sage ich ihm, dass es mich stört und wirke auf eine Lösung hin?« [20 min]

Zielsetzung: In diesem Rollenspiel geht es darum, Möglichkeiten zu üben, wie man Unangenehmes

◘ **Tab. 11.4 (Folie 11.16)** Lernförderliche und lernhemmende Faktoren in Teams (nach Rothlauf 2009, S. 219f.)

Lernförderliche Faktoren	Lernhemmende Faktoren
Positive und negative Rückmeldungen	Klima der Schuldzuweisungen
Offenheit und Ehrlichkeit	Angst
Offener Austausch von Erfahrungen	Vorstellung, Probleme lösen sich von alleine
Fehlertoleranz und offene, zeitintensive Fehleranalysen	Keine Zeit zur Reflexion
Einsicht, nicht allwissend zu sein	Mangel an Information
Aktives Zuhören auch bei schlechten Nachrichten	Überbetonung von Außeninformationen und Vernachlässigung von Binneninformationen
Atmosphäre, die Lernen ermutigt und Leistungen belohnt	Autoritäre Managementstruktur
	Fokussierung auf Personen und nicht auf Leistung
	Zu starkes Eingehen auf egoistische Bedürfnisse

konstruktiv ansprechen kann. Ein gewisses Maß an Offenheit ist notwendig für eine lernförderliche Teamkultur.

Vorbereitung: Die Moderation kündigt das Rollenspiel entsprechend des Spielablaufs an, wählt die Spieler aus und stellt einen Tisch in die Mitte des Raumes mit zwei Stühlen über Eck, sodass zwei Personen in einem ca. 90 Grad Winkel zueinander sitzen können.

Spielablauf: Für das Spiel werden vier Personen benötigt. Eine Person spielt den Kollegen, der oft und laut telefoniert (Rolle A). Die anderen vier Spieler spielen nacheinander den Zimmerkollegen, der sich durch das Telefonieren in seiner Aufmerksamkeit gestört fühlt und sein Unbehagen ansprechen will (Rolle B). Der Spieler der Rolle A setzt sich an den Tisch und versucht sich in die Rolle einzufühlen. Die drei Spieler der Rolle B bereiten sich innerlich darauf vor, mit ihren Zimmerkollegen über das laute Telefonieren zu sprechen und überlegen sich, wie sie das Gespräch führen wollen: Wie sage ich ihm, dass es mich stört und wirke auf eine Lösung hin? Dann setzt sich nacheinander jeweils einer der drei Spieler der Rolle B an den Tisch und versucht sein Anliegen in einem Gespräch zu klären. Die nachfolgenden Spieler können dabei von den Vorgängern lernen und ihre Vorüberlegungen ggf. korrigieren. Die restliche Seminargruppe schaut dem Rollenspiel zu.

→ Auswertung des Rollenspiels [30 min].

Die Moderation fragt zunächst den Spieler der Rolle A, wie er sich gefühlt hat und wie er die Gespräche empfunden hat: Was fand er konstruktiv, was hat ihn verletzt, wann hat er den stärksten Impuls empfunden, das eigene Telefonverhalten zu verändern? Danach befragt die Moderation die Spieler der Rolle B. Abschließend wird der zuschauende Teil der Seminarteilnehmenden befragt, was ihnen aufgefallen ist. Die Moderation sollte die Auswertung des Rollenspiels abschließen, indem sie mit der Gruppe zusammen an einer Tafel oder auf einem Flipchart auflistet, was zu einem konstruktiven Gespräch beiträgt.

Zusätzlich kann die Moderation ein Beispiel für ein konstruktives Gespräch vorstellen (▶ Folie 11.17, http://extras.springer.com) und das Muster dieses Gesprächs herausarbeiten, sodass es als Modell für ähnliche Gespräche dienen kann.

Hinweis

Menschen fällt es oft schwer, Dinge anzusprechen, die sie stören. Ehrlichkeit und Offenheit sind aber wichtige Voraussetzungen für eine lernförderliche Kooperationskultur. Auch wenn es nicht angemessen ist, jedes störende Gefühl sofort in einem Gespräch anzusprechen, sondern zunächst versucht werden sollte, an seinen eigenen Gefühlen zu arbeiten, ist es doch wichtig, bei einem nachhaltigen und starken Empfinden einer Störung diese auch anzusprechen. Bleibt ein Gespräch aus, kommt es meist zu einer emotionalen Distanzierung.

Folie 11.17

Vier Schritte zu einem konstruktiven Gespräch

1. Positive Einleitung und Ich-Botschaften zur Problembeschreibung
   »Ich schätze an Dir sehr Deine Lebendigkeit. Sie steckt mich oft an und ich bekomme davon gute Laune. Leider bin ich, wenn ich konzentriert arbeite, sehr empfindlich und fühle mich schnell durch Geräusche gestört. Ich empfinde Deine Telefonate oft als laut und kann dann nur noch mit Mühe arbeiten.«
2. Gefühle ausdrücken
   »Das verunsichert mich sehr. Gerade weil ich Deine lebendige Art sonst so gerne mag.«
3. Bedürfnis mitteilen
   »Ich möchte konzentriert arbeiten können. Das gelingt mir jedoch nicht, wenn Du laut telefonierst.«
4. Die andere Person einbeziehen
   »Was denkst Du darüber? Hast Du einen Vorschlag, wie wir das ändern könnten?«

Hinweis

Im ersten Schritt geht es darum, das Problem anzusprechen und in einen positiven Kontext zu stellen. Dabei ist es wichtig, in der reinen Ich-Formulierung zu bleiben. Im zweiten Schritt ist es wichtig, seine negativen Gefühle mitzuteilen, aber auch ein positives Feedback zu geben (sog. Sandwichtechnik). Im dritten Schritt geht es darum, das eigene Bedürfnis auszudrücken und darüber das Ziel zu definieren. Im vierten Schritt geht es darum, seinen Gesprächspartner miteinzubeziehen.

11.6 Modul 6: Führung multikultureller Teams [200 min]

Aktivität 1 Führungsgrundsätze [30 min].

→ Input zu den Führungsgrundsätzen in multikulturellen Teams [15 min] (▶ Folie 11.18–11.19, http://extras.springer.com; zu den theoretischen Erörterungen ▶ Abschn. 4.3.2).

Folie 11.18

Input: Führungsgrundsätze multikultureller Teams I (Nach Kopper 2003, S. 373, in Anlehnung an Hofner 1996, S. 250. Reprinted from Journal of Intercultural Relations, 20, Hofner, D. M., Productive behaviors of global business teams, 227–259, Copyright (1996), with permission from Elsevier, Übersetzung der Autorinnen)

Multikulturelle Teamleader ...

- »handeln als Moderatoren des Prozesses
- handeln aufgabenorientiert
- strukturieren den Prozess
- schaffen eine Atmosphäre der gegenseitigen Unterstützung
- ermutigen dazu, abweichende Meinungen offen zu äußern
- geben Meinungen früh in die Diskussion
- suchen nach gewinnbringenden Aspekten in den Meinungen der Teammitglieder«.

Folie 11.19

Input: Führungsgrundsätze multikultureller Teams II

Multikulturelle Teamleader ...

- führen situativ, d. h. sie berücksichtigen die Erwartungen über das Geführt-Werden, *weil enttäuschte Erwartungen über das Geführt-Werden wichtige Stressoren sind*
- führen die Erwartungen gestaltend, *weil nicht alle Erwartungen erfüllt werden können, sondern teilweise auch verändert werden müssen*
- führen durch Vorbild, *weil Menschen in Situationen der Verhaltensunsicherheit besonders empfänglich sind, das Verhalten von anderen nachzuahmen*
- führen lernfördernd, *weil die Bereitschaft voneinander zu lernen zentral ist, um gemeinsam handeln zu können*
- führen (Prozess-)Transparenz herstellend, *weil nichts für alle Mitglieder selbstverständlich ist und deshalb Prozesse und implizite Regeln erklärt werden müssen*

Hinweis

Falls die Trainingseinheit 4 eine zentrale Rolle im Gesamttraining spielt, können die Führungsgrundsätze eingebettet werden in die Thematik des prozessbegleitenden Führens, wie im ▶ Abschn. 4.3.2. erläutert und in der ◘ Tabelle 4.1 tabellarisch skizziert.

→ Diskussion der Führungsgrundsätze und Erfahrungsaustausch eigener Erlebnisse des Führens und/oder Geführtwerdens [15 min].

Aktivität 2 Führungsstile [70 min].

→ Spielen eines Rollenspiels zu verschiedenen Führungsstilen [40 min].

Zielsetzung: Das Spiel soll verschiedene Führungsstile in ihren Stärken und Schwächen erlebbar machen. Dabei werden auch spezielle Wirkungen auf unterschiedliche Mitarbeiter sichtbar.

Herkunft: Dieses Spiel hat seinen Ursprung in einem Seminar zum Thema Führung und Kommunikation von Prof. Dr. Gabriele Winker, das an der Technischen Universität Hamburg-Harburg durchgeführt wird.

Vorbereitung: Den Teilnehmenden wird erläutert, dass ein Rollenspiel zum Thema Führung gespielt wird und dafür sieben Spieler benötigt werden: drei Führungskräfte und vier Mitarbeiter (die Inhalte der Rollen werden nicht angekündigt). Ein Tisch mit fünf Stühlen wird in die Mitte des Raumes gestellt. Auf den Tisch werden Legosteine in vier Farben und verschiedenen Größen geschüttet. Die Spieler werden ausgewählt und das Spiel entsprechend des Spielablaufs von der Moderation angeleitet.

Spielablauf: In einem Rollenspiel werden die drei Führungsstile autoritär, demokratisch (kooperativ) und laissez-faire in einem Team mit den unterschiedlichsten Mitarbeitern erprobt. Für das Spiel werden sieben Spieler benötigt. Drei Spieler spielen jeweils eine Führungskraft mit jeweils einem der drei Führungsstile. Vier Spieler spielen jeweils einen Mitarbeiter mit je eigenen Vorstellungen und Erwartungen an die Führungskraft. In die Mitte des Raumes wird ein Tisch mit fünf Stühlen gestellt. Die Mitarbeiter-Spieler setzen sich an den Tisch und bekommen ihre jeweiligen Regieanweisungen. Sie haben Zeit, sich in die Rollen einzufühlen und zu überlegen, wie diese Personen sich wohl verhalten würden. Anschließend begleitet die Moderation die Führungskräfte-Spieler nach draußen vor die Tür und erzählt kurz, dass die Führungskräfte die Aufgabe haben, mit unterschiedlichen Führungsstilen ihre vier Mitarbeiter anzuleiten, mit den Legosteinen den Städtenamen »Hamburg« zu bauen. Die Moderation erläutert, dass und welche drei Führungsstile zur Auswahl stehen und fragt, wer welchen Führungsstil spielen will. Entsprechend der Wünsche verteilt die Moderation die Regieanweisungen und gibt kurz Zeit, sich in die jeweiligen Rollen hineinzudenken. Dann geht die Moderation wieder in den Gruppenraum und ruft die erste Führungskraft hinein und bittet diese, sich an den Tisch zu setzen und die Mitarbeiter anzuleiten. Wenn die Aufgabe erledigt ist (oder nach einer gewissen Zeit, wenn kein Ende in Sicht ist), setzt sich der Führungskraft-Spieler in die Seminargruppe, die Legosteine werden wieder auseinander gebaut und die Moderation bittet die nächste Führungskraft hinein. Der gleiche Ablauf wiederholt sich mit der dritten Führungskraft. Wenn alle drei Runden gespielt sind, wird das Rollenspiel ausgewertet.

Material 11.6

Anweisung Mitarbeiter

Mitarbeiter 1:

- versucht eigenständig etwas zuwege zu bringen
- reagiert öfters aggressiv
- ist wenig kompromissbereit

Mitarbeiter 2:

- braucht konkrete Anweisungen
- hat wenig eigene Vorstellungen
- ist schüchtern, aber versucht konstruktiv zu sein

Mitarbeiter 3:

- zeigt sehr dominantes Verhalten
- fühlt sich wie der heimliche Chef
- versucht die Kollegen zu maßregeln

Mitarbeiter 4:

- hat wenig Lust irgendetwas zu machen,
- bringt Ideen ein, die nicht immer zielführend sind und insofern eher ablenken
- redet viel über Dinge, die mit der Arbeit nichts zu tun haben

(das Blatt in die einzelnen Regieanweisungen zerschneiden)

Material 11.7

Anweisung Führungskraft demokratisch (kooperativ)

Ihre Aufgabe:

- Sie sollen Ihre Mitarbeiter anleiten, mit den vorhandenen Legosteinen den Städtenamen »Hamburg« zu bauen.

Ihr Führungsstil:

- erläutert Aufgaben und eine mögliche Vorgehensweise
- fragt immer nach der Meinung der Mitarbeiter
- kommt den Mitarbeitern entgegen
- lobt die Mitarbeiter

Ihr Vorgehen im Rollenspiel:

- Sie schildern die Aufgabe, aus den Legosteinen den Städtenamen »Hamburg« zu bauen. Sie erläutern mögliche Arbeitsschritte: z. B. erst Bausteine nach Farbe und Form zu sortieren; anschließend mit dem Bauen zu beginnen. Sie hören sich die Vorschläge der Mitarbeiter zum Vorgehen an und diskutieren gemeinsam die verschiedenen Vorstellungen. Durch gemeinsames Bauen wird anschließend der Städtename gebaut.

Material 11.8

Anweisung Führungskraft autoritär
Ihre Aufgabe:
- Sie sollen Ihre Mitarbeiter anleiten, mit den vorhandenen Legosteinen den Städtenamen »Hamburg« zu bauen.

Ihr Führungsstil:
- es darf nur auf Ihre eigene Anweisung hin gearbeitet werden
- es wird nur nach Ihren eigenen Vorstellungen gearbeitet
- nur Ihre eigene Meinung zählt
- Verbesserungsvorschläge von Mitarbeitern werden zwar gehört, aber trotzdem ignoriert

Ihr Vorgehen im Rollenspiel:
- Jeder Mitarbeiter muss alle Legosteine einer bestimmten Farbe einsammeln und nach der Größe sortieren. Anschließend versuchen Sie, sich einen Bauplan zu machen und geben dann detaillierte Anweisungen, was die einzelnen Mitarbeiter tun sollen.

Material 11.9

Anweisung Führungskraft laissez-faire
Ihre Aufgabe:
- Sie sollen Ihre Mitarbeiter anleiten, mit den vorhandenen Legosteinen den Städtenamen »Hamburg« zu bauen.

Ihr Führungsstil:
- nur grobe Formulierung der Aufgaben
- bei Fragen der Mitarbeiter immer ausweichend reagieren
- sich meist anderweitig beschäftigen

Ihr Vorgehen im Rollenspiel:
- Sie zeigen auf die Legosteine und sagen, dass damit der Städtename Hamburg gebaut werden muss. Wenn Fragen von Mitarbeitern kommen, weisen Sie diese ab. Sie gehen dann einer anderen, für Sie wichtigeren Tätigkeit nach.

→ Auswertung des Spiels [20 min]: Die Moderation fragt zunächst die Führungskräfte-Spieler, wie sie sich gefühlt haben, wie sie ihr eigenes Führungshandeln beurteilen und welche Mitarbeiter sie als angenehm bzw. als unangenehm empfunden haben. Danach befragt die Moderation die Mitarbeiter-Spieler, wie sie sich gefühlt haben und wie sie mit den unterschiedlichen Führungsstilen zurechtgekommen sind. Abschließend wird der zuschauende Teil des Seminarteilnehmenden befragt, was ihnen aufgefallen ist. Die Moderation sollte die Auswertung des Rollenspiels abschließen, indem sie mit der Gruppe zusammen an einer Tafel oder auf einem Flipchart auflistet, welcher Führungsstil welche Stärken und welche Schwächen hat und zu welchem Typ von Mitarbeitern er eher passt.

→ Input: Führungsstile [10 min]: Das Thema Führungsstile wird mit einem Input durch die Moderation abgeschlossen. Die Führungsstile, die im Rollenspiel gespielt wurden, werden mit ihren Bezeichnungen nach Lewin et al. (1939) vorgestellt und theoretisch verortet (► Folie 11.20, http://extras.springer.com). Zur Vertiefung des Themas kann anschließend zusätzlich noch auf das Situational Leadership® Modell (Hersey et al. 2013) hingewiesen werden, das die Abhängigkeit des geeigneten Führungsstils von der Kompetenz und der Motivation der Mitarbeiter betont (► Folie 11.21).

Hinweis

Das Rollenspiel wurde entwickelt, um die drei Führungsstile nach Lewin et al. (1939) spielerisch erproben und in ihren Wirkungen erleben zu können. Zum Abschluss der Aktivität Führungsstile ist es wichtig, dass die im Rollenspiel inszenierten Führungsstile von der Moderation theoretisch verortet werden und der Bezug zu den Bezeichnungen von Lewin et al. (1939) hergestellt wird. Im Rollenspiel gibt es aber über unterschiedliche Führungsstile hinaus auch unterschiedliche Mitarbeiter. In der Auswertung des Rollenspiels wird meist sehr deutlich, dass die unterschiedlichen Mitarbeiter unterschiedliche Führungsstile präferieren. Diese Erkenntnis ist sehr wertvoll für das Führen multikultureller Teams, da Führungskräfte hier meist mit unterschiedlichen Erwartungen an den Führungsstil konfrontiert werden. In multikulturellen Teams ist ein komplexer Führungsstil, der je nach Situation unterschiedliche Interaktionsformen vorsieht, ein großer Vorteil (hierzu ► Abschn. 4.3.2). Das Situational Leadership® Modell (Hersey et al. 2013, S. 113ff.) bietet einen passenden theoretischen Rahmen, um den Zusammenhang zwischen geeignetem Führungsstil und den Bedürfnissen und Erwartungen der einzelnen Mitarbeiter zu diskutieren. Um Irritationen zu vermeiden, sollte die Moderation kurz darauf hinweisen, dass Lewin et al. drei und Hersey et al. vier Führungsstile unterscheiden. Diese Diskrepanz ist dem jeweiligen Kontext der Forschungen geschuldet. Für die abschließende Diskussion des Themas Führungsstile ist diese Abweichung eher unwichtig. Anzumerken ist demgegenüber die unterschiedliche inhaltliche Ausrichtung. Während Lewin et al. (1939) Führungsstile herausgearbeitet haben, die zuvor empirisch beobachtet wurden, beschreibt das Situational Leadership® Modell (Hersey et al. 2013, S. 113ff.) – unter Rückgriff auf Empirie – eher eine Anleitung für gute Führung unter Berücksichtigung des Leistungsgrads der Mitarbeiter: so kommt beispielsweise ein Laissez-faire-Stil nicht vor, und die Abstufungen zwischen autoritärem und demokratischem Führungsstil sind feiner und weniger wertend.

Folie 11.20

Input: Führungsstile (nach Lewin et al. 1939. Patterns of aggressive behaviors in experimentally created social climates, Lewin, K., Lippitt, R. & White, R., Journal of Social Psychology, 1939 Taylor & Francis, reprinted by permission of Taylor & Francis Ltd http://www.tandfonline.com.)

- Autoritär
- Demokratisch
- Laissez-faire

Folie 11.21

Input: Situational Leadership® Modell (Hersey et al. 2013, S. 129, 124ff.)

Aus urheberrechtlichen Gründen kann dieses Modell in den E-Book-Ausgaben des Buches nicht dargestellt werden.

- R1, Niedrige Performance Readiness®: Mitarbeiter ist wenig fähig und wenig motiviert oder unsicher → Führungsstil S1: »telling«: anweisen und leiten
- R2, Niedrige bis mittlerer Performance Readiness®: Mitarbeiter ist wenig fähig, aber motiviert oder selbstsicher → Führungsstil S2: »selling«: erklären und begründen.
- R3, Mittlere bis hohe Performance Readiness®: Mitarbeiter ist fähig, aber wenig motiviert oder unsicher → Führungsstil S3: »participating«: ermutigen und unterstützen.
- R4, Hohe Performance Readiness®: Mitarbeiter ist fähig und motiviert oder selbstsicher → Führungsstil S4: »delegation«: beauftragen.

Aktivität 3 Erwartungsmanagement [35 min]. → Input zum Erwartungsmanagement [15 min]: Um zu zeigen, wie Führungskräfte auf die Erwartungen ihrer Mitarbeiter Einfluss nehmen können, werden einige Fragen vorgestellt, deren Bearbeitung Erwartungen transparent machen (► Folie 11.22, http://extras.springer.com).

Folie 11.22

Fragen zum Erwartungsmanagement

An Mitarbeiter:

- Was erwarten Sie von Ihrer Führungskraft?
- Was erwarten Sie von Ihren Kollegen und Kolleginnen?
- Was erwarten Sie von sich selbst?
  Was bringen Sie in das Team ein?

An Führungskraft:

- Was erwarten Sie von den Mitarbeitern?
- Was erwarten Sie von sich selbst?
  Was bringen Sie in das Team ein?

Hinweis

Die Moderation kann über die konkreten Fragen hinaus auch noch auf den Ablauf des Erwartungsmanagements eingehen. Führungskräfte können sich an folgendem Ablauf orientieren: In Kleingruppen arbeiten die Mitarbeiter entlang der Fragen ihre Erwartungen heraus und visualisieren diese auf einem Flipchart. Anschließend werden die Ergebnisse zusammengetragen und diskutiert. Die Führungskraft geht abschließend darauf ein, welche der Erwartungen realistisch sind und welche von der Führungskraft nicht realisiert werden können. Darüber hinaus erzählt die Führungskraft von ihren Erwartungen an die Mitarbeiter und an sich selbst. Im Anschluss daran bietet es sich an, Regeln der Führung und Zusammenarbeit kooperativ zu erarbeiten und zu verabschieden.

→ Übung [15 min]: In multikulturellen Kleingruppen wird am Beispiel der gegenseitigen Erwartungen im Training ein Erwartungsmanagement praktiziert. Dazu werden den Gruppen folgende Fragen gegeben, die bearbeitet und auf einem Flipchart visualisiert werden sollen.

- Was erwarte ich vom Trainer des Seminars?
- Was erwarte ich von den anderen Teilnehmenden?
- Was erwarte ich von mir selbst? Was bringe ich in das Seminar ein?

→ Auswertung [5 min]: Die Flipcharts werden im Raum aufgehängt und alle Teilnehmenden können einen Blick darauf werfen. Eine tiefere Auswertung ist nicht nötig. Es soll lediglich ein Gefühl für mögliche Erwartungen angeregt werden.

Hinweis

Diese Methode der direkten Abfrage der Erwartungen kann für bestimmte Teams ungeeignet sein. Dies ist der Fall, wenn nicht damit zu rechnen ist, dass alle Teammitglieder – z. B. Personen aus eher reaktiven Kulturkreisen – die eigenen Erwartungen in dieser unmittelbaren Form äußern. Ersatzweise bietet es sich dann an, die Erwartungen eher implizit über die folgende Stillarbeit mit anschließender Präsentation und Diskussion zu ermitteln: »Bitte notieren Sie den Namen einer Person, die Sie als ideale Führungsperson ansehen. Diese Person kann eine öffentliche oder auch nur Ihnen bekannte Person sein. Begründen Sie ihre Wahl anhand der Eigenschaften, die diese Person hat.« Über diese indirekte Methode werden ebenfalls die eigenen Erwartungen an eine Führungskraft sichtbar, aber ohne diese direkt an ein Gegenüber adressieren zu müssen.

Aktivität 4 Förderung einer Lernkultur durch kollegiale Beratung [65 min].

→ Input: Kollegiale Beratung [15 min].

Die Moderation verteilt das Arbeitsblatt zur Kollegialen Beratung (▶ Material 11.10, http://extras.springer.com) und erläutert entlang des Papiers die Methode der kollegialen Beratung in ihrer Zielsetzung und in ihrem Ablauf. Mit dem Instrument der kollegialen Beratung wird den Teilnehmenden eine Methode vermittelt, mit der Führungskräfte gegenseitige Lernprozesse in einem Team formell implementieren können.

Material 11.10

Arbeitsblatt: Kollegiale Beratung

Die kollegiale Beratung ist ein Instrument zur gegenseitigen, kollegialen Beratung innerhalb eines Teams. Die angesprochenen Probleme können sowohl auf der fachlichen, der sozialen als auch der individuellen Ebene liegen. Das Instrument ist geeignet, gegenseitige Lernprozesse sowohl auf der Sach- als auch auf der Beziehungsebene anzuregen. Die Ziele im Einzelnen sind:

- Wissen problemorientiert austauschen;
- soziale Kompetenzen austauschen;
- individuelle Arbeitstechniken austauschen;
- Beziehungen knüpfen;
- bisherige Gruppendynamik »verflüssigen«.

Vorgehen:

Der Ratsuchende sucht sich drei Ratgeber. Man trifft sich für ca. 90 Minuten (in der Übung nur 30 Minuten) und geht wie folgt vor:

- Problemdarstellung: Der Ratsuchende beschreibt das »Problem« möglichst **konkret** und möglichst **plastisch.** Um die »Innenansicht« für die anderen nachvollziehbar zu machen, ist es sinnvoll auch Gedanken und Gefühle zu schildern. Am Schluss soll eine **konkrete Frage** formuliert werden, zu der ein Rat gesucht wird.
  Die Ratgebenden hören zu, können aber auch Verständnisfragen stellen. Eigene Empfindungen sollen nicht geäußert werden.
- Rückmeldung: Die Ratgebenden schildern einer nach dem anderen die eigene Sicht auf das Problem. Die eigene Interpretation wird dargestellt ohne zu urteilen. Dabei ist es wichtig, die konkrete Frage des Ratsuchenden im Auge zu behalten.
- Interpretationsauswahl: Der Ratsuchende wählt eine Interpretation aus, die aus seiner Sicht am besten den Kern der Sache trifft. Falls keine den Kern trifft, erzählt er seine eigene Interpretation.
- Lösungsvorschläge: Das Beraterteam akzeptiert die ausgewählte Interpretation als Basis der Lösungssuche und tauscht im Hinblick auf diese Interpretation Lösungsideen aus. Der Ratsuchende hört zu und beobachtet aus der Distanz und schreibt eventuell mit.
- Der Ratsuchende beschreibt die Wirkung der gehörten Ideen.
- Die Ratgebenden schreiben ohne weitere Absprache jeweils einen Lösungsvorschlag auf, lesen diesen vor und überreichen ihn dem Ratsuchenden. Dieser nimmt die Vorschläge ohne weitere Kommentare entgegen.
- Evtl. Abschlussblitzlicht: Stimmungsblitzlicht zum Prozess der Beratung.

Zusatzregel: Persönliche Konflikte mit einzelnen Personen sollten nicht das zentrale Thema der Beratung sein. Bemerkungen über nicht anwesende Teammitglieder müssen konstruktiv sein und respektvoll formuliert werden.

Herkunft: Die Basis dieser Variante der kollegialen Beratung haben wir durch Gerhard Reisig, trialogconsult managementberatung, kennengelernt.

→ Übung: Kollegiale Beratung (▶ Material 11.10, http://extras.springer.com) [30 min].
Zur praktischen Umsetzung sollen sich Gruppen von je einem Ratsuchenden und drei Ratgebenden zusammenfinden. Diese sollen nach dem besprochenen Ablauf eine Beratung durchführen. Dafür haben sie 30 Minuten Zeit.

Hinweis
Die Übung kann für einige Teilnehmende eine große Herausforderung sein. Es bedarf in einigen Gruppen einer besonders motivierenden Ansprache durch die Moderation, bis sich alle Teilnehmenden auf diese Übung einlassen können.
Die Moderation sollte zwischen den Gruppen hin- und herwandern und darauf achten, dass die Regeln eingehalten werden. Den Ratsuchenden fällt es oft schwer, eine konkrete Frage für ihr Problem zu formulieren. Den Ratgebenden fällt es oft schwer, sich von ihrer eigenen Interpretation des Problems zu lösen und Ratschläge auf Basis der von dem Ratsuchenden ausgewählten Interpretation zu geben. Es sollte auch der Hinweis an die Gruppe gegeben werden, dass die Zeitangabe auf dem Arbeitsblatt von 90 Minuten für den realen Einsatz gilt, dass die Zeit im Spiel aber verkürzt werden muss auf 30 Minuten.

→ Auswertung im Plenum: Die Gruppen tauschen sich über ihre Spielerlebnisse aus und erörtern Schwierigkeiten und Nutzen dieser Methode [20 min].

11.7 Modul 7: Reflexion der Lernerfahrungen [15 min]

Aktivität 1 Individuelle Selbstreflexion der vierten Trainingseinheit [15 min].
→ Den Teilnehmenden wird je ein Exemplar des Lerntagebuches ausgeteilt.

Lassen Sie den heutigen Tag Revue passieren und notieren Sie Ihre Gedanken in Ihrem persönlichen Lerntagebuch.

11.8 Modul 8: Kulturelles Event [abendfüllend]

Aktivität 1 Essen gehen in einer landesüblichen Gaststätte.

Aktivität 2 Theaterbesuch.
→ Gemeinsamer Theaterbesuch eines humorvoll inszenierten Theaterstückes (z. B. Schmidts Tivoli Hamburg), das auch für Nichtmuttersprachler verständlich ist.

Aktivität 3 Anschließender »Kneipenbesuch«.

Hinweis
Dieser Abend dient der Beschäftigung mit dem, was man spontan mit Kultur assoziiert (Essen, Theater, Kneipe).
In der Kneipe sollten die Moderatoren anregen, in der Runde Witze zu erzählen. Diese spiegeln meist sehr eindringlich den kulturell bedingten Humor der verschiedenen Nationen wider.
Der Abend dient dem humorvollen Beisammensein, aber ermöglicht gleichzeitig auch die Metareflexion über die kulturell bedingten Unterschiede im Humor (wer mehr darüber wissen will, dem ist Lewis 2005 zu empfehlen; aus diesem Werk stammt auch der Witz in ► Abschn. 11.8.1). Als Reflexionsfolie dienen dabei sowohl das Theaterstück als auch die in der Kneipe erzählten Witze.

11.8.1 Ein Witz für alle Fälle

Auf einer wunderschönen einsamen Insel in der Mitte von Nirgendwo strandeten folgende Menschen:

- zwei Italiener und eine Italienerin,
- zwei Franzosen und eine Französin,
- zwei deutsche Männer und eine deutsche Frau,
- zwei Griechen und eine Griechin,
- zwei Engländer und eine Engländerin,
- zwei Bulgaren und eine Bulgarin,
- zwei Japaner und eine Japanerin,
- zwei Chinesen und eine Chinesin,
- zwei Amerikaner und eine Amerikanerin,
- zwei Iren und eine Irin.

Einen Monat später waren auf dieser absolut phantastischen Insel in der Mitte von Nirgendwo folgende Ereignisse passiert:

a. Ein Italiener hatte den anderen Italiener wegen der Italienerin getötet.
b. Die beiden Franzosen und die Französin lebten glücklich in einer »ménage-à-trois«.
c. Die beiden deutschen Männer hatten einen strikt eingehaltenen Wochenplan für alternierende Besuche bei der deutschen Frau.
d. Die beiden Griechen schliefen miteinander und die Griechin putzte und kochte für sie.
e. Die beiden Engländer warteten auf irgendjemand, der sie der Engländerin vorstellen würde.
f. Die beiden Bulgaren warfen einen Blick auf den endlosen Ozean und einen anderen Blick auf die Bulgarin und begannen dann zu schwimmen.
g. Die beiden Japaner hatten nach Tokio gefaxt und warteten nun auf Anweisungen.
h. Die beiden Chinesen gründeten eine Apotheke (oder einen Spirituosenladen, ein Restaurant, eine Reinigung) und schwängerten die Frau, um Angestellte für das Geschäft zu bekommen.
i. Die beiden Amerikaner gedachten der Tugend des Selbstmordes, da die Amerikanerin in Kontemplation versunken ist über ihren Körper, das wahre Wesen des Feminismus, wie sie alles tun kann, was die Männer auch können, die Notwendigkeit der Erfüllung, die gleich-

berechtigte Aufteilung von Hausarbeit, wie Sand und Palmenbäume ihr ein fettes Aussehen verleihen, wie ihr letzter Freund ihre Meinung respektierte und sie besser behandelte als die beiden anwesenden Männer, wie sich die Beziehung zu ihrer Mutter verbessert und schließlich darüber, dass die Steuern niedrig sind und es nicht regnet.

j. Die beiden Iren teilten die Insel in Norden und Süden auf und bauten eine Destillerie. Sie wissen nicht mehr, ob sie Sex hatten, weil alles nach den ersten Litern Kokosnuss-Whiskey in einer Art Nebel verschwand. Aber sie sind sowieso zufrieden, weil die Engländer keinerlei Vergnügen haben.

Hinweis

Witze arbeiten – wie auch im Beispiel – gerne mit Stereotypen; Humor kann dabei helfen, durch die Blume Stereotype auszusprechen und sie dann wegzulachen. Dies gilt allerdings nur, wenn das Miteinander durch Wohlwollen geprägt ist. Bei schwelenden Konflikten werden stereotypisierende Witze meist als Affront gewertet und wirken Konflikt verstärkend.

11.9 Weitere mögliche Übungen für das Thema Kooperation in Organisationen

Grundsätzlich eignen sich Rollenspiele zu selbst erlebten kritischen Interaktionssituationen. Zur Moderation von Rollenspielen ist es dringend zu empfehlen, sich in einschlägigen Moderationshandbüchern kundig zu machen.

Einheit 5 – Interkulturelle Handlungsfähigkeit

Christel Kumbruck, Wibke Derboven

C. Kumbruck, W. Derboven, *Interkulturelles Training*,
DOI 10.1007/978-3-662-43462-8_12,

Einleitung

Themen

- Interkulturelle Handlungsfähigkeit (zum theoretischen Hintergrund ► Kap. 5)
- Empathie (zum theoretischen Hintergrund ► Kap. 5)

Botschaften

- »Versuche Dich in den anderen hineinzuversetzen!«
- »Mache Dir auch die Gemeinsamkeiten klar!«
- »Widersprüchliche Situationen müssen nicht aufgelöst, sondern ausgehalten werden!«
- »Gefühle haben wichtige Zeigerfunktion, aber müssen ›an die Leine genommen‹ werden!«
- »Versuche mittels Deep-Level-Ressourcen in Beziehung zu Menschen aus anderen Kulturen zu gehen.«

Zielsetzung

In der fünften Einheit (◘ Tab. 12.1) werden ein Modell zur interkulturellen Handlungsfähigkeit vorgestellt und Deep-Level-Kompetenzen trainiert. Dabei werden Strategien zur Vermeidung von Konflikten und Wege zur Lösung von Konflikten in interkulturellen Interaktionen erarbeitet. Die Hauptstörfaktoren interkultureller Begegnungen, nämlich Vorurteile und das Zusammentreffen unterschiedlicher impliziter Werte- und Regelsysteme, werden dabei noch einmal erfahrbar gemacht und als Ausgangspunkte der Lösungssuche genutzt.

Am Ende der Einheit werden die Erfahrungen des Trainings im Zeitraffer zusammengefasst.

- Modul 1: Ankunftsrunde
- Modul 2: Handlungsfähigkeit in interkulturellen Überschneidungssituationen
- Modul 3: Emotionsregulation
- Modul 4: Ambiguitätstoleranz
- Modul 5: Empathie und Perspektivenwechsel
- Modul 6: Kritische Selbstreflexion
- Modul 7: Reflexion der Lernerfahrungen und Festigung der Selbstwirksamkeit
- Modul 8: Zusammenfassung, Evaluation und Verabschiedung

◘ **Tab. 12.1** Überblick Einheit »Interkulturelle Handlungsfähigkeit«

Thema, Ablauf, Aktivitäten	Methode	Material	Zeit [min]
Ankunft: Möglichkeit zum informellen Austausch	–	Kaffee, Erfrischungen	15
Modul 1			
Ankunftsrunde	Blitzlicht im Plenum		15
Modul 2			
Handlungsfähigkeit	Input, Kleingruppenarbeit, moderierte Diskussion		95
Modul 3			
Emotionsregulation	Input, Gruppenübungen und Rollenspiele, Test	Test (Material 12.1)	140
Modul 4			
Ambiguitätstoleranz	Input, Interkulturelles Kartenspiel und Auswertung, moderierte Diskussion	Spielmaterialien: 4 Kartenspiele (Altenburger Blatt; bei großen Gruppen entsprechend mehr Spiele), Spielanleitungen (Material 12.2–12.3; pro Teilnehmende eine Anleitung), Beobachterbögen (Material 12.4); Flipchart	90

■ **Tab. 12.1** (Fortsetzung)

Thema, Ablauf, Aktivitäten	Methode	Material	Zeit [min]
Modul 5			
Empathie und Perspektivenwechsel	Input, Kleingruppenarbeit, Stillarbeit, Rollenspiel, moderierte Diskussion	Flipchart und Stifte, Selbstreflexionsbögen (Material 12.5); zusätzliche Stühle; ggf. Videogerät und (Lein-)Wand zum Abspielen; Geschichte zum Vorlesen (Material 12.6)	440
Modul 6			
Kritische Selbstreflexion	Input, Stillarbeit »meine Tabus«, Gruppenarbeit, moderierte Diskussion	–	90
Modul 7			
Reflexion der Lernerfahrungen und Festigung der Selbstwirksamkeit	Präsentation »First Thoughts« und moderierte Diskussion, Input, Kompetenzlandkarte, Stillarbeit »eigene Kompetenzen«	Metaplanwand »First Thoughts« vom ersten Tag, Flipchart und Stifte, ggf. Metaplanpapier, Brief an sich selbst (Material 12.7)	110
Modul 8			
Zusammenfassung, Evaluation und Verabschiedung	–	Evaluationsbögen	45

12.1 Modul 1: Ankunftsrunde [15 min]

Aktivität 1 Moderierte Blitzlichtrunde [15 min].
→ Die Teilnehmenden bekommen Raum, an den vorherigen Trainingstag anzuknüpfen und Offenheit für den heutigen Tag zu entwickeln.

?
1. Mit welchen Gefühlen kommen Sie heute hier an?
2. Wenn Sie den gestrigen Tag Revue passieren lassen, fallen Ihnen noch Dinge ein, die Sie jetzt einbringen möchten?

12.2 Modul 2: Handlungsfähigkeit in interkulturellen Überschneidungssituationen [95 min]

Aktivität 1 Rahmenmodell Interkulturelle Handlungsfähigkeit [35 min].

→ Input zur interkulturellen Handlungsfähigkeit (▶ Folie 12.1–12.5, http://extras.springer.com; ■ Abb. 12.1, 12.2) [20 min].

Hinweis
Aufgrund der Komplexität der thematischen Einheit werden einige Hinweise gegeben, in denen wir herausheben, was uns für die Vermittlung besonders wichtig erscheint. Jede interkulturelle Begegnung stellt große Herausforderungen an die Beteiligten, weil die aufgrund der Begegnungen innerhalb der eigenen Kultur gewohnten und erwarteten Verhaltensweisen nicht eintreffen und andere schwerer zu deuten sind, irritieren oder gar zum Abbruch der Begegnung führen können. Es handelt sich – wenn die Begegnungen längerfristig erfolgen sollen – um die Herausforderung der Akkulturation, also der zweiten oder dritten (etc.) kulturellen Prägung mit entsprechenden Begleiterscheinungen (▶ Folie

12.1, http://extras.springer.com). Wir stellen als Rahmenmodell das arbeitspsychologische Belastungs- und Beanspruchungsmodell vor, von uns für interkulturelle Herausforderungen ergänzt (dabei unterscheidet sich unser Modell beispielsweise von der Weiterentwicklung des Modelles für Belastungssituationen in der interkulturellen Arbeitswelt durch Hoppe u. Bamberg (2013, S. 438), durch einen anders gewählten Fokus, nämlich Interaktionsarbeit (► Folie 12.2, http://extras.springer.com; ◘ Abb. 12.1). Dabei wirken natürlich die gesamten interkulturellen Anforderungen als Stressoren; wir aber fokussieren auf die Interaktionssituationen, in denen zwei kulturell unterschiedliche Kommunikationspartner miteinander kommunizieren und kooperieren müssen, dabei erfolgreich sein wollen und deshalb auch emotional stark beteiligt sind. Es gibt hierfür den speziellen Begriff der Interaktionsarbeit: Arbeit mit unmittelbaren Kontakten und hohen Anforderungen an die Kommunikationsleistungen und die Emotionsregulation. In vielen Spielen wurde bereits deutlich, dass interkulturelle Interaktionen harte Arbeit sind und dabei die Gefühle hochwallen können (► Folie 12.3, http://extras.springer.com). Dabei wird auch die eigene Identität immer wieder infrage gestellt. Interaktionsarbeit funktioniert nur so gut, wie die andere Seite auch mitarbeitet.

Folie 12.1

Input: Herausforderungen der Akkulturation

- **Stress:** kulturelle Überschneidungssituationen gehen mit objektiven Belastungen einher
  - Anpassungsleistung:
    - Hängt vor allem von der erfolgreichen Bewältigung von Belastungssituationen ab
    - Wird auf affektiver Ebene durch Bewertungs- und Bewältigungsmechanismen bestimmt
- **Kulturelles Lernen:** kulturelle Fertigkeiten gewährleisten bzw. erleichtern den Umgang mit anderen Kulturen
  - Anpassungsleistung:
    - Hängt von der Ausprägung dieser Fertigkeiten ab
    - Diese werden in Trainings und im alltäglichen Kontext erworben
- **Sozialer Identifikationsprozess:** Selbstzuordnung zur Herkunfts- oder Aufnahmegesellschaft sowie damit verbundenen Strategien
  - Anpassungsleistung:
    - Hängt von der kulturellen Identifikation ab
    - Wahrnehmung bzgl. der eigenen Gruppenzugehörigkeit verändert sich im Zuge der Kulturkontakte

Folie 12.2

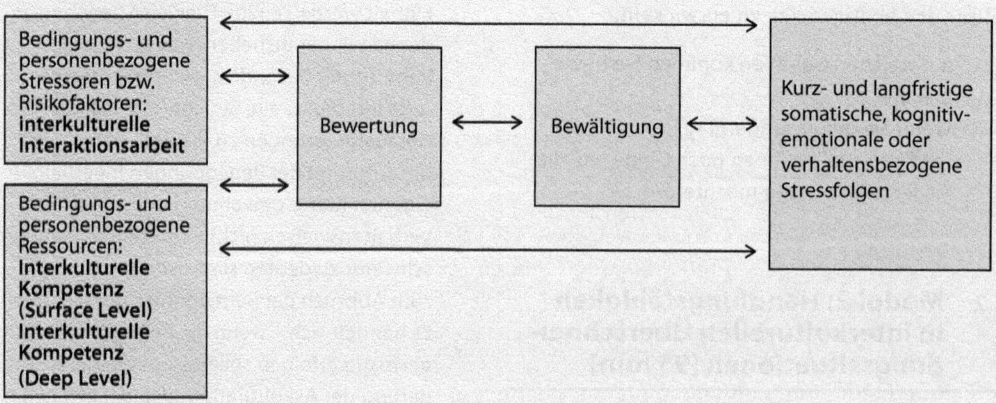

◘ **Abb. 12.1** Das interkulturelle Stressmodell. (Mod. nach Hoppe u. Bamberg 2013, S. 438)

Folie 12.3

Input: Stressor Interkulturelle Interaktionsarbeit
Nutzung von Emotionen (Dunkel 1988) in der interkulturellen Interaktionsarbeit

- Emotionen als **Arbeitsmittel** (u. a. durch Empathie):
  - Unsicherheit bei Dechiffrierung der verbalen und nonverbalen Kommunikation
- Emotionen als **Arbeitsgegenstand** (im Sinne der positiven Beeinflussung der Emotionen des Kommunikationspartners):
  - Viele emotionale Äußerungen des Kommunikationspartners können nicht richtig eingeordnet und beeinflusst werden
- Emotionen als **Bedingung** durch die Bearbeitung eigener Emotionen und Ausdrucksweisen von Emotionen (während der Interaktion):
  - Unbekannte Verhaltensregeln, auch bzgl. der Darstellung von Emotionen, schaffen Verunsicherung; ungewohnte Praktiken erzeugen Ekel etc.

Hinweis
Im Stressmodell wirken Ressourcen an zwei Stellen kompensatorisch auf potenzielle Stressoren. Zunächst dienen sie dazu, einen potenziellen Stressor im Hinblick auf seine Bedeutsamkeit und Wirkmächtigkeit zu bewerten. Ist der potenzielle Stressor unter Gegenüberstellung der verfügbaren Ressourcen als tatsächlicher Stressor identifiziert, dienen die Ressourcen im weiteren Stressverlauf der Stressbewältigung. Als bedingungsbezogene Ressourcen gelten u. a. organisationale Bedingungen, wie hohe Handlungsspielräume und soziale Unterstützung, die wir im Folgenden nicht weiter betrachten. Als personale Bedingungen gelten u. a. persönliche Eigenschaften wie Optimismus, die wir ebenfalls nicht weiterverfolgen, weil sie mit einem Training nicht beeinflussbar sind. Stattdessen stehen hier die interkulturellen Kompetenzen als Ressourcen im Fokus.

Wir differenzieren dabei zwischen Deep-Level- und Surface-Level-Kompetenzen (► Folie 12.4, http://extras.springer.com). Während die Kompetenzen auf dem Surface-Level ausreichen, um interkulturelle Begegnungen auf der Oberfläche zu gestalten, werden für echte Begegnungen als Voraussetzung gelungener Akkulturation Kompetenzen auf dem Deep-Level benötigt. Im Entwicklungsmodell interkultureller Sensibilität von Bennett (► Folie 12.5, http://extras.springer.com; ◘ Abb. 12.2) wird der auf Deep-Level-Ressourcen beruhende Reifegrad als Integration bezeichnet.

Folie 12.4

Input: Das interkulturelle Kompetenzmodell: Surface Level und Deep Level
Interkulturelle Kompetenz (Surface Level):

- Reflexionsvermögen
- Selbstaufmerksamkeit
- Verständnis von selbst- und fremdkulturellen Handlungszusammenhängen
- Verständnis der Besonderheiten interkultureller Prozesse
- Unterscheiden können (Kommunikation, Regeln, Werte)
- Fähigkeit zum kultursensiblen Kommunizieren
- Fähigkeit zum kultursensiblen Kooperieren

Interkulturelle Kompetenz (Deep Level):

- Emotionsregulation
- Ambiguitätstoleranz
- Empathie
- Kritisches Selbstreflexionsvermögen
- Selbstwirksamkeit

→ Anschließende Diskussion des Ansatzes mit Vertiefung der Bedeutung von Interaktionen und Emotionen in interkulturellen Begegnungen [15 min]:

Folie 12.5

1. **Verleugnung** »*Es gibt andere Kulturen, aber sie interessieren mich nicht.*«
2. **Abwehr** »*Es gibt zwar Unterschiede, aber so wie wir sind, ist es am besten.*«
3. **Minimalisieren** »*Alle Unterschiede sind marginal, denn letztlich sind doch alle Menschen gleich.*«

} Keine Interkulturelle Kompetenz

- - - - - - - - - - - - - - - - - - - -

4. **Akzeptanz** »*Für andere Menschen ist anderes sinnvoll.*«
5. **Anpassung** »*Um mit anderen zurechtzukommen, muss ich versuchen sie zu verstehen.*«

} Surface Level IK

6. **Integration** »*Im Umgang mit anderen kann man höhere Ziele erreichen als alleine.*«

} Deep Level IK

Abb. 12.2 Entwicklungsmodell interkultureller Sensibilität (nach Bennett 1986. Reprinted from Journal of Intercultural Relations, 10/2, Bennett, M. J., A developmental approach to training intercultural sensitivity, 179–186, © Copyright (1986), with permission from Elsevier), ergänzt um die Einordnung nach dem Level Interkultureller Kompetenz (IK)

Aktivität 2 Voraussetzungen und Grenzen der interkulturellen Handlungsfähigkeit [60 min].

→ Input zum Prozessmodell interkultureller Kompetenz auf dem Deep-Level (▶ Folie 12.6, http://extras.springer.com; Abb. 12.3) [15 min].

Folie 12.6

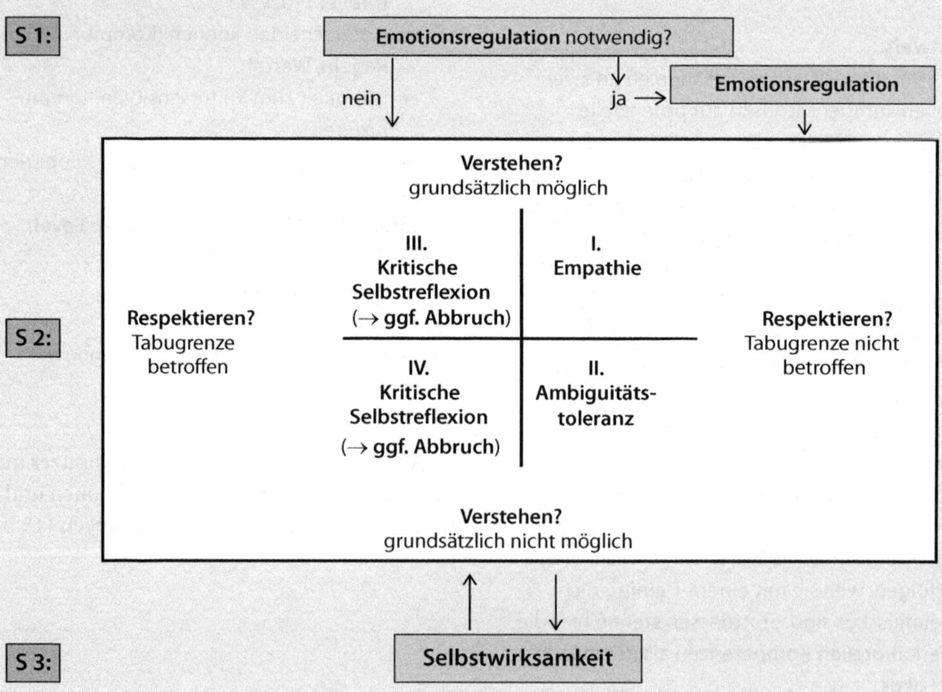

Abb. 12.3 Prozessmodell Deep-Level-Ressourcen für interkulturelle Handlungskompetenz

Hinweis

Man kann sich den Prozess und die dabei entstehenden eigenen Reaktionen bildlich anhand einer schwierigen interkulturellen Begegnung vorstellen. Vergegenwärtigen Sie sich jeweils eine schwierige Situation.

Station 1 (S 1) – Emotionsregulation: Zunächst erfahren Sie ohne eigenes Zutun affektiv gesteuerte Reaktionen, die entweder neutral sind oder sich in eher heftigen emotionalen Herausforderungen und emotionalen Reaktionen wie Ekel, Wut, Verunsicherung äußern. Letztere klingen nicht von alleine ab und gefährden somit die weitere Interaktion, wenn man sie nicht in den Griff bekommt. Sie beeinträchtigen das Denken und bedeuten somit einen hohen Kontrollverlust in der Situation. Die heftigen Gefühle verweisen auf eine vermeintlich hohe Passungenauigkeit, meist in Bezug auf Werte (z. B. Rollenbild Frauen), und müssen deshalb zunächst reguliert (also »runtergefahren«) werden, damit man sie sich überhaupt erst im Hinblick auf ihre Bedeutung anschauen und danach über weitere Zusammenarbeit nachdenken kann.

Station 2 (S 2) – Verstehen (vertikale Dimension) vs. Respektieren (horizontale Dimension): Hier werden die Irritationen näher unter die Lupe genommen und auf dem eigenen Wertehintergrund hinterfragt. Eine erste Frage bezieht sich auf die Gegenseitigkeit des Bemühens sich zu verstehen. Empathie im interkulturellen Austausch setzt Gegenseitigkeit voraus, wenn die Kommunikation gelingen soll. Einseitige Empathie ist ehrenwert, aber führt nicht zum gemeinsamen Handeln.

Als zweite Frage muss geklärt werden, ob das Verhalten prinzipiell sowohl verstanden als auch respektiert werden kann. Respektieren und Verstehen werden in den vier Quadranten des Prozessmodells (▪ Folie 12.6, http://extras.springer.com; ▪ Abb. 12.3) jeweils unterschiedlich kombiniert, weil zur konstruktiven Handlungsfähigkeit je eigene unterschiedliche Kompetenzen gefordert sind.

Es gibt interkulturelle Erfahrungen, die wir prinzipiell verstehen bzw. nachvollziehen können (Quadranten I und III). Wenn keine Tabugrenzen (moralisch oder gefühlsmäßig) beeinträchtigt sind, hilft uns dabei das Mittel der Empathie, die Perspektive des Gegenübers nachzuvollziehen (Quadrant I). Wenn Tabugrenzen, die meist als moralisch-ethische Empörung wahrgenommen werden, beeinträchtigt sind (Quadrant III), sollte nicht spontan der Abbruch der Kooperation erfolgen, sondern vorab eine kritische Selbstreflexion über die eigenen Grenzen vorgenommen werden, sodass auch ein eventueller Abbruch Ausdruck kontrollierten Handelns ist.

Es gibt interkulturelle Erfahrungen, die wir nicht verstehen können (Quadranten II und IV). Dabei sind grundsätzlich zwei Erfahrungsbereiche zu unterscheiden. Auf der einen Seite (Quadrant IV) gibt es Verhaltensweisen, die zusätzlich zur Unverständlichkeit auch nicht respektiert werden können, wie beispielsweise bestimmte Macht- und Gewaltstrukturen. In diesen Fällen, in denen also die eigene Tabugrenze betroffen ist, ist der erste Impuls, den Kontakt nicht mehr als sinnvoll anzusehen und ihn deshalb auch nicht aufrechterhalten zu wollen. Die Konsequenz eines Abbruchs sollte nur nach ausführlicher kritischer Selbstreflexion über die eigenen Grenzen, die Unterschiede zu respektieren, in Erwägung gezogen werden.

Auf der anderen Seite (Quadrant II) gibt es Situationen, die wir zwar trotz Bemühen zu verstehen nicht nachvollziehen können, die aber auch nicht unsere moralischen und Tabugrenzen überschreiten. Dadurch geraten wir in ein Dilemma zwischen unserem Anspruch zu verstehen und unserer Unfähigkeit, uns in die Perspektive des anderen hineinzuversetzen, die wiederum Ausdruck dessen ist, dass sich scheinbar unvereinbare Werte und Normen (unsere und die der anderen) gegenüberstehen, die wir aber auch beide nebeneinander stehen lassen können. Um solche Situationen zu bewältigen, ist es wichtig, diesen Widerspruch aushalten zu können. Hierfür benötigen wir Ambiguitätstoleranz, d. h. die Fähigkeit, die zwei Sichten nebeneinander stehen zu lassen. Ambiguitätstoleranz wird definiert als die Fähigkeit »mit neuen scheinbar unstruktu-

rierten Situationen, mit unverständlichen Informationen oder mit unberechenbarem Handeln und Kommunizieren von Interaktionspartnern umgehen zu können« (Hatzer u. Layes 2003, S. 143).
Somit bewegen sich die interkulturellen Handlungsmöglichkeiten als Reaktion auf Situationen, die sich durch die beiden Dimensionen »Verstehen« (mit den Polen »Verstehen grundsätzlich möglich – Verstehen grundsätzlich nicht möglich«) und »Respektieren« (mit den Polen »Tabugrenze betroffen – Tabugrenze nicht betroffen«) klassifizieren lassen.
Damit sind neben der Empathie die kritische Reflexion über die eigenen Grenzen, Unterschiede zu respektieren, sowie Ambiguitätstoleranz wichtige Werkzeuge zum Erlangen interkultureller Handlungskompetenz.
Station 3 (S 3) – Selbstwirksamkeit: Selbstwirksamkeit ist einzelfallübergreifend wirksam. Sie speist sich aus der bisher erworbenen interkulturellen Kompetenz (sowohl auf dem Surface- als auch dem Deep Level) und den eigenen Erfahrungen, schwierige, auch interkulturelle Situationen bewältigen zu können. Somit erhöht sie unser Selbstvertrauen in die eigenen Fähigkeiten schwierige interkulturelle Situationen bewältigen zu können und wächst mit zunehmenden positiven Erfahrungen. Die interkulturellen Kompetenzen auf dem Deep-Level werden in den nächsten Modulen detailliert dargestellt.

→ Erfahrungsaustausch über eigene schwierige interkulturelle Interaktionen [45 min].

Dieser findet in Kleingruppen unter Bezugnahme auf das Kompetenzmodell statt.

12.3 Modul 3: Emotionsregulation [140 min]

Aktivität 1 Das Konzept Emotionsregulation [45 min]
→ Input zu den Gefahren mangelnder Selbstregulation (▶ Folie 12.7, http://extras.springer.com) und zu Techniken der Emotionsregulation (▶ Folie 12.8, Folie 12.9, http://extras.springer.com) [15 min].

Folie 12.7

Input: Gefahren mangelnder Emotionsregulation
Verhalten: Einschränkung von Handlungsoptionen
- Kontrollverlust
- Aggressives Verhalten
- Vorzeitiger Abbruch

Affektiv:
- Emotionale Dissonanz

Kognitiv: Denkvermögen behindert (z. B. Perspektivenwechsel nicht möglich)

Körperlich: Stresserscheinungen (Kopfschmerzen, Schlafstörungen etc.) bis hin zu Burnout
- Emotionale Erschöpfung
- Depersonalisation
- Gefühle reduzierter Leistungsfähigkeit

Folie 12.8

Input: Mittel zur Emotionsregulation I
- **Generelle Selbstkontrolle:**
  - Körperlich: Sport oder Diät
  - Kognitiv: kontinuierliches Büffeln
  - Verhaltensmäßig: systematisches Geldsparen etc.
- **Problemorientierte Emotionsregulation** (aktive Maßnahmen zur Änderung der Situation – real oder in der subjektiven Wahrnehmung –, in der negative Emotionen entstehen, d. h. Einwirkung auf Ursachen):
  - Metakognitive Strategien wie Abstand gewinnen durch Reflexion des emotionsauslösenden Prozesses
  - Kognitive Strategien wie gute Vorbereitung auf die Situation
  - Ressourcenbezogene Strategien wie z. B. soziale Unterstützung

Hinweis
»Fehler in der Selbstregulation treten dann auf, wenn situative Zusammenhänge missverstanden werden oder versucht wird, Nicht-kontrollierbares zu kontrollieren sowie hauptsächlich die emotionale Regulation zu fokussieren« (Baumeister u. Heatherton, 1996, zit. nach Gröschke 2013, S. 482). Hier liegt ein wichtiges Einfallstor für die Wahrnehmung von Stress in interkulturellen Situationen. Stress führt zwangsläufig zu einer Verschlechterung kognitiver Fähigkeiten, also auch des kognitiven Perspektivenwechsels, und ganz allgemein zur Reduzierung von Handlungsoptionen. Ein Mangel an Selbstkontrolle führt ganz allgemein zu erhöhtem kontraproduktivem Handeln, z. B. zu aggressiven Handlungen. Deshalb ist es zur Bewältigung schwieriger interkultureller Herausforderungen wichtig, von vornherein Instrumente der Emotionsregulation zur Verfügung zu haben.
Es lohnt sich an der Emotionsregulation zu arbeiten, denn das Wegdrücken von negativen Gefühlen oder das widerwillige »Gute-Miene-zum-bösen-Spiel«-Machen führen zu emotionaler Dissonanz und zur Gefahr von Burnout. Als besonders problematisch im Hinblick auf die Burnout-Gefahr erweist sich das Zeigen von positiven Gefühlen, obwohl die Gefühle weiterhin negativ sind (sog. Oberflächenhandeln); dabei entsteht emotionale Dissonanz. Beim nicht krankmachenden Tiefenhandeln versucht ein Mensch das Gefühl, das er meint zeigen zu müssen, auch wirklich zu empfinden. Hierzu dienen die Techniken Aufmerksamkeitsfokussierung, kognitive Umdeutung und Entspannungstechniken (▶ Folie 12.9, Mitte, http://extras.springer.com).

Folie 12.9

Input: Mittel zur Emotionsregulation II
- **Emotionsorientierte Emotionsregulation** (direkte Veränderung der negativen Emotionen selbst):
  - Entspannungstechniken
  - Einnahme von Betäubungsmitteln (nicht nachhaltig)
  - Erzeugung positiver affektiver Zustände
  - Erzeugung von Tiefenhandeln:
    - Aufmerksamkeitsfokussierung
    - Kognitive Umdeutung
    - Entspannungstechniken
- **Meidensorientierte Regulation** (man setzt sich der kritischen Situation gar nicht aus):
  - Absentismus
  - Aufschieben von Tätigkeiten
  - Mentale Ablenkung

→ Diskussion der Techniken zur Emotionsregulation [30 min] – wenn möglich auf dem Hintergrund eigener Erfahrungen – und im Hinblick auf deren kurzfristige und langfristige Wirksamkeit.

Hinweis
Um mehrere der vorgenannten Ansätze der Emotionsregulation zu vereinen, empfiehlt sich für die interkulturell aktiven Teilnehmenden das Führen eines Stresstagebuches: Es dient dem emotionalen Abladen (und damit der Spannungsreduktion), dem Reflektieren (und damit der Re-Interpretation der Situation und dem Verstehen), und der Vorbereitung auf zukünftige ähnliche Situationen.

Aktivität 2 Belastungstest – Kulturschocksymptome [45 min].
→ Selbsttest interkulturelle Belastung [15 min].

Für interkulturell stark geforderte Menschen ist es von Zeit zu Zeit sinnvoll, einen Selbsttest im Hinblick auf die interkulturelle Beanspruchung durchzuführen. Ein solcher Test ist kein absoluter Maßstab für die Beanspruchung und Stressfolgen, sondern dient der Reflexion derselben. Die Teilnehmenden sollen herausfinden, wo sie sich persönlich gegenwärtig sehen, wenn sie sich auf verschiedene,

Tab. 12.2 (Material 12.1) Kultureller Schock – Gefühle und Reaktionen. (Aus Pedersen & Hernandez 1997. Republished with permission of SAGE Publications, from Decisional Dialogues in a Cultural Context: Structured Exercises, Pedersen, P. B., & Hernandez, D., © 1997; permission conveyed through Copyright Clearance Center, Inc., p. 77. Eigenübersetzung)

Gefühl oder Reaktion	Überhaupt nicht	Selten	Gelegentlich	Häufig	Fast immer
Angst (Sorge oder Furcht vor etwas)	0	1	2	3	4
Depressive Stimmung (Unzufriedenheit, Launenhaftigkeit)	0	1	2	3	4
Schlafprobleme	0	1	2	3	4
Verdauungsprobleme	0	1	2	3	4
Müdigkeit, Erschöpfung	0	1	2	3	4
Zorn, Reizbarkeit, Ungeduld	0	1	2	3	4
Einsamkeit	0	1	2	3	4
Vergesslichkeit	0	1	2	3	4
Konzentrationsschwierigkeiten	0	1	2	3	4
Gefühle »anders zu sein«	0	1	2	3	4
Sehnsucht nach Vergangenem	0	1	2	3	4

derzeit eine Rolle spielende Aspekte interkultureller Aktivitäten und Rollen konzentrieren. Die Teilnehmenden erhalten jeweils einen Testbogen (► Material 12.1, http://extras.springer.com; Tab. 12.2).

12

? Wie oft haben Sie in den letzten zwei Wochen angesichts interkultureller Situationen (faktisch oder in Gedanken) folgende Reaktionen und Gefühle gehabt? Kreuzen Sie in der Skala die für Sie passenden Werte an.

→ Besprechung der Testergebnisse [30 min]:

Die Teilnehmenden stellen fest, dass sie einige der Symptome haben und können daraus schließen, dass sie möglicherweise auch einige Stufen eines kulturellen Schocks durchleben und dass im Veränderungsprozess hin zur interkulturellen Kompetenz gewisse Stufen eines kulturellen Schocks üblich sind. Aber es bleibt notwendig, die Symptome regelmäßig zu testen und sich des eigenen Zustands bewusst zu sein.

Aktivität 3 Gefühlsregler [50 min].

→ Einführung [5 min]:

Dieses Werkzeug stammt aus der systemischen Familientherapie (Christiane und Alexander Sautter, Institut für systemische Weiterbildung, Wolfegg) und hat das Ziel, den von Gefühlen überschwemmten Menschen wieder die Kontrolle über die Situation zurückzugeben, indem die Gefühlsstärke auf ein erträgliches Maß »zurückgeschraubt« wird. Es wurde hier für interkulturelle Situationen angepasst. Der Gefühlsregler ist ein imaginäres Messinstrument mit einer Skala von 0 – 10. Null ist der niedrigste, 10 der höchste »Gefühls-Wert«. Der Gefühlsregler lässt sich beliebig hinauf und hinunter regeln. Auf dieses Instrument kann man im Prinzip immer und überall zugreifen. Man stellt sich vor, derzeit seine Gefühle auf einem sehr hohen Skalenwert zu haben. Wenn dieser Wert als unangenehm empfunden wird, wird der Regler Schritt für Schritt ganz langsam hinunter geregelt bis zu einem mittleren oder, wenn nötig, noch niedrigeren Wert. Wichtig ist dabei, dass man seine Gefühle nicht »auf Null fährt«, denn sie sind ja Hinweise darauf, dass etwas in der Situation nicht stimmt und verändert werden muss. Es lohnt sich, den Umgang mit dem Instrument einzuüben, und zwar zunächst zu zweit, wobei sich der eine in der Rolle des interkulturellen Klienten und der andere in der des Coaches befindet. Die Moderation erklärt den Ablauf.

→ Ablauf [30 min]:

1. Der Klient begibt sich emotional in eine schwierige (interkulturelle) Situation.
2. Der Coach fragt, auf welchem Grad der Gefühlsskala von 0–10 sich der Klient gerade befindet und der Klient antwortet.
3. Der Coach bietet an, mithilfe des Gefühlsreglers nun Schritt für Schritt die Gefühlsstärke zu mildern, angefangen vom genannten Grad des Klienten hin zu einem niedrigeren Niveau. Er nennt ganz langsam eine Zahl nach der anderen (jeweils um die Zahl 1 reduziert, zum Ende sind möglicherweise sogar Halbschritte nötig), wobei er dazwischen jeweils längere Pausen einlegt, damit sich der Klient in den jeweiligen Gefühlzustand hineinfühlen kann. Dabei soll der Coach den Klienten im Hinblick auf seine nonverbalen Zeichen genau beobachten und erst, wenn er den Eindruck hat, der nächst tiefere Wert könnte erreicht sein, nachfragen, ob der Gefühlszustand nun dem tieferen Wert entspricht. Gegebenenfalls müssen sich beide dann noch länger auf diesem Niveau aufhalten. Dieser Vorgang wiederholt sich noch ein paar Mal, bis der Klient entspannter wirkt und die Nachfrage, ob ihm dieser Gefühlszustand ausreicht, bejaht.
4. Die Partner sprechen über den Gefühlsprozess und die Wahrnehmungen während der Übung.
5. Die Partner tauschen die Rollen und arbeiten sich noch einmal von Punkt 1–4 durch.

→ Reflektion: Im Plenum werden die Erfahrungen mit der Übung reflektiert und die Bedeutung des Effekts, die Kontrolle über seine Gefühle wieder zu erhalten, diskutiert [15 min].

Aktivität 4 Systematische Desensibilisierung der stark emotionsauslösenden Situationen [ggf. mehrere Sitzungen mit Coach, deshalb keine Zeitangabe]. (Alternativübung zu Aktivität 3)

Dieses Vorgehen geht auf verhaltenstherapeutische Interventionen zurück. Hierbei wird mit der Imagination des Klienten gearbeitet, der sich nach und nach immer schwierigere angstmachende Situationen vorstellt und unter angstdämpfenden Entspannungsbedingungen (z. B. Atemtechniken, autogenes Training, Biofeedback, Hypnose oder progressive Muskelentspannung) lernt die Stressoren auszuhalten. Dies setzt voraus, dass zunächst konkrete emotional schwer auszuhaltende, interkulturelle Situationen gesammelt und dann in eine nach Schwierigkeitsgrad abgestufte Rangfolge gebracht werden (d. h. es wird eine Stressorenhierarchie erstellt). Anschließend werden diese Stressoren von der leichtesten bis zur schwierigsten Situation unter Entspannungsbedingungen in der Vorstellung ertragen gelernt, bis sie stressfreier erlebt werden. Die jeweils schwierigere Situation wird erst dann angegangen, wenn die leichtere wiederholt ohne Stresssymptome durchgestanden werden kann.

Die Desensibilisierung kann nicht nur in der Vorstellung, sondern auch in der Realität erfolgen. In der Realität werden nur jene Situationen aufgesucht, die in der Vorstellung bereits sicher ertragen werden können. Es handelt sich dabei um eine Angstbehandlung nach dem Modell der gestuften Reizkonfrontation. Nach und nach kann somit auch in der Realität anhand leichterer Stressoren erprobt werden diese auszuhalten. Wie in der Übung zuvor geht es darum, dem Klienten die Kontrolle über seine emotionalen Reaktionen auf die Situationen zurückzugeben.

Hinweis
Es wurde schon deutlich, dass die interkulturellen Herausforderungen auch so starke Wirkungen haben können, dass die Gefahr eines psychischen Zusammenbruchs besteht. Für diese schwierigen Fälle empfehlen wir eine Begleitung durch einen verhaltenstherapeutisch geschulten Coach, der eine systematische Desensibilisierung begleiten kann. Je nach Ausbildung des Trainers kann dieser selbst die Begleitung vornehmen oder einen externen Coach dazuholen.

12.4 Modul 4: Ambiguitätstoleranz [90 min]

Aktivität 1 Spielen eines Kartenspiels mit unsicheren/widersprüchlichen Regeln [30 min].
→ Spieldurchführung 1. Spielrunde [15 min].

Die Teilnehmenden werden je nach Größe des Seminars in zwei oder vier nahezu gleich große Gruppen aufgeteilt und erhalten jeweils zwei Kartenspiele sowie die Spielregeln (ein Exemplar pro Teilnehmenden). Die Gruppen sollten aus mindestens vier und maximal acht Spieler bestehen. Es gibt zwei verschiedene Regelwerke, sodass sich die Regeln für die Gruppen unterscheiden (► Material 12.2, Material 12.3, http://extras.springer.com). Einige Regeln sind vage ausgedrückt, d. h. sie können auf unterschiedliche Weise interpretiert werden. Die Teilnehmenden dürfen nicht miteinander sprechen, d. h. auch die Interpretation der uneindeutigen Regeln erfolgt nonverbal. Pro Gruppe wird ein Beobachter bestimmt. Dieser erhält einen Beobachterbogen (► Material 12.4, http://extras.springer.com). Der Beobachter achtet auf die Atmosphäre (Sind die Spieler entspannt oder angespannt, verwirrt, wütend ...?) und die Kooperation (Welche nonverbalen Signale werden gesendet? Wie wird die Vagheit der Regeln bewältigt?). Die Anzahl der Spieldurchgänge spielt keine Rolle. Das Spiel wird von der Moderation aber frühestens dann beendet, wenn alle Gruppen mindestens ein Spiel vollständig durchgespielt haben, d.h. eine Person das Spiel gewonnen hat. Während des Spiels werden die Spielregeln von der Moderation ohne weitere Erklärung, also eher unauffällig, wieder eingesammelt; die Spieler sollen in der 2. Runde keine Möglichkeit haben auf die Regeln zu schauen.

? Wir möchten Sie einladen, gemeinsam ein spannendes Kartenspiel zu spielen. Wir werden in zwei/vier Gruppen spielen. Es handelt sich um ein nonverbales Kartenspiel und es ist strikt verboten, miteinander zu reden. Die Regeln sind sehr einfach. Damit Sie sich die Regeln aneignen können, werden wir diese jedem schriftlich aushändigen. Bitte bestimmen Sie pro Gruppe einen Spielbeobachter.

Material 12.2

Spielregeln

Während des Spiels ist Sprechen nicht erlaubt!!! Jeder Spieler erhält sieben Karten. Der erste Spieler (irgendwer) legt eine Karte auf den Tisch. Der nächste Spieler muss dieselbe Farbe legen oder Herz. Herz ist Trumpf; damit kann eine neue Farbe gewählt werden, die auf den Stapel zu legen ist. Wenn ein Spieler gar nichts legen kann, kann er dreimal eine Karte vom Stapel nehmen. Wer als Erster keine Karten mehr hat, hat gewonnen.

(Farbe = Karo, Pik, Herz, Kreuz)

Material 12.3

Spielregeln

Während des Spiels ist Sprechen nicht erlaubt!!! Jeder Spieler erhält sieben Karten. Der erste Spieler (irgendwer) legt eine Karte auf den Tisch. Der nächste Spieler muss dieselbe Zahl oder eine mit einem höheren Wert legen. Kreuz ist Trumpf. Eine Kreuzkarte kann jederzeit gelegt werden; auf diese kann jede andere gewünschte Karte gelegt werden. Wenn ein Spieler gar nichts legen kann, muss er eine Karte vom Stapel nehmen. Wer als Erster keine Karten mehr hat, hat gewonnen.

(Farbe = Karo, Pik, Herz, Kreuz)

Material 12.4

Beobachterbogen: »Nonverbales Kartenspiel«

Ihre Aufgabe ist es, die Spieler zu beobachten und ihnen im Anschluss Feedback zu geben. Erläuterungen zum Spiel: Es werden zwei Spielrunden gespielt. In Runde 1 bekommen die Spieler schriftlich Regeln und sollen mittels dieser Regeln nonverbal zusammen Karten spielen. Einige Regeln sind vage ausgedrückt, sodass sich verschiedene Spielarten daraus ableiten lassen. Die Spieler müssen und werden demnach die Gestaltung dieser Freiräume nonverbal »aushandeln«.

In der zweiten Runde werden die Gruppen neu gemischt und es werden Spieler mit zwei verschiedenen Regelwerken aufeinandertreffen – dieses ist den Spielern jedoch unbekannt! Die Spieler müssen und werden auf der Basis unterschiedlicher Bezugsrahmen handeln, ohne dass ihnen diese Tatsache zunächst bewusst ist.

Während Sie das Spiel beobachten, achten Sie bitte sowohl auf die Atmosphäre (z. B.: Wirken die Spieler entspannt? Wirken die Spieler unsicher? ...) als auch auf die Zusammenarbeit (z. B.: Gibt es nonverbale Aushandlungsprozesse? Wie werden »Freiräume« gestaltet? ...).

→ 2. Spielrunde [15 min].

Die Gruppen werden zunächst von den Moderatoren gemischt, d. h. dass Spieler mit unterschiedlichen Regeln aufeinandertreffen, ohne davon zu wissen. Sie müssen zusammen agieren, und da sie sich jetzt wieder nur nonverbal darüber verständigen dürfen, wird die Konfusion noch größer.

? Bitte spielen Sie nun weiter wie gewohnt. Auch in dieser zweiten Runde gelten dieselben Regeln wie zuvor. Sprechen ist weiterhin nicht erlaubt.

Aktivität 2 Reflexion der Spielerlebnisse [30 min].
→ Auswertung.

Teilnehmende und Beobachter berichten über ihre Erfahrungen. Diese werden ausführlich diskutiert und die verschiedenen Bewältigungsstrategien am Flipchart schriftlich festgehalten.

Die Teilnehmenden werden zunächst der Reihe nach gefragt, wie sie sich in der ersten Spielrunde fühlten. Dabei ist es wichtig herauszuarbeiten, wie sie die Situationen, die nicht per Spielregeln definiert waren, gemeistert haben und wie sie dabei zu gemeinsamen »informellen« Spielregeln kamen. Die Beobachter ergänzen ihre durch die Beobachtung gewonnenen Erkenntnisse.

Anschließend werden die Teilnehmenden nach ihren Erlebnissen in der zweiten Spielrunde befragt. Hier gilt es herauszuarbeiten, wie die Teilnehmenden gemerkt haben, dass sie unterschiedliche Regelwerke haben und wie sie mit den dadurch entstandenen Irritationen umgegangen sind. Auch die Beobachter berichten wieder.

Hinweis

Das Spiel dient der Selbstreflexion über das eigene Verhalten in widersprüchlichen/unsicheren Interaktionssituationen. Die Teilnehmenden erleben ihre eigene Ambiguitäts(in)toleranz in Situationen, in denen sie davon ausgehen, dass die eigenen »Spielregeln« die einzigen und auch die richtigen sind. Sie erleben aber auch die Strategien der Mitspieler, mit Unsicherheit umzugehen, und bekommen so Impulse, ihr eigenes Verhaltensrepertoire zu erweitern (Lernen am Modell). Insofern ist es nicht nur eine Übung zur Selbstreflexion, sondern auch eine Übung Ambiguitätstoleranz zu entwickeln.

Es stellt eine große Herausforderung für die Teilnehmenden dar, nonverbale Einigungen herbeizuführen, die ihnen mehr oder weniger gut gelingen. In der zweiten Runde merken manche Teilnehmende nicht, dass sie unterschiedliche Regeln haben. Sehr unterschiedlich sind die Strategien zur Bewältigung der Widersprüchlichkeit/Unsicherheit der Situation und des gleichzeitigen Verbots, darüber zu sprechen. Die Bewältigungsstrategien reichen vom Schummeln über Ignorieren, ohnmächtiges Ausharren, Toleranz dem anderen Verhalten gegenüber, Kompromissbildung, Belehrung der anderen bis zum handgreiflichen Durchsetzen der als richtig angesehenen Regeln. Dies sind alles Strategien, die auch als »Lösungswege« interkultureller Konflikte bekannt sind.

Aktivität 3 Umgang mit unsicheren/widersprüchlichen Regeln [30 min]
→ Input zur Ambiguitätstoleranz [10 min].

Die Moderation erklärt das Konzept der Ambiguitätstoleranz (► Folie 12.10, http://extras.springer.com) in seinen verschiedenen Facetten und verweist auf die Bedeutung von Ambiguitätstoleranz als Deep-Level-Ressource für interkulturelle Handlungskompetenz (zum theoretischen Konzept ► Abschn. 5.4).

→ Anschließende Diskussion über eigene Strategien Unsicherheit/Widersprüchlichkeit zu bewältigen [20 min].

Die Moderation sammelt die genannten Strategien zum Aushalten von Unsicherheit und Widersprüchlichkeit auf einem Flipchart.

? Welche Erfahrungen haben Sie mit unsicheren/widersprüchlichen Situationen? Wie haben Sie sich verhalten? Was daran war im Rückblick eher konstruktiv bzw. eher destruktiv?

Folie 12.10

Input: Ambiguitätstoleranz

- In seinem Ursprung bezieht sich der Begriff der Ambiguitätstoleranz auf die »Fähigkeit, widersprüchliche Informationen erkennen und die sich daraus ergebenden widersprüchlichen Handlungsanforderungen aushalten zu können.« (Müller-Christ u. Weßling 2007, S. 187).
- Ambiguitätstoleranz wird im interkulturellen Kontext auch definiert als die Fähigkeit »mit neuen scheinbar unstrukturierten Situationen, mit unverständlichen Informationen oder mit unberechenbarem Handeln und Kommunizieren von Interaktionspartnern umgehen zu können.« (Hatzer u. Layes 2003, S. 143).
- In das Konzept der Ambiguitätstoleranz als Deep-Level-Kompetenz werden beide Definitionen integriert. Ambiguitätstoleranz beschreibt hier sowohl eine innere Toleranz gegenüber Unsicherheit – also unstrukturierten, unverständlichen oder unberechenbaren Situationen – als auch das Einnehmen einer Sowohl-als-auch-Haltung in offensichtlich widersprüchlichen Situationen.

12

12.5 Modul 5: Empathie und Perspektivenwechsel [440 min]

Aktivität 1 Entwicklung von Lösungsstrategien anhand des Empathiekonzeptes [15 min].
→ Input zum Verständnis des Empathiekonzeptes (► Folie 12.11, http://extras.springer.com).

Folie 12.11

Input: Empathie

- Das Verstehen und Sich-einfühlen-Können in fremdes Erleben. Während Sympathie aufgrund (kultureller) Ähnlichkeiten spontan geschieht, basiert Empathie darauf, Unterschiede zu akzeptieren und muss aktiv angegangen werden. Dies geschieht mit den Mitteln der Wahrnehmung, der mimetischen Annäherung, dem Akzeptieren, Ergänzen und Sich-Anpassen.
- Zentrale Mechanismen sind wechselseitige Perspektivenverschränkung und imaginativer Rollentausch; danach kehrt die Person mit der hierbei gewonnenen Einsicht in die eigene Rolle zurück und konfrontiert in einem inneren Dialog ihre bisherige Haltung mit der im Perspektiventausch gewonnenen anderen Sichtweise.
- Stereotypisierung, d. h. statt genau hinzuschauen, die Lücke des Nichtwissens über den anderen mit eigenen Phantasien zu füllen, ist eines der größten Hindernisse echtes Verstehen zu erlangen.
- Empathie erfolgt in zwei Modi: der automatisierte, erfahrungsbasierte Modus des Sich-in-die-Schuhe-des-Gegenübers-Stellens und der analytische Weg der deduktiven Ableitung von Gesagtem.
- Der Weg zur Empathie ist kulturabhängig.

Hinweis

Beschäftigt man sich mit kulturellen Unterschieden, wird man erkennen, dass selbst Sinn kulturell konstruiert wird. Die Botschaft, dass Sinn relativ ist und in verschiedenen Kulturen unterschiedliches Verhalten, Denken, Empfinden und Bewerten Sinn macht, ist zentral. Dies bedeutet aber auch, dass interkulturelle Begegnungen nicht nur mit Wissen um spezielle Dos and Don'ts zu verbessern sind. Hier braucht man Konzepte, die das Einfühlungsvermögen fördern und damit die innere Haltung berühren.
Im interkulturellen Kontakt reicht Toleranz nicht aus. Will man wirklich gemeinsam handeln, braucht es eine gemeinsame Ausrichtung der Perspektive. Diese kann aber nur entwickelt werden, wenn in der konkreten Interaktion die Beweggründe für die unterschiedlichen Sichtweisen nachempfunden werden können und damit generell die eigene Sinnhaftigkeit relativiert werden kann.

Arbeitet ein interkulturelles Training schwerpunktmäßig mit Dos and Don'ts, wird zwar die Toleranz verbessert, aber kaum die innere Selbstverständlichkeit der eigenen Sinnbezüge aufgebrochen werden können.
Es ist sehr hilfreich für die Teilnehmenden, einen Begriff vermittelt zu bekommen, mit dem eine interkulturell förderliche Haltung ausgedrückt werden kann. Der Empathiebegriff, der für viele Teilnehmende neu ist, wird von allen sehr engagiert und dankbar aufgenommen. Empathie bedeutet auch, die Emotionen des anderen wahrzunehmen und sich darauf einstellen zu können.
»Emotionale Intelligenz« – ein Konzept, das immer mehr an Bedeutung gewinnt (Goleman 1997) und als notwendige Ergänzung zur kognitiven Intelligenz gesehen wird – beruht im Wesentlichen auf Empathie. Der öffentliche Diskurs zur emotionalen Intelligenz ist sehr gut auf interkulturelle Interaktionen übertragbar. Nur auf der kognitiven Ebene angeeignete Verhaltensregeln berühren nicht die eigene innere Haltung und dienen damit nicht der Empathie oder emotionalen Intelligenz.
Übrigens, auch Empathie ist kulturabhängig. Der Psychologe Ickes (2003, S. 90) konnte empirisch feststellen, dass Empathie in westlichen Kulturen (individualistisch, independent) mittels des Spiegelns eines subjektiven Zustandes des autonomen Gegenübers gebildet wird. In vielen anderen (kollektiven, interdependenten) Kulturen erfolgt Empathie als gemeinsames, quasi per Ansteckung übertragenes emotionales Erleben des anderen; zwischen ihrem eigenen und dem fremden Erleben wird nicht streng unterschieden.
Es scheint entschieden schwieriger zu sein, nonverbale Zeichen zu dechiffrieren als Wortsprache, und die Konzentration auf sowohl Sprache als auch nonverbale Zeichen erhöht nur minimal das Verstehen gegenüber der Konzentration allein auf die Wortsprache.

Aktivität 2 Perspektivenwechsel [25 min].
→ In multikulturellen Kleingruppen erarbeiten die Teilnehmenden ein Bild des Perspektivenwechsels.

Beispiel 12.1

Abb. 12.4 Der empathische Mensch

? Versuchen Sie den Gedanken der Empathie und des Perspektivenwechsels für interkulturelle Kontakte zu visualisieren. Malen Sie auf einen Flipchart, welche Teilprozesse und Hürden auf dem Weg zur interkulturellen Handlungsfähigkeit zu bewältigen sind.

Aktivität 3 Präsentation der Bilder zum »Perspektivenwechsel« [25 min].
→ Die Darstellungen werden im Plenum präsentiert und diskutiert.

Aktivität 4 Hilfreiche Eigenschaften eines empathischen Menschen [25 min].
→ Im Plenum werden Eigenschaften gesammelt, die Empathie fördern, und auf einem Flipchart vom Moderator visualisiert. Alternativ hierzu können die Teilnehmenden auch aufgefordert werden in Kleingruppen den empathischen Menschen zu visualisieren (Beispiel 12.1, Abb. 12.4) [20 min].

? Welche Haltungen und Verhaltensweisen sind hilfreich, um anderen Menschen empathisch begegnen zu können?

→ Ergänzend können Hilfsmittel für Empathie (► Folie 12.12, http://extras.springer.com) gezeigt und zur Diskussion gestellt werden [5 min].

Folie 12.12

Input: Hilfsmittel für Empathie (nach Lewis 1996)

- Takt
- Humor
- Sensibilität
- Flexibilität
- Kompromissfähigkeit
- Höflichkeit
- Ruhe
- Warmherzigkeit
- Geduld
- Bereitschaft für Diskussionen
- Wille, Ziele zu klären
- Aufmerksamkeit gegenüber den Spielregeln der anderen
- Vorsicht, um Irritationen zu vermeiden
- Vorsichtiges aktives Zuhören
- Vertraulichkeit achten
- Vertrauen einflößen
- Versuch, Erlebnisse aus der Perspektive der anderen (Kultur) zu sehen

Aktivität 5 »Einfühlsam sein« [45 min].

→ Selbstreflexionsübung [20 min].

Stillarbeit anhand des Selbstreflexionsbogens (► Material 12.5, http://extras.springer.com)

→ Anschließende Diskussion [25 min]. Diese Übung schult die Aufmerksamkeit für die eigene Fähigkeit zur Empathie.

Material 12.5

Selbstreflexionsbogen »Einfühlsam sein«

- Denken Sie einmal zurück an Situationen in Ihrem Leben, in denen Sie sich gut in einen anderen Menschen hineinfühlen konnten und notieren Sie diese Situationen in Stichworten.
- Denken Sie einmal zurück an Situationen in Ihrem Leben, in denen Sie sich besonders schwer in einen anderen Menschen hineinfühlen konnten und notieren Sie diese Situationen in Stichworten.
- Machen Sie sich die Unterschiede bewusst, notieren Sie diese in Stichworten.

Aktivität 6

Der neutrale ethnographische Beobachter [60 min].

→ Input zum neutralen Beobachter [5 min].

Eine Interaktionssituation kann aus den beiden Perspektiven »Ich« und »Du« betrachtet werden, aber auch aus einer dritten Perspektive, nämlich der des neutralen Beobachters. In interkulturellen Interaktionen entspricht dieser dem ethnografischen Forscher, der mit dem Ausspruch des Ethnopsychoanalytikers Fritz Morgenthaler »Look I'm a foreigner« seine Offenheit für alles Neue deutlich macht. Diese Rolle einzunehmen ermöglicht es, die eigene Betroffenheit für einen begrenzten Zeitraum außen vor zu lassen und dadurch die kommunikativen Dynamiken und das wechselseitige Aufschaukeln eines Konfliktes, in den man in der Rolle des »Ich« involviert ist, wie von außen betrachten zu können. Um diese oftmals praktische Rolle einzunehmen, sollte man sie vorher einüben.

Hinweis

Auch dieses Instrument stammt aus der systemischen Therapie, wie sie von Christiane und Alexander Sautter, Institut für systemische Weiterbildung, Wolfegg, praktiziert und genutzt wird, um Klienten zu helfen, ihre Situation »neutral« zu beobachten. Es wurde für interkulturelle Situationen modifiziert. Je nach Ausbildung des Trainers kann ein geschulter Coach dazu genommen werden.

→ Rollenspiel Neutraler ethnographischer Beobachter [35 min].

Vorgehen in der Kleingruppe (2 Personen, eine in der Rolle des Coaches, die andere in der Rolle des Klienten): Ein Coach stellt dem Klienten mindestens 3 Stühle hin, die jeweils mit einem Papierschild beschriftet werden und dadurch stellvertretend für die Rollen »Ich«, »Du = interkulturelle/r Kommunikationspartner« und »neutraler ethnographischer Beobachter« stehen. Der »Klient« wird vom »Coach« beim weiteren Agieren angewiesen. So stellt er die Stühle für das »Ich« und den »Kommunikationspartner« auf; über das Wie (Abstand, Blickrichtung etc.) entscheidet er selbst, da dadurch meist schon ein Stück des Konfliktes oder der Irritation deutlich wird (z. B. Distanz). Der Stuhl des »neutralen Beobachters« steht etwas außerhalb, sodass von dort aus gut auf das Interaktionsgeschehen geschaut und quasi ethnographische Studien betrieben werden können. Der »Klient« setzt sich auf den »Ich«-Stuhl, der »Du«-Stuhl des interkulturellen Kommunikationspartners bleibt leer. Der »Klient« denkt an eine schwierige Interaktion mit einem kulturell anderen Kommunikationspartner und stellt sich vor, diese Person säße auf dem anderen Stuhl und die Interaktion ginge weiter. Er fühlt in der Rolle des »Ich« nach, wie es sich hier anfühlt, z. B. seine Zweifel, eine Lösung zu finden, oder seinen Ärger über die andere Person. Dann setzt er sich auf den Stuhl des »neutralen ethnographischen Beobachters« und schaut auf sich (den »Ich«-Stuhl) und den anderen (»Du«-Stuhl). In dieser Rolle spürt er in der Regel, wie der Stress abfällt und sich ein interessantes Geschehen vor seinen Augen abspielt, das ihn nicht tangiert. In der neutralen Rolle kann er den anderen ohne Irritationen, d. h. aus einer anderen als der eigenen Perspektive wahrnehmen. Zudem kann er sich überlegen, wie er anders handeln könnte und was er bräuchte, um das zu schaffen. Hiermit werden die notwendigen inneren (personalen) und äußeren (situationalen) Ressourcen ermittelt. Diese können in Form von Stühlen probeweise dazugestellt werden, sodass der Klient, dann wieder von seinem »Ich«-Stuhl aus, prüfen kann, welche Ressourcen ihm am hilfreichsten erscheinen. Für die Zukunft kann er sich besser vorbereiten, indem er sich im Vorfeld die hilfreichen Ressourcen an die Seite holt (z. B. soziale Unterstützung, bessere Vorbereitung auf eine Kultur etc.).

Intensive Variante: Alternativ kann sich der Klient auch auf den Stuhl des Gegenübers setzen, um kurzfristig aus dessen Perspektive auf sich selbst zu schauen. Diese Variante bedarf aber eines geschulten Coaches, da die damit verbundenen, gefühlsmäßigen Wechselbäder sonst unter Umständen schwer auszuhalten und zu verarbeiten sind.

Abgemilderte Variante: Für Teilnehmende, die ein solches direktes Vorgehen nicht möchten, können statt Stühlen für die Rollenträger Zettel, die mit den Rollen (und später auch Ressourcen) beschriftet sind, auf einem Tisch mit den erlebten Abständen der Personen zueinander aufgestellt werden. Indem sich die Person nacheinander in die durch die Zettel repräsentierten Rollen des Ichs, des Gegenübers und des neutralen Beobachters hineindenkt, kann sie den Wechsel in die Perspektive des »Du« und insbesondere in die wohltuende Perspektive des neutralen ethnografischen Beobachters erleben.

→ Auswertung im Plenum [20 min].

Im Anschluss werden die Erfahrungen und ihre Übertragbarkeit auf reale Situationen besprochen.

Hinweis

Da es sich dabei um sehr persönliche Erfahrungen handeln kann, darf kein Teilnehmender zu einem Bericht gezwungen werden.

In mehreren Spielen haben wir die Rolle des neutralen Beobachters eingebaut, weil dieser andere Dinge sieht als die Spielakteure selbst und dementsprechend einen Blick für die Dynamiken gewinnen kann. Außerdem ist es eine gute Übung, um die Rolle des neutralen Beobachters zu erlernen, denn dann gelingt einerseits der Ausstieg aus der eigenen Betroffenheit (Sicht des neutralen Beobachters) und andererseits vorübergehend die Übernahme der Perspektive des anderen auch in schwierigen Situationen.

Aktivität 7 Perspektivenwechsel durch Rollentausch [60 min].

Eine weitere Alternative zu Aktivität 6 ist jede Art von Rollenspiel. Wesentlich ist, dass ein Rollentausch stattfindet, d. h., dass die Rollen nach einiger Zeit getauscht werden, sodass ein Perspektivenwechsel stattfinden kann. Es sei an dieser Stelle auf das Interkulturelle Simulationsspiel Einheit 3, Modul 10.3 verwiesen.

Hinweis

Rollenspiele sind sehr wertvoll, weil Menschen in den Rollen ähnliche Empfindungen haben, wie wenn sie in der Rolle leben würden. Zu bedenken ist, dass eine Spielrolle erst übernommen werden kann, wenn man sich in diese Rolle hinein versetzt hat. Dafür muss Zeit gegeben werden.

Aktivität 8 Empathie durch direktes Feedback [120 min].

→ Input »Verstehen durch Feedback« [5 min].

Eine enorme Steigerung der Empathie-Akkuratheitswerte unter Fremden nach schon ca. 30 Minuten erfolgt dann, wenn die Zuhörer im Verlauf eines Interaktionsprozesses zum einen berichten, was sie meinen über den anderen wahrgenommen zu haben, und zum anderen unmittelbar darauf schon Feedback auf die Korrektheit ihres Verstehens nebst der richtigen Interpretationen erhalten (was also die fremden Interaktionspartner mitteilen wollten). (Dieses Vorgehen hat Ickes (2003) für seine Untersuchungen von Empathie gewählt. Es lässt sich auch zu Übungszwecken nutzen.)

→ Übung »Verstehen durch Feedback« [115 min].

Das Empathievermögen wird verbessert, wenn anhand von Videosequenzen kulturspezifische Interaktionen dechiffriert werden müssen und darauf kontinuierlich Feedback gegeben wird. Wir empfehlen dieses Übungssetting zu entwickeln. Es können dafür auch alternativ Sequenzen aus Spielfilmen genutzt werden. Da jede Person drankommt, dauert diese Übung länger.

Hinweis

Ickes (2003) konnte zeigen, dass der mit dieser Methode zu erzeugende Lerngewinn des Verstehens von ambivalenten Personen geringer ausfällt als von kongruent kommunizierenden Klienten. Dies könnte auf ein besonderes Problem interkultureller Kommunikation angesichts spezifischer Kulturkonstellationen verweisen: Zuhörern aus Kulturen mit der Regel, relativ eindeutig zu kommunizieren, fällt es schwerer zu erlernen, Sender aus Kulturen mit ambivalenter Kommunikation (z. B. um das Gesicht zu wahren) zu verstehen.

Aktivität 9 Was muss ich tun, damit mein Zuhörer mich besser versteht? [5 min].

→ Input zu den hilfreichen Aktivitäten des Senders (► Folie 12.13, http://extras.springer.com).

Folie 12.13

Input: Maßnahmen des Sprechers zur Erhöhung des Verstehens einer Situation

Übermittlung von Kontextinformationen:

- Teilnehmende
- Beziehungen
- Herausforderungen
- Dilemmata
- Gründe für das Dilemma
- mögliche Lösungen

Unterstützungsfunktionen:

- Verwendung der 1. Person (Singular)
- Detailreichtum
- Emotionsausdruck

Hinweis

Neben den vorgenannten Eigenschaften und Verhaltensweisen des empathischen Zuhörers gibt es auch einige Verhaltensweisen des Senders, die nachweislich die Akkuratheit des Verstehens des Gegenübers erhöhen. Sender können durch Verwendung von **Pronomen in der 1. Person Singular** sowie ergänzendem, **häufigem Lächeln** die Empathie-Akkuratheitswerte des Zuhörers verbessern (hier sei aber im interkulturellen Kontext darauf verwiesen, dass in manchen Kulturen Lächeln unter Fremden negativ oder falsch dechiffriert werden kann, insbesondere bei gegengeschlechtlichen Interaktionspartnern).

Besonders hilfreich ist es, wenn Sender einen sog. Common Ground (gemeinsame Wissensbasis) für ihre Erzählungen, die von Ereignissen aus anderen Zeiten und von anderen Orten handeln, durch Mitteilung von Kontextinformationen schaffen. Andernfalls nutzen die Zuhörer die Erzählungen des anderen nur zur Entwicklung relativ guter Stereotype über ihr Gegenüber.

Aktivität 10 Common Ground schaffen: »Schmücken Sie die Details aus« [60 min].

→ Einführung in die Übung und kurze Diskussion [20 min].

Die Moderation liest die Geschichte einer deutsch-türkischen Begegnung (▶ Material 12.6, http://extras.springer.com) vor. Beschrieben ist dort ein negatives Erlebnis in zwei verschiedenen Darstellungsweisen, einmal kurz und sachlich, das andere Mal mit Details, Adjektiven und einer aktiven fesselnden Sprache und dem nonverbalen Ausdruck von Empfindungen verbunden. Anschließend wird darüber diskutiert, wie die beiden Varianten wirken.

Material 12.6

Geschichte einer deutsch-türkischen Begegnung

Ein junger türkischer Mann ging in einem deutschen mittelständischen Unternehmen in die Lehre. An einem Tag fehlte er. Am nächsten Tag kam er wieder, ging zu seinem Meister, und sagte ihm, während er den Blick auf den Boden richtete:

Variante A: »Meine Mutter war krank und deshalb konnte ich gestern nicht kommen.«

Variante B: »Entschuldigen Sie vielmals, dass ich gestern nicht gekommen bin. Es ging einfach nicht. Gestern Morgen, als ich mit meiner Mutter beim Frühstück saß, wurde sie plötzlich ganz weiß im Gesicht, langte sich mit der Hand ans Herz und stöhnte. Ich war allein mit ihr, sonst war niemand da, der sich um sie kümmern konnte. Wissen Sie, ich wusste ja, dass ich zur Arbeit muss, aber einer musste sich ja um sie kümmern. Dann ging alles so schnell und vor lauter Sorgen um die Mutter habe ich dann vergessen, hier in der Firma anzurufen. Ich rief sofort den Krankenwagen, denn ich hatte schreckliche Angst um sie, dass sie sterben könnte. Der Krankenwagen kam, und ich musste mitfahren. Wissen Sie, wir Türken können unsere Mutter nicht alleine den Ärzten überlassen, die braucht ja jemand, der sich darum kümmert, dass alles richtig gemacht wird. Und wer wäre dafür besser geeignet als der Sohn. Ich fuhr also mit, sie wurde von den Ärzten untersucht, und dann haben sie gleich einen Stent gelegt. Ich habe die ganzen Stunden gewartet und mich um sie gekümmert, als sie aufgewacht ist. Ich war so froh, als sie die Augen wieder aufgemacht hat.«

Bei Variante A handelt es sich um eine wahre Begebenheit. Der Lehrling wurde nach seiner knappen Erklärung entlassen. Meinen Sie, dass er auch entlassen worden wäre, wenn er sich mit Variante B erklärt hätte?

Hinweis

Diese Geschichte verweist darauf, dass eine ausführliche und plastische Darstellung es dem Zuhörer erleichtert, Empathie zu empfinden. Dies sollte man bedenken, wenn man verstanden werden will. Allerdings gibt es gerade in der interkulturellen Kommunikation oftmals die Erschwernis, nicht in der eigenen Muttersprache zu sprechen und dadurch dazu zu neigen, sich möglichst knapp und ggf. unbeholfen auszudrücken.

Erschwerend kamen in der Kommunikation das nonverbale Verhalten und dessen Fehlinterpretation hinzu. Der türkische junge Mann hat, wie es in seiner Kultur üblich ist, aus Respekt vor dem Alter des Meisters beim Sprechen nach unten geschaut. Der deutsche Meister hat gemäß seiner Kultur erwartet, dass ihm beim Sprechen in die Augen geschaut wird. Er hat den Blick des jungen Türken als eine Mischung aus Desinteresse, Verlogenheit und Respektlosigkeit interpretiert.

Will man Empathie beim Gegenüber wecken, ist es wichtig, dass die eigene Betroffenheit mit Worten ausgedrückt wird. Aber es ist auch wichtig, dass nicht der Eindruck entsteht, man wolle Mitleid erheischen, um eigene Ziele durchzusetzen. Insofern ist darauf zu achten, dass man eine gute Balance bei der Wortwahl findet; sowohl ein Zuwenig als auch Zuviel an Worten kann Empathie beim Gegenüber hemmen. Außerdem ist die Wirkung von Worten kulturabhängig. Obwohl Variante B wahrscheinlich bei vielen Menschen eher Empathie auslöst als Variante A, kann sie bei Menschen, die eher eine sachorientierte Kommunikation gewohnt sind, auch Unwohlsein auslösen, weil sie als »Gejammer« empfunden wird. In der

Diskussion ist auszuloten, welche Wortwahl für die verschiedenen Teilnehmenden geeignet wäre, Empathie zu fördern. Dabei sollten die Teilnehmenden sich nicht zwischen den Varianten A und B entscheiden müssen, diese sind von der Moderation lediglich als Beispiele einzubringen.

→ Durchführung der Übung »Details ausschmücken« [20 min].

Die Teilnehmenden erproben in Zweiergruppen den Unterschied zwischen Variante A und B im Hinblick auf das Einfühlungsvermögen.

? Geben Sie gemäß dem Beispiel (Variante A) ein Sie bewegendes Erlebnis in drei sachlichen Sätzen wieder. Dann fangen Sie mit Ihrem Erlebnis noch einmal von vorne an und erzählen es gemäß Variante B, indem Sie Ihr Erlebnis mit vielen Details ausschmücken.

→ Auswertung [20 min].

Anschließend wird im Plenum über die Erfahrungen gesprochen, ob und wie das Einfühlungsvermögen, insbesondere auch bzgl. der Gefühle, in Variante B ansteigt.

12.6 Modul 6: Kritische Selbstreflexion [90 min]

Aktivität 1 Das Konzept Kritische Selbstreflexion [30 min].
→ Input zum Konzept Kritische Selbstreflexion (► Folie 12.14, http://extras.springer.com) [10 min].
→ Selbstreflexive Stillarbeit »Meine Tabus«.

Diese erfolgt anhand folgender Fragen: Wo sind meine Tabugrenzen generell und im interkulturellen Kontext? Welche Tabus dürfen nicht überschritten werden? Wie gehe ich bisher mit meinen Tabugrenzen um? Gibt es ein interkulturelles Erlebnis, das mich besonders irritiert hat? Wenn ja: Wie habe ich die Situation erlebt und was hat mich daran derart irritiert? [20 min].

Aktivität 2 Auswertung in Kleingruppen [30 min].
→ In monokulturellen Kleingruppen werden die in Stillarbeit notierten irritierenden Erlebnisse ausgetauscht. Anschließend wird eine besonders irritierende Situation ausgewählt, diskutiert und angemessene Verhaltensweisen erarbeitet. Dabei sollen insbesondere Verhaltensmöglichkeiten erarbeitet werden, die sowohl die eigenen Grenzen als auch die Grenzen der Vertreter der fremden Kultur wahren.

Aktivität 3 Präsentation der in den Gruppen vertieften Fälle und nochmalige Vertiefung eines Falls [30 min].
→ Die Gruppen präsentieren jeweils ihren ausgewählten Fall und die diskutierten Handlungsmöglichkeiten. Ein schwieriger Fall, für den noch keine guten Handlungsvorschläge in der Gruppe gefunden wurden, wird von der Moderation ausgewählt und im Plenum vertiefend diskutiert. Es werden Möglichkeiten des Umgangs damit, insbesondere auch die Klärung der Entscheidung eines Abbruchs der weiteren Kooperation, diskutiert.

Hinweis

Das Ansprechen von Tabus ist für viele Menschen problematisch; häufig ist es deshalb besser nach besonders kritischen Situationen zu fragen. Wir haben solche Situationen in monokulturellen Gruppen erarbeiten und als Rollenspiel darstellen lassen, und es wurden dabei jeweils Situationen gewählt, die die Grenzen der Teilnehmenden tangierten; z.B. haben Studierende aus Südkorea ihren Schock dargestellt angesichts des Beobachtens von Paaren in Berlin, die sich auf offener Straße küssten. Um die Ansprache solcher Situationen und des Umgangs damit anzuregen, können auch Beispiele gegeben werden. So haben wir beispielsweise von einem buddhistischen Indonesier, für den sowohl Alkoholtrinken als auch Fleischessen absolute No-Gos sind, eine kluge Lösung erfahren. Er hat anlässlich eines festlichen Empfangs in Russland Verhaltenslösungen für sich entwickelt, um weder seine eigene Grenze zu überschreiten noch diese zum Gegenstand kritischer Diskussionen zu machen. Er zückte seine Kamera und bei jedem der vielen, sich zeitlich nahezu aneinanderreihenden Trinksprüche (russ. тоста), bei denen das Glas mit Wodka zum Trinken erhoben wurde, fotografierte er mit interessiertem Gesicht die Redner und trinkenden sowie essenden Gäste. Damit hatte er sich quasi in die Rolle des neutralen ethnographischen Beobachters (▶ Abschn. 12.3) begeben und konnte seine Grenzen wahren, ohne Irritationen durch Verletzung der zu erwartenden Dankbarkeit und Freude angesichts der russischen Gastfreundschaft hervorzurufen.

Folie 12.14

Input: Kritische Selbstreflexion

- Spezieller Modus der Selbstreflexion, der angesichts des Erreichens eigener Tabugrenzen in Entscheidungssituationen wirksam werden sollte.
- Besteht in einer sorgfältigen Überprüfung und einem selbstkritischen Hinterfragen eigener Tabugrenzen.
- Setzt voraus, dass man sich selbst in Konfliktsituationen zurücknehmen kann, ohne seine Grenzen zu überschreiten.

12.7 Modul 7: Reflexion der Lernerfahrungen und Festigung der Selbstwirksamkeit [110 min]

Aktivität 1 Präsentation »First Thoughts« und moderierte Diskussion [45 min].

→ Präsentation der inzwischen von den Moderatoren nach Themenfeldern geclusterten, aber weiterhin den einzelnen Kulturen zugeordneten »First Thoughts« aus Modul 8.5 [10 min].

→ Diskussion der »First Thoughts« aus der Sicht derjenigen, die inzwischen ein interkulturelles Training absolviert haben [35 min].

? Wie ergeht es Ihnen heute, wenn Sie die »First Thoughts« des ersten Tages lesen? Zum einen in der Rolle desjenigen, der seine ersten Gedanken über eine ihm mehr oder weniger bekannte Kultur aufgeschrieben hat; zum anderen in der Rolle desjenigen, der mit den Vorurteilen über seine eigene Kultur konfrontiert worden ist.

Hinweis

Die Zusammenführung einzelner »First Thoughts« zu Clustern und deren Präsentation am letzten Trainingstag ermöglicht Einblicke in Stereotype, die vor dem Training mit den Kulturen in Zusammenhang gebracht wurden. Es zeigt sich dabei auch, wie mehr oder weniger ausdifferenziert das Bild von einer anderen Kultur war.

Teilnehmende nehmen Stellung dazu, ob und inwiefern sie heute andere »First Thoughts« aufgeschrieben hätten als am ersten Tag. Sie äußern sich auch dazu, welche Empfindungen sie haben angesichts der ihre eigene Kultur betreffenden »First Thoughts«, z. B. wenn sie mit verletzenden Zuschreibungen konfrontiert werden. Es zeigt sich vielfach, dass das Bild über eine andere Kultur nun zum Ende des Trainings ausdifferenzierter ist und man den anderen Kulturen, die man etwas besser kennengelernt hat, mit mehr Verständnis begegnet. Würde man diese Auswertung zu Beginn des Trainings machen, würde man sich viele Widerstände einhandeln. Aber zum Schluss kann den Vorurteilen der Stachel genommen werden, weil die Sinnkonstruktionen, die hinter einem bei anderen Kulturen zu negativen Eindrücken führenden Verhalten liegen, aufgedeckt werden können. Eine Auswertung am letzten Tag verdeutlicht den Teilnehmenden, dass das Training Wirkung zeigt und sich eigene Einstellungen verändert haben. Insofern dient die Übung auch der Festigung der Selbstwirksamkeit.

Aktivität 2 Das Konzept Selbstwirksamkeit [15 min].

→ Input zum Konzept Selbstwirksamkeit (▶ Folie 12.13, http://extras.springer.com). Die Moderation erläutert das Konzept und diskutiert es kurz mit den Teilnehmenden.

Folie 12.15

Input: Selbstwirksamkeit

- In der Selbstwirksamkeit drückt sich der Glaube an die eigene Handlungsfähigkeit des Individuums aus.
- Es handelt sich nicht um ein allgemeines, sondern um ein aufgabenspezifisches Selbstvertrauen.

- Im interkulturellen Kontext bedeutet Selbstwirksamkeit, dass man sich zutraut, interkulturelle Interaktionssituationen zu bewältigen.

Aktivität 3 Unsere interkulturelle Kompetenzlandkarte [20 min].

→ Erstellung der interkulturellen Kompetenzlandkarte.

Zur Stärkung des eigenen Zutrauens, zukünftig auch schwierige interkulturelle Interaktionssituationen gut bewältigen zu können, sollen sich die Teilnehmenden ihre eigenen interkulturellen Kompetenzen noch einmal bewusst machen. Dazu werden die im Seminar erworbenen Kompetenzen in der Gruppe diskutiert und von der Moderation am Flipchart z. B. als Mindmap visualisiert. Dies ist ein gutes Warming-Up für die Aktivität 4.

Aktivität 4 Meine interkulturellen Kompetenzen [30 min].

→ Brief an sich selbst.

Die Moderation verteilt ein Formblatt für »einen Brief an sich selbst« und einen Briefumschlag und erklärt das Vorgehen: Angeregt durch die vorherige Diskussion sollen die Teilnehmenden nun in Stillarbeit ihre eigenen Kompetenzen entlang der vorgegebenen Fragen notieren (► Material 12.7, http://extras.springer.com). Anschließend wird der Brief in einen vorab von der Moderation verteilten Briefumschlag gesteckt, der mit der eigenen Adresse versehen wird. Die verschlossenen und adressierten Briefumschläge werden dann von der Moderation eingesammelt und nach ca. zwei Monaten jeweils an die Teilnehmenden verschickt.

Hinweis

Der Brief an sich selbst ist eine gute Methode, sowohl in der Situation des Schreibens als auch in der Situation des Lesens sich seiner eigenen Kompetenzen bewusst zu werden. Dadurch, dass der Brief erst nach einer längeren Zeit an die Teilnehmenden verschickt wird, wird das Bewusstsein für die eigenen Kompetenzen aufgefrischt und auch gefestigt. Dadurch wird das Gefühl der eigenen Selbstwirksamkeit gestärkt.

Material 12.7

Brief an sich selbst: Meine interkulturellen Kompetenzen

Nehmen Sie sich einige Momente Zeit und halten Sie schriftlich fest, welche Eigenschaften und Fertigkeiten Sie haben, um schwierige interkulturelle Interaktionssituationen zu bewältigen.

___

Notieren Sie bitte Ihre Ängste bzw. »mulmigen Gefühle« bezüglich interkultureller Interaktionen. Welche Situationen lösen bei Ihnen innere Widerstände aus?

___

Notieren Sie positive Sätze, die Ihnen Kraft geben, diese Situationen in Zukunft bewältigen zu können.

(Beispiele:

- Situation: Ich fühle mich unwohl, wenn ich das Gefühl habe, mein Gegenüber ist nicht ehrlich.
- Positiver Satz: Meine Ambiguitätstoleranz [im Sinne einer Sowohl-als-auch-Haltung] hilft mir, trotzdem auf den Menschen zuzugehen und Seiten zu entdecken, die ich schätze.)

___

12.8 Modul 8: Zusammenfassung, Evaluation und Verabschiedung [45 min]

Aktivität 1 Zusammenfassung [15 min].

→ Am Ende der Woche werden noch einmal die Erfahrungen des Trainings im Zeitraffer zusammengefasst.

Aktivität 2 Feedback und Evaluation [25 min].

→ Mündliches Feedback mit Anregungen für Verbesserungen [15 min].

→ Schriftliches Feedback mittels eines Evaluationsbogens, der im Nachhinein ausgewertet wird [10 min].

Aktivität 3 Verabschiedung [5 min].

Teil IV Anwendungsfelder

Erfahrungen mit dem Training in unterschiedlichen Bereichen

Christel Kumbruck, Wibke Derboven

C. Kumbruck, W. Derboven, *Interkulturelles Training*,
DOI 10.1007/978-3-662-43462-8_13,

Wir haben das Training in fünf unterschiedlichen Bereichen durchgeführt. Ursprünglich wurde es für den Wirtschaftsbereich mit dem Ziel entwickelt, Ingenieure und Ingenieurinnen interkulturell zu schulen. Inzwischen wurden die Einsatzbereiche ausgedehnt und die Zielgruppen ergänzt, nämlich auf die Bereiche Bildung, Migration, andere Kulturräume und andere Berufsgruppen, insbesondere im Gesundheitsbereich. Im Folgenden werden die diesbezüglichen Erfahrungen wiedergegeben.

13.1 Wirtschaft

Während der Entwicklung des Trainings in Unternehmen wurde jede unserer Veranstaltungen sowohl von einem schriftlichen als auch von einem mündlichen Feedback der Teilnehmenden begleitet. Diese Rückmeldungen nutzten wir, um das Training kontinuierlich zu verbessern, sodass sich im Laufe der Zeit – bei gleichzeitiger Beibehaltung des Grundkonzeptes – die Detailkonzeption wandelte: Inputs wurden teilweise stark gekürzt, die Reihenfolge der Module verändert, einzelne Spiele ausgetauscht.

Insgesamt ist die Bewertung des Trainings sehr gut ausgefallen. Beispiel dafür ist folgender Kommentar eines walisischen Luftfahrtingenieurs, der in dem Studierendenmagazin *Airways* abgedruckt wurde:

> » The module was indeed a cultural event with French, German, American, Polish, Finnish and British participants. Each day was exhaustingly truth seeking with group activity and teamwork occupying most of the day. Communication, both oral and physical, was a major element and personal presentations provided a lot of fun. I cannot remember feeling so involved and interested in finding out about other people. The module aims of reviewing the cultural and sociological implications of international collaboration with a view to giving guidance on managing them were completely met. Each of us brought our own images of our own culture and perceptions of other cultures into the open to discuss the way they might affect our behaviour. Stereotypes of particular cultures and national prejudices were replaced after debate with generalisations of cultural differences. An acceptance that culture affects us as much as our own personalities gradually allowed us all to express some fairly revealing emotions. I felt genuinely healthy at the end of the week! There were evening discussions about ourselves, our customs, our beliefs, experiences and perceptions, as well as cultural/social events outside of the college that proved good fun (Delegate report-back in *Airways* 6/2000, p. 8).

Viele Teilnehmende zeigten sich überrascht über die hohe Bedeutung des Themas an sich. Darüber hinaus betonten sie die Bedeutung des Sichtbarmachens der eigenen kulturellen Prägung, die ihnen bis dahin weitgehend unbewusst war. Das Erlebnis, mit anderen Kulturen in einer angenehmen, humorvollen Atmosphäre zusammenzuarbeiten, wurde als etwas Besonderes und Empathieförderndes beschrieben. Als allgemein sehr motivierend für das eigene Lernen wurde die Verzahnung von Theorie und Praxis, die methodische Vielfalt und die Gruppenerfahrung beschrieben.

Berücksichtigt man die drei übergeordneten Lehrsettings »Theoretischer Input«, »Moderierter Erfahrungsaustausch« und »Spiel«, kann man folgende Rangfolge in der Bewertung erkennen: Am positivsten bewerteten die Teilnehmenden den moderierten Erfahrungsaustausch; an zweiter Stelle folgten die Spiele und erst an dritter Stelle die Theorieinputs. Obwohl eine derartige Abstufung problematisch ist, da der Ansatz unseres theoriegeleiteten Trainings ja gerade die Verzahnung dieser drei Bereiche verfolgt und folgerichtig das Gelingen des einen Bereiches vom Gelingen der anderen abhängt, lässt diese Rangfolge die Bedeutung der Einbettung von Erfahrung in Lernprozesse und der damit verbundenen biografischen Verfasstheit von positiven Lernsituationen erkennen.

13.1.1 Handlungsorientierung

Schaut man auf die Bewertung einzelner Module, so werden von den Teilnehmenden drei Module als besonders wichtig und brauchbar hervorgehoben: das interkulturelle Simulationsspiel, die Gruppenarbeit »Leitfaden zur Vorbereitung eines internationalen Meetings« und die Diskussion über »Empathie«.

Damit wird die starke Handlungsorientierung von Mitarbeitern von Wirtschaftsunternehmen deutlich; diese besteht zum einen darin, bereits gemachte Erfahrungen einordnen zu wollen und daraus für das zukünftige interkulturelle Handeln zu lernen, und zum anderen darin, sich auf wesentliche Aufgaben interkultureller Kooperationen vorzubereiten. Entsprechend zielorientiert muss das Training angelegt sein.

In der Handlungsorientierung liegen aber zugleich Gefahren. Die Teilnehmenden streben den Erwerb schneller Lösungsstrategien oder Vorbeugemaßnahmen an. Sie wollen Menschen anderer Kulturen schnell verstehen, teilweise aber eher im Sinne von durchschauen, um sie in die »richtige« Richtung lenken zu können. Die Teilnehmenden übersehen dabei oft ihre eigenen Anteile an den Missverständnissen, nämlich die eigene kulturelle Prägung. Zudem mangelt es ihnen an Geduld für den oft mühseligen und langsamen Prozess des Umlernens, den beide kulturelle Parteien nachvollziehen müssen. Hier hat die Trainingsleitung entgegenzusteuern und eine ausgewogene Mischung aus Einheiten zu Selbstreflexion, Prozessverständnis und Handlungsorientierung zu entwickeln.

13.1.2 Von Vertretern anderer Kulturen lernen

Vielfach wurde der Wunsch nach einer breiteren kulturellen Herkunft der Teilnehmenden geäußert. Dieser Wunsch bestätigt unser – der Konzeption zugrunde liegendes – Vorverständnis, dass kulturvermittelnde Seminare den direkten kulturellen Dialog brauchen und ohne kulturelle Vielfalt der Teilnehmenden erheblich weniger Nutzen bringen.

Die insgesamt sehr positive Bewertung unseres theoriegeleiteten Trainings durch die Teilnehmenden hat uns sehr motiviert und für manche Mühen bei dem doch recht hohen Organisationsaufwand dieses Trainings entschädigt.

13.2 Bildung

Dieses Training wurde von uns leicht abgewandelt an verschiedenen Universitäten (u. a. TU Hamburg-Harburg, Universität Kassel, Hochschule Osnabrück) für verschiedene Studierendengruppen (u. a. Ingenieurwissenschaftler, Wirtschafts- und Managementwissenschaftler, Psychologen, Sprachwissenschaftler, Kulturwissenschaftler), Wissenschaftler und Wissenschaftlerinnen (die z. B. im Rahmen von EU-Projekten West- und Osteuropakooperationen haben), Lehrende und sonstige Mitarbeiter von Universitäten (z. B. des akademischen Auslandsamts) angeboten. Für diese Zielgruppen ist die Einheit Kooperation, Organisation, Führung und Teams (Einheit 4; ► Kap. 11) meist nicht relevant.

Diese Trainings zeichneten sich durch eine große kulturelle Vielfalt aus. In manchen Seminaren waren Vertreter aus 15 Kulturen versammelt, die von allen Erdteilen kamen (von Indien, Mongolei, Mexiko über Kamerun bis Schweden).

Diese Vielfalt ist ein ausgesprochen gutes Lernfeld für interkulturelle Kompetenz anhand echter Erfahrungen. Die Moderation gibt hier in erster Linie den Raum zur Inszenierung sowie den theoretischen Rahmen zur Einordnung und Reflexion von Erfahrungen vor.

13.2.1 Kulturkategorisierungen

Es zeigte sich, dass die verwendeten Kulturtypen auch bei dieser Vielfalt einen guten Rahmen zur Einordnung der eigenen Erfahrung geben. Gleichermaßen konnte anhand dieser Typen eine fruchtbare Diskussion über Selbst- und Fremdsichten sowie über Stereotype und Vorurteile erfolgen.

13.2.2 Konflikte

Aufgrund dieser Vielfalt können natürlich auch Vertreter aus Kulturen anwesend sein, die sich in einem aktuellen politischen oder gar militärischen Konflikt zueinander befinden. Gerade bei jungen Menschen besteht dann die Gefahr, dass das Training negative Gefühle zwischen diesen Vertretern auslöst. Dann ist darauf hinzuweisen, dass das Training kein Ort ist, auf dem politische oder militärische Konflikte ausgetragen oder gelöst werden können. Die entstandenen Gefühle von Hass oder Ohnmacht bedürfen der Abfederung durch die Moderation, z. B. mit folgenden Worten:

»Ich verstehe Ihre Gefühle, die sind im politischen Kontext berechtigt. Hier haben wir es aber nicht mit politisch Handelnden zu tun, sondern mit Menschen aus verschiedenen Ländern, die sich hier alle gleichermaßen durchbeißen müssen und dafür in diesem Training Rüstzeug erwerben wollen.«

Im Einzelfall ist auch eine Transformation der negativen Gefühle möglich, in der Regel dann, wenn andere Teilnehmende des Trainings vermitteln. Beispielsweise hatten wir Studierende aus Südafrika, die in einem Konflikt zwischen palästinensischen und israelischen Studierenden auf friedliche Lösungen – basierend auf Vergebung trotz größter Verletzungen – in ihrem eigenen Land verwiesen.[1] Sie hielten den aufgebrachten Studierenden vor Augen, dass sie durch ihre Hassgefühle den Konflikt nur weiter anheizen würden und eine Lösung dadurch immer unwahrscheinlicher würde.

13.2.3 Raum für Vertreter von reaktiven Kulturen

Vertreter reaktiver Kulturen (z. B. Mongolen) tun sich besonders schwer, sich von sich aus Raum zur Selbstdarstellung zu nehmen. Sie sind eher still, fragen nicht viel, und ihre Reaktionen lassen oftmals offen, ob sie verstanden haben oder zustimmen. Deshalb ist es wichtig, sie auf eine Weise zur Selbstdarstellung zu motivieren, die ihren kulturellen Normen entspricht. Wir haben festgestellt, dass sie in besonderer Weise darauf hingewiesen werden müssen, dass ihre aktive Beteiligung für die Gesamtgruppe sehr wichtig ist. Während Vertreter anderer Kulturtypen sich ihren Raum von selbst nehmen, ist dies für Vertreter reaktiver Kulturen nicht selbstverständlich. Deshalb ist es für sie besonders wichtig, dass ihnen im Hinblick auf den informellen Kulturabend (► Abschn. 8.8) die Aufgabe zugewiesen wird, ihre Kultur zu präsentieren, wodurch sie offiziell Zeit und Raum bekommen, aktiv zu sein. An den anderen Tagen weist ihnen die Moderation die Rolle der »Experten« für bestimmte Aspekte, z. B. reaktive Verhaltensweisen, zu und verweist dabei auf die Bedeutung, die die Hinweise der »Experten« für das Gelingen des Trainings haben. Diese Vorgehensweise legitimiert die Teilnehmenden aus reaktiven Kulturen dazu, ihr Verhalten den anderen zu erklären und insbesondere seine Vorteile deutlich zu machen. Erst auf einer solchen Grundlage wird der tiefere Sinn des reaktiven Denkens und Handelns auch den Vertretern aus linear-aktiven und multiaktiven Kulturen nachvollziehbar. Wir haben die Erfahrung gemacht, dass daran anschließend äußerst tiefgehende Diskussionen über die jeweiligen Vorzüge und Schwächen der drei Kulturtypen möglich sind. Gerade der reaktive Kulturtyp wird dann als eine für den interkulturellen Dialog besonders fruchtbare Orientierung angesehen, weil seine Vertreter bereits in der Kindheit zu Einfühlung und Verstehen sowie zu Strategien der Konfliktvermeidung sozialisiert werden.

13.3 Migration

Dieses Training wurde auch mit Migranten und Migrantinnen mit dem Ziel durchgeführt, diese für das Thema Kultur zu sensibilisieren und ihre Handlungsoptionen zu erweitern.

13.3.1 Anpassungsbedarf an Zielgruppe

Für diese Zielgruppe geht es nicht primär um Zusammenarbeit, sondern darum, mit den vielfältigen Anforderungen des Alltags im Zuwanderungsland zurechtzukommen, insbesondere den alltäglichen Kommunikationssituationen. Dafür sind die Themen Kommunikation (► Kap. 9) sowie kulturelle Werte (► Kap. 10) besonders wichtig. Auch das Thema Kultur (► Kap. 8) ist wichtig, stößt jedoch in der

1 Es handelte sich um die Wahrheits- und Versöhnungskommission (engl. Truth and Reconciliation Commission, TRC), eine Einrichtung zur Untersuchung von politisch motivierten Verbrechen unabhängig von der Hautfarbe der Täter während der Zeit der Apartheid. Sie wurde 1996 durch den ersten schwarzen südafrikanischen Präsidenten Nelson Mandela eingesetzt.

vorliegenden Form auch auf Widerstand und sollte deshalb sorgfältig modifiziert werden.

13.3.2 Umgang mit kulturellen Zuschreibungen

Besonders bzgl. der Module 3 (Wo komme ich her?) und 4 (Wo kommst Du her?) im Kapitel 8 (▶ Abschn. 8.3 und 8.4) sind die dort angebotenen Kategorien (Kulturdimensionen und -typen) für die Zielgruppe der Migranten und Migrantinnen wenig hilfreich sich zu verorten. Für viele Migranten ist die Frage ihrer kulturellen Identität nicht eindeutig zu beantworten (▶ Abschn. 1.4.1). Sie leben in mindestens zwei Welten und haben aus diesen Welten Werte, Normen und Verhaltensweisen übernommen. Dadurch fällt es ihnen schwer, sich mit national geprägten Zuschreibungen zu identifizieren. Dementsprechend »rebellieren« sie, wenn sie ihr Verhalten unter solche Kategorien subsumieren sollen. Die Moderation muss ihnen andere Möglichkeiten geben, ihre gefühlte Andersartigkeit zu verorten. Anstatt nationaler Zuschreibungen ist die Auseinandersetzung mit Verhaltensgewohnheiten und Alltagspraktiken zielführend, die aus ihrer Sicht von denen der deutschen Mitbürger abweichen. Typische Irritationen im Alltag sollten besprochen werden, ohne nationale Zuschreibungen zum Ausgangspunkt zu nehmen. In der Auseinandersetzung um solche Alltagskonflikte werden in der Regel dann auch kulturelle Unterschiede deutlich, jedoch gemäß der Brüchigkeit und der vielfältigen Einflüsse der kulturellen Biografien der Migranten. Diese Diskussionen sind um ein Vielfaches komplexer, als sie es wären, wenn nationale Zuschreibungen Ausgangs- und Zielpunkt wären. Als Alternative zur Übung »Erarbeiten der eigenen kulturellen Prägung mittels des Eisberg-Modells« (▶ Abschn. 8.2, Aktivität 2) ist die Übung »Individueller Kulturbaum« (▶ Abschn. 8.3, Aktivität 5) zu empfehlen.

Simulationsspiele

Über nationale Zuschreibungen wird Migranten als alltägliche Anpassungskünstler nicht deutlich, wie bedeutsam das Thema Kultur auch für sie ist. Dies hängt natürlich auch mit der vorgenannten Schwierigkeit zusammen, sich kulturell zu verorten, weil daraus eine generelle Abwehr des Kulturthemas resultieren kann. In Simulationsspielen dagegen, wo künstliche Kulturen generiert werden, erleben die Teilnehmenden die Wirkmächtigkeit von Kultur. Sie selbst praktizieren und erleiden Ausgrenzungs- und Abwehrstrategien. Das Erleben hilft ihnen, sich das Thema Kultur anzueignen und für den alltäglichen Umgang mit den Mitbürgern und Behörden im Zuwanderungsland zu nutzen. In den Simulationsspielen werden typische Verhaltensweisen und Normen von realen Kulturen zum Gegenstand von Irritationen und Konflikten unter den Mitspielern, z. B. der Umgang mit Zeit (Pünktlichkeit vs. Unpünktlichkeit). In der Auswertung können dadurch typische Probleme besprochen werden, ohne dass sich jemand »in eine Schublade gesteckt« fühlt.

13.4 Andere Kulturräume

Das Training fand nicht nur in Deutschland statt, sondern auch in anderen Ländern. Am Beispiel von Russland werden die Anforderungen an das Training für andere Kulturräume entfaltet. Dabei ist zu beachten, dass Russland aufgrund seiner geografischen Ausbreitung von allen drei Kulturtypen geprägt ist und deshalb auch daraus zum einen Hinweise für alle Kulturkreise abgeleitet werden können, zum anderen historische Erfahrungen mit kulturellen Übergängen und »Verflüssigungen« bestehen, mit allen damit verbundenen Vor- und auch Nachteilen.

13.4.1 Didaktischer Aufbau des Seminars

Grundsätzlich muss man, wenn man das Training in anderen Kulturräumen durchführt, den didaktischen Aufbau des Trainings überprüfen und ggf. ändern. Der didaktische Aufbau des vorliegenden Trainings ist zwangsläufig ethnozentrisch geprägt; die einzelnen Übungen sprechen deshalb nicht alle Vertreter anderer Kulturtypen gleichermaßen an.

Auffallend ist, dass die russischen Teilnehmenden sich sehr schwer tun ihre praktischen interkulturellen Erfahrungen entlang der theoretischen Inputs zu reflektieren. Dies gelingt besser im Anschluss an Rollen- und Simulationsspiele, Visualisierungen und praktische Übungen. Der gewohnte Frontalunterricht besitzt für sie keinen Aufforderungscharakter, die vermittelten Inhalte mit der eigenen Praxis zu verbinden. Kreative Methoden sind jedoch im russischen Alltag präsent und ihre Funktion als Ausdrucksmittel ist deshalb vertraut. Sie sind sogar wirkungsvoller als bei deutschen und westeuropäischen Teilnehmenden, weil sich die russischen Teilnehmenden stärker auf ihre Spielrollen einlassen und dadurch ausgeprägtere Erfahrungen machen können.

Die in Deutschland häufig für die externe Reflexion von Spielen und Kooperationsaufgaben eingesetzte Rolle des neutralen Beobachters ist für die russischen Teilnehmenden nur sehr schwer einzunehmen. Sie trauen sich nicht, ihre Beobachtungen über die Spieler anzusprechen. Sie sehen den Sinn dieser Rolle nicht ein. Wir interpretieren diese Schwierigkeit im Zusammenhang mit kollektivistischen Tendenzen in der russischen Kultur. Einzelne Teilnehmende wollen nicht aus der Gruppe (der Spieler) herausgenommen werden und sich nicht in einen Gegensatz zu dieser stellen, indem sie die Aussagen der Spieler über den Spielverlauf ggf. korrigieren.

Unsere Interpretation wird dadurch bestätigt, dass wir in einem späteren Trainingsdurchlauf aus dieser Erfahrung gelernt hatten und nicht mehr durch ein Individuum, sondern durch eine ganze Gruppe beobachten ließen. Diese beiden Gruppen wechselten zudem nach einem Spieldurchgang die Rollen: Aus Spielern wurden Beobachter, aus der Beobachtergruppe wurde die Gruppe der Spieler. Dieses Setting funktionierte sehr gut.

13.4.2 Sprache und Begriffe als Erschwernisse für Trainer

Sprachprobleme

In anderen Kulturräumen steht man als Trainer auch vor Sprachproblemen. Hier muss man vielfach mit Übersetzern arbeiten oder das Training in einer Fremdsprache leiten, was zwangsläufig zu Verständigungsproblemen führt. Diese Umstände erfordern vom Trainer, sehr genau die Antworten und Reaktionen zu überprüfen und ggf. manches zu wiederholen, wenn er den Eindruck hat, nicht genau verstanden worden zu sein. Dadurch dauern die einzelnen Module länger und sind für beide Seiten anstrengender, als wenn Trainer und Teilnehmende dieselbe Muttersprache sprächen.

Unterschiedliche Konzepte

Begriffe, die wir gewohnt sind, als Impulse für Reflexionen und Übungen zu setzen, können in einer anderen Sprache einen völlig anderen Bedeutungshintergrund haben. Dann eignen sie sich als Impulse weniger gut. In Russland war z. B. die Aufforderung, über eigene »Fremdheitserfahrungen« nachzudenken, nicht zielführend. Der zusammengesetzte Begriff konnte nur sehr umständlich und indirekt übersetzt werden. Eine direkte Übersetzung des Teilbegriffs »fremd« im Sinne einer individuellen Erfahrung von »unbekannt und unheimlich« im Gegensatz zu »vertraut« ist in der russischen Alltagssprache nicht gebräuchlich; gegenübergestellt werden als Begriffspaar СВОЙ = der Eigene, der Dazugehörige und ЧУЖОЙ = der Fremde, der Andere, wodurch deutlich wird, dass es sich um die Erfahrung des Kollektivs handelt. Der Begriff »cusoj celovek« (der Fremde) bezieht sich z. B. auf »den Menschen, der nicht dazugehört, ausgegrenzt, nicht gekannt und nicht akzeptiert ist« im Gegensatz zu »svoi celovek« als »der Mensch, der dazugehört, bei dem man davon ausgehen kann, dass er sich auskennt und sich an die bekannten Spielregeln hält« (Stein-Redent 2008). Hier handelt es sich somit um ein vom deutschen Verständnis stark abweichendes Fremdheitskonzept, das durch die kollektivistische Kultur geprägt ist. Zentrale Begriffe des Trainings sind deshalb vor Beginn eines Trainings in anderen Kulturräumen im Hinblick auf ihren Bedeutungshof mit einem Muttersprachler abzuklären.

13.5 Gesundheitsbereich

Berufstätige im Gesundheitsbereich sind in sehr direktem, oft körpernahem Kontakt zu Patienten oder Altenheimbewohnern etc. Hier gibt es ganz besondere systemische, also für das ganze System Gesundheit typische Herausforderungen. Neben vielen anderen in diesem Buch genannten Themen sind sprachliche und religiöse Barrieren in einem Training im Gesundheitsbereich zusätzlich besonders relevant. Dies zeigte sich im Rahmen des Promotionsprojektes von Annika Koppe zur Erhebung interkultureller Kompetenz in der Pflege, von der einige der folgenden Beispiele und Anregungen stammen.

13.5.1 Sprachliche Barrieren

Sprache erweist sich oft als Barriere im interkulturellen Kontakt (▶ Abschn. 3.1). In der Pflege von ausländischen Patienten oder Patienten mit Migrationshintergrund kommt die Problematik, keine gemeinsame Sprache zu haben, besonders zum Tragen. Hier ist man z. T. tatsächlich darauf angewiesen, mit »Händen und Füßen« zu kommunizieren.

Aus Einzel- und Gruppeninterviews mit Pflegekräften im Krankenhaus, Patienten und Pflegeexperten wurde deutlich, dass durch die fehlende gemeinsame Sprache ein wichtiges Instrument in der pflegerischen Versorgung fehlt. Damit ist nicht nur die alltägliche Kommunikation beeinträchtigt, sondern auch der Beziehungsaufbau zum Patienten.

Trainingsaktivitäten zu sprachlichen Barrieren

- **Sensibilisierung für die Barrieren des Verstehens**

Als Einstieg empfiehlt sich hier das Spielen eines Spiels: Reden in einer Fremdsprache (▶ Abschn. 9.3).

- **Erfahrungsaustausch zu Sprachproblemen und Lösungen**

Die Einstiegsfrage hierzu lautet: Was mache ich, wenn ich die Patienten/Heimbewohner (kann durch andere Betreuungsgruppen ersetzt werden) nicht verstehe?

- **Input zu gängigen Lösungspraktiken und Diskussion**

In der Praxis haben die befragten Pflegekräfte verschiedene Strategien entwickelt, um mit diesem Problem umzugehen.

Der Einsatz von Angehörigen als Übersetzer gehört zu den am meisten genutzten Möglichkeiten, das Sprachproblem zu lösen. Besonders die Kinder oder Enkelkinder der Patienten mit Migrationshintergrund sprechen so gut Deutsch, dass sie als Dolmetscher fungieren können. Allerdings hat der Einsatz von Angehörigen seine Grenzen, weil sie z. B. bei der Vermittlung von Diagnosen oft nicht zuverlässig übersetzen. Dies liegt zum einen daran, dass ihnen die Fachausdrücke fehlen, zum anderen daran, dass sie den Patienten bei schlechten Nachrichten schonen wollen. In diesem Zusammenhang ist auch darauf zu achten, dass Kinder mit der Übersetzung überfordert sind, wenn es z. B. um den Intimbereich geht. Darüber hinaus fällt der Pflegekraft der Beziehungsaufbau zum Patienten schwer, wenn nur über Angehörige kommuniziert wird.

Kollegen mit eigenem Migrationshintergrund und entsprechenden Sprachkenntnissen werden ebenfalls gern zum Überwinden der Sprachbarriere herangezogen. Vorteilhaft ist hier sicherlich das fachliche Know-how der Pflegekraft. Patienten mit Migrationshintergrund nehmen es gerne an, sich in ihrer Heimatsprache unterhalten zu können. Problematisch kann sein, dass diese Kollegen von ihren eigenen pflegerischen Aufgaben abgehalten werden. Eine Freistellung für die Dolmetschertätigkeiten wäre nötig. Nicht zuletzt gilt außerdem, wer die Auseinandersetzung mit den Patienten stets auf die Kollegen mit Migrationshintergrund abwälzt, kann keine eigene Interkulturelle Kompetenz entwickeln.

Gesundheitsdolmetscher stellen eine große Ressource im Gesundheitssystem dar, werden aber kaum genutzt. Oft ist diese Möglichkeit den Pflegekräften nicht bekannt. Hindernisse, einen Gesundheitsdolmetscher einzubeziehen, könnten in der Gruppe diskutiert werden.

In einem Einzelinterview berichtet eine Pflegekraft darüber, wie ein einfacher »Guten-Morgen«-Gruß in der Muttersprache des Patienten »wahre Dämme« brechen kann. Durch so einfache Gesten kann auch ohne viele Worte etwas zum Beziehungsaufbau beigetragen werden. Oder wie es in Interviews mit Patienten mit Migrationshintergrund berichtet wurde, reicht oft schon ein freundlich lächelndes Gesicht.

Die Teilnehmenden eines Trainings sollten überlegen, für welche Situationen welche Lösungen oder Personen am besten geeignet sind.

13.5.2 Religiöse und spirituelle Barrieren

Für Vertreter der Gesundheitsberufe ist der kompetente Umgang mit anderen religiösen Orientierungen für das berufliche Handeln nicht nur äußerst sinnvoll, sondern essenziell.

In den säkularen Gesellschaften dient die Religion vorwiegend – wie in ▶ Abschn. 1.3 beschrieben – folgenden Funktionen: Linderung von Ängsten durch Rituale/Gebete sowie Trost und Sinnstiftung angesichts von Schmerzen und Tod. Und genau diese Funktionen sind auch in den Gesundheitsberufen relevant. Hier ist es für die Kranken und Sterbenden besonders wichtig, die gemäß ihrer Religion »richtigen Maßnahmen« zu ergreifen, um die göttliche Linderung oder Sinn zu erfahren. Dabei sollte immer wieder deutlich werden, dass es nicht nur um explizite Ausübung von Religion geht, z. B. Beten oder seelsorgerischer Beistand, sondern um die üblichen Gewohnheiten und Praktiken, also den Lebensstil einer religiösen Gruppierung. Von besonderer Bedeutung sind dabei Speiseregeln, Übergangs- und Sterberiten, aber auch die Unterstützung durch Angehörige. Aus religiös begründeten Tabus leiten sich auch unterschiedliche Anforderungen an die Art und Weise der Annäherung/Berührung an den (entblößten) Körper für Diagnose- und Behandlungszwecke ab. Schließlich tangiert auch die Sicht auf die Bedeutung des menschlichen Lebens an sich die Anforderungen an die Mitarbeiter im Gesundheitsbereich, z. B. in ethischen Fragen. Andere Kulturen haben teilweise ein anderes religiös begründetes Verständnis von Krankheitsursachen und Heilung, so z. B., wenn im Vodoo von der Entwicklung einer Krankheit durch böse Blicke und Gedanken anderer Menschen ausgegangen wird. Asiatische Religionen haben eigene Heilungssysteme entwickelt, so die Traditionelle Chinesische Medizin (TCM) oder die Ayurvedische Medizin, die von anderen Angriffspunkten des Heilens, z. B. Energiebahnen oder Ungleichgewichte zwischen Körper und Geist, ausgehen als die westliche Medizin.

In den USA ist in die Pflegeausbildung die sog. Spiritual Care (Mauk u. Schmidt 2004) integriert, die diese unterschiedlichen religiös begründeten Notwendigkeiten für das Wohlbefinden von Patienten vermittelt. In Anlehnung daran sprechen auch wir von einem spirituellen Ansatz. Wir haben hierfür spezielle Trainingsaktivitäten entwickelt, die wir im Folgenden skizzieren.

Trainingsaktivitäten mit spirituellem Bezug

- **Eigene Erfahrungen mit spirituellen/ religiösen Barrieren im Beruf**

Zur Einstimmung ins Thema dient der Erfahrungsaustausch in Kleingruppen zu »kritischen Situationen« mit Patienten, Betreuten und deren Angehörigen und die gemeinsame Identifizierung der Religionsgruppen und Problembereiche, mit denen sie sich besonders auseinandersetzen wollen:

1. Welche Religionsgruppen sind für unsere Arbeit besonders relevant?
2. In welchen Tätigkeitsbereichen treten besonders viele Probleme auf, d. h. möchten wir mehr wissen?

- **Eigene spirituelle Erfahrungen als Ressourcen, möglichst im Beruf**

Im Folgenden sollen sich die Teilnehmenden in Stillarbeit ihrer eigenen spirituellen Erfahrungen, also der Nutzung von Glaubensüberzeugungen (z. B. an ein Leben nach dem Tod) oder spiritueller Praktiken (wie Gebet, Meditation oder Yoga) besinnen und sich ihrer Funktion für die Bewältigung schwieriger beruflicher Situationen gewahr werden. Dies sollte schriftlich auf einem Arbeitsblatt mit drei Spalten erfolgen: Situation – Praktik – Funktion.

- **Nutzen von Spiritualität für die Heilung**

In Kleingruppen kann alternativ zur vorherigen Übung über Erfahrungen (eigene oder die anderer Personen) des Nutzens von Spiritualität für Heilungsprozesse diskutiert werden.

- **Theoretische Grundlagen von Religion**

Als theoretischer Einstieg sollte eine Auseinandersetzung mit dem Phänomen Religion erfolgen: »Was ist Religion?« und »Wozu dient Religion den Gläubigen?«. Hierzu können die in ▶ Abschn. 1.3 dargestellten Definitionen und Funktionsbeschreibungen von Religion als Hintergrundmaterial dienen.

Bei der Analyse der Funktionen von Religion soll auf die Ergebnisse der Kleingruppenarbeit zurückgegriffen werden.

Ein Überblick über die großen Weltreligionen, aber auch deren Untergruppen, mit ihren wesentlichsten Ausprägungen ist zu vermitteln. Speziell für Berufstätige im Gesundheitsbereich eignet sich das Material von Mauk u. Schmidt (2004).

Hinweis: Es ist vor allem darauf zu achten, sehr religiöse Teilnehmende nicht in ihren Überzeugungen durch eine Relativierung des Wahrheitsgehaltes ihres Glaubens zu verletzen. Religiöse wie auch atheistische Teilnehmende müssen zu Toleranz gegenüber Andersgläubigen aufgefordert werden. Zu diesem Zweck sind die Gemeinsamkeiten der Religionen, aber auch die ethische Ähnlichkeit mit den UN-Menschenrechten zu betonen.

▪ Arbeit mit kritischen religiösen Situationen in der Pflege

Aus Interviews mit deutschen Pflegekräften im Krankenhaus im Rahmen des Promotionsprojektes von Annika Koppe hat sich ergeben, dass von ihnen die Ausübung von Religion durch muslimische Patienten besonders stark wahrgenommen wird. Ein pures Faktenwissen über die Religion hilft ihnen jedoch oft auch nicht weiter, denn die religiösen Pflichten und Gebote können vom Patienten unterschiedlich streng ausgelegt werden. Für die Pflegekräfte wird es immer dann schwierig, wenn sie in der Ausübung ihrer pflegerischen Handlung behindert werden oder ihre pflegerischen Ziele in Gefahr sehen, z. B. weil die Gesundung des Patienten nicht oder nur schwer mit seinen religiösen Praktiken vereinbar erscheint.

In Kleingruppen werden folgende Beispiele (pro Gruppe ein Beispiel) diskutiert und Lösungen entwickelt. Diese werden anschließend im Plenum präsentiert und zur Diskussion gestellt.

Beispiel 1: Fasten

Bei der Übergabe zum Spätdienst erfährt die Pflegekraft, dass ein ihr zugeteilter muslimischer Patient seit dem Morgen nichts mehr gegessen oder getrunken hat. Der Patient erklärt, dass Ramadan ist und er deshalb fasten möchte. In diesem Zusammenhang verweigert er auch tagsüber die Einnahme von Medikamenten.

Beispiel 2: Gebete

Ein muslimischer Patient hat das mittlere Bett in einem Drei-Bett-Zimmer. Er hat seinen Gebetsteppich dabei und will gen Osten beten. Es geht dem Patient nicht sehr gut, er begibt sich aber trotzdem immer wieder zu bestimmten Zeiten aus dem Bett, legt den Teppich auf den Boden im Zimmer, kniet sich darauf und singt vor sich hin. Die Mitpatienten sind davon irritiert und die Pflegekraft beobachtet mit Sorge, dass der Patient immer wieder das Bett verlässt.

Beispiel 3: Stehendes Wasser

Ein muslimischer Patient muss nach einer größeren OP einige Tage Bettruhe einhalten. Er hat Probleme damit, mit einer Waschschüssel am Bett versorgt zu werden, weil das Wasser beim Waschen nicht fließend ist. Die Pflegekraft hat keine Möglichkeit, den Patienten mit seinem Bett an einen Ort zu bringen, wo fließendes Wasser zugänglich ist, wie z. B. eine Dusche.

Beispiel 4: Das volle Essenstablett

Der Pflegekraft fällt auf, dass bei einer älteren muslimischen Patientin das Essenstablett immer voll zurückgeht. Dabei hatte die Pflegekraft bei der Aufnahme extra darauf geachtet, dass die Patientin (Vollkostlerin) für schweinefleischlose Kost angemeldet wird und diese hatte sie auch bekommen.

Hinweise für Diskussion und Lösungsgenerierung

Die Religion ist eng mit dem Alltag und den Gewohnheiten der muslimischen Patienten verwoben. So sollten sich die Teilnehmenden eines Trainings bewusst sein, dass manche Missverständnisse, die auf den ersten Blick religiöser Natur zu sein scheinen, auch noch andere Aspekte beinhalten können. So ist es möglich, dass die ältere muslimische Patientin das Essen nicht annimmt, weil es ihr zu fremd ist. Im Fall des Patienten, der fasten möchte, können Angehörige oder ein Vertreter der Gemeinde helfen eine Lösung mit dem Patienten zu finden, denn Kranke müssen an sich nicht fasten. Sie tun dies aber oft doch, weil es angenehmer ist, mit anderen zusammen zu fasten, statt die Fastenzeit nach der Genesung allein nachzuholen. Lösungsstrategien sollten folgende Abfolge haben:

1. Pflegekraft versucht ggf. mithilfe eines Übersetzers das Problem mit dem Patienten zu lösen.
2. Pflegekraft versucht Angehörige als Mittler einzuschalten.
3. Pflegekraft zieht eine religiöse Autorität, z. B. Iman, hinzu, um das Dilemma zwischen religiöser Pflichtausübung des Patienten und eigener Verpflichtung, alles zur Heilung des Patienten beizutragen, aufzulösen.

- **Spiritueller Aufnahmebogen**

Zum Abschluss werden die gewonnenen Erkenntnisse in einem operativen Werkzeug dargelegt, nämlich einem spirituellen Patienten-Aufnahmebogen: Welche Patienteninformationen benötigen wir, um Menschen mit fremden Religionen adäquat zu behandeln/betreuen?

Last but not least

So wie interkulturelle Handlungskompetenz nicht im Erlernen von Dos and Don'ts aufgeht, ist auch dieses Trainingsmanual kein Rezeptbuch. Gerade die beschriebenen Erfahrungen mit dem Training in unterschiedlichen Kontexten sollten verdeutlichen, dass nicht jedes Modul für alle Zielgruppen passt und dass ggf. eine Modifikation notwendig ist. Hierdurch kann nach und nach eine eurozentristische Haltung der Moderation und des Trainingsansatzes überwunden werden. Jeder Trainer und jede Trainerin muss sich das Trainingsmanual selbst gemäß eigener Vorerfahrungen und eigener Vorlieben aneignen und darf dabei Zielgruppe und Kontext nicht vergessen. Nicht immer ist ein Training ausreichend; zur Vorbeugung von interkulturellen Konflikten ist manchmal ein personenbezogenes Coaching oder zur Auflösung von Konflikten eine Mediation notwendig. In diesem Sinn sei auf die Schlussbemerkungen in der Rezension von Tanja Eiselen zur 1. Auflage dieses Buches verwiesen:

> Eine Warnung sei trotz allen Lobes angemerkt. Das Buch suggeriert durch seine umfassende Fundierung, dass (fast) jeder interessierte Trainer in der Lage wäre, mit diesem Konzept ein Interkulturelles Training kompetent durchzuführen. Zur Initiierung von Reflexionsprozessen, die Menschen in ihren kulturellen Werthaltungen zum Gegenstand haben sowie zur Anleitung von Selbsterfahrungsprozessen ist es aber unabdingbar, psychologische Kompetenz, Fingerspitzengefühl und Selbstreflexion zu besitzen, das sich üblicherweise nur in anerkannten (und meist Jahre dauernden) Ausbildungen und Erfahrungen vermitteln lässt. Durch den umfassenden Service, den das Werk von Kumbruck/Derboven bietet, steigt möglicherweise die Gefahr, sich kaum weitere eigene Gedanken zu machen, die vorgeschlagenen Übungen und Materialien zu kopieren und damit möglicherweise über's Ziel hinauszuschießen (Eiselen 2006, S. 128f.).

Serviceteil

C. Kumbruck, W. Derboven, *Interkulturelles Training*,
DOI 10.1007/978-3-662-43462-8, © Springer-Verlag Berlin Heidelberg 2016

Literatur

Adler, N. (1997). *International dimensions of organizational behavior* (3rd ed.). Cincinnati: South-Western College.

Airways (2000). *The official newsletter of the IGDS Bristol Consortium* (Issue 6, Summer 2000). Bristol: University of Bristol.

Allport, G. W. (1954). *The nature of prejudice*. Cambridge, MA: Addison-Wesley.

Argyle, M. (2002). *Körpersprache und Kommunikation*. Das Handbuch zur nonverbalen Kommunikation. Paderborn: Junfermann.

Assmann, A. & Assmann, J. (1990). Das Gestern im heute. Medien und soziales Gedächtnis. In *Funkkolleg Medien und Kommunikation* (Studienbrief 5, S. 41–82). Weinheim: Deutsches Institut für Fernstudien an der Universität Tübingen.

Augsburger, D. (1992). *Mediation across cultures*. Pathways and patterns. Louisville, KY: Westminster John Knox Press.

Bamberg, E., Keller, M., Wohlert, C. & Zeh, A. (2007). *BGW-Stresskonzept. Das arbeitspsychologische Stressmodell.* Hamburg: Berufsgenossenschaft für Gesundheitsdienst und Wohlfahrtspflege.

Bandura, A. (1976). *Lernen am Modell*. Stuttgart: Klett-Verlag.

Bandura, A. (1982). Self-efficacy mechanism in human agency. *American Psychologist*, 37, 122–147.

Bandura, A. (1986). *Social foundations of thought and action: A social cognitive theory*. Englewood Cliffs, NJ: Prentice Hall.

Bandura, A. & Locke, E. A. (2003). Negative self-efficacy and goal effects revisited. *Journal of Applied Psychology*, 88, 87–99.

Barkema, H. G., Bell, J. H. & Pennings, J. M. (1996). Foreign entry, cultural barriers, and learning. *Strategic Management Journal*, 17, 151–166.

Baumeister, R. F. & Heatherton, T. F. (1996). Self-Regulation Failure: An Overview. Psychological Inquiry, 7 (1), 1–15.

Bennett, M. J. (1986). A developmental approach to training intercultural sensitivity. *International Journal of Intercultural Relations*, 10 (2), 179–186.

Berner, W. (2002). Zur Psychologie der Fusion: Post-Merger-Integration als angewandte Sozial- und Massenpsychologie. *Wirtschaftspsychologie*, 3, 12–19.

Berry, J. W. (1988). Acculturation and psychological adaptation: A conceptual overview. In J . W. Berry & R. C. Annis (Eds.) *Ethnic psychology: research and practice with immigrants, refugees, native peoples, ethnic groups and sojourners*. Amsterdam/Lisse: Swets & Zeitlinger.

Berry, J. W. (1990). Psychology of acculturation. In J. Berman (Ed.) *Cross-cultural perspectives: Nebraska Symposium on Motivation*, Vol. 37 (pp. 201–234). Lincoln: University of Nebraska Press.

Berry, J. W., Poortinga, Y. H., Breugelmann, S. M. & Chasiotis, A. (2011). *Cross-cultural psychology. Research and application. Academy of Management Journal*, 48, 257–281.

Bolten, J. (2007). Interkulturelle Kompetenz. Erfurt: Landeszentrale für politische Bildung.

Bolten, J. (2008). Reziprozität, Vertrauen, Interkultur. Kohäsionsorientierte Teamentwicklung in virtualisierten multikulturellen Arbeitsumgebungen. In E. Jammal (Hrsg.) *Vertrauen im interkulturellen Kontext* (S. 69–93). Wiesbaden: VS-Verlag.

Bolten, J. (2011). Unschärfe und Mehrwertigkeit: »Interkulturelle Kompetenz« vor dem Hintergrund eines offenen Kulturbegriffs. In W. Dreyer & U. Hößler (Hrsg.) *Perspektiven interkultureller Kompetenz* (S. 55–70). Göttingen: Vandenhoeck & Ruprecht.

Böhlke, R. & Walleyo, S. (2007). Handeln wider besseres Wissen – Warum viele Transaktionen scheitern, ohne es zu müssen. In K. Rausch (Hrsg.) *Organisation gestalten: Struktur mit Kultur versöhnen*. S. 254–279, Lengerich: Pabst.

Brenk, C. & Schmitt, M. (2013). Modifikation von Attributionsmustern: Trainingsmethoden in interkulturellen Settings. In P. Genkova, T. Ringeisen & F. T. L. Leong (Hrsg.), *Handbuch Stress und Kultur. Interkulturelle und kulturvergleichende Perspektiven* (S. 489–508). Wiesbaden: Springer VS.

Bucher, A. (2007). *Psychologie der Spiritualität*. Weinheim, Basel: Beltz PVU.

Bucher, A. A., Oser, F. & Reich, K. H. (2007). Religiosität und Spiritualität im Kulturvergleich. In G. Trommsdorff & H.-J, Kornadt (Hrsg.) *Theorien und Methoden der Kulturvergleichenden Psychologie. Enzyklopädie der Psychologie, Bd. 1* (S. 675–702). Göttingen: Hogrefe.

Buono, A. F. & Bowditch, J. L. (1989). *The human side of mergers and acquisitions*. San Francisco: Jossey-Bass.

Buono, A. F., Bowditch, J. L. &. Lewis, J. W. (1985). When cultures collide: The anatomy of merger. *Human Relations*, 38, 477–500.

Burisch, M. (2005). *Das Burnout-Syndrom*. 3. Aufl. Berlin: Springer.

Büssing, A. & Glaser, J. (1999). Work stressors in nursing in the course of redesign: Implications for burnout and interactional stress. *European Journal of Work and Organizational Psychology (Special issue on »Emotions at work«)*, 8, 401–426.

Cartwright, S. & Cooper, C. L. (1992). *Mergers and acquisitions: The human factor*. Oxford: Butterworth-Heinemann.

Chakkarath, P. (2007). Zur kulturpsychologischen Relevanz von Religion und Weltanschauung. In G. Trommsdorff & H. J. Kornadt (Hrsg.) *Theorien und Methoden der kulturvergleichenden Psychologie. Enzyklopädie der Psychologie*, Bd. 1 (S. 616–674). Göttingen: Hogrefe.

Chatterjee, S., Lubatkin, M., Schweiger, O. & Weber, Y. (1992). Cultural differences and shareholder value in related mergers: Linking equity and human capital. *Strategic Management Journal*, 13, 39–334.

Chinese Culture Connection (1987). Chinese values and the search for culture-free dimensions of culture. *Journal of Cross-Culture Psychology* 18, 143–164.

Cox, T. H., Lobel, S. A. & McLeod, P. L. (1991). Effects of Ethic Group Cultural Differences on Cooperative and Competitive Behavior on a Group Task. *Academy of Management Journal*, 34 (4), 827–847.

Creusen, U. & Müller-Seitz, G. (2010). *Das Positive Leadership-GRID. Eine Analyse aus Sicht des Positiven Managements.* Wiesbaden: Gabler.

Datta, D. K. (1991). Organizational fit and acquisition performance: Effects of post-acquisition integration. *Strategic Management Journal*, 12 (4), 281–298.

Delko, K. (1999). Fusionsfieber mit bitterem Nachgeschmack. *Neue Zürcher Zeitung Fokus: Fusionen. Von glücklichen Unternehmenszusammenschlüssen, geplatzten Hochzeitsträumen und dem schwierigen Ehealltag*, S. 5.

Derboven, W., Dick, M. & Wehner, T. (2002). Die Transformation von Erfahrung und Wissen in Zirkeln. In M. Fischer & F. Rauner (Hrsg.) Lernfeld: Arbeitsprozess. *Ein Studienbuch zur Kompetenzentwicklung von Fachkräften in gewerblich-technischen Aufgabenbereichen* (S. 369–391). Baden-Baden: Nomos.

Dewey, J. (1966). *Experience and education. The Kappa delta pi lecture series.* New York: Collier. (Original work published 1938).

Diamond, J. (2012). *Vermächtnis. Was wir von traditionellen Gesellschaften lernen können.* Frankfurt/M.: Fischer.

Dunkel, W. (1988). Wenn Gefühle zum Arbeitsgegenstand werden. Gefühlsarbeit im Rahmen personenbezogener Dienstleistungen. *Soziale Welt*, 39, 66–85.

Dunkel, W. (2005). Interaktive Dienstleistungsarbeit. Wege zu ihrer gesundheitsförderlichen Gestaltung, Supervision. *Mensch Arbeit Organisation*, 3, 25–29.

Dunkel, W. & Rieder, K. (2006). Interaktionsarbeit und Koproduktion als Ressourcen für Innovationen. In D. Streich & D. Wahl (Hrsg.), *Moderne Dienstleistungen* (S. 279–285). Berlin: Campus.

Durkheim, E. (1994). *Die elementaren Formen des religiösen Lebens* (franz. 1912). Frankfurt: Suhrkamp

Durrheim, K. & Foster, D. (1997). Tolerance of Ambiguity as a Content Specific Construct. *Personality and Individual Differences, 22* (5), 741–750.

Eiselen, T. (2006). Rezensionen Interkulturelles Training. *Zeitschrift für angewandte Sozialpsychologie, Gruppendynamik und Organisationsberatung*, 1 (3), 128f.

Ekman, P. (2003). *Emotions reveled. Understanding faces and feelings.* New York: Times Books.

Erikson, E. H. (1980). *Jugend und Krise.* Stuttgart: Suhrkamp-Verlag.

Ernst & Young (2006). Handeln wider besseres Wissen. Warum viele Transaktionen scheitern, ohne es zu müssen, Studie, Retrieved August 27, 2009, from http://www.ey.com/Publication/vwLUAssets/ Studie_HandelnwiderWissen/$FILE/Handeln_2006_k.pdf.

Everett, D. (2010). *Das glücklichste Volk. Sieben Jahre bei den Piranã-Indianern am Amazonas.* München: DVA.

Felsing, T., Franke, H., Sauer, J. & Rüttinger, B. (2004). Kognitive Diversität und Performanz in der Teamarbeit. In W. Bungard, B. Koop, & C. Liebig (Hrsg.) *Psychologie und Wirtschaft leben* (S. 144–149). München und Mehring: Rainer Hampp Verlag.

Fisher, R., Ury, W. & Patton, P. (2009). *Das Harvard-Konzept: Sachgerecht verhandeln – erfolgreich verhandeln.* Frankfurt/M.: Campus Verlag.

Flanagan, J. C. (1954). The critical incident technique. *Psychological Bulletin* 51, 327–358.

Forstmann, S. (1994). *Kulturelle Unterschiede bei grenzüberschreitenden Akquisitionen.* Konstanz: Universitätsverlag Konstanz.

Forstmann, S. (1998). Managing cultural differences in cross-cultural mergers and acquisitions. In M. C. Gertsen, A.-M. Søderberg & J. E. Torp (Eds.) *Cultural dimensions of international mergers and acquisitions* (pp. 57–83). Berlin: De Gruyter.

Frenkel-Brunswik, E. (1949). Intolerance of ambiguity as an emotional and perceptual personality variable. *Journal of Personality*, 18 (1), 108–143.

Gabrielidis, C., Stephan, W. G., Ybarra, O., Dos Santos Pearson, V. M. & Villareal, L. (1997). Preferred styles of conflict resolution: Mexico and the United States. *Journal of Cross-Cultural Psychology,* 28, 661–677.

Gaertner, S., et al. (1993). The common ingroup identity model: recategorization and the reduction of intergroup bias. In W. Stroebe & M. Hewstonee (Eds.). *European Review of Social Psychology*, 4, 1–26.

Galtung, J. (2007). *Frieden mit friedlichen Mitteln. Friede und Konflikt, Entwicklung und Kultur.* Münster: Agenda.

Geertz, C. (1994). *Dichte Beschreibung. Beiträge zum Verstehen kultureller Systeme.* Frankfurt/M: Suhrkamp.

Genkova, P. & Huber K. (2009). Kulturelle Anpassung oder Culture Shock? – eine empirische Studie der Einflussfaktoren interkulturellen Erfolgs bei Expatriates. In G. Raab & A. Unger (Hrsg.) *Der Mensch im Mittelpunkt wirtschaftlichen Handelns* (S. 330–363). Lengerich: Pabst.

Gertsen, M. C., Søderberg, A. M. & Torp, J. E. (1998a). Different approaches to the understanding of culture in mergers and acquisitions. In M. C. Gertsen, A. M. Søderberg & J. E. Torp (Eds.) *Cultural dimensions of international mergers and acquisitions* (pp. 17–38). Berlin: De Gruyter.

Gertsen, M. C., Søderberg, A.-M. & Torp, J. E. (Eds.) (1998b). *Cultural dimensions of international mergers and acquisitions.* Berlin: De Gruyter.

Gibson, R., Tauber, T. & Münster, M. (2003). Return on culture – Interkulturelle Kompetenzentwicklung für das internationale Geschäft. *Wirtschaftspsychologie aktuell*, 2, 12–15.

Giesenbauer, B. & Glaser, J. (2006). Emotionsarbeit und Gefühlsarbeit in der Pflege – Beeinflussung fremder und eigener Gefühle. In F. Böhle & J. Glaser (Hrsg.) *Arbeit in der Interaktion – Interaktion als Arbeit* (S. 59–84). Wiesbaden: VS.

Gire, J. T. & Carment, D. W. (1992). Dealing with disputes: The influence of individualism-collectivism. *The Journal of Social Psychology,* 133 (1), 81–95.

Glasl, F. (1994). *Konfliktmanagement*. Bern: Haupt.

Goffman, I. (1959). *The presentation of self in everyday life*. New York: Doubleday.

Goleman, D. (1997). *Emotionale Intelligenz*. München: Deutscher Taschenbuchverlag.

Gomez, P. & Weber, B. (1989). *Akquisitionsstrategie: Wertsteigerung durch Übernahme von Unternehmungen*. Zürich: Verlag Neue Zürcher Zeitung.

Grigoleit, G. (2011). Auf der Suche nach den »besten Köpfen« – hochqualifizierte Zuwanderinnen auf dem deutschen Arbeitsmarkt. In Bundesinstitut für Bau-, Stadt- und Raumforschung (BBSR) im Bundesamt für Bauwesen und Raumordnung (BBR), Bonn (Hrsg.), Dezembertagung des Arbeitskreises »Städte und Regionen« der DGD in Kooperation mit dem BBSR (8.12–9.12.2011 in Berlin). *Fachkräftemangel – Ein neues, demographisch bedingtes Phänomen?* (S. 84–101). BBSR-Online-Publikation, Nr. 02/2012. Bonn. Abgerufen 9. September, 2014, unter http://www.demographie-online.de/fileadmin/Ak_staedte/2011/DL_ON022012.pdf.

Gröschke, D. (2009). *Interkulturelle Kompetenz in Arbeitssituationen – Eine handlungstheoretische Analyse individueller und kollektiver Fähigkeiten*. München/Mehring: Hampp.

Gröschke, D. (2013). Kompetenzen im Umgang mit Stress in interkulturellen Settings. In P. Genkova, T. Ringeisen & F. T. L. Leong (Hrsg.) *Handbuch Stress und Kultur. Interkulturelle und kulturvergleichende Perspektive* (S. 473–488). Heidelberg: Springer.

Gröschke, D. & Schäfer, T. (2012). The necessity for self-regulation in intercultural situations. *European Journal of Cross-Cultural Competence and Management*, 2 (2), 133–148.

Hacker, W. (2009). *Arbeitsgegenstand Mensch: Psychologie dialogisch-interaktiver Erwerbsarbeit. Ein Lehrbuch*. Lengerich: Pabst.

Häcker, H., Stapf, K-H. & Dorsch, F. (2004). *Dorsch Psychologisches Wörterbuch*. Bern u.a.: Verlag Hans Huber.

Hagemann, O. (2003). Introspektion und Empathie in der Arbeit mit Strafgefangenen. In C. Kumbruck, M. Dick & H. Schulze (Hrsg.) *Arbeit – Alltag – Psychologie. Über den Bootsrand geschaut* (S. 299–314). Heidelberg: Asanger.

Hall, E. T. (1956). *The silent language*. New York: Anchor Press/Doubleday.

Hall, E. T. (1966). *The hidden dimension*. New York: Anchor Press/Doubleday.

Hall, E. T. & Hall, M. R. (1985). *Verborgene Signale*. Hamburg: Gruner & Jahr.

Hall, E. T. & Hall, M. R. (1990). *Understanding Cultural Differences – Germans, French and Americans*. Yarmouth, ME: Intercultual Press Inc.

Hall, S. (2004a). Die Frage des Multikulturalismus. In S. Hall *Ideologie, Identität, Repräsentation*. Ausgewählte Schriften 4, herausgg. von J. Koivisto & A. Merkens, (S. 188–227). Hamburg: Argument.

Hall, S. (2004b). Wer braucht »Identität. In S. Hall, *Ideologie, Identität, Repräsentation*. Ausgewählte Schriften 4, herausgg. von J. Koivisto & A. Merkens, (S. 167–187). Hamburg: Argument.

Hall, S. (2008). Encoding, decoding. In M. Ryan (Ed.) *Cultural studies* (pp. 907–916). Malden, MA: Blackwell.

Hallpike, C. (1984). *Die Grundlagen des primitiven Denkens*. Stuttgart: Klett-Cotta.

Harrison, D. A. & Klein, K. J. (2007). What's the difference? Diversity constructs as separation, variety, or disparity in organizations. *Academy of Management Review*, 32 (4), 1199–1228.

Hatzer, B. & Layes, G. (2003). Interkulturelle Handlungskompetenz. In A. Thomas, E. U. Kinast & S. Schroll-Machl (Hrsg.) *Handbuch interkulturelle Kommunikation und Kooperation* (Bd. 1, S. 138–148). Göttingen: Vandenhoeck & Ruprecht.

Hecht-El Minshawi, B. & Szodruch, S. (2008). *Weltweit arbeiten. Gut vorbereitet für Job und Karriere im Ausland*. München: Redline Wirtschaft.

Hersey, P., Blanchard, K. & Johnson, D.E. (2013). Management of Organizational Behavior. Leading Human Resources. 10. Edition. Boston: Pearson.

Herskovits, M. J. (1948). *Man and his works: The science of cultural anthropology*. New York: Knopf.

Hochschild, A. R. (1990). *Das gekaufte Herz. Zur Kommerzialisierung der Gefühle*. Frankfurt/M.: Campus.

Hoffmann, L. R. & Maier, N. (1961). Quality and acceptance of problem solutions by members of homogeneous and heterogeneous groups. *Journal of Abnormal and Social Psychology*, 62, 401–407.

Hoffmann, W. H. & Schaper-Rinkel, W. (2001). Acquire or ally? A strategy framework for deciding between acquisition and cooperation. *Management international review*, 41 (2), 131–159.

Hofielen, G. & Broome, J. (2002). Leading international teams: A new discipline? *Organisationsentwicklung*, 3, 56–62.

Hofner, D. M. (1996). Productive behaviors of global business teams. *International Journal of Intercultural Relations*, 20, 227–259.

Hofstede, G. (1980). *Culture's consequences: International differences in work-related values*. Beverly Hills: Sage.

Hofstede, G. (1983). Dimensions of national cultures in fifty countries and three regions. In J. B. Deregowski, S. Dziurawiec & R. C. Annis (Eds.) *Expiscations in cross-cultural psychology* (pp. 335–355). Amsterdam Lisse: Swets & Zeitlinger.

Hofstede, G. (1990). Empirical models of cultural differences. In N. Bleichrodt & P. J. D. Drenth (Eds.) *Contemporary issues in cross-cultural psychology* (pp. 4–20). Amsterdam, Lisse: Swets & Zeitlinger.

Hofstede, G. (1991). *Culture and organizations*. London: McGraw-Hill.

Hofstede, G. (1993). *Interkulturelle Zusammenarbeit*. Wiesbaden: Gabler.

Hofstede, G. (2001). *Lokales Denken, globales Handeln: Interkulturelle Zusammenarbeit und globales Management* (2. Aufl.). München: DTV.

Hofstede, G. & Bond, M. H. (1988). The Confucius connection: From cultural roots to economic growth. *Organizational Dynamics*, 16 (4), 4–21.

Hofstede, G. & Hofstede G. J. (2006). *Lokales Denken, globales Handeln*. 3. Aufl. München: DTV.

Holohan, C. J., Moos, R. H. & Bonin, L. A. (1997). Social support, coping and psychological adjustment: A resource model. In G. R. Pierce, B. Lakey, I. G. Sarason & B. R. Sarason (Eds.) *Sourcebook of social support and personality* (pp. 3–18). New York: Plenum Press.

Hoppe, A. & Bamberg, E. (2013). Stress und Gesundheit in der interkulturellen Arbeitswelt. In P. Genkova, T. Ringeisen & F. T. L. Leong (Hrsg.) *Handbuch Stress und Kultur. Interkulturelle und kulturvergleichende Perspektiven* (S. 435–448). Wiesbaden: Springer VS.

Hörning, K. (1988). Technik im Alltag und die Widersprüche des Alltäglichen. In B. Joerges (Hrsg.) *Technik im Alltag* (S. 51–94). Frankfurt/M: Suhrkamp.

Hörning K. (1999). Kultur und soziale Praxis. Wege zu einer »realistischen« Kulturanalyse. In A. Hepp & R. Winter (Hrsg.) *Kultur – Medien – Macht. Cultural Studies und Medienanalyse* (2. Aufl., S. 33–40). Opladen: Westdeutscher Verlag.

House, R. J., Hanges, P. J., Javidan, M., Dorfman, P. W. & Gupta, V. (2004). *Culture, leadership, and organizations. The GLOBE study of 62 societies*. Thousand Oaks: Sage.

Hülsheger, U. R., Lang, J. W. & Maier, G. W. (2010). Emotional labor, strain and performance. Testing reciprocal relationships in a longitudinal panel study. *Journal of Occupational Health Psychology*, 15, 505–521.

Ickes, W. (2003). *Everyday mind reading*. Amkerst, NY: Prometheus.

Inkeles, A. & Levinson, D. J. (1969). National character: The study of modal personality and sociocultural systems. In G. Lindzey & E. Aronson (Eds.) *The handbook of social psychology*. Reading, MA: Addison-Wesley.

Jansen, S. A. (1999). *Mergers and acquisitions*. Wiesbaden: Gabler.

Jansen, S. A. (2002). Die 7 K´s des Merger-Managements – Erste empirische Ergebnisse kapital- und wissensbasierter Zusammenschlüsse. *Zeitung für Führung und Organisation*, ZfO, 1, S. 6–13.

Janssens, M. & Brett, J. M. (1997). Meaningful participation in transnational teams. *European Journal of Work and Organizational Psychology*, 6 (2), 153–168.

Kammhuber, S. (2000). *Interkulturelles Lernen und Lehren*. Wiesbaden: Deutscher Universitäts-Verlag.

Keim, I. (2002). Die Verwendung ethnischer Stereotypen im interethnischen Erstkontakt: Zum Zusammenhang von Selbst- und Fremddarstellung, Interaktionsmodalität und Perspektivität. In H. Kotthoff (Hrsg.) *Kultur(en) im Gespräch* (S. 245–274). Tübingen: Narr.

Keupp, H. (Hrsg.) (1993). *Zugänge zum Subjekt*. Frankfurt/M.: Suhrkamp.

Keupp, H., Ahbe, T., Gmür, W. & Höfer, R. (1999). *Identitätskonstruktionen. Das Patchwork der Identitäten in der Spätmoderne*. Reinbek/Hamburg: Rowohlt.

Keysar, B. (1994). The illusory transparency of intention: Linguistic perspective taking in text. *Cognitive Psychology*, 26, 165–208.

Khanide, M. & Giebeler, K. (2003). *Ohne Angst verschieden sein*. Gütersloh: Bertelsmann.

Kleppestø, S. (1993). *Kultur och identitet vid Företagsuppköp och fusioner*. Stockholm: Nerenius & Santérus.

Kluckhohn, F. & Strodtbeck, F. L. (1961). *Variations in value orientations*. Evanston, IL: Peterson.

Kolb, D. A. (1984). *Experiential learning*. Upper Saddle River, NJ: Pearson Education.

Kopper, E. (2003). Multicultural Teams. In N. Bergemann & A. Sourisseaux (Hrsg.) *Interkulturelles Management*. 3. Aufl. (S. 363–368). Berlin: Springer.

Kotthoff, H. (Hrsg.) (2002a). *Kultur(en) im Gespräch*. Tübingen: Narr.

Kotthoff, H. (2002b). Dein Leid mir: Über die Kommunikation von Gefühlen in gregorianischen Trauerritualen. In H. Kotthoff (Hrsg.) *Kultur(en) im Gespräch* (S. 99–150). Tübingen: Narr.

Krappmann, L. (1997). Die Identitätsproblematik nach Erikson aus einer interaktionistischen Sicht. In H. Keupp & R. Höfer (Hrsg.) *Identitätsarbeit heute. Klassische und aktuelle Perspektiven der Identitätsforschung*. Frankfurt/M.: Suhrkamp.

Kroeber, A. L. & Kluckkohn, C. (1952). Culture. *A critical review of concepts and definitions*. Cambridge, MA: Peabody Museum.

Kühlmann, T. M. (1995). *Mitarbeiterentsendung ins Ausland – Auswahl, Vorbereitung, Betreuung und Wiedereingliederung*. Göttingen: Angewandte Psychologie.

Kühnen, U. & Haberstroh, S. (2012). Die Dynamik von Kultur und Selbstkonzept: Konsequenzen für das Erleben und Bewältigen von Stress. In P. Genkova, T. Ringeisen & F. T. L. Leong (Hrsg.) *Handbuch Stress und Kultur. Interkulturelle und kulturvergleichende Perspektive*. Heidelberg: Springer.

Kumbruck, C. (1990). *Die binäre Herrschaft. Intuition und logisches Prinzip*. München: Profil.

Kumbruck, C. (1999). *»Angemessenheit für situierte Kooperation« ein Kriterium arbeitswissenschaftlicher Technikforschung und -gestaltung*. Münster: LIT-Verlag.

Kumbruck, C. (2013). Spiritualität als Mittel zur Bewältigung schwieriger Pflegesituationen in kirchlichen Einrichtungen. *Arbeit*, 2, 119–133.

Kumbruck, C. & Derboven, W. (2013). Das Repertory-Grid-gestützte narrative Interview als Methode zur Analyse der Bedeutung von spirituellen Ressourcen in der Pflege. *Wirtschaftspsychologie*, 2 (3), 5–15.

Larsson, R (1993). Barriers to acculturation in mergers and acquisitions: Strategic human resource implications. *Journal of European Business Education*, 2, 2.

Lave, J. & Wenger, E. (1991). *Situated learning. Legitimate peripheral participation*. New York: Cambridge University Press.

Layes, G. (2003). Interkulturelles Identitätsmanagment. In A. Thomas, E.-U. Kinast & S. Schroll-Machl (Hrsg.) *Handbuch interkulturelle Kommunikation und Kooperation, Band 1: Grundlagen und Praxisfelder* (S. 117–125). Göttingen: Vandenhoeck & Rubrecht.

Lazarus, R. S. (1966). *Psychological stress and the coping process*. New York: McGraw-Hill.

Lazarus, R. S. & Folkman, S. (1984). *Stress, appraisal and coping.* New York: Springer.

Leithäuser, T. & Volmerg, B. (1988). *Psychoanalyse in der Sozialforschung.* Opladen: Westdeutscher Verlag.

Lenneberg, E. H. & Roberts, J. M. (1956). The language of experience: A study in methodology. *Indiana University Publications in Anthropology and Linguistics, Memoir,* p. 13.

Levenson, R. W., Ekman, P., Heider, K., & Friesen, W. V. (1992). Emotion and autonomic nervous system activity in the Minangkabau of West Sumatra. *Journal of Personality and Social Psychology,* 62 (6), 972–988.

Levine, R. (1999). *Eine Landkarte der Zeit.* München: Piper.

Lewin, K. (1951). *Field theory in social science: Selected theoretical papers.* New York: Harper.

Lewin, K., Lippitt, R. & White, R. (1939). Patterns of aggressive behaviors in experimentally created social climates. *Journal of Social Psychology,* 10, 271–299.

Lewis, R. D. (1995). *Humour across frontiers.* Warnford: Transcreen Publication.

Lewis, R. D. (1996). *When cultures collide: Managing successfully across cultures.* London: Nicholas Breadley Pub.

Lewis, R. D. (1999). *Cross cultural communication. A visual approach.* Warnford: Transcreen Publication.

Lewis, R. D. (2000). *Handbuch internationale Kompetenz.* Frankfurt/New York: Campus.

Lewis, R. D. (2005). *Humour across frontiers.* Warnford: Transcreen Publications.

Lewis, R. D. (2006). *When Cultures Collide: Leading Across Cultures.* 3. Ed. Boston, London: Nicholas Brealey Publishing.

Löber, H. G. (1984). Auslandsvorbereitung. In P. C. Burens (Hrsg.) *Handbuch Auslandseinsatz,* Band 1 (S. 75–104). Heidelberg: Verlagsgesellschaft Recht und Wirtschaft.

Losche, H. (2005): *Interkulturelle Kommunikation: Sammlung praktischer Spiele und Übungen.* 4. Aufl. Augsburg: ZIEL.

Luhmann, N. (1984). *Soziale Systeme: Grundriß einer allgemeinen Theorie.* Frankfurt/M: Suhrkamp.

Luhmann, N. (2000). *Organisation und Entscheidung.* Opladen, Wiesbaden: Westdeutscher Verlag.

Malekzadeh, A. R. & Nahavandi, A. (1988). Acculturation in mergers and acquisitions. *Academy of Management Review* 13 (1), 79–90.

Malekzadeh, A. R. & Nahavandi, A. (1998). Leadership and culture in transnational strategic alliances. In M. C. Gertsen, A.-M. Søderberg & J. E. Torp (Eds.) *Cultural dimensions of international mergers and acquisitions* (pp. 114–128). Berlin: De Gruyter.

Malik, F. (2006). *Führen Leisten Leben. Wirksames Management für eine neue Zeit.* Frankfurt, New York: Campus.

Markus, H. R. & Kitayama, S. (1991). Culture and the self: Implications for cognition, emotion, and motivation. *Psychological Review,* 98, 224–253.

Marcus, B. & Schuler, H. (2004). Antecedents of counterproductive behavior at work: A general perspective. *Journal of Applied Psychology,* 89, 647–660.

Martiny, S. E., Götz, T. & Keller, M. (2013). Emotionsregulation im Kontext von Stereotype Threat: Die Reduzierung der Effekte negativer Stereotype bei ethnischen Minderheiten. In P. Genkova, T. Ringeisen & F. T. L. Leong (Hrsg.) *Handbuch Stress und Kultur. Interkulturelle und kulturvergleichende Perspektive* (S. 397–416). Heidelberg: Springer.

Matsumoto, D., LeRoux, J. A., Ratzlaff, C., Tatani, H., Uchida, H., Kim, C., & Araki, S. (2001). Development and validation of a measure of intercultural adjustment potential in Japanese sojourners: The Intercultural Adjustment Potential Scale (ICAPS). *International Journal of Intercultural Relations,* 25, 483–510.

Matsumoto, D., Yoo, S. H., Hirayama, S., & Petrova, G. (2005). Development and initial validation of a measure of display rules: The Display Rule Assessment Inventory (DRAI). *Emotion,* 5 (1), 23–40.

Maturana, H. R. (1982). *Erkennen: Die Organisation und Verkörperung von Wirklichkeit. Ausgewählte Arbeiten zur biologischen Epistemologie.* Braunschweig Wiesbaden: Vieweg.

Maznewski, M. L. & DiStefano, J. J. (2000). Global leaders are team players: Developing global leaders through membership on global terms. *Human Resource Management,* 39, 195–208.

Mauk, K. L. & Schmidt, N. K. (2004). *Spiritual Care in Nursing Practice.* Philadelphia: Lippincott Williams & Wilkins.

Mead, G. H. (1968). *Geist, Identität und Gesellschaft.* (engl. Original 1934), Frankfurt/M.: Suhrkamp.

Meissl, I. (1999). Ist »größer« auch »besser«? (Editorial). *NZZ Fokus: Fusionen. Von glücklichen Unternehmenszusammenschlüssen, geplatzten Hochzeitsträumen und dem schwierigen Ehealltag,* (S. 5), Zürich, Neue Zürcher Zeitung.

Merten, K. (1977). *Kommunikation. Eine Begriffs- und Prozessanalyse.* Opladen: Westdeutscher Verlag.

Mole, J. (1990). *Mind your manners.* London: Industrial Society Press.

Mole, J. (1993). *Euro-Knigge für Manager.* Frankfurt/M, New York: Campus.

Morisini, P. & Renaud, O. (2003). Knowledge integration mechanisms and the competitive performance of firms – an empirical investigation. *IMD Working Paper* 2.

Morrison, T., Conaway, W. A. & Borden, G. A. (1994). *Kiss, bow, or shake hands. How to do business in sixty countries.* Avon, MA: Adams Media Corporation.

Müller-Christ, G. & Weßling, G. (2007). Widerspruchsbewältigung, Ambivalenz- und Ambiguitätstoleranz. Eine modellhafte Verknüpfung. In G. Müller-Christ, L. Arndt & I. Ehnert (Hrsg.) *Nachhaltigkeit und Widersprüche* (S. 180-197). Münster: LIT-Verlag.

Myers, A., Kakabadse, A., McMahon, T., & Spony, G. (1995). Top management styles in Europe: Implications for business and cross-national teams. *European Business Journal,* 1 (7),17–27.

Nerdinger, F. W., Blickle, G. & Schaper, N. (2008). *Arbeits- und Organisationspsychologie.* Berlin: Springer.

Nerdinger, F. W. & Röper, M. (1999). Emotionale Dissonanz und Burnout. Eine empirische Untersuchung im Pflegebereich eines Universitätskrankenhauses. *Zeitschrift für Arbeitswissenschaft,* 53, 187–193.

Neuberger, O. (1991). Unternehmenskultur. In U. Flick et al. (Hrsg.) *Handbuch qualitativer Sozialforschung* (S. 302–304). München: Psychologische Verlags Union.
Neuberger, O. (2002). *Führen und führen lassen.* Stuttgart: Lucius & Lucius.
Nipporica Associates (1995). *Redundancia. Facilitator's guide and personal discovery guide.* R Press.
Nipporica Associates (1997). ECOTONOS – *A multicultural problem-solving simulation.* Yarmouth, ME: Intercultural Press.
Oberg, K. (1960). Cultural shock: Adjustment to new cultural environments. *Practical Anthropology* 7, 177–182.
Oelsnitz von der, D. (2006). Kulturelle Heterogenität – Leitlinien der Teamführung im interkulturellen Kontext. *Zeitschrift für Management*, 2, 142–166.
Olie, R. (1994). Shades of culture and institutions in international mergers. *Organization Studies,* 15 (3), 381–405.
Over, U. (2012). *Die interkulturell kompetente Schule. Eine empirische Studie zur sozialen Konstruktion eines Entwicklungsziels.* Münster: Waxmann.
Palthe, J. (2004). The relative importance of antecedents to cross-cultural adjustment: Implications for managing a global workforce. *International Journal of Intercultural Relations*, 28, 37–59.
Pavkovic, G. (2001). Interkulturelle Teamarbeit. In T. Hegemann & R. Salman (Hrsg.) *Transkulturelle Psychiatrie.* Bonn: Psychiatrie-Verlag. Abgerufen am 13-4-2015 unter: http://www. bqnet.de/content/0/1060/1072/2859/2869/649_Pavkovic_InterkulturelleTeamarbeit.pdf.
Pedersen, P. (1993). Mediating multicultural conflicts by separating behaviors from expectations in a cultural grid. *International Journal of Intercultural Relations*, 17, 343–353.
Pedersen, P. (2000). *A handbook for developing multicultural awareness* (3rd ed.). Alexandria, VA: American Counseling Association.
Pedersen, P. B. (2004). 110 *Experiences for Multicultural Learning).* Washington D.C.: American Psychological Association.
Pedersen, P. B., Crethar, H C. & Carlson, J. (2008). *Inclusive cultural empathy – making relationships central in counseling and psychotherapy.* Washington: American Psychological Association.
Pedersen P. B. & Hernandez, D. (1997). Decisional Dialogues in a Cultural Context: Structured Exercises (p. 77). Thousand Oaks, CA: Sage.
Phinney, J. (2003). Ethnic identity and acculturation. In K. Chun, P. Ball, & Marin, G. (Eds.) *Acculturation: Advances in theory, measurement, and applied research* (pp. 63–81). Washington, DC: American Psychological Association.
Piaget, J. (1972). *Einführung in die genetische Erkenntnistheorie.* Frankfurt/M: Suhrkamp.
Pruitt, D. G. & Carnavale, P. J. (1993). *Negotiation in social conflicts.* Pacific Grove, CA: Brooks/Cole.
Putnam, L. & Poole, M. (1987). Conflict and negotiation. In L. Porter (ed.) *Handbook of Organizational Communication: An interdisciplinary Perspective* (pp. 549–599) Beverly Hills, CA: Sage.
Quasthoff, U. (1987). Linguistic prejudice/stereotypes. In U. Ammon, N. Dittmar, & K. Mattheier (Hrsg.) *Handbuch der Soziolinguistik* (1. Halbband, S. 785–800). Berlin: De Gruyter.
Raeithel, A. (1991). Zur Ethnographie der kooperativen Arbeit. In H. Oberquelle (Hrsg.) *Kooperative Arbeit und Computerunterstützung* (S. 99–112). Göttingen: Verlag für Angewandte Psychologie.
Rathje, S. (2006). Interkulturelle Kompetenz – Zustand und Zukunft eines umstrittenen Konzepts. *Zeitschrift für interkulturellen Fremdsprachenunterricht,* 11 (3). Abgerufen am 13-2-2015 unter: htp://zif.spz.tu-darmstadt.de/jg-11-3/docs/Rathje.pdf.
Rau, A. (2008). *Symbolischer Interaktionismus und interkulturelle Kommunikation.* Saarbrücken: VDM.
Reis, J. (1997). *Ambiguitätstoleranz – Beiträge zur Entwicklung eines Persönlichkeitskonstruktes.* Heidelberg: Asanger.
Reisig, G. & Derboven, W. (2008). *Die neue Rolle der Hauswirtschaft: Schulungshandbuch zur Durchführung interner Schulungen für hauswirtschaftliche Präsenz- und Leitungskräfte in modernen Betreuungsformen der Altenhilfe.* Bremen: Bremer Dienstleistungs-Service.
Richeson, J. A. & Trawalter, S. (2005). Why do interracial interactions impair executive function? A resource depletion account. *Journal of Personality and Social Psychology*, 88 (6), 934–947.
Rizzolatti, G. & Sinigaglia, C. (2008). *Empathie und Spiegelneurone. Die biologische Basis des Mitgefühls.* Frankfurt/M.: Suhrkamp.
Rogers, C. (1973). *Die klient-bezogene Gesprächstherapie.* München: Kindler.
Ropers, N. (1995). *Friedliche Einmischung. Strukturen, Prozesse und Strategien zur konstruktiven Bearbeitung ethnopolitischer Konflikte.* Berlin: Berghof Forschungszentrum für konstruktive Konfliktbearbeitung.
Rothlauf, J. (2009). Interkulturelles Management. München. Oldenbourg.
Rubin, R. B., Martin, M. M., Bruning, S. S., & Powers, D. E. (1993). Test of a self-efficacy model of interpersonal communication competence. *Communication Quarterly*, 41 (2), 210–220.
Sales, A. L. & Mirvis, P. H. (1984). When cultures collide. Issues in acquisitions. In J. Kimberley & R. Quinn (Eds.) *New futures: The challenge of managing corporate transitions* (pp. 107–133). Homewood, IL: Dow Jones & Irwin.
Sapir, E. (1956). *Culture, language and personality.* Berkely, CA: University of California Press.
Satir, V. (1975). *Selbstwert und Kommunikation.* München: Pfeiffer.
Sautter, C. (2005). *Was uns verbindet und was uns unterscheidet. Die Familie im Kontext der großen Religionen.* Wolfegg: Verlag für Systemische Konzepte.
Sautter, C. (2009). *Systemische Beratungskompetenz.* Wolfegg: Verlag für Systemische Konzepte.

Schäfftner, O. (1997). *Das Eigene und das Fremde. Lernen zwischen Erfahrungswelten. Aufsätze zu einer konstruktivistischen Theorie der Fremderfahrung*. Berlin: Studien zur Wirtschafts- und Erwachsenenpädagogik aus der Humboldt-Universität zu Berlin.

Schein, E. H. (1985). *Organizational culture and leadership. A dynamic view*. San Francisco: Jossey-Bass, (dt. Ausg. 1995, *Unternehmenskultur. Ein Handbuch für Führungskräfte*. Frankfurt/M: Campus).

Scheler, M. (1913). *Zur Phänomenologie und Theorie der Sympathiegefühle und von Liebe und Hass*. Neuauflage 2011. Saarbrücken: Fromm.

Schlippe, A. v. & Schweitzer, J. (1996). *Lehrbuch der Systemischen Therapie und Beratung*, Band 1. Göttingen: Vandenhoeck & Ruprecht.

Schmidt, K. H. & Neubach, B. (2009). Selbstkontrollanforderungen als spezifische Belastungsquelle bei der Arbeit. *Zeitschrift für Personalpsychologie*, 8 (4), 169–179.

Schreyögg, G. (1993). Unternehmenskultur zwischen Globalisierung und Regionalisierung. In M. Haller, K. Bleicher, E. Brauchlin, H.-J. Pleitner, R. Wunderer & A. Zünd (Hrsg.) *Globalisierung der Wirtschaft* (S. 149ff.). Bern: Haupt.

Schroll-Machl, S. (2007). *Die Deutschen – Wir Deutsche. Fremdwahrnehmung und Selbstsicht im Berufsleben*. Göttingen: Vandenhoeck & Ruprecht.

Schubert, V. (1992). *Die Inszenierung der Harmonie. Erziehung und Gesellschaft in Japan*. Darmstadt: Wissenschaftliche Buchgesellschaft.

Schulz von Thun, F. (1981). *Miteinander Reden* (Bd. 1). Störungen und Klärungen: Allgemeine Psychologie der Kommunikation. Reinbek: Rowohlt.

Schütz, A. (1974). *Der sinnhafte Aufbau der sozialen Welt*. Frankfurt/M: Suhrkamp, (Erstausg. 1932).

Scott, B. A. & Barnes, C. M. (2011). A multilevel field investigation of emotional labor, affect, work withdrawel, and gender. *Academy of Management Journal*, 54, 116–136.

Semmer, N., Jacobshagen, N., Meier, L. L. & Elfering, A. (2007). Occupational stress research: The »stress-as-offense-to-self« perspective. In S. McIntyre & J. Houdmont (Eds.) *Occupational Health psychology: european perspectives on research, education and practice*. (vol. 2., pp. 43–60). Maia, Portugal: ISMAI.

Sherif, M. et al. (1961). *Intergroup cooperation and competition: The robbers cave experiment*. Norman, OK: Univ. Book Exchange.

Siegwart, H. & Neugebauer, G. (Hrsg.) (1998). *Mega-Fusionen. Analysen, Kontroversen, Perspektiven*. Bern: Haupt.

Singelis, T. & Pedersen, P. B. 1997). Conflict and Mediation Across Cultures. In K. Cusher & R. W. Brislin (Eds.) *Improving Intercultural Interactions: Vol. 2. Modules for Cross-Cultural Training Programs* (pp. 185–187). Thousand Oaks, CA: Sage.

Silbereisen, R. K., Lantermann, E. D. & Schmitt-Rodermund, E. (2013). Verschiedene Formen von Akkulturation hinsichtlich der Beziehung zwischen Kulturen. In P. Genkova, T. Ringeisen & F. T. L. Leong (Hrsg.) *Handbuch Stress und Kultur* (S. 75). Springer-Verlag.

Silbereisen, R. K., Lantermann, E. D. & Schmitt-Rodermund, E. (Hrsg.) (1999). *Akkulturation von Persönlichkeit und Verhalten von Aussiedlern in Deutschland*. Opladen: Leske & Budrich.

Smith, K. & Berg, D. (1997). Cross-cultural groups at work. *European Management Journal*, 15 (1), 8–15.

Smith, P. B. (1999). Predicting process difficulties in multicultural teams. Psychologische Beiträge, 41 3, 356–367.

Smith, P. B. & Noakes, J. (1996). Cultural differences in group processes. In M. A. West (Ed.) *Handbook of work group psychology* (pp. 477–502). West Sussex: Wiley.

Staehle, W. (1973). *Organisation und Führung sozio-technischer Systeme*. Grundlagen einer Situationstheorie. Stuttgart: Enke.

Stahl, E. (2002). *Dynamik in Gruppen. Handbuch der Gruppenleitung*. Weinheim: Beltz.

Stahl, G. (1997). *Führungskräfte im Auslandseinsatz. Probleme, Bewältigung, Erfolg. Theoretische Grundlagen und Ergebnisse einer Untersuchung bei deutschen Entsandten in Japan und den USA*. Diss., Universität Bayreuth.

Stein-Redent, R. (2008). *Zum Wandel der Familie in Russland. Eine Bestandsaufnahme ihrer Veränderungen seit 1917. Schriftenreihe: Studien zur Familienforschung*, Bd. 22. Hamburg: Kovač.

Stajkovic, A. D. & Luthans, F. (1998). Self-efficacy and work-related performance: A meta-analysis. *Psychological Bulletin*, 124, 240–261.

Strauss, A., Fagerhaugh, S., Suczek, B. & Wiener, C. (1980). Gefühlsarbeit. Ein Beitrag zur Arbeits- und Berufssoziologie. *Kölner Zeitschrift für Soziologie und Sozialpsychologie*, 32, 629–651.

Strauss, A., Fagerhaugh, S., Suczek, B., & Wiener, C. (1982). Sentimental work in the technologized hospital. *Sociology of Health and Illness*, 4 (3), 254–278.

Sturm, M., Reiher, S., Heinitz, K. & Soellner, R. (2011). Transformationale, transaktionale und passiv-vermeidende Führung. Eine metaanalytische Untersuchung ihres Zusammenhangs mit Führungserfolg. *Zeitschrift für Arbeits- und Organisationspsychologie*, 55 (N. F. 29) (2), 88–104.

Sundstrom, E., Demeuse, K. P. & Futrell, D. (1990). Work-teams – applications and effectiveness. *American Psychologist*, 45 2, 120–133.

Swann, W. B. J., Polzer, J. T., Seyle, D. C. & Ko, S. J. (2004). Finding value in diversity: Verification of personal and social self-views in diverse groups. *Academy of Management Review* 29 (1), 9–27.

Tajfel, H. (1982). *Gruppenkonflikt und Vorurteil. Entstehung und Konflikt sozialer Stereotype*. Bern: Huber.

Tajfel, H. & Turner, J. C. (1986). The social identity theory of intergroup behavior. In S. Worchel & W. Austin (Eds.) *Psychology of intergroup relations* (pp. 7–24). Chicago: Nelson-Hall.

Thomas, A. (2003a). Interkulturelle Kompetenz: Grundlagen, Probleme und Konzepte. *Erwägen, Wissen, Ethik* 14 (1), 137–150.

Thomas, A. (2003b). National- und Organisationskulturen. In A. Thomas, E.-U. Kinast & S. Schroll-Machl (Hrsg.)

Handbuch interkulturelle Kommunikation und Kooperation (Bd. 1, S. 32–43). Göttingen: Vandenhoeck & Rubrecht.
Thomas, A. (Hrsg.) (2003c). *Kulturvergleichende Psychologie* (2. Aufl.). Göttingen: Hogrefe.
Thomas, A. (2011). *Interkulturelle Handlungskompetenz*. Wiesbaden: Gabler.
Thomas, A. (2013). Interkulturelle Handlungskompetenz, eine Schlüsselqualifikation für Psychologen. *Report Psychologie*, 11/12, 440–451.
Thomas, A., Kinast, E.-U. & Schroll-Machl, S. (Hrsg.) (2003b). *Handbuch interkulturelle Kommunikation und Kooperation.* Band 1: Grundlagen und Praxisfelder. Göttingen: Vandenhoeck & Rubrecht.
Thommen, J.-P. (2002). *Management und Organisation*. Zürich: Versus.
Thompson, J. B. (1990). *Ideology and modern culture*. Stanford, CA: Stanford University Press.
Triandis, H. C., Brislin, R. & Hui, C. H. (1988). Cross-cultural training across the individual-collectivism divide. *International Journal of Intercultural Relations*, 12, 269–289.
Trompenaars, F. (1993). *Riding the waves of culture. Understanding cultural diversity in business*. London: The Economist Book.
Trubisky, P., Ting-Toomey, S. & Sung-Ling, L. (1991). The influence of individualism-collectivism and self-monitoring on conflict styles. *International Journal of Intercultural Relations*, 15, 65–84.
Ting-Toomey, S. (1988). Intercultural conflict styles: A face-negotiation theory. In Y. Y. Kim & W. Gudykunst (Eds.) *Theories in intercultural communication* (pp. 213–235). Newbury Park, CA: Sage.
Tuckmann, B. W. (1965). Developmental sequence in small groups. *Psychological Bulletin*, 63 (6), 384–426.
Tuschinsky, C. (2002). *Interkulturelle Ressourcenarbeit in der Betreuung von jungen Migrantinnen. Ein fünftägiges Fortbildungsprogramm für Fachpersonal der Jugendhilfe.* Frankfurt/M.: Woge in Kooperation mit IKO – Verlag für Interkulturelle Kommunikation.
Ulich, E. & Wülser, M. (2011). *Gesundheitsmanagement in Unternehmen: Arbeitspsychologische Perspektiven*. Wiesbaden: Gabler.
Ungeheuer, G. (1969). Kommunikation und Gesellschaft. *Nachrichten für Dokumentation*, 6.
Very, P., Lubatkin, M. & Calori, R. (1998). A cross-national assessment of acculturative stress in recent European mergers. In M. C. Gertsen, A.-M. Søderberg, & J. E. Torp (Eds.) *Cultural dimensions of international mergers and acquisitions* (pp. 85–110). Berlin: De Gruyter.
Vygosky, L. (1978). *Self, mind and society*. Cambridge, MA.: Harvard University Press.
Wall, J. A. & Blum, M. (1991). Community mediation in the people's republic of China. *Journal of Conflict Resolution*, 10, 383–389.
Ward, C. (1996). Acculturation. In D. Landis & R, Bhagat (Eds.) *Handbook of intercultural training* (pp. 124–147). Thousand Oaks, CA: Sage.
Ward, C. & Kennedy, A. (2001). Coping with cross-cultural transition. *Journal of Cross-Cultural Psychology*, 32 (5), 636–642.
Ward, C. & Searle, W. (1991). The impact of value discrepancies and cultural identity on psychological and sociocultural adjustment of sojourners. *International Journal of Intercultural Relations*, 15, 200–225.
Ward, C., Bochner, S. & Furnham, A. (2001). *The psychology of culture shock*. East Sussex, NY: Routledge.
Watzlawick, P., Beavin, J. H. & Jackson, D. D. (1996). *Menschliche Kommunikation: Formen, Störungen, Paradoxien.* Bern: Huber.
Wehner, T., Raeithel, A., Clases, C. & Endres, E. (1996). Von der Mühe und den Wegen der Zusammenarbeit. Ein arbeitspsychologisches Kooperationsmodell. In T. Wehner & E. Endres (Hrsg.) *Zwischenbetriebliche Kooperation* (S. 39–58). Weinheim: Beltz Psychologie Verlags Union.
Weishaupt, S. (2006). Subjektivierendes Arbeitshandeln in der Altenpflege – die Interaktion mit dem Körper. In F. Böhle. & J. Glaser (Hrsg.) *Arbeit in der Interaktion – Interaktion als Arbeit* (S. 85–106). Wiesbaden: VS.
Weißbach, B., Schülken, T. & Hüttig, D. (2007). Je mehr kulturelle Vielfalt, desto besser? Zufriedenheit bei der Arbeit in multikulturellen Teams. *Personalführung* 3, 40–47.
Welsch, W. (1995). Transkulturalität. *Zeitschrift für Kulturaustausch,. Schwerpunktthema. Migration und Kultureller Wandel*, 45 (1), 39–44. Stuttgart: Institut für Auslandsbeziehungen.
Wenger, E. (1998). *Communities of practice: Learning, meaning and identity*. New York: Cambridge University Press.
Whorf, B. L. (1963). *Sprache, Denken, Wirklichkeit*. Reinbek: rororo.
Williams, R. (1965). *The long revolutions*. London: Pelican Books.
Winkler, V. A. (2011). *Die Auswirkungen kultureller Diversität in multikulturellen Innovationsteams auf den Innovationsprozess*. Lengerich: Pabst.
Wöhe, G. (1986). *Einführung in die Allgemeine Betriebswirtschaftslehre* (16. Aufl.). München: Vahlen.
Wunderer, R. & Grunwald, W. (1980). *Führungslehre, Band I: Grundlagen*. Berlin, New York: De Gruyter.
Wunderer, R. (2003). *Führung und Zusammenarbeit. Eine unternehmerische Führungslehre*. (5. überarb. Aufl.). München, Neuwied: Luchterhand.
Zajonc, R. B. (1980). Feeling and thinking: Preferences need no inferences. *American Psychologist*, 35, 151–175.
Zapf, D. & Semmer, N. (2004). Stress und Gesundheit in Organisationen. In H. Schuler (Hrsg.) *Enzyklopädie der Psychologie*, Themenbereich D, Serie III, Band 3 Organisationspsychologie (2. Aufl. S. 1007–1112). Göttingen: Hogrefe.
Zeutschel, U. (1999). Interkulturelle Synergie auf dem Weg: Erkenntnisse aus deutsch/U. S.-amerikanischen Problemlösungsgruppen. *Gruppendynamik*, 30 (2), 131–149.
Zeutschel, U. & Thomas, A. (2003). Zusammenarbeit in multikulturellen Teams. *Wirtschaftspsychologie aktuell*, 2, 31–39.

Stichwortverzeichnis

L

M

N

O

P

R

Printed by Printforce, the Netherlands